Otto Beneke
Hamburgische Geschichten und Sagen

SEVERUS Verlag

ISBN: 978-3-95801-387-2
Druck: SEVERUS Verlag, 2016

Herausgeber: Björn Bedey

Der SEVERUS Verlag ist ein Imprint der Diplomica Verlag GmbH.
Bibliografische Information der Deutschen Nationalbibliothek:
Die Deutsche Nationalbibliothek verzeichnet diese Publikation in der Deutschen Nationalbibli-ografie; detaillierte bibliografische Daten sind im Internet über http://dnb.d-nb.de abrufbar.

© SEVERUS Verlag, 2016
http://www.severus-verlag.de
Printed in Germany
Alle Rechte vorbehalten.
Der SEVERUS Verlag übernimmt keine juristische Verantwortung oder irgendeine Haftung für evtl. fehlerhafte Angaben und deren Folgen.

Otto Beneke

Hamburgische Geschichten und Sagen

Vorwort

Die alte Stadt Hamburg ist fast arm zu nennen an Sagen und Legenden der Vorzeit; sie mögen bei früheren häufigen Zerstörungen mit den vielen Denkmäler des Alterthums, an welche sie geknüpft waren, untergegangen sein. Sagenhafte, durch mündliche Überlieferung von Tatsachen gebildete Erzählungen, wohin manche Berichte der geschriebenen Chroniken zu zählen, sind weniger selten. Reich aber sind wir, durch die bedeutungsvolle Vergangenheit unsrer Stadt, an solchen historischen Momenten, welche sich füglich aus ihrem Zusammenhange nehmen und in die Form einer Geschichte bringen lassen.

Aus einer diese drei Gesichtspunkte umfassenden Sammlung, teile ich hier in einer Anzahl Geschichten und Sagen den Versuch mit: nicht nur verhallende Kunden festzuhalten, oder Denkwürdiges aufs neue zu Berichten, sondern durch eine Reihe chronologisch geordneter Geschichten einige charakteristische Zeit- und Sittenbilder zur klaren Anschauung zu bringen.

Die Vielseitigkeit des Stoffes möge der Mangelhaftigkeit im Einzelnen zur Entschuldigung dienen. Für die früheste Geschichte und die Gestaltung Hamburgs als freie Stadt, glaube ich ein vorzügliches Interesse ansprechen zu dürfen. Verschiedene Kriegsbilder und Hanseatische Erinnerungen bezeichnen nicht nur das Verhältnis zum Auslande, sondern auch die Stufe der damaligen Macht und Größe. Bei Darstellungen der inneren Ereignisse ist sowohl auf die Topographie der alten Stadt, als auf die Sitten, Gebräuche, Vorstellungen, Tugenden und Fehler ihrer derzeitigen Bewohner Bedacht genommen. Schon aus dieser Rücksicht verdienen wohl die mitgetheilten Verbrecher-Geschichten, so wie neben solchen Nachtseiten auch manche gemütliche Züge aus dem bürgerlichen Privatleben und einige ergötzliche Schwänke der Altvordern, ihre gebührende Stelle.

In Betreff vieler Sagen, so wie der volkstümlichen Geschichten bin ich meistentheils den alten handschriftlichen Chroniken gefolgt, welche sie am ursprünglichsten bewahrt haben. Nicht ohne Absicht ist auch vielfach die Sprache und Erzählungsweise derselben beibehalten, so weit es dem Verständniß nicht schadete.

Gern lassen wir uns die Vergangenheit unsrer Eltern, ihre Handlungen und Begegnisse erzählen; selbst unerhebliche Züge aus ihrer Jugendzeit vernehmen wir mit lebhaftem Interesse. Vielleicht werden auch die folgenden Bilder aus den verschollenen Tagen unsrer Vorfahren einige Theilnahme bei den Nachkommen finden.

Hamburg, am 28. November 1853.

1. Sagen von Hamburgs Entstehung[1]

(Um 805)

Als nach der großen Sündfluth Noah's zweiter Sohn, Ham, mit Weib und Kind in die weite Welt gegangen war, da ist er auf seinen Fahrten auch in diese Gegend der Unterelbe gekommen und hat ein festes Haus gebaut auf der Höhe der Uferberge, und hat es nach seinem Namen Hams Burg oder Hamburg genannt, und einige seiner Söhne nebst ihren Weibern und Kindern darin gelassen. Und diese haben sich rund umher angebaut, und eine Stadt gegründet, und das ist der Ursprung Hamburgs und die Abstammung der Hamburger, – also meinen Einige.

Andere sagen: Als das Griechische Heidenthum im Morgenlande zerstört worden, da ist ein Schwarm Heiden, welche den Jupiter Ammon oder Hammon am höchsten verehrt und nicht von ihm haben lassen wollen, in diese Gegend gekommen allwo sie ihrem Abgotte ein neues Heiligthum erbauet, sich rings umher niedergelassen und befestiget, und diese Stätte Hammonsburg genannt haben. Und davon rührt der noch heut zu Tage übliche Name der Stadt Hammonia her, welcher absonderlich gern von den Poeten gebraucht wird. Als Kaiser Karl der Große aber gekommen ist, da hat er diesen Götzendienst gänzlich abgeschafft, die christliche Lehre eingeführt und einen Dom nebst fester Burg dazu gebauet, den alten Namen aber hat er gelassen.

Wieder Andere sagen: Hier zu Lande haben Deutsche gewohnt aus dem Stamme der Sachsen, die Wald- oder Holt-Sassen, deren Name in Holsten sich verkehrt hat, daraus des Landes Name Holsteen oder Holstein entstanden ist. Das möchte nun so weit ganz richtig sein. Diese alten Sachsen haben (so sagen Jene) unter den vaterländischen Gottheiten hauptsächlich den Thor oder Asathor verehrt, den sie Hamoys genannt haben, welcher an der Stätte, wo jetzt Hamburg steht,

---

1 Die hier mitgetheilten finden sich unter vielen anderen bei den Geschichtsschreibern Hamburgs: Cranz, Lambeccius, Adelungk, Steltzner u.s.w.

sein Heiligthum gehabt hat. Daher ist sie geheißen Hamoysburg oder Hammenburg. Das Karl der Große solch heidnisches Wesen der Sachsen zerstört und sie zum Christenthum geführt, berichtet diese Sage auch. Also ist der Name Hammonia von dem Beinamen des Altgermanischen Gottes Thor entstanden.

Noch Andere sagen: Hier habe ein unmenschlicher Riese und großer Fechter gehaust, mit Namen Ham, welcher von dem gewaltigen Nordlandshelden Starkater (Stark-Attr oder Stark-Ottur) im offenen Kampfe ist erschlagen worden. Und den Ort, da er gewohnet, den habe man Hamburg genannt.

Auch heißt es, die Bewohner dieser Stätte hätten neben dem Fischfange auch viel Viehzucht getrieben, und es verstanden, sonderlich gute Schinken, Rauch- und Pökelfleisch zu bereiten, so daß man ihre Stadt darnach benannt Hammen-Burg, will sagen Schinken-Stadt, da man in damaliger Sprache einen Schinken oder Bug oder Schulterknochen eine Hamme geheißen habe. „Was ich aber mehr aus seinen Unwerth, denn auf seinen Werth beruhen lassen will, obwohl es eine gar feine Erklärung scheint, wenn man an die schönen Stücke Fleisch gedenket, so allerzeit in unsrer guten Stadt geräuchert und von hier in die weite Welt verführet worden sind."

Wunderlich ist es, daß einige sonderbare Bierfreunde den Namen unsrer Stadt, in der vor Zeiten das beste Bier der Welt gebrauet worden, mit dem fabulosen Biergötzen Gambrinus in Verbindung bringen, und sagen, es habe geheißen Gambrins Burg, woraus Gamsburg und daraus Hamburg geworden. Der Name der Marschlandschaften (Alten- und Neuen-) Gamme hänge damit zusammen, denn von daher sei Hopfen und Malz zum Hamburgischen Brauwerk gekommen. So sinnreich auch diese Etymologia ist und so vielen Beifall sie heut zu Tage in unseren wieder erstandenen Bierhallen finden möchte, so kann man ihr dennoch mit Fug nicht beifallen.

Übergehend noch viele andere meist unstatthafte oder unwahrscheinliche Sagen über Hamburgs Namen und Ursprung, z.b. von dem Stamme der Gambrivier, die aber hierorts niemals gehauset haben, ist dagegen noch diese anzuführen: In dieser Gegend habe das edle Geschlecht derer von Hamme gehauset, welche in dem jetzigen Dorfe Ham ihren Wohnsitz gehabt; diese Herren hätten vor Karls des Großen Zeiten eine Burg näher der Elbe gebauet, und sie nach ihrem Namen Hamburg genannt, worauf der Kaiser ihnen Burg und Burgfrieden abgekauft habe.

Gewiß ist, daß die alten Sachsen eine große Waldung mit dem Namen Hamm oder Hamme bezeichnet haben, wie auch daß die ganze Gegend längs der Bill-, Alster- und Elb- Niederung eine große Waldung gewesen ist. Gewiß auch ist, daß davon die Ortschaft Hamm ihren Namen trägt, und daß die Herren von Hamme daselbst gelebt haben. Nur so viel später, daß man sie nicht füglich als Gründer der ersten Hammaburg ansehen kann. Diese wird von Karl dem Großen gegründet und nach der umliegenden Hamme (Waldung) also benannt worden sein. Denn noch später hieß man die Holzung, die vor Entstehung des St. Jacobi- und St. Georgs- Kirchspiels auf deren Grund und Boden stand, „die Hamme," und nur in dem heutigen Dorf Hamm ist der alte Name für die gesammte große Waldung übrig geblieben.

Es geht hiemit wie mit vielen Dingen menschlichen Wissens, es ist Stückwerk, davon der alte Spruch gilt:

„Ich weiß davon nichts kundhaft Wahres,
Wer's aber weiß, der offenbar' es."

2. Der heilige Anscharius[2]
(831–865)

Karls des Großen Absicht: das von ihm gegründete Hamburg nicht nur zu einem Bollwerk der Christenheit gegen die Germanischen und Slavischen Heiden im Norden und Osten, sondern auch zu einer Pflanzstätte christlicher Lehre und Bildung zu erheben, wurde von seinem Sohne und Nachfolger gefördert. Und als deshalb im Jahre 831 Kaiser Ludwig der Fromme Hamburg zum Sitz eines Erzbisthums gemacht hatte, wurde Anschar, ein junger dreißigjähriger Mönch, erzogen für seinen ernsten Beruf in dem berühmten Kloster zu Corvey, der bereits als Missionar die Länder des Nordens durchzogen hatte, zum Erzbischof von Hamburg erkoren. Des Kaisers Bruder Drogo, Erzbischof von Metz, weihte ihn, und nachdem der Pabst Gregor IV. ihm den erzbischöflichen Mantel geschickt hatte zum Zeichen seiner Bestätigung (834), kam er, sein hohes Amt anzutreten, nach Hamburg, wohin er, außer vielen Reliquien und werthvollen Heiligthümern, auch eben so viel frommen Eifer als Geschick zur Erfüllung seiner Bestimmung mitbrachte.

Hamburg war damals noch ein kleiner Ort. Ein Castell, eine Kirche, einige Wohnungen der Geistlichen, einige Gassen rings umher, von dem Umfange des heutigen St. Petri-Kirchspiels. Anschar vergrößerte sogleich die Kirche, den Dom, den er herrlich ausschmückte, errichtete daneben ein Kloster, das er mit gelehrten Benedictinern aus Corvey besetzte, und gründete eine von diesen besorgte Schule, welcher der Kaiser eine kostbare Bibliothek schenkte. Dies war die Pflanzstätte, aus der die Heidenapostel des Nordens hervorgingen. Leibeigene Knaben kaufte Anschar von den Dänen und Slaven der Umgegend, und ließ sie für denselben Zweck erziehen und ausbilden. Er baute rings umher im

---

2 Verglichen sind die Lebensbeschreibungen des Heiligen von Reuterdahl und Klippel. Anschar's Bild enthalten die älteren Hamb. Geschichtsschreiber: Lambeccius, Staphorst u. s. w

Holsteinischen viele Kirchen, z.b. zu Bramstedt, Kellinghusen und in dem heutigen Dorfe Willenscharen an der Stör, dessen Name aus Villa Anscharii entstanden ist. Er sorgte für Schulen und Armenpflege, spendete geistliche wie leibliche Wohltaten, wo er nur konnte, und bereiste unablässig seinen weiten Kirchensprengel, um selbst seine begonnenen Werke zu fördern. Kaiser und Pabst unterstützten ihn bereitwillig, und er selbst gab gern sein väterliches Erbe dem Dienste Gottes hin. Glücklich gedieh sein Werk, und auch die kleine Stadt Hamburg blühte unter seinen Augen immer schöner auf.

Als aber (840) Kaiser Ludwig verstorben war, da begannen mancherlei Drangsale das Erzstift Hamburg heimzusuchen. Die zu Anschar's frommen Zwecken angewiesenen Einkünfte des reichen Klosters Turholt in Flandern wurden ihm entzogen; daß er selbst mit seinen Priestern in Folge dessen kärglich leben mußte, bekümmerte ihn wenig, aber daß er nun seine Wohlthätigkeit verringern, seine Fürsorge für Hamburg beschränken, und den innern Ausbau des Erzstifts wie das Werk der Heidenbekehrung fast ganz einstellen mußte, das schmerzte ihn tief. Dazu kam noch größere Noth: der Krieg.

Die Normannen oder Dänen, unter ihrem Könige Erik dem Aelteren, einem Feinde des Christenthums, die bereits die Nordseeküsten verheert hatten und rheinaufwärts bis Cöln vorgedrungen waren, kühne Barbaren, deren Wildheit so erschreckend war, daß man in der Kirchenlitanei sang, „vor dem Grimme der Normannen bewahre us lieber Herre Gott," – diese erschienen urplötzlich aus der Elbe und vor Hamburg.

Es war gegen Abend, als die bestürzten Hamburger die Elbe von den Normannischen Schiffen bedeckt sahen; kein geordneter Widerstand war vorbereitet, selbst der kaiserliche Schirmvogt, Graf Bernhard, war abwesende die kleine Bürgerschar der Stadt und die wenig zahlreiche Besatzung der Burg konnten für den Schutz Anschar's und der Kirche nichts versprechen. Dennoch wurde der Kampf versucht; aber die Scharen der Feinde, die unaufhörlich landeten, wurden immer zahlloser. Ihre Schiffe waren zwar nur klein und faßten kaum 30 Männer, aber deshalb hatten sie durch die seichten Elbarme bis dicht an die Stadt kommen können, und die Menge der Schiffe war unabsehbar. Anschar selbst, so verlockend ihm auch der Märtyrertod vorschweben mochte, gebot den tapfern Hamburgern innezuhalten, und auf Rettung ihres Lebens durch schleunige Flucht bedacht zu sein, da Kampf wie Tod gleich fruchtlos sei. Nun suchte zu entrinnen, wer konnte, die länger verweilenden, die etwa noch Weiber, Kinder oder Güter retten wollten, fielen mit diesen den wilden Feinden in die Hände. Sie stürmten heran mit Feuer und Schwert, noch vor Abend hatten sie das Castell und die Stadt ersiegt, die wehrhaften Männer und viele Greise, Frauen und Kinder erschlagen, die Nacht, den folgenden Tag und noch die nächste Nacht hindurch geplündert, gemordet und gesengt, beim Feuerscheine der brennenden Stadt gezecht und gejubelt, – dann erst zogen sie ab, – die Kirchenschätze und sonstigen großen Raub und gefesselte Gefangene führten sie mit sich auf die Schiffe, – einen Schutt- und Trümmerhaufen ließen sie hinter sich zurück.

Anschar hatte, alles Irdische preisgebend, nur sein nacktes Leben und die theuersten seiner Reliquien gerettet; auf Umwegen erreichte er an einsamer Stelle das User der Elbe, ein Fischerkahn trug ihn unerkannt aufs jenseitige Land, von wo er nach Bremen ging, um bei dem dortigen Bischof Leuderich Zuflucht und Hülfe zu suchen. Aber dieser, dem das neue Erzstift Hamburg ein Dorn im Auge, und Anschar's Unglück eine Freude war, versagte ihm beides, verbot ihm die Stadt und wies ihn ins Elend.

Durch die öden menschenleeren Haiden und Moore der heutigen Bremischen, Verden'schen und Lüneburgischen Lande irrte nun der geächtete Mann Gottes lange Zeit umher, ohne Ruhestätte, ohne Schutz in steter Lebensgefahr. Da erweckte Gott das Herz einer frommen Edelfrau, der Ikia oder Ida, die im Bardengau im Lüneburgischen wohnte; sie erkannte ihn, nahm ihn gastlich auf und pflegte sein; dann schenkte sie ihm eins ihrer Güter Ramsola (das heutige Ramelslo, an der Seeve unweit Harburg) zum bleibenden Zufluchtsort und Unterhalt. Dort barg nun Anschar seine Reliquien, dort baute und stiftete er alsogleich ein Kloster, in welchem er seine Getreuen wieder um sich sammelte, um mir ihnen vereint die Wiederherstellung des Erzstifts, die Förderung des unterbrochenen Werkes vorzubereiten.

Dies gelang auch vollständig, nachdem bald daraus (847) Bischof Leuderich gestorben war. Die Mainzer Kirchen-Versammlung übertrug das Bisthum Bremen dem frommen Auschar, und fortan blieben beide Stifter Hamburg und Bremen als ein Erzbisthum vereinigt.

Durch Anschar's thätige Fürsorge wurde das verödete Hamburg schnell wieder aufgebaut; Burg, Dom, Kloster und Schule erhoben sich schöner aus den Trümmern; eben so bald sah man rings umher eine

Stadt voll fleißiger Bürger wieder erstehen; und ein günstiger Vertrag mit dem Dänenkönige Erik dem Jüngeren sicherte für viele Jahre sowohl eine ungestörte Ausbreitung des Christenthums, als ein rasches Aufblühen des innern Verkehrs der verjüngten Stadt Hamburg.

So wirkte der fromme Anschar weiter bis an sein Lebensende, und erfüllte seinen Beruf im allerweitesten Umfange. Er starb in Bremen, 64 Jahre alt, Ao. 865 an dem Tage, an welchem ein früherer Traum ihm seinen Tod vorher verkündigt hatte, – so, wie nur ein frommer gottbegeisterter Mann zu sterben vermag. Er wurde daselbst unter allgemeiner Trauer mit großer Feierlichkeit bestattet. Seinen Reliquien wurde große Verehrung gezollt, und er selbst vom Pabste Nicolaus I. heilig gesprochen, wie denn sein Todestag, der 3. Februar, in der katholischen Kirche noch heute gefeiert wird.

Der heilige Anschar war ein sehr edler und ein eben so wahrhaft großer, als wahrhaft frommer Mann. An Milde, Demuth, Mäßigkeit und Reinheit übertraf ihn Keiner. Aber unter allen feinen vielen Tugenden war die Wohlthätigkeit eine der größten, so daß sein Lebensbeschreiber und Nachfolger, der heilige Rembert, von ihm sagen konnte: er war des Blinden Auge, des Lahmen Fuß, der Wittwen und Waisen Vater.

Sein Andenken hat sich auch in Hamburg Jahrhunderte lang lebendig erhalten. Sein Bild, früher im Dom, ist bekanntlich später in die Petrikirche gekommen.

3. Erzbischof Hoger[3]

(909–915)

Nach des Erzbischof Adalgar's Tode im Jahre 909 folgte ihm sein bisheriger Gehülfe Hoger, ein vormaliger Mönch aus dem Kloster Corvey. Papst Sergius schickte ihm das Pallium und König Ludwig das Kind, der letzte Karolinger, den Hirtenstab. Sein Regiment dauerte nicht lange und fiel in eine unglückliche Zeit, in der das arme Sachsenland von den Verheerungen der Dänen und Slaven einerseits, wie der Ungarn und Böhmen andrerseits entsetzlich zu leiden hatte. Namentlich wurde der Hamburgische Sprengel von den Slaven furchtbar heimgesucht.

Erzbischof Hoger war ein frommer reiner Mann; mit großer Strenge überwachte er die Geistlichkeit, zur Aufrechthaltung guter Kirchenzucht. Und wie er deshalb oft die Klöster und Stifter besuchte, so eilte er auch, wenn er sich zu Hamburg aufhielt, gar häufig mitten in der Nacht nach Ramsola (Ramelslo), wo er zur Zeit der Frühmetten ankam, um zu erforschen, ob auch die Klosterbrüder dieselben nach der Regel feierten. Mit Eifer sorgte er, sich selbst und die Seinigen im Glauben wie in der Liebe und in guten Werken stark zu erhalten, damit er dereinst sprechen könne: „Siehe, Herr, hie bin ich und die Kinder, die du mir gegeben hast."

Er starb zu Bremen Ao. 915 und wurde daselbst in der St. Michaelis-Kirche bestattet. Und als man 125 Jahre darauf die Begräbniskapelle abbrach und das Grab öffnete, fand man außer den Kreuzen des Palliums und dem Kopfkissen nichts von den sterblichen Überresten des Erzbischofs. Und dies wurde gedeutet, daß mit dem frommen Hoger, wie einst mit Johannes dem Täufer geschehen sein soll, bereits die Wiederauferstehung vollführt sei.

Die Sage aber, von Hoger's nächtlichen Fahrten nach Ramelslo, hat sich noch lange unter den Hirten und Bauern der dortigen Gegend erhaltene und wenn dort, wo das alte Kloster des heiligen Anscharius

---

[3] Hauptsächlich nach Adam von Bremen, Hamb. Kirchengeschichte I. 53 u. 54. Die Sage am Schluß nach mündlicher Mittheilung.

noch jetzt als protestantisches Herrenstift besteht, in stiller Nachtzeit ein plötzlicher Windstoß über die Haide und durch die Bäume fährt, oder sonst ein ungewöhnliches Getöse sich regt, so sagen die Leute: „de olle Bischop kumpt, dat Stift to visiteren."

4. Poppo, der Heidenapostel[4]

(Um 962)

Um die Zeit, als Adaldag Erzbischof war, da wurde von Hamburg aus wiederum ein Verkündiger des Evangelii an die Dänen abgeordnet, um dasselbe unter ihnen neu zu beleben. Hierzu war ein frommer, glaubensstarker und gottvertrauender Priester der Hamburgischen Kirche ausersehen, Poppo geheißen. Als dieser vor dem Dänenkönig Harald (andere nennen ihn Erich) erschien, tadelte er denselben mit freimüthigen Worten, daß er sammt seinem Volke vom Christenglauben seiner Väter abgefallen sei und sich dem Dienste der Götzen und Dämonen wieder zugewendet habe. Durch die Kraft seiner Rede zwar betroffen, forderte dennoch der König, daß Poppo vor allem Volke durch wunderbare Zeichen die Göttlichkeit des Christenthums bewähren solle, dann wolle er glauben. Und am nächsten Tage, als der König das Volk an einem ihm heiligen Orte versammelt hatte, hub Poppo mit Gottes allmächtigem Beistande und voll Begeisterung für das Evangelium, ein ungeheuer schweres Stück glühenden Eisens aus und hielt es vor Aller Augen lange Zeit erhoben, ohne daß es ihm die Hände im Geringsten verletzt hätte. Und obschon dies jeden Zweifel hätte beseitigen können, so tat der heilige Mann noch ein zweites Wunder als Zeugniß für die Göttlichkeit der Lehre, die er predigte, indem er ein mit Wachs bestrichenes Gewand anzog und dasselbe, mitten im Kreise der Heiden, in Gottes Namen anzuzünden befahl. Augen, Hände und Herz gen Himmel erhebend, ertrug er die lodernden Flammen, die über seinem Haupte zusammenschlugen, so geduldig, daß er, nachdem sein Gewand zu Asche gebrannt, mit freudigem und liebreichem Blick und Wort bezeugte, er habe kaum den Rauch des Brandes gespürt. Durch solche Wunder wurden der König und alle Anwesenden bekehrt, sie ließen sich taufen und nahmen willig das Christenhum an. Poppo's

---

[4] Adam von Bremen II. 33; auch Schol. 44 ad II daselbst. Thietmar von Merseburg II. 8.

Name und Andenken wurden von da an unter dem Volke und in den Kirchen der Dänen hoch gefeiert.

Und diese Wunder sollen sich nach Einigen zu Ripen zugetragen haben, nach Anderen in Haddeby bei Schleswig.

Der Kaiser aber, hocherfreut über Poppo's gesegnete Wirksamkeit, die dem Hamburgischen Hochstifte zu großem Ruhme gereichte, ließ ihn als Bischof von Schleswig ordiniren; und erst ums Jahr 1030 soll er verstorben sein.

5. Pabst Benedict V. in Hamburg[5]
(965)

Als Kaiser Otto der Große im Jahre Christi 965 wiederum einen Römerzug tat, da setzte er den vom Volke zu Rom ihm zum Trotz erwählten Gegen-Pabst Benedict V. ab, und übergab ihn zur Aussicht dem Hamburgischen Erzbischofe Adaldag, der ihn begleitet hatte. Adaldag, ein geborner Herr von Mayendorf, welcher im Jahre 936 an des Unno Stelle Erzbischof über Bremen und Hamburg geworden war, hatte zuvor dem Kaiser Otto als Kanzler wohl gedient, darum begehrte derselbe auch schon 962 bei seinem Zuge nach Italien seinen Beistand, und behielt ihn bei sich, so daß Adaldag nur aus der Ferne sein Erzstift verwalten konnte, wie er denn z.b. die vom heiligen Anschar gegründete berühmte Domschule verbesserte und zu ihrem obersten Lehrer und Rector den gelehrten Diethhelm bestellte. Aber im Jahre 965 beurlaubte der Kaiser seinen treuen Kanzler, den Erzbischof, damit er nach Hamburg heimkehre, und befahl ihm die Obhut über Benedict V., der sein Vaterland lassen und ins Exil gehen mußte.

Also kam nun der verbannte Pabst nach Hamburg, wo er vom Erzbischof in hohen Ehren gehalten und wohl gepfleget wurde, denn er war ein frommer gelehrter Herr, der des apostolischen Stuhles wohl würdig gewesen wäre, wenn er diese Würde nur in keiner so ordnungswidrigen Weise, vom Volke zu Rom, erlangt hätte. Der arme geistliche Herr konnte wohl unser rauhes Wetter nicht vertragen, da er's milder gewohnt gewesen war, und manchmal soll er fröstelnd zur Sommerszeit zu seinem Caplan, einem Hamburgischen Bürgersohne, gesagt haben, „bei Euch Hyperboräern kann kein Italisch Herz warm werden." Der arme verbannte Kirchenfürst mochte aber noch mehr an Gram und Kummer über sein Unglück leiden, was an seinem Italischen Herzen noch mehr nagte, als die hyperboräische Kälte! Aber fromm und got-

---

5   Domherr Meyer's Blick auf die Domkirche S. 61. Adam von Bremen II. 10; von Hövelen, Hamburgs Hoheit etc. S. 141.

tesfürchtig war sein Wandel, so lange er noch in Hamburg unter den Lebenden weilte, Allen, Geistlichen wie Layen, zu einem erbaulichen Exempel. Täglich zu mehreren Malen betete er in den Kirchen und Kapellen, beichtete oft und verzieh von Herzen seinen Widersachern, übte auch eine große Mildigkeit gegen Arme und Kranke, wurde aber immer bleicher und schwächer.

Und in jenen Tagen hat er viel Nachdenkliches geweissagt, nämlich, daß er hieselbst bald sterben und sein Leib begraben werden würde, daß dann eine schreckliche Zerstörung und Verwüstung dem Stifte und der Stadt Hamburg bevorstehe, daß wilde Thiere in deren Trümmern hausen würden und daß auch das ganze Land, so lange sein Leib darin begraben liege, den Frieden nicht sehen würde; daß aber dereinst seine Gebeine in seine theure Heimath nach Rom versetzet, und daß alsdann durch die Fürsorge der päbstlichen Macht die Heiden und sonstigen feindlichen Widersacher Hamburgs völlig besiegt und vertrieben werden würden, worauf Wohlfahrt und Glück wieder einkehren dürfe.

Und also ist es gekommen. Der fromme Herr Benedict wurde bald so krank, daß er nicht mehr die Kirchen besuchen konnte und am 4. Juli desselben Jahres 965, da er hieher gekommen, entschlief er in dem Herrn sanft und ergeben, und ward begraben von allen Kapitels- und Ordens-Geistlichen mit ernster Pracht im Chore der Domkirche, und ward beweint von allen Frommen und von allen Armen. Man sagt, daß der Kaiser ihn grade habe aus St. Peters-Stuhl zurückrufen wollen, als sein früher Tod dazwischen getreten sei.

Darnach aber ist eine große Verheerung ins Land gekommen, erst durch die Normannen, oder wie man sie damals nannte, die Askomannen, d.h. die aischen (bösen) Männer; darnach durch die Wenden und Slaven, welche noch schrecklicher wütheten mit Feuer und Schwert und barbarischer Grausamkeit, Hamburg von Grund aus zerstörten, Geistliche und Bürger mordeten oder in die Sklaverei schleppten, den Dom einäscherten und entsetzliche Greuel verrichteten.

Inzwischen aber waren nach etlichen 30 Jahren die Gebeine des verstorbenen Pabstes mit Erlaubniß Kaisers Otto III. nach Rom gebracht und daselbst feierlich bestattet. Und da begann auch der letzte Theil von Benedict's Weissagung wahr zu werden, denn vom Kaiser, aus päbstliches Andringen unterstützt, führte der Sachsen-Herzog Benno oder Bernhard II. einen glücklichen Krieg gegen die Wenden und Slaven, die er siegreich unterjochte. Alsbald wurde Hamburg durch den

Herzog und den Erzbischof Unwannus wieder ausgebauet und die Stadt erblühte schöner als zuvor, Glück und Segen kehrten von neuem ein, wie der fromme Pabst es vorher verkündigt hatte.

Derselbe, den man noch jetzt in der katholischen Christenheit als einen Märtyrer und Heiligen verehrt, hat später in Hamburg ein Denkmal erhalten. Da sein Gedächtniß noch nach Jahrhunderten frisch geblieben, so errichtete die dankbare Nachwelt ihm ein Monument in der Domkirche, an der Stelle, wo vordem seine Gebeine geruhet hatten, ehe sie nach Rom gebracht wurden; es soll ein steinerner Sarcophag mit Bildwerken und Inschriften gewesen sein. Gott weiß, wann und wie er verfiel oder zerstört wurde. Aber darnach wurde er durch ein anderes Denkmal ersetzt, an derselben Stelle, das bestand in einem Grabsteinbild, 1 Fuß erhaben aus dem Boden hervorragend, worauf das päbstliche Bild im Ornat, und rings herum Bilder von Aposteln, Heiligen, kämpfenden Ritterfiguren nebst einer Inschrift in Mönchsbuchstaben, zu sehen war. Dies Denkmal hat gestanden, so lange der Dom stand, Vor 50 Jahren haben noch Manche unter uns es gesehen. Nun ist es auch dahin, – als der Dom Ao. 1805 abgetragen wurde, mögen viele Wenden und Slaven, Abkömmlinge jener alten Zerstörer des alten Doms, unter den Werkleuten gewesen sein, – die haben der angestammten Zerstörungslust gern nachgegeben und ihren Vorfahren darin Ehre gemacht; unsäglich viele Alterthümer und Kunstwerke, die im Dom bewahrt wurden, sind seitdem verschwunden, untergegangen, vernichtet. Abbildungen dieses Denkmals kann man in den älteren Hamburgischen Geschichtswerken finden.

6. Glindes-Moor[6]

(Um 995)

Damals, zur Zeit des Erzbischofs Libentius II., als die Normannen wiederum die Küsten der Nordsee mit Feuer und Schwert heimsuchten, landeten auch große Scharen dieser kühnen Räuber, die unser Volk die Askomannen nannte, in der Weser, von wo aus sie die ganze Gegend bis an die Elbe, von Leesum bis zum Lande Hadeln, ausplünderten und Männer, Weiber und Kinder, so viel sie deren nicht erschlagen hatten, als Sklaven mit sich fort führten.

Und da sie nun ihren ferneren Raubzug auf die Stadt Hamburg richteten, unterwegs aber in ein Irrsal von weiten Sümpfen, Mooren und wüsten Haiden geriethen, so zwangen sie einen Edlen dieser Gegend, den Herward, daß er ihnen als Wegweiser diene. Der aber haßte die Feinde und sann auf ihre Vernichtung. Darum gab er insgeheim den erzbischöflichen Kriegern in Bremen wie in Hamburg Kunde von seinem Vorhaben, und führte dann die Askomannen bis auf die Berge, welche sich bei dem jetzigen Harburg längs der Elbe hinziehen. Und als die Normannen sich Hamburg gegenüber sahen, waren sie froh, und gedachten bald hinüber zu kommen, um die Stadt Hamburg dem Erdboden gleich zu machen, wie vormals ihre Stammesgenossen gethan. Da aber führte sie Herward hinunter in das tiefe Moor- und Sumpfland an der Elbe, welches damals Glindesmoor hieß, und sobald die ersten Scharen diesen verderblichen Boden betreten hatten und darin versanken, stürmten seit- wie hinterwärts aus den waldigen Bergthälern die Bremischen und Hamburgischen Kriegsleute herbei und begannen zugleich mit den sich befreienden Gefangenen einen furchtbaren Kampf. Und die Feinde, obschon an Zahl den Unsrigen weit überlegen, fanden

---

6   Adam von Bremen II. 30. – von Heß, Topographie III. 117. Zimmermann, Hamb. Chronik S. 226. Vielleicht bedeutet der Namen Askomannen richtiger Schiff-Männer von Ask, ein Schiff. – Das Treffen von 1814 berichtet Reddermeyer, zur Statistik und Topographie Hamburgs S. 159.

keinen Ausweg, keine Rettung, – wollten sie dem schmählichen Tode in Moor und Sumpf entrinnen, so fielen sie unter den Schwertern und Streitäxten der Sächsischen. Und solchergestalt kamen sie Alle um bis auf den letzten Mann, bei 20,000.

Herward aber wurde hochgepriesen und viel geehrt, und man nannte seinen Namen neben dem des glorreichen Cheruskerfürsten Hermann, der vor alter Zeit in ähnlicher Weise im Teutoburger Walde das deutsche Land von den Römern befreit hatte.

So geht die Sage. Andere freilich meinen, der Ort dieser Schlacht sei jenes Glindesmoor gewesen, welches in der Cremper Marsch, diesseits der Elbe, liegt; aber das ist irrig, denn dahin kamen die Askomannen nicht. Mit mehr Recht vermuthen Andere, daß die Tat weiter ins Bremische Land hinein, zwischen den Flüssen Oste und Hamme, geschehen sei, woselbst es auch große Moore und Waldungen giebt, und die heutigen Ortsnamen Glinstermoor und Glinstedt darauf hinzudeuten scheinen.

Folgen wir aber unserer Sage, so sehen wir durch sie auch unser heutiges Moorburg verherrlicht, welches in alten Urkunden Glindesmoor heißt. Im Jahre 1373 verkauften die damaligen Eigenthümer, die Edlen Barthold und Ludolf von Hiddesacker an Meineke Schulte, der das Land vier Jahre später dem Hamburgischen Rathe abtrat, was hundert Jahre darauf das Geschlecht derer von Hitzacker auch anerkannt hat. Und schon um 1399 bauten die Hamburger hier eine Burg zum Schutze der Elbschifffahrt und zur Abwehr gegen räuberische Überfälle. Hernach ist oft Fehde gewesen wegen der Moorburg: der Bischof Johann von Verden verheerte das Land Anno 1461, um die Hamburger zu bestrafen, die ihm bei einem Besuche ihrer Stadt einen Tort zugefügt hatten. Auch mit den Herzogen von Braunschweig-Lüneburg gab's viel Streit wegen des Landes und der Burg, die siegreich manchen Sturm abgeschlagen hat, und noch 1573 neu befestigt wurde.

Die Burg ist seitdem verschwunden, das dazu gehörige Ackergut aber, eine Domäne der Stadt, heißt mit seinem Pachthofe und sonstigen Gebäuden noch jetzt „die Burg." In des Pächters Garten ist die Stelle des alten Schlosses zu suchen.

Noch in neuerer Zeit sah der classische Kriegsboden des alten Glindesmoor Kampf und Sieg der Deutschen Waffen. Am 1. und 4. April 1814 schlug hier das tapfere Hannoversche Jägerbataillon von Klenke die ungestümen Angriffe der in Harburg liegenden Franzosen unter dem General Pecheur siegreich zurück, nachdem 60 kühne Freiwillige durch die tiefen Marschwiesen gewatet und dem Feinde mit Bajonnett und Säbel in die Seite gefallen waren.

7. Der Fährkrug in Horn[7]
(Um 1000)

Es heißt, daß in jenen grauen Zeiten, da die Marschgegenden um Hamburg noch nicht eingedeicht waren, die ganze Niederung des Elbthals zwischen den jenseitigen Hannoverschen und den diesseitigen Geesthöhen, ein großer See gewesen ist, daraus einzelne höher liegende Landstriche wie Inseln hervorgesehen haben. Und zu allen Fluth- oder Hochwasser-Zeiten ist dann die ganze Fläche überschwemmt und ein einziger Wasserspiegel gewesen.

Und weiter heißt es, daß in dem jetzigen Dorfe Horn, am Bauerberge, hart an der Heerstraße, ein Fährhaus gewesen ist, von wo aus man sich hat übersetzen lassen, wenn man ins jenseitige Land reisen wollen.

Hernach, unter dem Erzbischof Friedrich und den ersten Schauenburgischen Grafen von Holstein, kamen Holländische und Friesländische Anbauer ins Land, die es verstanden, dem Wasser, wie in ihrer Heimath, Dämme entgegenzusetzen und Land abzugewinnen. Die deichten die Niederungen gegen Elbe und Bille ein und schufen so die reichen schönen Marschen der Vierlande, des Bill- und Ochsenwärders und des Hammerbrooks.

Da wurde freilich das Fährhaus überflüssig, aber es war einmal da, und um den Fährmann, der nun erwerblos geworden war, zu entschädigen, erhielt er die Schenk- und Krug-Gerechtigkeit, und aus alter Gewohnheit behielt das Haus den Namen Fährkrug oder Fährhuus.

Und länger als das Fährrecht hat sich das Krugrecht des Hauses erhalten, denn es existirt noch heute bei dem übrigens schon manchmal von Grund aus neu gebautem Hause. Und vor wenigen Jahren, als es eingeäschert wurde, sprachen alte Leute in Ham und Horn zu einander: „dat Fährhuus is afbrennt."

---

[7] Nach mündlicher Überlieferung. Vorlage: Ham. (Druckfehler)

8. Blutige Vorzeichen[8]
(1012)

Es wird mannigfach erzählt, daß in alten Zeiten das Volk noch unmittelbarer als hernach unter seines Schöpfers Regiment gestanden, und Wohl und Weh, Lohn und Strafe, Warnung und Ermunterung in unzweideutiger Weise aus Gottes Hand empfangen habe. Wenn nun auch noch heut zu Tage des Herrn allmächtiges Walten in der Weltgeschichte einem ungetrübten Auge noch eben so sichtbar ist, so erfreuen wir aus doch nicht mehr solcher Himmelszeichen zu Nutz und Lehr, wie sie damals, nach alter Chronisten Aufzeichnung, häufig vorgekommen sein sollen.

So ereignete es sich Ao. 1012 zu Hamburg, als Libentius I. Erzbischof war, daß gegen Ende der Fastenzeit eine verheerende Wasserfluth ganze sieben Tage lang die Stadt überschwemmte; am Palm-Sonntage darauf fielen aus hoher Luft plötzlich dicke, rothe Blutstropfen herab, in großer Menge, fast wie ein dichter Regen, so daß die rothen Spuren davon auf den Kleidern der Leute zu sehen waren. Und darnach stand zwei Tage lang, am Charfreitag und am Ruhetag, die Sonne am Himmel wie eine Feuerkugel, deren rother, blutiger Schein Alles grausig färbte. Erst am heiligen Ostertage ging die Sonne in ihrer natürlichen Farbe und Gestalt wieder auf.

Damit hatte der Herr Gott erwecklich kund gethan, was folgen werde: ein Strafgericht für die Bösen, die solche Warnung und Ermahnung zur Buße unbefolgt lassen würden. Und viel Volks bekehrte sich und bereitete sich vor auf das kommende Unglück, durch Fasten und Beten und gute Werke, damit sie die unsterbliche Seele retteten, und der Tag des Gerichts ihnen durch Gottes Gnade das Himmelreich bringen möge. Andere aber blieben verstockt und unbußfertig, und aßen und tranken sich selber das Gericht.

---

8 Aus handschriftlichen Chroniken, namentlich der sogenannten Beckendorp'-schen des Stadt-Archivs. Vorlage: Borzeichen (Druckfehler)

Darauf erfolgte denn in demselben Jahre die erschreckliche Zerstörung Hamburgs und der umliegenden Lande durch die Wenden unter ihrem Heerführer Mistewoi, davon gleich erzählt werden wird.

9. Mistewoi der Wende und Hamburgs Zerstörung[9]
(1012)

Während Herzog Bernhard II. die Niedersächsischen Lande regierte, und grade ein guter Frieden bestand mit den Wenden, kam einer ihrer Fürsten, Mistewoi genannt, aus dem Stamme der Obotriten (im heutigen Mecklenburg), an den herzoglichen Hof, und da er ein zwar etwas ungeschlachter, aber starker und tapfrer Degen war, der dem Herzoge in manchen Fehden guten Beistand leistete, auch durch seinen Einfluß die unruhigen Wenden in Zaum halten half, so erlangte er es, daß der Herzog ihm seine Schwester, die schöne Mathilda, eines Flandrischen Grafen junge Wittwe, zur Ehe versprach. In Folge dieser Zusage begleitete Mistewoi sodann mit 1000 Reitern den Herzog, als dieser den Zug des Kaisers nach Italien mitmachte. Wie nun aber nach der Rückkehr Mistewoi auf die Erfüllung des Versprechens drang, da fand er taube Ohren. Wenden und Deutsche standen sich doch trotz Mistewoi's Ergebenheit und Vermittlung noch zu scharf entgegen, so daß z.b. das Volk den Namen Mistewoi's, zumal er von gedrungener, dicker Gestalt war, spottweis verdrehte, und ihn nur den Ritter Mastschwein oder Junker Mistferkel zu nennen pflegte. Vorzüglich aber waren es Deutsche Fürsten, die dem Herzoge Bernhard von solcher Verbindung abriethen, und der Markgraf Dietrich von Brandenburg meinte, es sei eine Sünde und Schande, eine christliche Fürstin an einen heidnischen Wendenhund zu verheirathen. Dies unbedachte Wort drang durch, Herzog Bernhard wies den getäuschten Freiersmann ab, der dann stracks mit allen seinen Leuten das Hoflager verließ und sich zu seinen Landsleuten begab, aber zuvor dem Herzoge sagen ließ: „den deine Leute zum Mastschwein machen, der wird ihre Felder zerstören und ihre Wohnsitze umwühlen; und der, den du zum Hunde erniedrigt, der wird auch beißen und zerreißen wie ein Hund."

---

9   Zimmermann, Hamb. Chronik S. 35. u. 36. und die handschriftl. Beckendorp'sche Chronik.

Mistewoi faßte einen grimmen Zorn gegen die Deutschen und Christen; und je ergebener er ihnen früher gewesen, desto völliger wurde nun sein Abfall. Seine Wenden, die ihn früher hart getadelt, nahmen ihn nun mit Freuden auf, und in einer von ihm nach Mecklenburg berufenen Versammlung aller Wendischen Stämme, denen er seine Schmach als die ihrige vorstellte, wurde ein allgemeiner Aufstand und Krieg beschlossen und Mistewoi zum Anführer erwählt.

Und die Wenden brachen los, als Herzog Bernhard grade wegen einer Verschwörung wider den Kaiser keine Vertheidigung treffen konnte. Eine ganze Sündfluth „Wendischer Hunde," wie sie selbst sich nannten, führte Mistewoi, der verspottete „Ritter Mastschwein," sengend, brennend und mordend in die Lande, und alle Kirchen und Klöster, Städte und Dörfer, Burgen und Vesten eroberten und zerstörten sie; alle Christen-Männer, die ihnen in die Hände fielen, erschlugen sie; die Weiber und Kinder führten sie in Sklaverei, die Greise marterten sie zu Tode. Vorzüglich waren es Kirchen und Klöster, die Pflanzstätten des ihnen so verhaßten Christenthums, die sie gründlich zu zerstören trachteten, und deshalb übten sie gegen Priester, Mönche und Nonnen die scheußlichsten Grausamkeiten aus. Also wühlten die Wendischen Schweine, also bissen die Wendischen Hunde. Und nachdem sie so das Bisthum Oldenburg (in Holstein) verheert und verödet, zogen sie auf des Erzstiftes Hauptstadt, auf Hamburg, zu. Die arme Stadt, von Vertheidigern fast entblößt, fiel nach verzweifelter Gegenwehr im wilden Sturme in die Hände der Wenden, die wie eingeteufelte Ungeheuer darin haus'ten; der Dom und alle Heiligthümer, alle Häuser der Bürger sanken in Schutt und Asche; nachdem die auserlesensten Frauen und Mädchen als Sklavinnen in schmachvolle Gefangenschaft weggeführt waren, wurden die noch übrigen Männer geschlachtet, gespießt, gebraten in den brennenden Häusern, die Geistlichen aber und Mönche und Nonnen unter unsäglichen Qualen zu Tode gefoltert. Des heiligen Kreuzeszeichens spottend schnitten die Wenden ihnen z.b. die Haut des Kopfes in Kreuzesform auf und zogen sie so herab oder peitschten sie aus der eigenen Haut heraus.

Aber als diese Gräuel der Wendischen Hunde den höchsten Grad erreicht haben, da hat Gott ein Einsehen gethan, und zum Entsetzen der Heiden hat sich ob der Stadt am Himmel ein Wahrzeichen des Herrn blicken lassen, in Gestalt einer gewaltigen rechten Hand, die hat abwehrend den Heiden gedreut, und hat dann wie segnend und verheißend den wenigen noch übrigen Christen sich zugeneigt, und ist dann verschwunden. Und die sterbenden Märtyrer haben, da sie dies Wunder gesehen, einen heiligen Gesang angestimmt, bis ihre Seelen von Engeln des Herrn aus diesem Jammerthal ins ewige Leben hinübergeführt sind. Die Wenden aber sind davon gezogen. Darnach ist's stille geworden in den weiten, rauchenden, bluttriefenden Trümmern der Stadt Hammaburg!

Hernach, als Erzbischof Libentius II. (1013) gestorben und Unwann sein Nachfolger geworden war, der den Kaiser mit Herzog Bernhard aussöhnte und mit diesem gemeinsam Hamburg wieder erbauete, da begab es sich auch, daß Mistewoi in sich schlug, seine begangenen Übeltaten bereute und gut zu machen suchte. Er entsagte seinem Wendischen Fürstenthume, zog nach Bardowik, allwo er still und erbaulich gelebt hat und um 1025 gestorben ist.

10. Erzbischof Unwannus[10]

(1013–1029)

Nach des Libentius Tode im Jahre 1013 wurde der Paderborner Chorherr Unwannus, aus dem reichen, angesehenen Geschlechte der Immedinger oder derer von Meding, sein Nachfolger auf dem erzbischöflichen Stuhle über Hamburg und Bremen. Kaiser Heinrich II. und Pabst Benedict VIII. bestätigten ihn in seinem Amte in üblicher Weise.

Sein Kirchen-Regiment führte er preiswürdig, indem er von seinem Familiengute den dritten Theil der Kirche opferte, Pfarrherren anstellte, und Cleriker, die bisher halb als Mönche, halb als Weltgeistliche lebten, an bestimmte kanonische Regeln band. So wurde er der eigentliche Gründer des Dom-Capitels in Hamburg, indem er für 12 Präbenden 12 Geistliche als regulirte Domherren oder Canonici verordnete, denen er den Unterricht und die Erziehung der Jugend, so wie die Ausbildung befähigter Personen anvertraute, welche von hieraus das heilige Sendamt zur Ausbreitung des Christenthumes antreten sollten. Hierdurch wurde er sowohl Hamburgs wie des ganzen Nordens Wohlthäter.

Für die Heidenbekehrung sorgte er selbst sehr thätig. Noch waren in den großen Wäldern auf beiden Seiten der Elbe viele Altgermanische Opferaltäre; diese ließ er zerstören, und manche heilig geachtete Eichen, ja ganze Haine umhauen. Und da selbst unter den längst bekehrten Bewohnern des Nordalbingischen Landes noch viele heidnische Gebräuche herrschten, so strebte er nach deren Abstellung. Um noch wirksamer das Missionswerk zu fördern, öffnete er die gesammelten Schätze der Kirche und gewann durch wohlthätige Verwendung derselben und freigebige Geschenke heidnische Fürsten und Völker, bei denen der dadurch bewiesene milde Geist des Christenthums leichteren Eingang fand.

Hamburg, welches 1012 in entsetzlicher Weise von den Wenden zerstört war, suchte der fromme Unwann in Gemeinschaft mit dem

---

10   Adam von Bremen II. 45. etc. Zimmermann, I. c. S. 40.

Landesherrn, dem Herzog Bernhard II. wieder herzustellen. Die zerstreuten Bürger wurden wieder versammelt; Dom, Schule und viele Häuser ließ er erbauen, wenn auch fürs Erste nur aus Holz. Und größtenteils wohnten beide in Hamburg, um wirksamer das Wohl der wieder aufblühenden Stadt zu fördern, deren Gewerbe, Handel und Schifffahrt bald wieder emporkam.

Unwannus wird uns als ein ehrwürdiger Greis geschildert, voll Liebe und Sanftmuth, vielleicht zu nachsichtig gegen die Fehler der niederen Geistlichkeit; aber freigebig gegen Arme und Schwache, und ein besonders väterlicher Freund der Kinder. Er starb am 27. Januar 1029.

11. Von Naturwundern, Wassersnoth, Leichenknäueln und Grabhügeln[11]

(1020)

Im Vorwinter des Jahres 1020 erschien zu öfteren Malen die Sonne mit einem lichten, breiten Kreise umgeben, in welchem viele Kreuze sichtbar waren. Und allnächtlich war der Schnee, der die Erde bedeckte, wie eine langsam wallende, rothe Feuersglut anzusehen. Solche Abirrungen der Natur von ihren sonst so unwandelbaren Gesetzen konnten nichts Gutes bedeuten, und da obendrein die Winterkälte so entsetzlich hart war, daß viele arme Leute todt froren, so ermahnte der fromme Erzbischof Unwannus Geistliche wie Laien zu außerordentlichen Gebeten, zur Buße und Besserung, dieweil ein Gericht Gottes im Anzuge sei.

Bald darnach schwollen nun auch Elbe und Weser furchtbar an, und ergossen ihre Fluthen mit Sturm und Ungewitter über die Uferlande, daß die meisten Menschen auf der schnellen Flucht nur das nackte Leben retteten und unzählig viele jammervoll umkamen. Und während der drei Tage und drei Nächte, daß die Überschwemmung dauerte, haben die Fluthen der Elbe und Weser zischend gebrodelt und geballt, als wenn sie kochten und siedeten, und die Wellen haben wie Feuersflammen empor gelockt, so daß Feuer und Wasser, sonst einander so feindliche Elemente, Eins geworden waren.

Nachdem nun solche Empörung in der Natur sich gelegt und die Fluthen allgemach sich verlaufen, hat man an vielen Stellen todte Menschen gefunden, die lagen in großen Haufen beisammen und waren durch todte Schlangen, welche sich um sie gewickelt, dergestalt mit den Gliedern verschlungen, daß man sie selbst mit Gewalt nicht von einander trennen konnte. Also, da man sie einzeln nicht bestatten

---

11 Nach ungedruckten Chroniken. Gewiß ist, daß vor der Eindeichung der Marschen schon Ureinwohner daselbst auf Erderhöhungen, sogenannten Woorthen, gewohnt haben. – Das Vermächtniß des Radecke vom Jahre 1416 erwähnt Staphorst, Hamb. Kirchengeschichte II. 841.

konnte, hat man da, wo sie lagen, Erde auf die Haufen geworfen und nach Art unsrer ältesten Vorfahren mächtige Hügel darüber geformt, und riesige Steine darauf gewälzt.

Diese Hügel sind nach und nach eingesunken und niedriger geworden; und später, als sich immer mehr Menschen ansiedelten in den flachen, von ihnen eingedeichten Marschen, da errichteten die ersten Anbauer ihre Wohnungen gern auf diesen Erhöhungen, deren Steine sie gut benutzen konnten. Daher finden wir mitten in den Elb- und Weser-Marschen manche Häuser auf kleinen Anhöhen gelegen, und die darin wohnen, wissen nicht, was unter ihren Füßen begraben liegt.

Gleich jenseits Grevenhof und dem Griesenwärder gegenüber liegt eine Elbinsel, deren Hamburgischer Theil „Roß," der Hannoversche aber „Neuhof" heißt. Den Neuhof nannte man noch vor 150 Jahren „den Kirchhof." Denselben meinte der fromme Mann Radecke to der Monnicke, als er Ao. 1416 die Seelmessengelder zu St. Jacobi um 10 [M.][12] Jahres-Renten vermehrte, um dafür unter Anderem „das Gedächtniß der armen Seelen zu begehen, deren Leiber aus dem wüsten Kirchhof beim Griesenwärder ruhen." Es liegt nahe, einen der Begräbnißplätze von 1020 mit diesem „wüsten Kirchhof" von 1416 in Verbindung zu bringen.

Ja, wenn man nur immer wüßte, was Alles auf der Stelle passirt ist, wo man jetzt in behaglicher Länge und Breite sich streckt und dehnt, dann würde manch' wunderbares Ding, was wir jetzt, obschon unenträthselt, doch für eitel Täuschung der Sinne halten, ganz wohl gedenkbar sein.

Solch ein alter Leichenhügel kann nämlich einst auch dort gewesen sein, wo jetzt die Straße „der Holländische Brook" sich befindet; bevor dieser Platz innerhalb der Stadt und Festungswerke zu liegen kam, war er ein Theil des Grasbrooks. Dann mag der Wall die Erde des Grabhügels, und das Fundament des ältesten der jetzigen Häuser die Steine in sich aufgenommen haben. In diesem alten Hause aber ist von jeher viel Seltsames gehört und auch wohl gesehen, manch' geisterhaft' Wesen, im Vorüberwehen rauschend und wehend, bald stumm und still, bald seufzend und ächzend, – aus des Kellers Gründen durch alle Geschosse wandelnd bis zu des höchsten Bodens First, dann wieder verhallend in die Tiefe hinab schwebend. Der dies schreibt, der ist in jenem Hause geboren und groß geworden.

---

12 Lübische Mark

12. Adalbert, Erzbischof von Hamburg[13]
(1043–1072)

Nachdem um Ostern 1043 zu Bücken im Hoya'schen Herr Alebrand, der vielgeliebte Erzbischof von Hamburg und Bremen, „das irdische Pascha mit den himmlischen ungesäuerten Brodten" vertauscht hatte, wurde in demselben Jahre Herr Adalbert, geborener Graf von Wettin, zuvor Domprobst von Halberstadt, sein Nachfolger. Das erzbischöfliche Pallium empfing er durch Gesandte des Pabstes Benedict IX., worauf seine Ordination zu Aachen Statt hatte, in Beisein Kaisers Heinrich III. und vieler Reichsfürsten, mittelst Einsegnung durch zwölf Bischöfe. Nachdem er sodann Bremen besucht hatte, wandte er sich und seine Thätigkeit der Hamburgischen Kirche zu.

Erzbischof Adalbert hegte für seine Metropolis Hamburg eine große Liebe, und allemal residire er hier, so oft seine vielen Kirchen- und Staats-Geschäfte und seine dem Kaiser und Reiche gewidmeten Dienste, die ihn zu unaufhörlichen Reisen zwangen, dies gestatteten. Und da von der Hamburgischen Kirche aus seit deren Gründung das Christenthum im ganzen Norden verbreitet worden war, ob zwar unter unsäglichen Kämpfen und dem Märtyrerthum so vieler heiliger Sendboten, so nannte Adalbert Hamburg „die gesegnete Mutter aller Völker des Nordens," welcher er um so freudiger Liebe und Ehrerbietung zolle, und um so eifriger hülfreiches Sorgen darbringe, je näher der Feind stehe, der ihre Herrschaft seit Jahrhunderten gleichsam wie ein Sieb durchlöchert habe. Und um deswillen bauete er später das Castell auf dem Süllenberge.

So lange diesseits der Elbe Friede war, pflegte der Erzbischof alle Ostern- und Pfingst-, auch wohl Mutter-Gottes-Feste in Hamburg zu feiern, wo er in der Burg seiner Vorgänger, der Wiedenburg, Hof hielt und in der Domkirche das Hochamt selbst verwaltete. Zur Verherrlichung dieser hohen Feste zog er aus allen Stiftern seiner beiden Diöcesen eine

---

13   Hauptsächlich nach der milderen Auffassung Adam's von Bremen. (III.)

Menge von Geistlichen, zumal solche, die durch eine schöne Stimme in Predigt und Gesang die Gemeinde erwecklich zu erbauen verstanden. Und da er die Dienerschaft der Hamburgischen Kirche in großer Vollständigkeit erhielt, auch Nichts sparte, um die gottesdienstlichen Handlungen sowohl mit innerer Würdigkeit als mit äußerem Glanze ausführen zu lassen, so mag wohl zu keiner Zeit der Kirchendienst in Hamburg in einer so herrlichen Weise versehen sein, als unter Adalbert. Und besonders viel hielt er auf den Chorgesang, den er in nie gekannter Weise einführte, und oft ließ er während dreier Messen, denen er beiwohnte, zwölf Litaneien absingen. Er mochte Alles, in geistlichen wie weltlichen Dingen, groß sehen, erhaben, bewundernswerth. Darum erfreute sich sein Gemüt an dem wallenden Weihrauch der Specereien, an der Pracht der heiligen Gefäße und Gewänder, an dem blitzenden Glanze der tausend Kerzen, an dem mächtigen Eindrucke des volltönenden Chorgesanges. Und diese äußerliche Pracht, deren heilsamen Einfluß auf die Gemeinde er wohl kannte, begründete er überdies durch die Herrlichkeit des Herrn und Seines Tempels, wie sie im alten Testamente geoffenbart ist; wie er denn sonst Vieles, was den Leuten fremd erschien, nicht anders als in Übereinstimmung mit der heiligen Schrift gethan hat.

Erzbischof Adalbert war ein Mann von ungewöhnlich großen Gaben und Gnaden. Bei einer vollkommenen Körper-Schönheit und Kraft vereinigte er in sich so viele Tugenden und Vorzüge des Geistes wie des Gemütes, daß es nur dem unglücklichen Gange der Weltbegebenheiten, wie einem einzigen Fehler seines Charakters, zuzuschreiben ist, wenn er sein hohes Ziel: – die Erhebung der Hamburgischen Kirche zum Patriarchat über Nord-Europa zum Gegengewicht des Pabstthums in Rom, nicht erreicht hat, was für ganz Deutschland vielleicht die wichtigsten, segensreichsten Folgen gehabt haben würde. Er war verständig, gelehrt, weise, besaß eine wunderbare Gedächtnißkraft und hinreißende Beredtsamkeit; er war mäßig und keusch, großmüthig, und freigebig, wie es einem Fürsten so wohl ansteht, über alle Maßen; ein Freund des Gebens, ein Feind des Empfangens; kraftvoll im Ausführen der hochstrebenden Entwürfe seines großartigen Geistes; demüthig vor Gott, mildfreundlich gegen Geringe, Arme und Pilger, denen er oftmals knieend Abends die Füße wusch in demüthiger Nachfolge unsres Heilandes; aber stolz und gebieterisch gegen die Großen und Mächtigen dieser Welt. Und mit dieser letzten Eigenschaft hängt auch der einzige Fehler zusammen, den er anfangs hatte, ein Fehler, aus dem später so viele andere zum Unheil seiner selbst entsprangen: die ruhmsüchtige Eitelkeit, diese „vertraute Hausmagd der Großen und Reichen," wie sein Bremischer Dom-Scholaster, Magister Adam, sie nennt. Und dennoch opferte er Eitelkeit und Ruhmsucht seinem hohen Ziele willig auf, als er im Jahre 1046 zum Pabste erwählt werden sollte; er lehnte nämlich diese höchste Würde ab und veranlaßte es, daß Snidger (als Clemens II.) den Römischen Stuhl bestieg. Der Hamburgische Erzbischof war aber damals so mächtig, daß er den Dänenkönig Swend Estridson, der seine nahe Blutsverwandte Gunhilde von Schweden geheirathet hatte, wirksam in den Bann thun konnte.

Adalbert's bitterster Feind war Herzog Bernhard von Sachsen, der Billunger, welcher, wenn er zu Hamburg weilte, in der von ihm auf den Trümmern des alten Castells Karls des Großen erbauten Alsterburg residirte. Nicht allein die Eifersucht des Landesherrn war die Ursache solcher Feindschaft, auch des Herzogs persönlicher Haß traf, wiewohl mit Unrecht, den Erzbischof. Denn als Bernhard's Bruder, Graf Dietmar, dem Kaiser Heinrich III. bei Lismona (Leesum bei Bremen) einen hinterlistigen Überfall zu bereiten trachtete, wurde dieser durch Adalbert's Treue geschützt und des Empörers Verrath vereitelt; und als Dietmar, vor den Kaiser geladen, zum gerichtlichen Zweikampfe verurtheilt wurde, erlag er in demselben nach Gottes Fügung seinem Gegner, dem kaiserlichen Hauptmann Arnold, am 3. October 1048. Dess' zur Rache und Sühne ließen Dietmar's Söhne den Arnold fangen und mit heidnischer Schimpflichkeit ihn bei den Beinen zwischen zweien Hunden aufhängen, für welchen Frevel der Kaiser sie mit ewiger Verbannung strafte. Und wegen dieser traurigen Begebenheiten, die doch nicht unverschuldet das herzogliche Haus trafen, verfolgten Bernhard und seine Söhne den Erzbischof, dessen Angehörige, ja selbst die Kirche, mit nie endender Feindschaft.

Auch außer den hohen Festen weilte Adalbert zur Sommerszeit oft mondenlang in Hamburg, der ihm so theuren Stadt. Hierher beschied er die Gesandten der nordischen Völker, hier empfing er die Besuche der Fürsten und Dynasten der Germanischen wie der Slavischen Stämme. Er tat in Hamburg Allen wohl, die ihm naheten; die Bürger ehrte er und förderte neben dem geistigen auch ihr irdisches Wohl, wo und wie er nur konnte; zum Ausbau der Stadt gab er willig Vorschub; den wachsenden Verkehr erleichternd legte er eine eigene Münzstätte an; und was er Gutes und Löbliches in fremden Landen gesehen, das trachtete sein thätiger Geist, dem noch halb barbarischen Vaterlande anzueignen. Sogar Gärten und Weinpflanzungen ließ er auf dürrem Haideboden in Hamburgs und Bremens Umgegend anlegen. Aber dies, wie manch' anderes viel Bedeutsameres, was der Natur des Landes und der damaligen Bewohner widerstritt, blieb ein vergebliches Bestreben des großen Mannes, dessen guter Wille so oft dem bösen Geschicke unterlag.

Kummer und Widerwärtigkeit, Undank der Welt, sogar seiner Freunde Abfall, Feindschaft aller Orten, Kränkungen seines unseligen Stolzes, – dies Alles machte ihn mißgestimmt, hart, zornmüthig. Wo sonst sein Edelsinn verzieh, da waltete nun sein Eifer mit verderbender Strenge. Und doch blieben im Grunde seines Herzens Mitleiden gegen Arme und Bedrängte, und Freigebigkeit gegen alle Bedürftige, so mächtig in ihm, daß derselbe Mann, der im Zorne wie ein Löwe geflohen wurde, in guten Stunden sanft war wie ein Lamm und zu jedem Opfer bereit.

Aber während er von Schmeichlern und Schmarotzern umringt, nur Lobpreisungen seiner Größe und Würdigkeit vernahm, während Wahrsager, Traum- und Zeichendeuter (die sein hoher Geist hätte verachten müssen) seinen schrankenlosen Wünschen die eitlen Trugbilder nahender Erfüllung vorspiegelten, sank mit stets wachsendem Verfalle der irdischen, auch seine geistige Hoheit und Tugendherrlichkeit immer tiefer. Zwar ließ er noch immer den zehnten Theil seines ganzen Einkommens den Armen und Kranken zuweisen, zwar hielt er noch täglich offene Tafel für Jedermann, aber schon war Wohlthun und Gastfreiheit bei ihm mehr Sache der Eitelkeit als des Herzens. Beim reichen Mahle, das er selbst kaum berührte, zeigte die Bitterkeit der Witzworte, die er der geistreichen Unterhaltung einmischte, den trüben, kranken Zustand des einst so klaren, frommen Gemütes und seines Geistes zunehmende Verfinsterung, die nur zuweilen ein heiteres Saitenspiel auf Augenblicke zerstreuen durfte, während er die den gemeinen Haufen ergötzenden Gaukeleien der Mimen verabscheute.

Doch zuletzt brach wohl sein starrer Stolz, wozu nach seiner eigenen Erzählung ein wunderbares Gesichte beigetragen hat, das er erlebte. Er sah sich nämlich um Mitternacht in der Domkirche zu Hamburg in Gemeinschaft mit seinen vierzehn Vorgängern im Bisthum feierlich die Messe begehen. Erzbischof Alebrand, der die Mysterien vollzog, wandte sich nach Verlesung des Evangelii den Anwesenden zu, um deren Opfer zu empfangen, und als er an Adalbert kam, wies er mit strengem Blicke und diesen Worten dessen Gabe zurück: Du hochgeborner, vornehmer Mann kannst mit uns geringen Leuten nichts gemein haben. Worauf das Gesicht endete. Und als er mit tiefstem Schmerze der Heiden Siegesgewalt, der Christen Verfolgung und Abfall, ja selbst der Geistlichen Entartung wahrnahm, als er vergebens gegen der Laien wie der Priester Verderbtheit eiferte, da weinte Adalbert der Große heiße Thränen, die wohl theils dem Verfall der eigenen Macht, den kommenden Strafgerichten und der Gefährdung der heiligen Kirche, aber auch seinen begangenen Fehlern, die dazu mitgewirkt hatten, gegolten haben mögen.

Aus seiner Hamburgischen Diöcese, wo er geliebt und verehrt wurde, durch blutdürstige Heiden vertrieben, die das mühsame Werk so vieler heiliger Männer und eins der wichtigsten Bollwerke der Christenheit zertrümmerten, war der Abend seines Lebens düster umwölkt. Eine vom Germanischen Drudengeiste beseelte Wahrsagerin verkündete allem Volke und ihm selbst sein nahes Ende, aber noch hörte er lieber auf die Lügenpropheten seines Hofes. Daß in Bremen und anderen Orten die heiligen Kreuze Thränen schwitzten, daß Hunde und Schweine die Altäre entweihten, daß das Geheul der Wölfe mit dem der Uhu's bis in die geängstete Stadt Hamburg drang: es verkündete des Erzbischofs Ende und unsägliche Trübsal für seine Diöcese; und Hamburgs zweimalige Zerstörung im Sterbejahre des Metropoliten hat es wahr erwiesen.

Er aber erkrankte schwer zu Goslar am Harze, wo er dennoch thätig wirkte für den Kaiser Heinrich IV., den einzigen Menschen, an dem seine Seele mit väterlichster Liebe und treuester Hingebung hing, den er erzogen hatte, der sein Glück war wie sein Schmerz! Dieser allein durfte den Sterbenden besuchen, dessen großer Geist den schwachen Körper so standhaft aufrecht erhielt, daß kein Klagelaut, kein Seufzer seinen Lippen entflohen ist. In den letzten Stunden hat er viel gelitten, viel gebüßt, viel göttliche Gnade empfangen. Gott mißt mit anderem Maßstabe als wir Menschen. Er starb am 16. März 1072 und hinterließ außer Büchern und Reliquien nichts als allein bei den Armen und Kranken untröstliche Trauer über seinen Verlust. Seine Leiche ward nach Bremen gebracht und im Chore der von ihm erbauten Domkirche bestattet. Denn sein Wunsch, in der Mutterkirche zu Hamburg beerdigt zu werden, konnte nicht erfüllt werden; Hamburg war eine Beute der Heiden.

13. Drei Burgen in Hamburg[14]

(Um 1060)

Um das Jahr 1060 waren drei große Burgen in Hamburg, worüber sich wohl etwas sagen läßt.

Bezelin Alebrand, ein Canonicus von Cöln am Rhein, war um Weihnacht 1035 von sieben Sächsischen Bischöfen mit großer Pracht als Erzbischof von Hamburg geweiht und vom Kaiser bestätigt, worauf ihm der Pabst den Mantel seiner Würde sandte. Er war ein guter, frommer Herr, der die Stadt Hamburg lieb hatte und ihr gern nach den erlittenen schweren Kriegesnöthen wieder aufhelfen wollte. Er erbaute vor allen Dingen Ao. 1037 statt des zeitherigen, vom Erzbischofe Unwannus vorläufig aus Holz erbauten, einen neuen prächtigen Dom, völlig aus Quadersteinen gemauert. Daneben aber errichtete er südlich vom Dom, wo damals ein Arm der Elbe vorbeifloß (der bei nachmaliger Vergrößerung der Stadt als Fleth benutzt wurde), eine feste, wohlverwahrte Burg, ihrer Pracht wegen auch Palatium oder Palast, zu Deutsch Pfalz genannt. Hier war seine erzbischöfliche Residenz. Man nannte sie auch die Wiedenburg, von den vielen Weiden, die damals an den sumpfigen Ufern der Elbarme wuchsen. Es war mit seinen Höfen und Thürmen ein großes, weitläufiges Gebäude, welches die ganze Gegend der heutigen Straßen Schopenstehl und kleine Reichenstraße einnahm, vom Domstegel an bis zur Kattrepelsbrücke und Hopfensack; und die letztere Gegend wurde noch vor 100 Jahren vom Volke die Wiedenburg genannt, wie hie und da noch jetzt. Das war die eine Burg. Und Bezelin Alebrand umgab auch die inzwischen von Neuem aufgeblühte und bei lebhaftem Handel stets zunehmende Stadt Hamburg mit guten Wehr-Anstalten gegen die Raubzüge und Heerfahrten der Normannen und anderer See- und Land-Räuber, nämlich mit einer starken Mauer, darin drei Thore waren mit drei festen Thürmen darüber oder daneben. Hernach baute er noch neun solcher Zwingthürme, so daß zu-

---

14   Steltzner I. 34 ff. Lappenberg, Programm 8. Adam von Bremen III. 68 u.a.

sammen ihrer zwölf zur Vertheidigung der Stadt dienten. Von diesen sollten inne haben, besetzen, bewachen und vertheidigen: den ersten der Bischof und seine Leute, den zweiten der Advocatus oder Vogt des herzoglichen Landesherrn, den dritten der Dom-Probst, den vierten der Dom-Dechant, den fünften der Dom-Scholaster, den sechsten die übrigen Domherren und Vicarien (woraus man sieht, daß dazumal die Geistlichen auch starke Kriegsleute waren und das Schwert nicht minder als das Räucherfaß zu schwingen verstanden). Die sechs übrigen Thürme waren aber in den Händen der Bürger und denselben anvertraut, deren Zahl und Wehrhaftigkeit also damals nicht größer gewesen sein muß als die der gesammten Geistlichkeit und der Vogtsleute.

Die zweite Burg erbaute der Sachsen-Herzog Bernhard II. an der andern Seite des Doms, mehr dem Alster-Flusse zu, nach Einigen da, wo hernach der Schauenburger Hof an der Steinstraße gewesen, nach Anderen etwa da, wo vor dem Feuer von 1842 das alte Zuchthaus gestanden hat und jetzt die Hermanns- und Ferdinands-Straßen zusammentreffen. Einige sagen, dies sei auch ungefähr die Stelle gewesen, wo Karl der Große seine Hammaburg gebaut habe, Andere aber glauben, daß solche etwa auf dem Platze der Wiedenburg gestanden. Diese Burg wurde des Herzogs Pfalz und Residenz, wenn er nach Hamburg kam, was oft geschah, da er die fleißigen und tapferen Hamburger gern hatte. Als das Haus Schauenburg das Holstein'sche Land bekam, da hat Adolf's I. Gemahlin diese inzwischen verfallene Burg neu erbaut und befestigt, und als Wittwensitz bewohnt mit ihrer Schwiegertochter, des Grafen Hartung Wittwe. Darauf aber im zwölften Jahrhundert ist die Burg von Heinrich, Grafen von Badewide, wiederum zerstört worden. Dann ist die Stadt an dieser Seite mit einem starken Wall befestigt, darin ein Thor war, um die Alsterschiffer einzulassen. Der Wall hieß der Heidenwall, unb bis 1842 wurde im Stadt-Erbebuch diese Gegend beim Zucht- und Spinnhause, dabei auch der Marstall E. H. Raths lag, „beim Heidenwall" genannt, das Thor aber hieß das Alsterthor, wie noch jetzt die in der Gegend befindliche Straße. „Heidenwall" aber hieß jene Befestigung, weil der Sage nach an dieser Stelle bei Erbauung der Stadt ein Götzenbild oder sonstiges Heiligthum unsrer im Altgermanischen Heidenwesen befangenen Vorfahren, und zwar inmitten eines großen bis zur Alster gehenden Haines, gestanden haben soll.

Die dritte Burg baute Bernhards Nachfolger, der Herzog Ordulf, aus Vorsicht, weil er dem Erzbischof Adalbert, welcher damals in der Wiedenburg saß und mit großen Erweiterungen seiner weltlichen Macht umging, dadurch im Zaum zu halten gedachte. Er baute sie südwestlich außerhalb halb der Stadt, an einem Elbarme, und nannte sie die neue Burg. Und was dort umher angebaut wurde, nannte man die Neustadt, darin also der Herzog residirte, wie der Erzbischof in der Altstadt; und wie ihre Herzen, so waren auch ihre Wohnsitze getrennt von einander. Die hat fast 100 Jahre dort gestanden, und darnach, als der dritte Adolf aus dem Hause Schauenburg über Holstein und Hamburg regierte, hat er die Burg dem Bürgermeister Wirad gegeben, damit sie löblichem Commercio zum Besten abgebrochen und den Kaufleuten zu Wohnungen und Speichern verliehen würde, wie auch geschehen. Und der Name dieser Gasse „bei der Neuen Burg" pflanzte ihr Andenken fort, und auch das Feuer von 1842 hat weder die nach jener Burg benannte Straße, noch ihre krumme Gestalt, daran sich die Form des Castells erkennen läßt, vernichten können.

14. Das Castell auf dem Süllenberge[15]
(1063)

Auf dem bekannten Süll- oder Süllenberge zu Blankenese bei Hamburg soll in grauer Urzeit, noch ehe Karl der Große die Veste und Kirche zu Hammaburg gründete, eine Opferstätte oder sonst ein bedeutendes Heiligthum der alten Heiden gewesen sein. Einige sagen, die heidnischen Sachsen hätten hier den Donnergott Thor oder Asathor verehrt, und daher rührten die vielen spitzen kegelförmigen Donnerkeile her, die man vordem in den Blankeneser Bergen finden konnte; es wäre also ein Deutsches Heiligthum gewesen. – Andere erzählen, die heidnischen Wenden hätten dort gehauset, und einer ihrer Götter habe Wedel geheißen, der Sonnengott, woher auch der benachbarte Flecken Wedel seinen Namen habe; und ein Zweig des alten Dynasten-Geschlechtes derer von Wedel, die noch einen Sonnengötzen im Wappen führen, habe hier gesessen. Wieder Andere meinen, daß die Römer, als sie unter Julius Cäsar oder Drusus bis an die Nieder-Elbe gekommen, auf diesem Berge ihrem Römischen Sonnengotte, den sie „Sol" nannten, einen Tempel errichtet hätten, davon der Name des Sol- oder Süllenberges entstanden sei. Den Tempel aber habe Kaiser Karl der Große völlig zerstört. Dem sei nun wie ihm wolle, genug, bis zum Jahre 1063 war der Süllenberg, wie die meisten Blankeneser Berge, mit dichter Waldung bedeckt, darin allerlei heidnisches Raubgesindel haus'te, das die christlichen Hamburger und Holsten plagte und drangsalte zu Wasser wie zu Lande. In jenem Jahre aber ließ Adalbert der Große, Erzbischof über Hamburg und Bremen, den Wald umhauen, dann den Süllenberg befestigen und oben darauf ein starkes Castell erbauen, wohinein er viel Kriegsvolk legte. Wer weiß, ob nicht mit der Zeit eine mächtige Stadt dort in Blankenese entstanden wäre, wenn Alles nach des Erzbischofs großen Planen sich gefügt und geschickt

---

15 Adam von Bremen III. 25 und Schol. 75. Steltzner I. 39. Geschichte des Geschlechts Wedell (1843). Mündliche Erzählungen.

hätte; denn er dachte: ist aus Karls Veste und Kirche ein Hamburg geworden, so kann aus meinem Castell ein Gleiches werden; er hatte im Sinn, ein Kloster in der Veste zu gründen und stiftete bereits eine Probstei daselbst, welcher er das Haupt des heiligen Secundinus, eines der Heerführer der Legion der Thebaner, schenkte, dessen Reliquien der Erzbischof vordem in Italien vom Bischofe von Turin erhalten hatte. Es ist aber doch nichts daraus geworden, denn des Erzbischofs Leute hatten auf dem Süllenberge Langeweile, und als sie die heidnischen Räuber vertrieben hatten, plagten sie die christlichen Beraubten; und statt das Land zu schützen, trieben sie Wegelagerung und allerlei Muthwillen.

Und unter den Reichsfürsten hatte der Erzbischof Adalbert auch keine Freunde, weil sie fürchteten, er möchte Patriarch oder gar Pabst von Hamburg und ganz Norddeutschland und allen Ostseeländern werden, was er auch gewollt haben soll; er wäre wohl der Mann dazu gewesen und der Kaiser war ihm sehr Freund; das Deutsche Reich wäre vielleicht dabei so schlecht nicht gefahren, wenn es statt des Römischen einen heimischen Pabst gehabt hätte. Genug, als nun ein Aufruhr unter dem Volke entstand wegen der unruhigen Burgleute auf dem Süllenberge, da haben der Herzog Ordulf von Sachsen und die anderen Fürsten und Herren stille gesessen und gern zugesehen, wie das Castell belagert, genommen und bis auf den Grund zerstört worden ist. Und das hat dem Erzbischof wehe gethan, und alle Gedanken an das Pabstthum verleidet.

Nachmals, im Jahre 1258, haben die Grafen von Holstein, aus dem Schauenburger Hause, auf dem Süllenberge ein neues Castell zu bauen beabsichtigt, bevorstehender Kriegshändel wegen mit dem Erzbischofe von Bremen. Die Hamburger aber wandten dagegen ihr kaiserlich und gräflich Privilegium ein, daß nämlich auf zwei Meilen Entfernung von der Stadt keine Burg oder Festung angelegt werden dürfe. Und da sie kräftig auf ihrem Stücke bestanden (ob auch der Bischof von Paderborn versprach, es solle ihnen kein Schade dadurch geschehen), so mußte der Bau unterbleiben, und der Süllenberg blieb, wie er gewesen.

Wie's jetzt aus dem Süllenberge aussieht, weiß Jeder. Wo einst der Heiden Altar und Heiligthum, dann ein Castell des Erzbischofs stand, da ist jetzt ein Wirthshaus gebaut, wo's sich gut weilen läßt; früher war's großartiger, mächtiger, erhabener dort, jetzt ist's friedlicher, bedeutungsloser, kleiner: das ist der Unterschied der Zeiten.

Ehe dies Wirthshaus dort gebaut wurde, war der Süllenberg Jahrhunderte lang ein kahler Haidberg. So hab' ich als Knabe ihn noch gekannt und habe oft mit andern Jungen den steilen Kegel erklettert. Oben waren allerlei Vertiefungen und Löcher, da mochten vormals Schatzgräber zu Werke gegangen sein, die bei Nacht und Nebel nach des Erzbischofs Schätzen gegraben. Die wird er aber wohl anderswo verwahrt gehabt, und was da gewesen, das werden die Zerstörer des Castells wohl zu finden gewußt haben. Wir fanden dort nur Donnerkeile, alte verrostete Nägel u. dergl., und meinten jedesmal einen großen Fund zu thun. Aber Peter Supp aus Blankenese (er ist nun todt), der dort als Junge Vieh gehütet und sich dabei wohl einmal Abends verspätet hatte, der wußte allerlei Geschichten vom Süllenberg zu erzählen, die er von seinem Ohm gehört, von den Hünen, die dort mit Nebelkappen und großen Keulen zur Nachtzeit umherliefen, und vom Klopfen und Hammern in der Tiefe der Erde, als sei dort etwas versunken, was wieder herauf wolle und dergleichen mehr, was wir verlachten, aber innerlich doch nicht unmöglich fanden.

Nun aber glaube ich fest, seit die Wirthschaft sammt Theelauben, Billard und Kegelbahn dort oben ihr Wesen hat, nun liegen die Hünen gebannt in ihren Gräbern, und die versunkene Pracht verlangt gar nicht mehr zu Tage. Und höchstens der seltsame Luftzug, der zuweilen auch beim heitersten Wetter gleichsam von unten die behaglich plaudernden Gäste anweht, der soll was zu bedeuten haben, nämlich wie Peter Supp meinte: „de Hün', de dreyt sik üm und stöhnt!"

15. Das große Blutbad in Hamburg[16]
(1072)

Um die Zeit, als Hamburg von den heidnischen Wenden erobert war und unter ihrer Zwingherrschaft litt, da hielt einer ihrer Fürsten aus der kaiseriichen Burg sein Hoflager, der hieß Baruth. Er war ein Feind der Christen, aber seine Frau haßte das Evangelium noch mehr, und verfolgte mit teuflischer Bosheit und Grausamkeit das Christenthums und sonderlich trieb sie ein ruchloses Gespötte über die Jungfrau Maria, die reine Mutter unsres Heilandes, von der sie nur in den lästerlichsten Ausdrücken gesprochen. Und zur gerechten Strafe für solche Frevel hat es sich begeben, daß diese Wendische Tyrannin, nachdem sie zwei Jahre lang ihre nahe Entbindung vergebens erwartet, eine abscheuliche Mißgeburt mit zwei Köpfen, Eselsohren und Bärentatzen zur Welt gebracht hat, und während der Geburt Todes verfahren ist. Das erschreckliche Kind aber hat zu Aller Entsetzen zu reden begonnen, und, gleichsam als Leichen-Sermon für die Mutter geschrieen: meine Mutter ist todt, dem Teufel ist sie übergeben, in der Hölle begraben, der ewigen Verdammniß verfallen. Darnach ist der gräuliche Wechselbalg auch verschieden. Und das ist gewesen am Tage vor der heiligen Weihnacht. Und als der Wendenfürst Baruth dies wahrgenommen, ist er in unbändigen Zorn wider die Christen entbrannt, vermeinend, daß sie solch Unheil über sein Haus durch Zauberkunst hervorgebracht, und hat alsogleich mit seinen Leuten die wehrlosen Christen meuchlings überfallen und Alles, Männer und Weiber, Alte und Junge niedermetzeln, oder in so grausamer Art, wie gar nicht zu sagen, zu Tode martern lassen. Und das Blutbad, das er angerichtet, ist so furchtbar groß in und um Hamburg gewesen, daß

---

16 Diese Sage theilt Schlüter mit im Tractat von den Erben S. 619 aus einem Plattdeutschen Manuscript: „Passional, der Heiligen Leben und Leiden." Die dort genannte Jahreszahl 837 ist unrichtig, es kann nur die doppelte Zerstörung Hamburgs im Jahre 1072 unter Kruko gemeint sein. Auch der Name Baruch habe ich in Baruth geändert. – von Heß (Topographie. I. 400) erklärt sehr gezwungen blootlos für blüthenlos.

die Wenden mit ihren Pferden in dem Blute der Christen gestrauchelt sind, und das Christenblut durch alle Gassen und Winkel in Strömen geflossen ist, mit einziger Ausnahme eines kleinen engen Weges in der Vorstadt, in der Gegend der Neuen-Burg, da, wo nachmals die St. Nicolai-Kirche ist gebaut worden, – selbiger Weg ist ohne Blut geblieben.

Wie nun die Christen also gemartert sind, siehe, da hat sich eine Stimme vom Himmel vernehmen lassen, die sprach: „Leidet getrost und fürchtet Euch nicht vor der Heiden Tyrannei, denn Eure Namen sind geschrieben in dem Buche des Lebens und die Krone des Paradieses wartet auf Euch." Durch diese göttliche Stimme sind alsobald viele der heidnischen Wenden in sich gegangen und haben sich zu Christum bekehrt, und haben mit den noch übrigen Christen die Märtyrerkrone erwählet, denn der Wendenfürst und seine Kriegsleute ruheten nicht eher, als bis der letzte Christ Gott preisend in sein Blut gesunken war.

Und als es nun Abend geworden und die heilige Weihenacht angebrochen war, und tiefes Schweigen und Finsterniß das entsetzliche Blutbad und die zerstörte Stadt voller verstümmelter Leichen umhüllte, und die Heiden von ihrer Mordarbeit ruheten, da ist hoch am Himmel ein hellklarer Glanz erschienen und die Stimmen vieler Engel haben sich hören lassen, wie damals aus dem Felde bei Bethlehem: „Ehre sei Gott in der Höhe."

Der kleine Weg aber, der blutlos geblieben war, hat nachmals, als die Christen die Heiden wieder verjagt und Hamburg wieder neu erbauten, zum Andenken an dies Märtyrerthum der Vorfahren, den Namen „blootloser Weg" erhalten. Und wie das Nicolai-Kirchspiel entstand und Häuser dahin kamen, blieb die Benennung „blootlose Twiete." Darnach wohnten viele Korbmacher dort, die sich einander die Nahrung wegnahmen, so daß Keiner sein Brodt genügend fande die nannten drum ihr Gäßlein „die brodtlose Twiete." Und lange Zeit hieß sie so, denn die Nachkommen hatten die Geschichten und Sagen der Vorfahren längst vergessen, und nach der Reformation gab man wenig auf Erinnerungen aus der katholischen Zeit. So hieß sie brodtlose oder Korbmacher-Twiete, bis E. H. Rath ein Einsehen tat, und den alten rechten Namen mit großen Buchstaben an die Ecken der Twiete anschreiben ließ. Ao. 1842 aber ist sie abgebrannt und nicht wieder ausgebaut, also für immer verschwunden. Drum wollen wir ihr Gedächtniß und das Andenken der Geschichte, die ihr die Namen gab, auf unsere Nachkommen zu bringen suchen.

16. Hamburgs zweiter Gründer und getreuester Wohlthäter[17]
(1106–1130)

Graf Adolf I. von Holstein, der erste Regent aus dem Schauenburger Hause, ist der Erneuerer des Hamburgischen Doms gewesen, welcher seit 1072 in Trümmern gelegen hatte. Der Graf war erst kürzlich (1106) vom Herzog Lothar von Sachsen, dem nachmaligen Kaiser, mit den Nordalbingischen Herrschaften belehnt worden, und ließ es seine hauptsächliche Sorge sein, in Hamburg die Spuren der letzten Verwüstungen völlig zu vertilgen. Er hat den Dom so fest gebaut, daß er seitdem gestanden hat, bis vor etwa 50 Jahren dies schöne Denkmal der alten frommen Kunst, daran sich so große und heilige Erinnerungen der Vorzeit knüpften, hinweggeräumt worden ist.

Graf Adolf hat viel Gutes für Hamburg und sein Land gethan, und hat gebaut und gegründet und gesäet, wo vor ihm nur Trümmer und Wüsteneien waren. Wie der Erzbischof Friedrich schon angefangen, so berief auch er Niederländische Ansiedler unter Zusicherung großer Freiheiten ins Land, die deichten die Elbniederungen ein, und schufen so die fruchtbaren Marschen, darin ihre Nachkommen, durch eigentümliche Sitte, Tracht und Sprache ausgezeichnet, noch jetzt wohnen. Und von ihm (oder von seinem Sohne) sind auch die Niederländischen Vorfahren unsrer Landleute in den Vierlanden, in Bill- und Ochsenwärder und aus den Elbinseln als freie Bauern daselbst angesiedelt worden.

Seine Gemahlin nahm Theil an seinen Herstellungswerken, sie baute die verfallene Burg an der Alster wieder auf und befestigte diese Seite der Stadt. Und der Graf erhob Hamburg zu seiner Hauptstadt und Residenz, und regierte darin als ein redlicher frommer Fürst zum Glück und Heil der Bürger. Darum haben sie auch keinen ihrer frühe-

---

17 Zimmermann's Chronik 61. Steltzner I. 52. Piderit (Geschichte der Grafschaft Schaumburg) gedenkt der alten Inschrift im Hamb. Dom zu Adolf's I. Ehre. Übrigens: von Aspern, Beiträge zur ältern Geschichte Holsteins. S. 1–16.

ren Oberherren so geliebt, wie Adolf I., und als er 1130 verstarb, da war viel Wehklagens bei den Bürgern und Einwohnern unsrer Stadt, und sie legten ihm einen Ehrennamen bei, und nannten ihn: „den zweiten Gründer und getreuesten Wohlthäter Hamburgs."

17. Die Rüstung des Fürsten Primislav[18]
(1138)

Zur Zeit als Graf Adolf II. in schweren Kriegesnöthen wegen seiner dem Sachsen-Herzoge Heinrich bewiesenen Lehnstreue von dem Brandenburgischen Markgrafen Albrecht dem Bären seiner Holsteinischen Lande beraubt war, herrschte des Letzeren Vasall, Graf Heinrich von Badewide, in Hamburg und Holstein. Damals glaubten die Wenden und Slaven, es sei wieder gut Fischen im Trüben. Sie kamen in großen Haufen und fielen ins Segebergische und haus'ten wie ihre Vorfahren. Und alsbald zog der Graf von Badewide ihnen entgegen und in seinem Zuge zählten die wohlgerüsteten Hamburger zu seinen besten Kriegsleuten. Als sie nun vor Plön kamen, der Haupt-Veste der Wenden, da ließ der Graf zum Sturm blasen, und die Hamburger stürmten unter den Vordersten, und ließen sich den Wendischen Hagel von Steingeschossen, Bolzen und Pfeilen nicht verdrießen, denn sie erstiegen die Veste und kämpften, das Schwert in der Faust, Mann gegen Mann, bis alle ihre Kampfgenossen nachkamen und den glorreichsten Sieg erfechten halfen. Und eine Schar kühner Hamburger erkannte unter den Feinden den Anführer derselben, den berühmten Fürsten Primislav, auf den drangen sie ein, und fingen ihn, und erbeuteten seine ganze Rüstung. Und als Graf Heinrich die Wenden überall besiegt und aus dem Lande gejagt, da entließ er die Hamburger ihres Kriegsdienstes. Und sie zogen mit ehrlicher Beute reich beladen heim in ihre Stadt, und die eben so seltsame als prächtige Wendische Rüstung des Fürsten Primislav hingen sie im Dome auf (hernach soll sie im Zeughause aufbewahrt gewesen sein); da hat sie lange Zeit als ruhmwürdiges Siegeszeichen der Hamburgischen Tapferkeit geprangt.

Graf Adolf II. aber, der rechtmäßige Oberherr, kam im Jahre 1139 wieder mit dem Herzoge ins Land, dem alsbald sein Sohn Heinrich der Löwe folgte. Und Adolf hat fortan als ein eben so tapferer als weiser

---

18   Curio, Hamb. Chronik 25. – Sam. Buchholtz: Heinrich Badewide. 1754.

und trefflicher Fürst regiert, mit gleicher Kraft wie Milde. Er war auch ein gelehrter Herr, der das Lateinische und Wendische eben so gut verstand, als das Deutsche. Für Hamburgs Wohlfahrt war er eifrig besorgt und förderte Handel und städtische Gewerbe. Und im Jahre 1152 verschaffte er's den Gewandschneidern und Kramern, daß Heinrich der Löwe sie als privilegirte Gilden und Zünfte anerkannte, imgleichen, daß der Kaiser dieselben bestätigte. Darnach, 1164, hat er auf einem Kriegszuge Heinrichs gegen die Wenden, in der Schlacht bei Demmin, sein tatenreiches Leben geendet, worauf sein Körper nach Minden gebracht und im dortigen Dom bestattet worden ist.

18. Der Bardowiker und Zippelweiber Gerechtsame[19]
(1189)

Als Ao. 1189 Heinrich der Löwe, Herzog von ganz Sachsen, die alte und große Stadt Bardowik lange Zeit erfolglos belagert und eben zwei Tage lang vergeblich gestürmt hatte, da verirrte sich ein Stier ins Lager, von dem erkundet wurde, daß er der Stadt-Bulle von Bardowik sei. Hierauf wurde nun ein Anschlag, in die wohlverwahrte Stadt zu kommen, gegründet; man ließ den Bullen frei gehen und folgte seiner Spur. Er sah sich auch kaum ungehindert, als er der Heimath zutrabte, die Wälle und Gräben umging, bis zu einer ihm wohlbekannten seichten Stelle, die er durchwatete, und dann durch zerbröckeltes Mauergestein einen schmalen Weg in die Stadt fand. Da dies erkundschaftet war, ließ Herzog Heinrich zum Sturm blasen, erstieg an jener Stelle den Wall und eroberte also Bardowik; und da er einen grimmen Zorn gegen die so lange aufsätzige Stadt hatte, so zerstörte er sie völlig und ließ kaum einen Stein auf dem andern. Denn bis auf den Dom wurden die übrigen neun Kirchen der Stadt und alle Häuser niedergebrannt, und auf den Trümmerhaufen schrieb der Herzog die Worte „vestigia Leonis," des Löwen Spuren!

Es heißt aber, Herzog Heinrich wäre deshalb so ergrimmt auf die Stadt gewesen, weil die Bardowikerinnen ihm höchst despectirlich begegnet seien, als er vor den Thoren gestanden. Da sollen sie ihm nämlich nicht ihre beste Seite gezeigt haben, sondern den Rücken und was darunter sitzt, über welche unmanierliche und unehrbare Verspottung der Herzog sich denn so sehr entrüstet habe. Dies bezeugt ein alter Niedersächsischer Chronist, der auch Ehrbare Rathsherren an jener häßlichen Verunglimpfung theilnehmen läßt, und hinzufügt : „da dat de Hertog sach, da word he erst grimmig als en Leu."

Die Bardowiker haben sich von diesem Unglück und einer nochmaligen Einäscherung 200 Jahre später nie wieder zur Höhe einer Stadt

---

19 Schlüter, Tractat von den Erben 635. – Schlöpcke, Chronik von Bardowik 206. Hübbe, Hamb. Ausruf 33.

erheben können, und sind beim Dorf oder Flecken stehen geblieben; einen Dom und ein Stift giebt's noch da und viele alte Erinnerungen, z.b. städtische Straßennamen da, wo's jetzt nur Feldwege zwischen den Aeckern und Gemüsegärten giebt u. dergl. Und gleich nach der Zerstörung haben sie sich in die Zeit geschickt, Handel und städtische Nahrung aus dem Sinn geschlagen, und sich stark auf den Gemüsebau verlegt, Zwiebeln (Zippollen oder Zippeln, wie sie sagen), und „junge gehle Wörteln, gröne Petersilje und Kopp-Salat" u. dergl., und dabei haben sie ihr Absehen auf das emporblühende Hamburg gehabt.

Und vorerst haben sie die vielen großen Granit-Quadersteine ihrer Mauern und Häuser, die ihnen nun nichts mehr nützten, an die Hamburger verkauft, die ihrer bedurften, und damit ihre Felsen-Vorsetzen längs des Elbarmes oder Flethes vom Oberbaum, am Winserthor, Dovenfleth, bei St. Catharinen vorbei, längs der Stadtmauer (bei den Mühren), Kayen, bis zum Niederbaum am Scharthor aufgebaut haben, wie man noch jetzt deutlich wahrnehmen kann, wenn man darnach suchen will.

Die Bardowiker haben dafür erhalten 300 [M.][20] Silbers und ein Haus unweit der St. Catharinen-Kirche, zur Lagerung ihrer Gemüse, und das Recht, daß solches Haus zu ewigen Tagen ihnen gegen mäßige Miethe überlassen und von Hamburg in gutem Stande unterhalten werden müsse. Und das Haus bekam von den Zwiebeln und anderen Gemüsen bald den natürlichen Namen Zippelhaus, und die ganze Gasse nannte sich wieder darnach, und die schönen Bardowikerinnen, schlanke schüchterne Geschöpfe, mit rothen Tüchern um den Kopf, die ihr Gemüse so zierlich auf demselben zu tragen verstehen und dabei in gar melancholischer Melodei (als klänge eine Klage über Ilion's Untergang darin nach) ihre Waren ausrufen, die wurden natürlich Zippelweiber genannt.

Ao. 1604 schickte der Rath zu Bardowik Gesandte hieher, um wegen des Hauses einen neuen Vertrag mit der Kammer zu machen, wonach diese dafür 110 [M.] Crt. jährlich Miethzins bekommt; und schon 1535 war das älteste Zippelhaus durch ein anderes ersetzt, und 1674 baute man wieder ein neues, und vor etwa 30 Jahren ist es stark reparirt. Aber die Kämmerei bauet den armen Bardowikern jdesmal nur ein ganz schlechtes, scheunenartiges Haus, und das steht doch (am Fleth)

---

20 Lübische Mark

auf den mächtigen Quadersteinen ihrer eigenen vormaligen Mauern, so daß sie daselbst auf ihren Trümmern sitzen und immer der alten Herrlichkeit gedenken müssen. Nächstes Mal, wenn wieder ein neues Zippelhaus gebaut wird, dann möge die Kammer ein Übriges thun und ein stattliches Gebäu hinsetzen, dessen Bauart an die Geschichte erinnert, mit allerhand Symbolen und Emblemen.

Aber einen Bullenkopf dürfte man dabei nicht anbringen, sonst ginge kein Zippelweib oder -Mädchen in das Haus. Denn dem Stadtbullen von 1189, der durch seine grenzenlose Dummheit die Stadt verrathen und alles Unheil seitdem verursacht hat, dem haben's Enkel und Urenkel und alle Nachkommen bis auf den heutigen Tag nicht vergessen und tragen's ihm nach, und wenn man sie an die alte Geschichte erinnert und neckweise sich nach des Bullen Befinden erkundigt, so werden die sonst so sanften stillen Frauen zornig und boshaft und ihr weißes Antlitz wird krebsroth und ihr gutmüthiger Mund schleudert arge Scheltworte.

Was wußten wir zehnjährigen Schuljungen von dieser Geschichte und ihrer Bewandtniß? Uns war nur zufällig zu Ohren gekommen das übliche Stichwort des Volkswitzes gegen die guten Bardowikerinnen; das mußten wir natürlich probiren! Ohne Ahnung von dem, was folgen würde, ganz freundlich und harmlos stellten wir uns vor die Frauen, die bei ihrer alten Scheuer saßen und fleißig das Suppenkraut pflückten und Sonstiges vorbereiteten zum morgigen Verkauf, und fagten leise: „Wat makt de Bull von Bardowik?" Entweder hörten sie's nicht, oder, weil wir guter Leute Kinder und nicht übel gekleidet schienen, so wollten sie's nicht hören. Als wir dann aber, ganz dreist und keck, laut ausgerufen hatten den zündenden Spruch: „Wat makt de Bult von Bardowik?" ach, welch einen Regen und Hagel von Krautstengeln, schlechten Zwiebeln, Kohlblättern und Salatköpfen warfen die erbos'ten zornrothen Frauen und Mädchen unter einer Fluth von gerechten Schmähungen auf uns arme Jungen, die wir vor Schrecken wie erstarrt und versteinert vor ihnen standen, bis es uns in die Beine fuhr, daß wir ausrissen aus dem Bereich ihrer Wurfgeschosse.

Übrigens geht noch immer die Sage: sobald im Zippelhause ein Kind geboren werde, das keinen Vater habe, dann falle das Haus an die Stadt zurück, und mit der ganzen Bardowiker Gerechtsame sei's rein aus. Solch ein Unglück ist aber noch niemals vorgefallen.

19. Des Hamburgischen Welthandels Begründung; Graf Adolf III. und Kaiser Friedrich I.[21]

(1164–1203)

Graf Adolf III. war noch ein Kind, als sein Vater, der zweite Adolf, starb. Als er zu seinen mündigen Jahren gekommen war, offenbarte er sich als seiner guten Vorfahren würdiger Sohn. Auch ihm verdankt Hamburg große Dinge. Denn er erkannte früh, daß die Stadt einmal groß und mächtig werden könne und müsse durch Welthandel und Schifffahrt. Deswegen opferte er sein Castell, die Reueburg, für Hamburgs künftiges Wohl. Unter der Aufsicht des Bürgermeisters Wirad ließ er die Burg gänzlich schleifen, und die Plätze daselbst mit großen Handelshäusern und Speichern bebauen, eine Kapelle, dem heiligen Nicolaus, dem Patron der Schiffer, geweihet, stiften, und den angrenzenden Elbarm zu einem Hafen einrichten. So entstand das St. Nicolai-Kirchspiel, die damalige Neustadt, mit einem eigenen Rathhause.

Zu diesen Zeiten gab es noch mehr Kriegsunruhe als zuvor; und Graf Adolf, der sich als ein tapferer Fürst und Ritter dabei bewährte, hat mehr Unglück als Glück erfahren, und mußte vor Heinrichs des Löwen Übermacht von Land und Leuten weichen, bis dessen Stern sank (1180). Dann erwirkte Adolf bei dem Kaiser Friedrich Rothbart ein wichtiges Privilegium für seine gute Stadt Hamburg, welches von jeher hochtheuer und werth ist gehalten worden und annoch anf dem Stadt-Archive aufbewahrt wird. In diesem Gnadenbriefe, datirt Reuenburg an der Donau, den 7. Mai 1189, wird den Hamburgischen Bürgern und ihren Schiffen, Waren und Leuten die Befreiung von allem Zoll, Ungeld und anderen Belästigungen auf der Elbe, von ihrer Stadt bis ans Meer, und umgekehrt, zugesichert (worin der Ursprung der noch

---

21 Neben andern Quellen: Zum Gedächtniß beim Abbrechen des Reste des Marien-Magdalenen- und Johannis-Klosters (eine vortreffliche kleine Schrift, deren Verfasser ungenannt). S. 6–8 – Hartmann, Adolf der Vierte S. 10. – Cyr. Spangenberg, Schaumb. Holst. Chronik S. 19.

jetzt anerkannten Freiheit vom Stader Zoll zu suchen ist); ferner werden ihnen wichtige Fischerei-Rechte, Verkehrs-Erleichterungen, Befugnisse zum Geldwechsel und andere, damals bedeutsame Vergünstigungen verliehen. Als besonders wichtig erscheint noch das Recht, daß auf zwei Meilen Entfernung rings um Hamburg kein festes Schloß gebaut werden durfte, und daß die Hamburger fortan zur landesherrlichen Heeresfolge nicht mehr verpflichtet sein und zu keinem Kriegszuge gezwungen werden sollten. Graf Adolf bestätigte seinerseits als Landesherr den ganzen Inhalt dieses Privilegs (wie seine Nachfolger später ebenfalls gethan haben), und unter den diese Urkunde mit unterschreibenden Zeugen befinden sich außer einigen Holsteinischen Edeln auch fünf Hamburgische Rathsherren, Fromold, Esich, Wirad, Standard und sein Bruder Siegfried.

Man erkennt leicht, daß diese Rechte den hauptsächlichen Zweck hatten, Hamburgs Handel und Schifffahrt von hemmenden Lasten zu befreien, und zu dem großartigen Aufschwunge des Weltverkehrs zu erheben. Graf Adolf III. wie Kaiser Friedrich I. sind also hoch zu preisen, daß sie Hamburgs Beruf und Zukunft mit klarem Auge so zeitig und so richtig erkannt und begründet haben. Und deshalb auch ist Kaiser Friedrich in Hamburg stets hoch verehrt gewesen, und in Betrachtung seiner Verdienste um die Stadt hat unser Senat vor etwa zwölf Jahren, in Gemeinschaft mit dem zu Lübeck, das ihm eben so viel verdankt, des großen Kaisers Bild von der Meisterhand Karl Friedrich Lessing's malen und im Kaisersaal des Römers zu Frankfurt a. M. aufhängen lassen.

Die Hamburger erwiesen sich für so viele Wohltaten auch erkenntlich, und als er in demselben Jahre 1189 den Kaiser auf dem Kriegszuge ins gelobte Land begleitete, gaben die Hamburger willig so viel Silbers und Goldes her, als nöthig war, um ihren edeln Grafen und sein ganzes Gefolge so herrlich auszurüsten, daß er an Pracht und Tüchtigkeit der Waffen und Rosse keinem der übrigen 67 Fürsten, die den Kaiser begleiteten, nachgestanden hat. Dabei gelobten die Hamburger ihm, seine Lande gegen die feindlichen Einfälle der Wenden mit Gut und Blut zu beschützen, so lange er abwesend sei. Er mußte aber schon 1191 aus Palästina heimkehren, als er erfuhr, wie's daheim anssah. Der Kaiser aber fügte zu seinem Wappenbilde, dem Nesselblatt (das sein Geschlecht wegen des Nesselberges an der Weser führte, auf dem die Stammburg Schauenburg liegt), noch drei Nägel, weil der Graf im gelobten Lande drei Nägel des Kreuzes Christi erkämpft haben soll. Zwar eroberte er nun seine Länder wieder, aber in dem darauf folgenden Kriege, den die übermächtigen Dänen unter dem Könige Kanut und seinem Bruder Waldemar (1200) gegen ihn führten, erging es ihm unglücklich; die Feinde besetzten sein Land wie Hamburg. Wohl gelang es ihm, diese Stadt, mit Hülfe der ihm ergebenen Bürger, noch einmal wieder zu gewinnen; aber der Versuch, sich hier zu halten, schlug fehl. Denn am Weihnachtsabend 1201, als bei hartem Frost Elbe wie Alster gefroren waren, rückte Waldemar's zahlreiches Heer von allen Seiten über das Eis, und erstürmte solchergestalt die von dem Grafen und seinen Reisigen, wie von den Bürgern zwar heldenmüthig, aber unglücklich vertheidigte Stadt, wobei Adolf selbst in Gefangenschaft gerieth. Waldemar entließ ihn auf Ritterwort, sich wieder zu stellen, wenn es ihm nicht gelänge, die von seinen Freunden besetzte Stadt Lauenburg zur Übergabe zu bewegen. Es gelang ihm nicht, und, treu seinem Worte, stellte er sich wieder zur Haft, worauf er nach Dänemark abgeführt wurde. Endlich 1203, als Waldemar König geworden war, ergab sich Lauenburg unter der Bedingung, daß Graf Adolf freigelassen werde, was auch geschah, nachdem er eidlich auf seine Holsteinischen Lande hatte verzichten und geloben müssen, nicht wieder gegen Dänemark die Waffen zu tragen. Er begab sich dann auf seinen Stammsitz Schauenburg, von wo aus er niemals wieder nach Hamburg oder Holstein gekommen, sondern bis an sein Lebensende, seinem Gelöbniß treu, verblieben ist.

20. Aus des Grafen Adolf IV. Jugendzeit und von Hamburgs Geschicken[22]

(1203–1225)

Nach Adolf's III. Verzicht herrschten die Dänen und ihre gewaltthätigen Amtleute im Lande. König Waldemar hatte über ganz Nordalbingien den Grafen Albrecht von Orlamünde als Statthalter gesetzt. Und die Holsteiner, die zuvor wohl hätten treuer zu ihrem rechtmäßigen Herrn halten können, wünschten sich jetzt sein Regiment zurück. Die Edlen des Landes kamen insgeheim zusammen, und schürten Botschaft nach der Schauenburg, der Graf möge nur wieder kommen, ganz Holstein harre seines rettenden Armes mit Verlangen. Aber der edle Graf Adolf blieb seinem Eide treu, und schlug ihre verlockende Ladung aus. Da, als die allgemeine Noth immer höher stieg, sandten die Holsteiner die edle Frau von Deest, Herrin auf Kellingdorf bei Wilster, mit demselben Anliegen an Adolf. So beredt sie auch die Bitte vorbrachte, dennoch war's vergeblich. Aber der Sohn des Grafen, wie sein Vater Adolf geheißen, ein schöner Knabe von 12 bis 14 Jahren, der wurde lebendig ergriffen von den Worten der edlen Frau, als sie das Unglück des Landes schilderte. Und ein Heldenfunken entzündete in ihm das Verlangen: dem Lande seiner Väter dereinst ein Retter zu werden. Die kluge Gesandtin fachte das Feuer an, und so geschah es, daß der Vater einwilligte, den Sohn mit ihr nach Holstein ziehen zu lassen, damit er dort an Ort und Stelle seiner künftigen Taten, seiner hohen Bestimmung gemäß erzogen werde. Also lebte der junge Graf fortan heimlich und verborgen auf Kellingdorf bei der Frau von Deest, unter der Leitung der Edelsten des Landes zu allen ritterlichen und fürstlichen Tugenden wie zur Frömmigkeit und Gottesfurcht trefflich erzogen und herangebildet. Die Dänen ließen sich's freilich nicht beifallen, daß der recht-

---

22   Nach denselben Quellen und den gedruckten Chroniken. Eben so die folgenden Erzählungen. Die Burg bei Eichholz veranlaßte den Namen Feendsbarg (Feindsberg), woraus lächerlich genug der Straßenname Venusberg entstanden ist.

mäßige Erbe des von ihnen geraubten Landes so nahe bei ihnen weile. Aber die Holsteiner wußten es, und da sie in dem herrlich aufblühenden Jünglinge den künftigen Retter und Fürsten freudig erkannten und begrüßten, so getrösteten sie sich dessen in traurigen Zeitläuften mit Hoffnung und Zuversicht. Inzwischen waren neue Kriegsunruhen über Stadt und Land gekommen. Heinrichs des Löwen Sohn, Otto IV., bekriegte den König Waldemar und nahm Hamburg, welches dann wieder von diesem belagert wurde (1216). Waldemar baute eine Burg dicht vor der Stadt auf der Höhe des Eichholzes, von wo aus er nicht nur Wurfgeschosse hinein warf, sondern auch alle Zufuhr land- wie elbwärts abschnitt. Zu gleichem Zweck hatte Waldemar's Statthalter und Marschall, der Graf von Orlamünde, hinter Schiffbeck auf der Uferhöhe der Bille, ein Castell gebaut. Also eingeengt und halb ausgehungert, ohne Aussicht auf Entsatz, ergab sich endlich die arme Stadt, in der dann die Feinde nach Kriegsgebrauch übel haus'ten. Dann verkaufte Waldemar die Stadt Hamburg mit allen kraft der Eroberung daran gewonnenen Hoheitsrechten an den Grafen von Orlamünde (1216) für 700 Mark Silbers. Dieser bezeigte sich gegen die Stadt als ein milder guter Regent, beförderte ihre Wohlfahrt, so gut er konnte, wie er denn überhaupt oftmals der Dänen Übermuth im Lande zügelte, und eben so tapfer als bieder war. Schade, daß er seine Lehnstreue dem Dänenkönige, und nicht der Deutschen Sache beweisen mußte.

Der Friedensversuche unerachtet, mehrten sich nun die Kriegsunruhen, zumal nachdem (1223) der Graf Heinrich von Schwerin den König Waldemar auf einer Dänischen Insel gefangen genommen und auf Schloß Daunenberg in Haft gebracht hatte. Der Graf von Orlamünde, zum Dänischen Reichsverweser erkoren, hatte schweren Stand, denn Alles rüstete sich in Holstein und Mecklenburg, die Dänenherrschaft abzuwerfen, und des jungen Grafen Adolf Anwesenheit begann ruchtbar zu werden. Da gedachte der Graf von Orlamünde seine Rechte auf Hamburg bei Zeiten zu verwerthen, ehe sie ihm wieder genommen würden, zugleich auch durch Wohltaten die Bürger zu gewinnen, daß sie in dem drohenden Kriege mindestens nicht gegen die Dänische Parthei auftreten möchten. Darum bestätigte er ihnen alle vom Grafen Adolf III. verliehenen Rechte und Freiheiten; ja, als die Hamburger den günstigen Augenblick weise benutzten, willigte er gern in ihr Begehr, und verkaufte ihnen seine eigenen Hoheitsrechte über ihre Stadt um 1500 Mark Silbers (etwa 35,000 [M.])[23] nach einer Berechnung im sechzehnten Jahrhundert), so daß die Stadt durch diesen Kaufvertrag ihrer Unterthänigkeit los und ledig wurde (1224). Das war denn der erste, freilich noch auf schwachem Fundamente, auf den Loskauf von eroberten Rechten, stehende Anfang der Unabhängigkeit der freien Stadt Hamburg.

Der Graf Orlamünde zog dann zu Felde, bei Möln (1225) verlor er eine Schlacht und kam als Gefangener zu seinem königlichen Herrn nach Dannenberg; der junge Erbe Holsteins trat als Graf Adolf IV. aus der Verborgenheit auf den Kriegsschauplatz, das ganze Land fiel huldigend ihm zu.

---

23 Lübische Mark

21. Vom Spökelberg
(1225)

Eine kleine Meile von Hamburg, an der Straße zwischen Schiffbeck und Steinbeck, da, wo sich das hohe Geestufer nach dem Bach bei Nieder-Schlems senkt, ist noch heutigen Tages ein kleiner buschiger Hügel zu sehen, der zu dem daran liegenden Hause gehört. Das ist der sogenannte Spökelberg. Vor 50 Jahren noch hatte er eine andere Gestalt, daran man leichtlich seine Bestimmung in alten Zeiten erkennen konnte.

Auf diesem Hügel hat nämlich die Veste gestanden, die Graf Albrecht von Orlamünde, des Dänenkönigs Waldemar Statthalter und Marschall in Holstein, um 1216 gebaut hatte, um Hamburg zu bezwingen, wie oben erzählt ist.

Als nun König Waldemar und der Graf von Orlamünde gefangen waren, die Holsteiner sich unter ihrem rechtmäßigen Herrn, dem jungen Grafen Adolf IV., erhoben, und schon den größten Theil des Landes von der Dänenherrschaft befreit hatten, da wollte Adolf auch diese Gegend und die beste Stadt seines Erbes, Hamburg, wieder gewinnen.

Hamburg (wie oben erzählt ist) hatte sich nun zwar eigentlich schon durch Vertrag mit dem Grafen von Orlamünde von der Dänen Herrschaft befreit und war einigermaßen selbstständig geworden, aber in den Vesten am Eichholz und bei Schiffbeck lagen noch Dänische Besatzungen, die mußten besiegt werden.

Zuerst kam die Reihe an Schiffbeck. Graf Adolf und seine Holsten belagerten und bestürmten es, die Dänen wehrten sich kräftig, aber endlich ergaben sie sich auf Gnade und Ungnade, nachdem sie in blutigen Gefechten die Kühnheit des Grafen und die Tapferkeit seiner Holsten erfahren hatten.

Und einige Zeit darnach, als Adolf sich an dieser Stelle mit den Hamburgern friedlich geeinigt, und mit ihrer Hülfe auch die Dänenburg am Eichholz erobert und zerstört hatte, ließ er auch die Schiffbecks-Veste schleifen und abtragen, weil die Hamburger das Privilegium hatten, daß auf zwei Meilen rund um die Stadt keine feste Burg durfte bestehen.

Und der Hügel, darauf diese Veste gestanden, blieb mit einigen Steinhaufen noch lange Jahre so wüst liegen. Nach und nach trugen die benachbarten Leute die Steine fort, wenn sie deren etwa benöthigt waren. Und die Sage ging, daß der Graf von Orlamünde große Schätze, darunter die 1500 Mark Silbers, welche die Hamburger ihm für die Freiheit ihrer Stadt gegeben hätten, im Innern des Berges vergraben habe, die noch nicht gehoben seien; es hieß auch, daß es dort spukte oder spökelte, wie man's auch nennt, nämlich, daß nächtlicher Weile allerlei gespenstische Gestalten auf dem Berge säßen, etwa die Hüter des Schatzes oder die Geister der hier bei Erstürmung der Burg erschlagenen räuberischen Dänen, die das umliegende Land gedrangsalt hatten und nun keine Ruhe im ungeweihten Grabe haben möchten. Vielleicht waren es auch nur Schatzgräber, die mit Wünschelruthe und anderem Zaubergeräth ihr Glück versuchen wollten, und sich gern, wie solche nächtige Gesellen lieben, mit spukhaftem, gespenstischem Wesen umhüllten. Genug, der wüste Berg bekam daher den Namen „Spökelberg," den er noch jetzt trägt. – Der uralte Kaufschilling für Hamburgs Befreiung von der Fremdherrschaft mag noch darin vergraben liegen.

22. Graf Adolf IV. begründet Hamburgs Freiheit[24]
(1225)

Als nun Graf Adolf die Schiffbecker Veste eingenommen hatte, sandte er Botschaft nach Hamburg, um Rath und Bürgerschaft aufzufordern, nunmehr ihm, ihrem rechtmäßigen Fürsten, die Thore zu öffnen und die Huldigung zu leisten. Da war guter Rath theuer in der Stadt; denn jetzt mußte es sich entscheiden, ob ihr Kaufvertrag mit dem Grafen von Orlamünde ihnen bleibend nützen werde, oder ob sie mit dem umsonst gezahlten Kaufschilling auch zugleich das noch viel theurere Gut der kaum genossenen Freiheit verlieren sollten. So willkommen den Bürgern der Graf Adolf als Landesherr in Holstein war, so ungern sahen sie wiederum einen Fürsten und Regenten ihrer Stadt. Aber so völlig sonder Arglist und Unrecht sie dazu gelangt waren, sich frei zu machen, und so billig ihr Wunsch war, sich frei zu erhalten, so fühlten sie doch wohl, daß Graf Adolf, der angestammte Erbe des Landes, folglich auch ihrer Stadt, ein Recht auf ihre Unterwerfung hatte, das ungleich besser war, als das des ehrlichen Käufers eines geraubten Gutes.

Nach langen Berathungen, wobei die Verzagteren zu unbedingter Unterwerfung, die Übermüthigen aber zu trotziger Abwehr riethen, kam man endlich zu dem Entschluß, einen friedlichen Austrag der Sache zu versuchen, mittlerweile aber für den Fall des Mißlingens alle Vertheidigungs-Anstalten zuzurüsten.

Es gingen also kurz vor Weihnacht Abgeordnete der Stadt ins gräfliche Lager vor der Schiffbecker Veste; sie wurden von Adolf im Kreise seiner Räthe, Ritter und Krieger unter freiem Himmel freundlich empfangen, und aufgefordert, ihre Meldung anzubringen. Die Abgeordneten redeten also, laut einer alten Überlieferung, etwa folgende ebenso bescheidene als feste Worte: „Gnädiger Graf und Herr! Wir sind gesandt, Euch willkommen zu heißen und Euch Glück zu wünschen. Wenn wir daneben auch mit einer freimüthigen Ansprache Euch krän-

---

24 Das Bild Adolfs geben die älteren Geschichtsbücher.

ken sollten, so thun wir es zwar ungern, aber die Liebe zur Vaterstadt und das Geheiß unsrer Mitbürger zwingt uns dazu. Das Unglück, das Euren Vater betraf, und uns der Herrschaft Dänemarks unterwarf, war uns schmerzlich; aber Euer Vater hatte allen seinen Ansprüchen auf unsre Stadt eidlich entsagt, und während mehr denn 20 Jahren war von den Schauenburgern nichts zu unsrer Befreiung geschehen. Mit Herzeleid ertrugen wir der Dänen Herrschaft, wie darnach die Oberhoheit des Grafen Albrecht von Orlamünde, den wir als unsern Herrn betrachten mußten, bis uns das Glück zu Theil ward, mit großen Opfern von ihm die Lösung unsrer Unterthänigkeit zu erkaufen und Freiheit zu erlangen. Arglist oder Verrath gegen Euch und Euer Recht kann uns nicht vorgeworfen werden; man müßte denn die Natur der Geschöpfe Gottes anklagen, die schon den Vogel treibt, dem Käfig zu entfliehen, wenn er es vermag."

„Noch Vieles könnten wir anführen, was uns vor den Schranken des Gerichts rechtfertigend zur Seite stünde, was hier aber im Lager des Krieges verhallen würde. Darum wenden wir uns vertrauensvoll an Eure Großmuth und Milde, denn wir wissen, unser Glück liegt Euch am Herzen. Erwägt unsere frühere wie jetzige Lage, setzet Euch an unsere Stelle, und prüfet darnach unsere Bitte: entsagt Eurem strengen Rechte zu Gunsten unsrer von Euren ruhmwürdigen Vorfahren geliebten Stadt, bestätigt uns in unsern wohlerworbenen Rechten und Freiheiten, so werden wie Euch freudig unsre Thore öffnen, Euch als unsern Schirmherrn annehmen, lieben und ehren:, solltet Ihr aber wider Verhoffen ein Mehreres verlangen, so müssen wie offen erklären, daß wie insgesammt entschlossen sind, keine Schmälerung unsrer Rechte zu leiden, sondern für das theure Gut unsrer Freiheit lieber zu sterben."

Und als die Hamburgischen Gesandten diese Worte geredet, ließ der Graf sie in ein Gezelt führen und gut bewirthen, während er ging, seinen Entschluß zu fassen. Und seine Holsteinischen Räthe und Ritter, die Hamburg ungern aus dem Verbande ihres Landes scheiden sahen, wollten dem Grafen zureden, daß er das Begehr abschlüge und sich mit den Waffen ersiege, was seines Rechtes sei. Aber Graf Adolf's Herz war getroffen von den Worten der Hamburger, und auch sein Geist erwog, wie seines Vaters, Adolf's III., Liebe für die Stadt ihr schon den Weg der Unabhängigkeit, den sie inzwischen gegangen, vorgezeichnet habe, zu wachsender Bedeutsamkeit und Größe. Und also zurückblickend in die Vergangenheit und vorwärtsschauend in die ferne Zukunft, und die Bestimmung der Stadt nach dem Willen Gottes erkennend, wurde es dem großherzigen edlen Jüngling leicht, den eignen Vortheil, seine Rechte über Hamburg aufzuopfern. Und er berief die Gesandten wieder vor sich und gewährte ihnen in freundlichen Worten ihr Ansuchen, und sicherte der Stadt ihre Freiheit feierlich zu.

Und als er bald darauf in die Stadt zog, da ist er von Rath und Bürgerschaft mit Freude und Jubel empfangen und willkommen geheißen, und nachdem sie vereint die Dänen-Veste am Eichholz erobert und zerstört, hat der Graf der Stadt eine Urkunde ausgefertigt, darin er ihr Kaiser Friedrichs Privilegium und alle sonst erworbenen Rechte und Freiheiten, auch die Zollfreiheit durch ganz Holstein, zugesichert hat. Und dies ist der rechte wahre Grundstein der Hamburgischen Freiheit geworden.

Darnach haben die Hamburger den Grafen als ihren Schirmherrn und Bundesfreund angenommen und anerkannt, und haben darauf den Deutschen Handschlag mit ihm gewechselt und unter Anrufung des Segens Gottes einen feierlichen Weintrunk mit ihm gehalten. Dann ist der edle Graf weiter gezogen in sein wieder gewonnenes Land.

Und als vor beinah 40 Jahren Hamburg von Französischer Gewaltherrschaft wieder erlös't und im Genusse der alten neuerrungenen Freiheit der unschätzbare Werth dieses höchsten Erdengutes in allen Bürgern so recht lebendig geworden war, da gedachte man auch dankbar des trefflichen Fürsten, der vor 600 Jahren so großherzig den Grund zu solchem Glücke gelegt hatte. Und in Folge eines gemeinsamen Beschlusses des Rathes und der Oberalten (vom 9. October 1820) wurde im Namen der „dankbaren Republik" dem Grafen Adolf IV. ein Denkmal gesetzt auf dem Platze vor dem von ihm gebauten Marien-Magdalenen-Kloster, welcher fortan den Namen „Adolfs-Platz" bekam. Und als der neuen Börse das alte Kloster weichen mußte, da wurde das Denkmal vor dem neuen Gebäude des letzteren am Glockengießer-Wall wieder aufgerichtet, wo es unter Blumen und Büschen, zuweilen von frommer Hand mit Kränzen geschmückt, hoffentlich noch recht lange mahnend und erinnernd stehen wird, denn, wie die Inschrift der dritten Erztafel im Grundsteine des Denkmals sagt: „Wer über seine Zeit hinaus, kommenden Geschlechtern liebend vorsorgt, den vergessen auch diese nicht, wenn gleich Jahrhunderte vergangen."

23. Der Tag von Bornhövede, Adolf's Gelöbniß und Sieg[25]

(1227)

Der Dänenkönig Waldemar, der um diese Zeit gegen schwere Bedingungen seiner Haft entlassen war, wußte sich anders mit seinem Eide und Gewissen abzufinden, als Adolf III. Er überzog aufs Neue das Land mit Krieg, die Schmach zu tilgen, das Verlorene wieder zu gewinnen. Mit ihm war sein Neffe, Herzog Otto von Braunschweig, zubenannt das Kind, Heinrich des Löwen Enkel. Es war ein verzweifelter Krieg, und Nordalbingien stand in Gefahr, dauernd unter die Dänenherrschaft zu kommen. Zum Kampfe gab Hamburg dem Grafen Adolf an 20,000 Mark Silbers und daneben stellte sich ihm freiwillig eine Schar junger Bürger. Lübeck schüttelte grade damals (1226) so klug wie muthig das Dänenjoch ab und verband sich mit dem Grafen, dem auch der Herzog Albert von Sachsen zu Hülfe zog. Es war dennoch ein kleines Heer gegen die Dänische Übermacht.

Auf der weiten Ebene an der alten Grenze zwischen dem eigentlichen Holstein und Wagrien, unweit der Landstraße nach Neumünster, da, wo ein kleiner Bach als Born entspringt und sich bald darauf in die Swentine ergießt, liegen einige Höfe, die man als Dorf Bornhövede nennt. Hier kam es am Tage der heiligen Maria Magdalena, den 22. Juli 1227, zur großen Entscheidungs-Schlacht. Der Dänen Heer war dreifach aufgestellt, rechts stand Otto mit seinen Truppen, links Herzog Abel von Schleswig, des Königs Bruder, das Mitteltreffen befehligte der stolze König Waldemar selbst. Hinterwärts standen die zu diesem Kriegszuge halb gedungenen, halb gezwungenen Dithmarsen. Adolf's Heer war ähnlich gestellt: Herzog Albert stand dem Herzog

---

25   Im Holsteinischen heißt noch jetzt eine Wolkenmasse am Sommerhimmel: Marien-Magdalenen-Schürze. Außer den genannten Quellen auch: Lübeck im Anfange des dreizehnten Jahrhunderts (1815). Steltzner I. 124 nach Hermann von Leerbeck und Alb. Crantz. – Daß Hamb. Bürger die Schlacht mitmachten, bestätigt die Urkunden 818 im Hamb. Urkundenbuch S. 671.

Otto gegenüber, wie Heinrich von Schwerin und die Lübecker unter ihrem tapfern Bürgermeister Alexander von Soltwedel, dem Herzog Abel. Im Mitteltreffen hielt Adolf mit seinen Holsteinern und Hamburgern, so wie mit 300 erlesenen Reitern, die Kaiser Friedrich II. ihm geschickt hatte. Hinterwärts hielten noch die Völker des Bremischen Erzbischof Gerhard und des Wendenfürsten Burwin. Nachdem zum Angriff geblasen war, stürzten beide Heere auf einander, und fochten so unerschrocken und ungestüm, daß trotz des entsetzlichsten Blutbades stundenlang mit gleicher Beharrlichkeit Stand gehalten wurde. Es wurde Mittag, und die heißen Sonnenstrahlen fielen Adolf's Kriegern so brennend wie blendend ins Gesicht, zugleich trieb ein heftiger Wind mächtige Staubwirbel ihnen entgegen, so daß ihnen der Kampf unsäglich erschwert wurde. Trotz Adolf's Anfeurungen und seines heldenmüthigen Beispiels begannen seine Krieger zu ermüden, während die Dänen immer frische Mannschaft ins Handgemenge schickten.

Seine Reihen lichteten sich, viele Ritter, Knappen und Kriegsknechte lagen bereits erschlagen auf der Wahlstatt, ein Fähnlein nach dem andern wankte, ganze Scharen wichen vor dem ungestümen Andrang der Feinde zurück, zum Widerstande nicht mehr fähig. Unerschrocken aber stellte Adolf noch einmal die Schlachtordnung wieder her, dann, ehe er das Zeichen zum erneuten Angriff gab, fiel er Angesichts des ganzen Heeres auf die Knie und flehte im inbrünstigen Gebet zu Gott um Hülfe. Und je klarer er das unermeßliche Gewicht dieser Schlacht erkannte, deren Verlust das ganze Deutsche Land an der Nord- und Ostsee vielleicht für immer dem Dänenthum überliefert hätte, je sicherer er fühlte, daß die Hülfe allein noch bei Gott zu suchen sei, desto bereitwilliger war sein edles Herz zu den größten eignen Opfern. Und im frommen Glauben und Vertrauen auf Erhörung gelobte er auf dem Schlachtfelde, wenn ihm Gott den Sieg verliehen würde, der heiligen Maria Magdalena Kirche und Kloster in Hamburg zu erbauen, ja, er gelobte: aller weltlichen Herrlichkeit zu entsagen und als Mönch sich gänzlich dem Dienste des Herrn zu weihen. – Während dessen sollen auch Alexander von Soltwedel und andere Heerführer und manche Ritter und Knechte fromme Gelübde gethan und sich durch das Gebet zum letzten Entscheidungskampfe gestärkt haben. Und als das Heer, – so heißt es, – sich vom Gebete erhub, da sahen manche die heilige Maria Magdalena hoch am Himmel schweben, wie sie als Botin Gottes segnend und verheißend auf den Grafen herabwinkte, und vorüberziehende Wölkchen wie in einen dichten Vorhang oder eine Schürze zusammenfaßte, womit sie die Sonne verhüllte. Zugleich auch drehte sich urplötzlich der starke Wind völlig um, und blies nun den Feinden die Staubwirbel ins Gesicht. Und mit freudiger Zuversicht ob solcher Gnadenzeichen Gottes stürzte sich nun Adolf mit seinem Heere wieder auf die Dänen, die dem gewaltigen Andrange und der begeisterten Tapferkeit nicht zu widerstehen vermochten. Zugleich auch fielen die Dithmarsen von ihrem verhaßten Kriegsherrn ab und vereinigten sich mit den Holsteinern zu seiner Besiegung. Bald wankten die Dänen auf allen Seiten, und in kurzer Zeit war ihre vollständige Niederlage, so wie ein glorreicher Sieg Adolf's und seiner guten Sache entschieden. Unzählige Feinde blieben auf dem Schlachtfelde. Viele retteten mühsam Leben und Freiheit durch schleunigste Flucht, Herzog Otto und drei Dänische Bischöfe wurden gefangen. König Waldemar, durch den Pfeil eines Holsteiners des Auges beraubt und bewußtlos zu Boden gesunken, wurde nur durch die Lehnstreue eines Deutschen Reiters gerettet, der ihn vor sich aufs Pferd nahm und nach Kiel mit ihm entkam.

Darnach hielt der ritterliche fromme Sieger Adolf einen feierlichen Einzug in Hamburg, in dessen Domkirche er öffentlich Gott die Ehre gab und seine Gelübde erneuerte. Nicht nur das Marien-Magdalenen-Kloster hat er gestiftet, gebaut und begabt, sondern auch das Johannis-Kloster und den Convent, und noch viele andere Klöster, Kirchen und Kapellen im Lande Holstein. Aber wegen seiner Jugend (noch nicht lange war er vermählt) und später wegen der Kindheit seiner Söhne, der Erben seiner Lande, konnte er den zweiten Theil seines Gelübdes nicht sogleich erfüllen. Er hatte noch viel zu wirken, um den Frieden dauernd zu befestigen und das Glück seiner Unterthanen zu sichern, ehe er daran denken durfte, sich aller weltlicher Regimentssorgen zu entschlagen und das Klosterleben zu wählen.

Sein Bild, wie er als gebietender Herr im Fürstenmantel mit Rittersporen, Schwert und Wappenschild ausgesehen, hängt noch, von alter Meisterhand gemalt, im großen Saale seines Marien-Magdalenen-Klosters in Hamburg.

24. Vom Bau des St. Johannis-Klosters[26]
(1220–1235)

Um das Jahr 1220 lebte in Hamburg ein guter Bürger, mit Namen Hans Reder, der besaß ein Haus nebst großem Garten, in dem höheren Teile der Stadt, unweit des Alster-Flusses und der Stadt-Mühlen an demselben. Der hat zu seiner nicht geringen Verwunderung wahrgenommen, daß vom Himmel eine ganz seltsame Erde aus seinen Gartenplatz gefallen ist: die war durchgängig tief dunkelschwarz und von schneeweißen Streifen durchzogen, hie und da aber erglänzten dazwischen güldene Punkte und Striche, fast wie Buchstaben und Zeichen einer fremden heiligen Sprache. Und Hans Reder hat mehr denn einmal dies Wunder gesehen, und hat es nicht auszulegen verstanden; obschon er sich wohl bewußt gewesen, daß etwas Absonderliches damit angedeutet sei.

Und als sieben Jahre darnach der Graf Adolf IV., in Folge seiner Gelübde bei Bornhövede, den Bau zweier Klöster in Hamburg beginnen und deshalb für jedes einen schicklichen Platz aussuchen wollte, da trieb es den edlen Herrn unwillkürlich nach Hans Reder's Garten, und da er ihn in Augenschein genommen, bestimmte er ihn alsogleich zum Platz des einen der Klöster; und Hans Reder, der eigentlich gar nicht gemeint war, sein Grundstück zu veräußern, fühlte sich getrieben (er wußte selbst nicht warum), alsogleich in des Grafen Kaufhandel zu willigen.

Also ist aus dieser Stelle das St. Johannis-Kloster erbauet worden, und da es fertig war mit Kirche, Kreuzgängen, Reventer und Zellen, stand es einige Jahre leer, denn es waren keine Mönche da, die es bewohnen konnten; das Dom-Capitel bezeigte sich auch der Anherokunft von Ordens-Geistlichen wenig förderlich. Der Graf Adolf gab sich wohl Mühe, fromme Patres für sein Kloster zu gewinnen, konnte aber keine austreiben.

---

26 Handschriftl. (Beckendorp'sche) Chronik. – Steltzner I. 126, nach Herm. von Leerbeck u.a.

Da ereignete es sich im Jahre 1235 daß drei fremde Prediger-Mönche vom Orden der Dominicaner nach Hamburg kamen, nämlich Bernhard Hiddinga, ein Friese, Otto von Meding, aus dem Bremischen, und der Pater Jordanus. Die zogen noch etliche ihrer Brüder nach sich, und hielten darum an, das leere Kloster bewohnen zu dürfen.

Ob nun gleich weder der Graf noch der Rath etwas dawider hatte, so sahe das Dom-Capitel die Sache doch ungern, weil es fürchtete, dadurch in seinen Einkünften geschmälert zu werden, während es der geistlichen Nothdurft der Stadt zur Genüge vorstehen zu können vermeinte. Pater Bernhard aber entgegnete, daß die Brüder gekommen seien, der Menschen Seelenheil zu fördern, nicht aber irdischen Gewinn zu suchen; und so gelang es ihm, auch des Capitels Einwilligung zu erhalten. Darauf wurde das Kloster geweihet und von den Mönchen bezogen, welche dann auch ihr Verheißen wahr machten und durch Lehre und Beispiel des Volkes geistliche Wohlfahrt förderten.

Und als zum ersten Male die Dominicaner in ihrer schwarzen Ordenstracht mit weißem kreuzförmigen Streifen darüber, in der Klosterkirche sangen, beteten und das goldene Wort des Evangelii predigten, da sind dem guten Hans Reder die Schuppen von den Augen gefallen, und er hat erkannt, was die auf seinen vormaligen Garten vom Himmel herabgeregnete schwarze Erde mit weißen Streifen und goldenen Zeichen weissagend zu bedeuten gehabt habe!

25. Die blauen Süstern[27]
(1233)

Ferner hat der fromme Graf Adolf IV. eine neue Stiftung in Hamburg gemacht, den Convent für zwanzig Nonnen vom Orden der Beguinen. Dazu schenkte er ein Haus und Grundstück in der heutigen Steinstraße, und wies die nöthigen Einkünfte in Ländereien vor dem Steinthore bis gen Horn zum Unterhalte derselben an. Seine Söhne, die Grafen Johann I. zu Kiel und Gerhard I. zu Itzehoe, schenkten dem Convente 1255 einen schönen Apfel-Garten, den sie ihrem eigenen angrenzenden Hofe (dem später sogenannten Schauenburger Hofe) abnahmen, worauf nach dem Willen der Schenker Freiwohnungen für zehn arme Wittwen der Stiftung beigefügt wurden.

Die Klosterschwestern des Convents nannte das Volk von der Farbe ihrer Ordenstracht die blauen Süstern. Um 1360 müssen sie sich's zur Nachtzeit etwas bequem gemacht haben, und nicht ohne einiges Geräusch und einzeln schlafen gegangen sein, denn in einer Haus-Ordnung von diesem Jahre schrieb ihr Oberherr, der Erzbischof Gottfried von Bremen, ausdrücklich vor: daß sie ihr Ordenskleid beim Schlafengehen nicht ablegen, auch sich einander durch Lärmen nicht beunruhigen, und alle zu gleicher Zeit das Lager suchen sollten. Seitdem lebten sie unter ihrer Oberin oder Mesterin still und fromm, und als die Reformation kam, widersetzten sie sich nicht, weshalb ihre Stiftung nach Annahme der evangelischen Confession auch bestehen geblieben ist bis auf den heutigen Tag, obschon, beim Verluste vieler Güter, in verringerter Wirksamkeit; denn nur sieben Conventualinnen giebt es noch, außer der Mesterin, welche ähnliche Rechte genießt, wie die Domina zu St. Johannis-Kloster, nämlich im Leben den Titel: „Ehrwürdige Jungfer," und als Leiche: einen Sammet-Sarg mit silbernen Füßen.

Wenn ein armer Sünder zur Hinrichtung hinausgeführt wird und durch die Steinstraße kommt, so erhält er nach altem Gebrauch allemal

---
27 von Heß, Topographie I. 329. 333. – Steltzner I. 153. – Archival-Notizen.

beim Convent von den blauen Süstern den letzten Labetrunk, den ihm sonst die Ehrwürdige Mesterin an der Spitze ihrer Jungfrauen-Schar mit einem aufrichtigen „helf' Gott" überreichte.

26. Graf Adolf IV. als Mönch[28]

(1239–1261)

Als nun Alles vollbracht war, was Graf Adolf noch zur Erfüllung seines weltlichen Berufes nothwendig fand, da tat er noch zum Beschluß, ehe er ins Kloster ging, einen ritterlichen Kriegszug nach den Ufern der Düna, um den Deutschen Schwert-Rittern in ihrer Bedrängniß beizustehen (1238). Dann aber, heimgekehrt, nahm er Abschied von aller irdischen Pracht und Herrlichkeit, von Fürstenthum und Ritterehre, von Macht und Ansehen, sogar von Haus und Hof, von Weib und Kind. Manch großer Herr in damaliger Zeit, dem das Gelübde einer bangen Stunde zu erfüllen lästig wurde, ließ sich von dem päbstlichen Schlüssel, der nach König Waldemar's Eid gelöset, der Last entbinden, und glaubte durch sonstige gute Werke sein Versprechen zu erfüllen. Aber das Schauenburger Geschlecht hielt von jeher unverbrüchlich am Wort und Gelöbniß. Und seine Gemahlin folgte seinem Beispiel und wählte das Klosterleben.

Seinen Söhnen Johann I. und Gerhard I. (den Grafen Hans und Gerd, wie die Holsteinischen Volkssagen sie nennen) übergab er im Sommer 1239 seine Lande zur gerechten und segensreichen Regierung. Dann, am 13. August desselben Jahres, trat er mit zweien getreuen Rittern, Herren von Ghikow, in das von ihm gestiftete Marien-Magdalenen-Kloster zu Hamburg (in derselben Stadt, vor deren Thoren er als Fürst und gebietender Herr gestanden, bei deren Domstift sein

---

28 Der Schauplatz der Geschichte mit dem Milchtopf wird nach Heimreich's Chronik von den meisten Erzählern nach Kiel verlegt.

So auch (nach dem Presbyter Brem. bei Westphalen Monum. ined. III. 49) von Müllenhoff Schlesw. Holst. Sagen 16. 17, welcher jedoch in der Anmerkung nach Hamburg hinweist. – Das erwähnte Bild ist in den älteren Hamb. Geschichtsbüchern gewöhnlich beigegeben – Unbegreiflich unrichtig ist Adolph IV. übrigens von von Heß aufgefaßt (Topographie I. 286. 87). Besser schildert ihn Zimmermann, Chronik 129–134, woselbst die Inschrift, welche E. Oberalten dem Bilde des Grafen im Klostersale etwa 1818 beifügen ließen.

Bruder Bruno die höchste geistliche Würde als Probst bekleidete), als Laie, als dienender Bruder ein; denn seine Demuth verschmähete es, durch die Vorzüge seiner hohen Geburt gleich die höheren Grade eines Priesters zu erlangen. Als armer dienender Bruder der armen Minoriten-Mönche ging er täglich vor die Häuser der Hamburger, um Pfennige und Brodt von ihnen zu erbitten. Und als er einstmals auf solchem Wege vom Millernthore (damals am heutigen Graskeller belegen) über den Münchendamm (Mönkedamm) heim gehen will, da begegnet er seinen Söhnen, die in voller fürstlicher Herrlichkeit mit Rittergefolge beim Schmettern der Trompeten in die Stadt reiten, und natürlich des armen Klosterbruders keine Acht haben, der doch ihr Vater ist. Und es heißt, da habe er von einer verzeihlichen Anwandlung weltlicher Schaam überrascht, den Topf mit Mllch, den er grade getragen, unter seinem Rocke versteckt, bis seine Söhne vorüber geritten, alsbald aber, um sich selbst wegen der eiteln Regung zu strafen, über sein Haupt ausgeschüttet.

So hat er sein Gelübde treulich erfüllt, hat Almosen erbettelt, um davon nene Klöster und Kirchen zu bauen, – er hatte ja nichts mehr zu verschenken, – ist (1244) zu Fuße nach Rom gepilgert, dann heimgekehrt, vom Bischofe von Lübeck zum Priester geweiht; und seine erste Messe hat er in der Kapelle gelesen, die aus seinem vormaligen Siegesfelde bei Bornhövede von den Franziskanern erbaut worden war; die zweite aber in der Hamburgischen Marien-Magdalenen-Klosterkirche. Gestorben ist der hochgeborene Mönch am 8. Juli 1261 zu Kiel, und in dortiger Klosterkirche ist er bestattet vor dem Altare.

Ein altes Bild in unserm Kloster stellt ihn als Leiche, von Engeln umschwebt, im offnen Sarge liegend, dar; das härene Mönchsgewand, von dem Strick umgürtet, deutet, mit dem Ritterhelm und fürstlichen Wappenschilde im Hintergrunde, den ganzen Umfang seiner Größe an.

27. Das alte Harvestehude[29]

(1245–1295)

Zu Graf Adolf IV. Zeiten lag mitten auf dem damals theils unbebauten, theils waldigen Landstriche, der heut zu Tage den Grund und Boden des St. Michaelis-Kirchspiels, des Hamburger Berges (St. Pauli) und Altona's ausmacht, ein kleines Dorf, das hieß, etwa nach einem ersten Anbauer Herward, der der eine Hude (Hütte oder Hutung, Weidetrift) besessen haben mogte, – vielleicht auch nach einem Hamburgischen Rathmann dieses Namens, – Herwardshude, oder, weil die Hamburger wohl schon damals gern das a–r wie e–r aussprachen (und umgekehrt), Herwerdeshude. Ein Bach gleiches Namens floß daneben in die Elbe.

Daselbst stiftete Adolfs's Gemahlin, die fromme Gräfin Heilwig (aus dem edeln Hause von der Lippe), ein Cisterzienser Nonnenkloster, welches von ihr, manchen Vornehmen und den benachbarten Grundbesitzern reich begabt wurde, so z.b. von den Markgrafen Otto und Johannes von Brandenburg, und von dem gräflichen Vogte Georg und seiner Frau Margaretha, welche ihre dort belegenen Höfe, Mühlen und sonstige Besitzungen dem neuen Stifte schenkten. Und da der Gräfin Gemahl bekanntlich als Minoriten-Bruder ins St. Marien-Magdalenen-Kloster getreten war, so folgte sie auch hierin seinem Beispiel und blieb bis an ihr selig Ende als Klosterschwester im Stifte Herwerdeshude. Das Dom-Capitel zu Hamburg genehmigte „auf Ansuchen des Bruders Adolf, vormals Grafen zu Holsten, und der Schwester Heilwig, einst seiner Gemahlin," diese Stiftung, welche 1247 auch Pabst Innozenz IV. bestätigte und in seinen Schutz nahm.

Weil sich nun aber später zeigte, daß die Lage dieses Klosters an der

---

29 Zum Theil nach Urkunden. Irrig wird die Gräfin hie und da eine geborene Markgräfin von Brandenburg genannt. Zimmermann Chronik 134. – von Heß Topographie III. 61. Hude kann Landungsplatz bedeuten, wie Weidehutung; nicht aber Hütte. Lappenberg, Lorich's Elbcharte S. 67.

Elbe nicht nur feindlichen Angriffen sehr ausgesetzt, sondern auch wegen der Nähe des städtischen und Hafen-Verkehrs wenig erbaulich und beschaulich war, wodurch den frommen Nonnen manch weltlich Aergerniß bereitet wurde, so brach man Ao. 1295 dies Gebäude ganz ab, und baute das Kloster in dem schönen friedlichen Thal an der Alster vor Eppendorf wieder auf, wo es den Namen Frauenthal oder Jungfrauenthal erhielt. Ein altes Siegel des Klosters, von großer ovaler Form, zeigt den auf dem Himmelsthron sitzenden Heiland, die Umschrift lauter: „Sigillum Ancilliarum Christi in Valle Virginum". d.h. Siegel der Mägde Christi im Jungfrauenthal. Ein kleineres, auch ovales, ersichtlich noch viel älteres „Sigillum Abbatissae Vallis Virginum" zeigt die heilige Jungfrau Maria mit dem Christuskinde, darunter, sehr klein, eine kniende betende Nonnengestalt zu sehen ist, vermuthlich die Stifterin und erste Aebtissin des Klosters, die Gräfin Heilwig.

In der Zeiten Lauf verschwand das alte Dorf Herwerdeshude an der Elbe, oder mindestens dieser Name desselben ging unter, der dafür von den Leuten aus alter Gewohnheit dem Kloster Frauenthal an der Alster übertragen wurde, das man zuletzt gar nicht anders als Herwerdeshude nannte, woraus endlich unser Harvestehude entstanden ist, was manche gute Hamburger, da ein Winterhude gegenüber liegt, auch wohl Herbstehude nennen.

Das Kloster Frauenthal aber wurde sehr reich und angesehen, und viele Hamburger Bürgerstöchter aus den vornehmsten Familien erfüllten dort als Nonnen ihre oder ihrer Eltern fromme Gelübde. Es heißt, daß später ihre Klosterzucht nicht sonderlich erbaulich, und daß sie gegen alle Versuche des geistlichen Oberherrn, eine bessere Ordnung bei ihnen einzuführen, äußerst widerspenstig gewesen seien, worin die Hamburgischen Bürger ihnen sogar beigestanden haben sollen. Als nach der Reformation die Klostergebäude zu Herwerdeshude zerstört waren, brachte man die weltlich gewordenen Nonnen in das von Adolf IV. gestiftete Johannis-Kloster in der Stadt, aus dem man die Mönche vertrieben hatte, und legte diesem das reiche Vermögen des aufgehobenen Stiftes bei. So sind also unsere Couventualinnen im Stifte am Schützenwall die Erbinnen nicht nur der Cisterzienserinnen von Herwerdeshude, sondern auch der Ehrw. Dominicaner-Mönche von St. Johannis, und Adolf wie Heilwig sind ihre Wohlthäter. Noch zu unseren Zeiten gehörte auf dem Hamburger Berge ein ganzes Viereck von Häusern zwischen der Kirchen- und Langenstraße, dem Tarergange und dem Pinnasberge, zu den Gütern des St. Johannis-Klosters aus der Erbschaft der Nonnen im Frauenthal. Dort mag deren altes Kloster Herwerdeshude gestanden haben.

Wie hat sich dort so Vieles verändert! Der anmuthige Bach, auf dessen grüne Ufer Heilwig's Cisterzienserinnen blickten, den wir später noch als einen nützlichen Pepermöhlenbeek, auch als alte Aue kennen, er ist als Bach längst versumpft und vertrocknet, und hat einem unlieblichen Rinnsal, dem Grenzgraben zwischen St. Pauli und Altona, Platz gemacht, welches (beiläufig gesagt) seinen Namen gewiß richtiger von der Alten Au als von All tho nah herleitet. Das alte Dorf Herwerdeshude war längst verschollen, als der Name und Begriff Hamburgerberg, und mit ihm Spektakel, Thierbuden, Trutz-Altona, Mord und Todtschlag und manche andere Nachtseite aufkam. Ja, seit vor 600 Jahren am heutigen Pinnasberge das Kyrie eleison frommer Klosterschwestern ertönte, wie gar Manches hat sich doch in der innern wie äußern Gestaltung Hamburgs so gründlich geändert.

28. Von Abschaffung der Feuerprobe[30]
(1257)

Bis in die Mitte des dreizehnten Jahrhunderts war zu Hamburg noch die Feuerprobe im Schwange, ein uralter überall verbreiteter Gerichtsbrauch, um die Wahrheit zu erkunden. Wer einer Missetat oder Falschheit stark verdächtig war, der mußte, um seine behauptete Unschuld zu beweisen, unter Anrufung Gottes, des Allwissenden und Allmächtigen, glühendes Eisen anfassen, oder auf rothgeglühtes Eisen treten, oder durch ein loderndes Feuer schreiten. Kam er dann unverletzt davon, so nahm man an, daß Gott selbst die Wahrheit seiner Behauptung durch dies Wunder erwiesen habe, und sprach ihn frei. Es gab bekanntlich auch andere ähnliche Gottesgerichte, z.b. die Wasserprobe und den Zweikampf. Übrigens konnte gemeiniglich ein als ehrenhaft bekannter Mann sich schon durch seinen Eid vom Verdachte reinigen, und nur dem übelberüchtigten, dessen Eid keinen Glauben verdiente, wurde die gefährliche Feuerprobe zuerkannt.

Schon längst waren von Rom aus diese Gottesgerichte, namentlich die Feuerproben, verboten, aber da das Volk nun einmal an ihre Untrüglichkeit glaubte, so waren sie schwer abzuschaffen. Pabst Heinrich III. (um 1216) und Kaiser Friedrich II. (um 1221) erließen scharfe Edicte dawider, und rotteten sie damit auch an vielen Orten aus. Aber in Hamburg blieben sie dennoch im Gebrauch, weil manche Dompröbste ihre Beibehaltung für nützlich erachteten.

Im Jahre 1257 aber tat der Rath zu Hamburg ein Einsehen, und schickte einige Gesandte nach Viterbo in Italien an den Pabst Alexander IV. dem diese vorstellten, daß doch endlich möchte die gefährliche Probe des glühenden Eisens gänzlich abgeschafft werden. Der Pabst nahm die Hamburgischen Legaten freundlich auf, versprach Gewährung, und gab ihnen ein Breve vom 1. Juni 1257, darin er erklärte, daß

---

30   Zimmermann, Chronik 189. Steltzner I. 107. Beckendorp's handschriftl. Chronik.

er dem Rathe, der Bürger-Gemeine und dem Volke zu Hamburg, seinen geliebten Söhnen, in Allem zu willfahren gesonnen sei, was der gesunden Vernuuft nicht zuwider laufe, und deshalb erfülle er gern ihre Bitte, und cassire hiemit gänzlich die Feuerprobe, so daß kein Mensch gezwungen werden solle, sich ihr zu unterwerfen, und wer dawider handle, der solle dem Zorn des allmächtigen Gottes und der heiligen Apostel Petri und Pauli verfallen sein.

Damit kehrten die Hamburger Herren zurück, und da fortan kein Angeklagter Lust bezeigte, freiwillig die Fenerprobe zu bestehen, so ist sie seitdem in Hamburg nicht mehr vorgekommen.

29. Herrn Dirk Wrak's Großmuth[31]

(1270)

Es geht die Sage von Herrn Dirk oder Ditrich Wrak, dem Aeltesten dieses Namens, der Ao. 1268 in den Rath gekoren ist, daß er ein sehr edler, großmüthiger Mann gewesen sei, der selbst seinen Feinden Böses mit Gutem vergolten habe.

Wie's sich nun ereignet, daß große Männer ihre Widersacher haben, so traf es sich, Gott weiß, aus welchen Ursachen, daß der Herzog von Sachsen dem Herrn Wrak abgünstig wurde. Er aber fürchtete wohl Gott, aber keinen Menschen, tat Recht und scheuete Niemand. Darum focht ihn seines fürstlichen Feindes Groll auch gar nicht an. Der aber ergrimmte deshalb nur noch mehr, und schrieb ihm nach damaliger Weise einen Absagebrief, darin stand's ehrlich und Deutsch: „Sei auf deiner Hut, zumal wenn du reisest und durch mein Land ziehest, denn ich lass' dir aufpassen, und wenn ich dich ertappe, so muß du ohne Gnade hängen, den hänfenen Strick dazu führe ich allerwegen mit mit. Wornach sich zu achten." Das war keine frohe Kunde, und manchen guten Rathmann späterer Zeit hätt's die Lustfahrten in den Sachsenwald und alles Reisen bitter verleidet, wenn solche Botschaft an ihn gelangt wäre. Aber Herr Dirk Wrak lachte darob, meinte nur, er müsse wohl ein Abwehrmittel gebrauchen, das sollte aber glimpflicher sein, als die Drohungen. Ließ also eine starke silberne Kette schmieden, etliche Ellen lang, die trug er mehrfach um Hals und Brust geschlungen, als sei's zum Zierrath. Und schrieb darauf an den Herzog etwa so: „Ew. Durchläuchtigkeit gnädigen guten Willen habe vernommen, und vermelde dagegen zur schuldigen Danksagung in aller Devotion, daß ich allemal, wenn ich gen Lübeck zur Tagfahrt reite, zwar keinen gemeinen

---

31 Diese Sage erzählt eine handschriftl. Raths-Succession auf dem Stadt-Archiv. – Beckendorp's handschriftl. Chronik datirt sie von 1260 und nennt Wrak Bürgermeister. Er ist aber urkundlich erst seit 1268 als Rathmann und gar nicht als Bürgermeister bekannt.

hänfenen Strick, sondern ein silbern Kettlein bei mir führe, daran ich Ew. Durchläuchtigkeit henken will, wo ich Derselben mächtig werde. Wornach sich zu achten."

Ob nun der Herzog aus dieser kühnen Antwort des beherzten Mannes sich wenig Ersprießliches für seinen Handel versah, oder ob ihm dessen Großmuth, die seinen Strick mit dem Silbergeschmeide vergalt, das Herz rührete, worauf denn Beide ihre Erbietungen für gute harmlose Schwänke passiren ließen: genug, weder Strick noch Kettlein sind gebraucht, sie haben sich Beide ungehängt gelassen, bis an ihr natürlich und will's Gott selig Ende, das bei Herrn Dirk Wrak Ao. 1301 erfolgte, worauf er zu St. Petri im Leichenhause begraben worden unter dem sogenannten blauen Stein. Und die armen Leute, zumal die im heiligen Geist-Spital, sind über seinen Tod sehr betrübt gewesen, denn er hat die löbliche Gewohnheit gehabt, an allen Abenden vor Sonn- und Festtagen (und damals gab's der letzteren noch dreimal mehr als jetzt) jedem Armen ein Brodt und ein Licht, oder dessen Werth, nämlich einen Pfennig, zu verehren.

Im Wappenschilde hat aber Heer Wrak einen Arm geführt, in dessen bloßer Hand ein lodernd Feuer zu sehen ist, was den kühnen Muth des tapfern Mannes, dessen Hand wohl manch' heißes Ding angefaßt hat, ohne sich zu verbrennen, genugsam bezeichnet. Man muß brennende Fragen nur keck und fest angreifen, dann thun sie kein Weh, das ist eine alte Wahrheit.

30. Das helle Haus und das heiße Haus[32]
(1281)

Im Jahre 1281 am St. Thomas-Tage, ereignete sich zu Hamburg eine ganz erschreckliche Feuersbrunst, welche fast die ganze Stadt, so groß sie damals war, einäscherte, wobei viele Menschen, sowohl Männer als Weiber und Kinder, elendiglich umkamen. Sie sagen, daß alle Kirchen mit dem St. Johannis-Kloster dabei abgebrannt seien. Ja, Einige sagen sogar, daß die ganze Stadt bis auf ein einziges Haus in Schutt und Trümmer gesunken wäre; dieses habe auch schon in hellen lichten Flammen gestanden, nachdem aber die Nachbargebäude heruntergefallen, sei es durch ein Wunder Gottes dennoch vom Feuer nicht verzehrt, sondern bestehen geblieben, und habe von der Zeit an das helle Haus gehießen, unter welchem Namen es noch manche Jahrhunderte lang bekannt gewesen. Und in der Tat gab's noch bis 1590 ein altes Haus am Fischmarkt, welches das Hell- oder Hehl-Haus hieß, in welchem man gefundenes herrenloses Gut zu bergen pflegte, was man damals „Hehlen" nannte.

Als in genanntem Jahre der neue Krahn gebaut wurde, kam diese Hehl-Einrichtung in die daneben stehende Waage, in einen Raum, der „Archely-Kammer" hieß. Andere aber sagen, dies einzig stehengebliebene helle Haus habe in der Bohnenstraße gestanden und später einem Bürger Namens Kahle zugehört.

Wieder Andere wissen Nichts von dem hellen Hause, wohl aber von einem heißen Hause. Es sei dies ein stattliches Gebäude gewesen, welches in der großen Feuersbrunst einzig unversehrt geblieben. Aber so ungeheuer sei der Brand und die Glut gewesen, daß noch nach Jahren, als längst die Stadt rings umher wieder aufgebaut, die Mauern, Steine

---

32 Nach Chroniken. – Die Feuersbrunst hat nach Lappenberg, Hamb. Urkundenbuch No. 818, erst 1284 stattgefunden. So auch Tratziger's Chronik; s. a. Steltzner I. 205. Das heele Haus kann auch das ganz, unversehrt gebliebene Haus heißen.

und Ziegel dieses alten Hauses sich gänz heiß hätten anfühlen lassen, weshalb man dasselbe nie anders als das heiße Haus genannt habe.

Die Hamburger aber, wie sie's selbst bei den verderblichsten Feuerbrünsten noch jetzt im Brauch haben, verloren keinen Augenblick den Kopf oder den Muth, und begannen alsbald den Neubau. Anfangs wollten die Vögte der Holsteinischen Grafen, vermuthlich aus freundnachbarlicher Gesinnung, den Hamburgern kein Holz zum Bauen verkaufen oder wegführen lassen, aber als ihre Heeren, die Grafen Adolf, Johann und Albrecht, sich den Hamburgern freundwillig bezeigten und ihnen ihre Anerkennung der kostbaren Privilegien Kaisers Friedrichs I. glorreichen Angedenkens, verbrieften, auch ihnen Beistand gegen etwanige Übergriffe des Bremischen Erzbischofs verhießen, – da mußten gedachte Vögte das Bauholz unsern Bürgern wohl verabfolgen lassen. Und vom Grafen Helwig von Schwerin und von andern großen Waldherren kam Bauholz in Menge, so daß Hamburg dennoch bald wiederum, wie die Poeten sagen, „phönixartig aus der Asche" wieder erstand.

31. Vom Schuljungen-Kriege[33]
(Um 1290)

Als die damalige Neustadt, nämlich das St. Nicolai-Kirchspiel, um 1281 herangewachsen war, so daß die Domschule, die St. Anscharius gestiftet und Erzbischof Unwannus wieder hergestellt hatte, dem heftigen Drange lernbegieriger und wissensdurstiger Schüler keinen Raum mehr bot, da dachten die Neustädter mit Ernst daran, selber eine Schule für ihre Kinder zu erlangen. Das war damals schwerer als jetzt. Denn erst mußten sie vom Erzbischofe Giselbert in Bremen die Erlaubniß, eine solche Schule für ihr eigen Geld stiften zu dürfen, als eine Vergünstigung erbitten, und sodann noch des heiligen Vaters Bestätigung nachsuchen. Und um letztere zu erlangen, schickten sie Herrn Johann von Lüneborg (der seit 1271 im Rathe saß), nebst etlichen guten Bürgern nach Rom an den Pabst Martin IV. Der war ein belesener Herr und wußte aus alten Schriften, wie gastlich die ehrlichen Hamburger seinen Vorweser aus St. Peters Stuhle, den abgestzten Pabst Benedict V. (965) in ihrer Stadt aufgenommen hatten, darum bewilligte er gern das Ansuchen am 7. Julii 1281. So wurde denn die noch heute blühende St. Nicolai-Schule gegründet, und Kirchherren und Juraten der Neustadt ordinirten den Schulmeister und befahlen, was gelehrt werden sollte.

Nachmals, etwa 1290, entstand nun viel Irrung und Unlust wegen dieser Schule mit dem Dom-Capitel, dessen Scholasticus (Ober-Vorsteher der Domschule) gleiche Rechte auch in Bezug auf die St. Nicolai-Schule in Anspruch nahm, da er über alle Schulen der Stadt der Scholasticus zu sein behauptete. Der Rath, der dem Capitel oftmals entgegentreten mußte, nahm sich auch hier der Nicolaiten an. Etliche Herren aber und viele Altstädter waren auf Seiten des Capitels, da es sie fast verdroß, daß die Vor- und Neustädter schon so flügge wurden, daß sie eine eigne Schule und ein eigen Schulregiment begehrten; kurz

---
33 Nach histor. Quellen. Mönckeberg, die St. Nicolai-Kirche in Hamburg. Beckendorp's handschriftl. Chronik.

es gab Zwist und Aerger hüben und drüben. Wie's nun immer so geht: „was die Alten sungen, das zwitschern die Jungen," das geschah auch hier. Die liebe Schuljugend, die bis dahin einige Jahre ganz friedlich entweder die Dom- oder die Nicolai-Schule besucht harte, vernahm nicht sobald den Zwist der Großen und Alten, als sie auch Parthei ergriff. Natürlich schwor jeder Junge zur Fahne seines Vaters oder Schulmeisters. Und den Gesang der Alten zwitscherten sie nicht nur, sondern sie verkörperten ihn rührig in Prügel, mit denen sie sich bewirtheten, wo sie auf einander stießen. Von einzelnen Scharmützeln und Streifzügen kam's allmählig zu ordentlichen Gefechten, zu denen sie mit Stecken, Steinen und Schleudern gerüstet auszogen, und mit Schlachtruf und Feldgeschrei einander anfielen. Wenn die Neustädter Jungen riefen: „hie St. Nicolas! hie Johann Lüneborg!" so schrien die Altstädter: „hie Sancta Maria, St. Anschar und alle Dom-Scholaster!" Und dann klopften sie sich die Wämser aus und die Rücken wund und die Köpfe blutig, und fochten den Streit der Alten doch nicht aus.

Es hat wohl immer Schul- oder vielmehr Schülerkriege gegeben, und mit Vergnügen erinnert sich Schreiber dieses der Fehden aus seiner Kindheit, als die „Johanniter" der gelehrten Schule mit allen Kirchenschulen der Stadt im Kriegszustande lebten und zur Winterszeit auf dem Berge mit Schneebällen die hitzigsten Kämpfe geliefert wurden, bis auf Dr. Gurlitt's Anfordern löbliche Polizei einschritt und Frieden stiftete. Aber ein solcher Krieg wie damals, hat in Hamburg nicht wieder stattgefunden, denn er nahm eine so ernstliche Wendung, daß er begann, auch die Erwachsenen in Thätlichkeit, Mord und Todtschlag zu verstricken.

Es mußte Wandel geschaft werden, das sah so Rath als Dom-Capitel ein, darum wurden sie eins, daß der Rath die Neustädter oder Nicolaitischen Schulbuben und das Capitel seine Altstädter oder Domschüler zum Frieden zwingen sollte; sodann aber verglichen sie sich wegen des Schul-Regiments zum Vergnügen beider Teile. Und das ist auch durch den Art. 29 des Tractats zwischen Capitel und Rath der Stadt Hamburg vom Jahre 1337 bestätigt.

32. Vom Schandstein-Tragen[34]

(Um 1292)

Unter den wenn auch oft grausamen und mindestens sehr strengen, aber stets sinnreichen und zuweilen fast komischen Strafen des Mittelalters, war auch die des Schandstein-Tragens durch ganz Deutschland und namentlich Niedersachsen sehr allgemein. Sie war nur für Frauenzimmer bestimmt, und zwar für solche Vergehen, die nicht grade schwere Leibes- und Lebensstrafen nach sich zogen.

Nach dem alten Hamburger Stadrecht von 1292 wurden der leichtfertigen Verläumderin ehrbarer Frauen und Jungfrauen beim Kaak (dem Richtplatz fürs Stäupen, Brandmarken und ähnliche Strafen), zwei Steime um den Hals gehängt, worauf sie damit belastet vom Frohn und seinen Knechten mit Hörnerblasen, ihr zur Schmach und Schande, durch die Straßen und zur Stadt hinaus geführt wurde. Diese strenge Strafe für ein Vergehen, welches damals doch nicht so häufig vorgekommen sein muß, wiederholt noch das Stadtrecht von 1497. Ein solches in Lübeck aufbewahrtes Paar Schandsteine, wiegt mit der eisernen Kerte, an der sie hängen, 2 L[lbs][35] und 8 [lbs]; es wurde so um den Hals gelegt, daß der eine Stein auf der Brust, der andere tief auf dem Rücken hing. In einigen Städten waren Stacheln daran befestigt. Oft waren die Steine noch besonders geformt, oder trugen darauf eingehauene Figuren, z.b. mit Anspielung auf das veranlassende Vergehen: einen Weiberkopf mit ausgestreckter Zunge, unter einem Maulkorbe.

Später kam es so hier wie anderswo auf, daß die Delinquentinnen nur einen aber wohl an 100 [lb] schweren Stein tragen mußten, gewöhnlich in ovaler Schüssel-Form, oder in Gestalt einer Katze, oder einer Flasche (weshalb der Volkswitz diese Strafe auch „den Trunk

---

34 Hamb. Stadtrecht von 1292 M. XXVII und 1497 M. II in Lappenberg's Hamb. Rechts-Alterthümern Bd. I. – Dreyer's antiquar. Anmerk. über einige Lebens- etc. Strafen § 21. – Hamb. Chroniken, herausg. von Lappenberg. 1. Heft. S. 128.

35 Lübisches Pfund, 1 lb entsprechen etwa 483,3 g

aus des Büttels Flasche" nannt), oder in noch anderen symbolischen Formen. Um diese Zeit scheinen bereits die Verläumderinnen tugendhafter Frauen, vielleicht weil ihre Zahl sich häufte, mit dem Schandstein verschont gewesen zu sein, dagegen gebrauchte man ihn fleißig zur abschreckenden Bestrafung der bos- und lügenhaften Diebinnen und schlechten Weiber, der leichtfertigen (fahrenden) Mägde, so wie der untreuen Frauen; auch (und hierauf paßte die Flaschenform der Trunkfälligen, so wie derer, die im Zanken, Schmähen, Lästern, prügeln und Kratzen unverbesserlich waren (es soll ja hie und da unter dem schönen Geschlechte solche „Haderkatzen" geben). Auf diese war es wohl mit der steinernen Katze gemünzt.

So wurde hier in Hamburg am 9. December 1536 eine junge Sünderin, die auch ihr Kind verwahrloset hatte, durch die Straßen geführt; sie trug den Schandstein und mochte die Augen nicht aufschlagen. Und vorauf und hinterher gingen die Schinderknechte und Büttelsleute, und bliesen auf Kuhhörnern, und der Jan Hagel und alle Gassenbuben liefen bei an und machten mit Pfeifen und Kessel-Schlagen ein erschreckliches Lärmen, und verlachten und verhöhnten grausam das arme junge Weibsbild, das sodann am Kaak gestäupt (mit Ruthen gestrichen) wurde. Und zuletzt, bei anbrechender Dunkelheit, führte sie der Frohn bis ins Thor, dort sprach er zu ihr: „um der Bosheit willen, so du begangen, darum bist du gnädiglich gezüchtigt. Dess' sollt du mit Rache nimmermehr im Argen gedenken meinen Herren, und sollt fortan meiden die Stadt, dir geschehe dann Gnade von meinen Herren, das schwöre, so wahr dir dereinst Gott helfe und sein heiliges Wort," und den Eid mußte sie ihm nachsprechen, und die Urphede schwören, daß sie keine Rache der gnädigen Strafe halber hegend und die Stadt meiden wolle ihr Lebelang, – dann stieß der Frohn sie zum Thore, zur Stadt, ins Elend hinaus und hinter ihr schloß der Thorwart die Pforte. –

Eben so erging es den 30. August 1539 einem bösen lästerlichen Weibe, und 1542 einer treulosen Frau: sie mußten den Schandstein tragen, und dann Stadt und Gebiet verschwören.

Gegen Ende des Jahrhunderts scheint diese Strafart abgekommen zu sein. Hier und anderer Orten findet man sie im folgenden nicht mehr.

33. Vom ältesten Rathhause und vom Junker Blomendal[36]

(1292)

Im Jahre 1292 erhielt Hamburg von den Grafen Adolf, Gerhard, Johann und Heinrich nicht nur die volle Bestätigung aller von deren Vorfahren und von den Kaisern erlangten Freiheiten und Privilegien, sondern auch eine Bestätigung und Erweiterung des freistädtischen Rechtes der Köre, d.h. der eigenen Gesetzgebung durch Erlaß von Statuten und Edicten aller Art.

Die Hamburger machten auch sogleich Gebrauch davon, erließen ein Stadtrecht und gaben allerlei neue Verordnungen, die das Regiment im Innern betrafen.

Darunter war auch wichtig: die Aufhebung der Eintheilung in Alt- und Neustadt, deren jede ein eigenes Rathhaus hatte. Und um der leidigen Eifersucht vorzubeugen, sollten sogar die Namen Alt und Neustadt aufhören. Die beide Teile bisher trennenden Befestigungen und Grenzzeichen wurden also niedergerissen, und gab es hinfort nur eine einige Stadt Hamburg.

Wieder eine Folge davon war's, daß eins der beiden Räthhäuser eingehen mußte, und da das der Neustadt (dasselbe, das bis 1842 bestand) geräumiger und mehr inmitten der vereinigten Stadt belegen war, als das der Altstadt am Fischmarkt, so mußte dieses weichen. Der Rath der Altstadt, welcher sich mit dem der Neustadt vereinigte, um hinfort nur einen Rath in Hamburg zu bilden, verließ seine alte Residenz, die von da an leer stand und zu andern Zwecken gebraucht werden sollte.

Nun heißt es, und eine Urkunde betätigt es, daß damals, als das alte Rathhaus am Fischmarkte leer stand, der Junker Arnold Blomendal

---

36 Zimmermann, Chronik 190–192. Steltzner I. 210. Beckendorp, handschriftl. Chronik. Bis auf den Schluß ganz geschichtlich. S. auch Urkunde 818 im Hamb. Urkundenbuch S. 674. Blomendal kommt auch unter den Stift-Bremischen Ministerialien vor. Pratje, Bremen und Verden VI. 134.

ein Auge darauf warf und es ihm wohlgefiel; bat also seine Herren, die Grafen von Holstein, daß sie ihm dasselbe austhun möchten, er wolle ein Schloß daraus bauen, das er von ihnen zu Lehen tragen könnte. Die Grafen bedachten nicht erst lange, wie die Sache beschaffen wär', und sagten dem Junker sein Ansuchen zu. Allein die Bürger gestunden den Grafen keine Gerechtsame zu an dem Hause, und da diese einsahen, daß die Hamburger im Rechte waren, selbe aber um keinen Preis der Welt ein Herrenhaus, Schloß oder gar eine Burg inmitten ihrer Stadt haben wollten, so wurde aus Junker Blomendal's Absichten nichts. Freilich warf er deshalb einen Zorn auf die Hamburger, sagte ihnen die Freundschaft ab und Fehde an, raubte auch für etliche 1000 [M.][37] Lübsch Güter und Waren, die Sache wurde aber gütlich ausgetragen.

Es heißt ferner, daß alle Nachkommen dieses Junker Blomendal's, die im Lüneburgischen seßhaft gewesen und nachmals ihren Namen Hochdeutsch geschrieben, immerdar des Urahn's Gelüste geerbt, und ein gutes Auge auf das Hamburger Rathhaus gehabt haben. – Und nach vielen hundert Jahren hat ein gelahrter verdienstvoller Herr dieses Namens einen Ehrenplatz in demselben, nämlich in der Rathsstube, erlangt. Es hat also der vorausstrebende Geist des alten Junker Arnold nunmehr wohl Ruhe.

---

37 Lübische Mark

34. Der Brauerknechte Heldenthum[38]
(Etwa um 1300)

In alten Zeiten, da das Fleth im Rödingsmarkt noch Stadtgraben war und das Millernthor ihm zur Seite stand beim heiligen Geist-Hospital, da hat es sich der Sage nach zugetragen, daß unsre gute Stadt ist plötzlich überfallen worden von einer Menge feindlicher Bauern aus der Umgegend, man weiß nicht mehr, aus welcher Ursache. Und da grade die meisten wehrhaften Bürger unter Anführung der rüstigsten Rathmannen auf Heerfahrt draußen gewesen sind, so ist wegen der tollen Bauern schier eine große Noth entstanden, und hat C. E. Rath nicht gewußt, wie man ihrem ungestümen Andringen widerstehen könne. Und schon haben die Bauern das Millernthor erstürmt oder überstiegen gehabt, und sind mit wüstem Gebrüll blutdürstig und raubhungrig im dichten Schwarme eben in die Stadt zu dringen Willens, als sich ihnen eine nicht gar große Schar muthig entgegen wirft. Das waren die Hamburger Brauerknechte, junge, kräftige Burschen, handfest und knochenstark, die hatten sich aufgemacht, um die schwer bedrängte Vaterstadt zu retten, und trugen ihre Lungerhölzer[39] in den Fäusten oder Knittel und sonstige derbe Wehren, und damit begannen sie so ingrimmig auf die Bauern loszupauken, und unter dem lauten Ruf: „Buur stah! Buur stah!" Jeder seinen Mann so summarisch niederzuschmettern, daß die von dem urplötzlichen Angriff überraschten Bauern wirklich stehen blieben und nicht weiter vordringen konnten. Und ob sie nun auch versuchten, wenigstens da, wo sie standen, Stand zu halten, so gelang's ihnen doch nicht, denn die Brauerknechte ließen nicht ab mit Zuschlagen, und wer von den Bauern nicht liegen blieb, der blieb auch nicht länger stehen,

---

38 Die Zeitangabe ist etwas willkürlich, da diese Sage nur von „alten grauen Zeiten" spricht. Sie wird unter Andern erzählt von Schlüter, Tractat von den Erben S. 356; von Heß, Topographie I. 398.

39 Starke Stangen, um leere Biertonnen, in deren Spundlöcher sie gesteckt werden, zu tragen.

sondern floh eilends aus dem kaum überrumpelten Thore hinaus ins Weite.

Und die tapfern Brauerknechte haben glorreich gesiegt, und große Ehre und herrliche Privilegia bei ihren Mitbürgern ob solchen Heldenthums davon getragen. Denn die Stelle und die Gasse, die daran stößt, wo sie so rühmlich gestritten und die Stadt gerettet, hat man zum ewigen Andenken an ihre Tat nach ihrem Feldgeschrei benannt „Buurstah;" – Andere sagen „Buurstade," darin wäre also der Platz verewigt, wo sie den andringenden Bauern zuerst Stand geboten und sie zum Stehen gebracht, was aber im Grunde Wortklauberei ist und übereins herauskommt. Und unter den Previlegien war das Recht, alle zwei Jahre ein großes Fest zu halten, das sie ihre „Höge" nannten, das vornehmste. Wovon später noch mehr erzählt werden wird.

Und ob nun zwar die Höge längst nicht mehr gefeiert wird, und mit der gesunkenen Herrlichkeit des Hamburgischen Brauwerks auch der Brauerknechte Zahl und Ansehen schier verschwunden ist, so wollen wir doch, zumal wenn wir über den Burstah gehen, ihrer alten Vorfahren Heldenthum nicht vergessen.

Und ferner heißt es: als damals die biderben Brauergesellen die Bauern besiegten, ging's gleichwohl für sie nicht ohne Wunden und Beulen ab. Fast alle brachten einen blutigen Kopf heim, als sie zu ihren Herren und Wirthen zurück kamen. Da befahlen die ihren Mägden, daß sie den braven Kerls die Köpfe waschen sollten; nicht figürlich, sondern natürlich, wie gebührlich, nämlich buchstäblich; welche Mägde auch, zwar nicht sonder züchtig Erröthen, doch mit hochherzigem Gefühle den kühnen Rettern der Vaterstadt einen Liebesdienst zu leisten, sich dazu gern bereit finden ließen. Und darnach war das um die Stirn gewundene Verbandtüchlein ihre Ehrenkrone und ihr Lorbeerkrauz. Und die Brauerheeren machten die Satzung, daß zum Gedächtniß dieser Begebenheit alle Brauermägde in der Zukunft verpflichtet sein sollten, den Brauerknechten jedesmal nach beschafftem Tagewerk, oder wenn abgebraut, den Kopf zu waschen, und vorhero die Lauge dazu zu bereiten; und bei Letzterem ist's geblieben, wie Herr Dr. Matthäus Schlüter erzählet im Tractate von den Erben, in des anderen Teiles sechsundfünfzigsten Titul „von denen Brauer-Mägden," § 6, daß solches noch zu seiner Zeit exerciret werde (1698). Und sothanes Recht verdient allerdings mit unter der Brauerknechte „sonderbare Gerechtigkeiten und Privilegien" begriffen zu werden, deren besagter Herr Schlüter einige anführt.

35. Von der Hamburgischen Schuljugend im Mittelalter[40]

(Um 1300)

Nach glücklicher Beendigung des blutigen Schuljungen-Krieges durch den Frieden von 1289, welcher eine dauernde Eintracht zwischen den Scholaren der Dom- und denen der St. Nicolai-Schule begründete, begingen fortan beide Teile ihre großen Feste, zu deren größerer Verherrlichung, gemeinsam.

Wie auf allen Deutschen Schulen des Mittelalters gab es nämlich auch in Hamburg gewisse Schul- oder Schüler-Feste, als deren wesentlicher Inhalt: öffentliche Processionen in allerlei spaßhaften Verkleidungen, Umzüge durch die ganze Stadt, Einsammlung von Lebensmitteln und Almosen, und gehörige Schmausereien, erscheinen. Die Wichtigkeit, die man schon damals den Schul-Instituten beilegte, veranlaßte, zur Anlockung und Aufmunterung der Schüler, solche Privilegien und Freiheiten, welche freilich unserm Zeitgeschmack sonderbar und unpassend dünken, damals aber völlig in der Ordnung gewesen sind, da sie ganz allgemein in allen Deutschen Landen vorkommen. Durch mancherlei diesem Zwecke gewidmete Vermächtnisse, so wie durch Sammlungen wurden die Kosten solcher Lustbarkeiten bestritten.

Unter der Hamburgischen Schuljugend des Mittelalters darf man sich nicht lauter Kinder unter fünfzehn Jahren vorstellen. Außer diesen, die man Scholares sub jugo nannte (unterm Joche, nämlich unter der Fuchtel des Canonicus-Scholasticus) gab es ältere, Scholares majores, sub jugo non existentes, deren Zwingherr der Dom-Dechnt selbst war. Diese, aus welchen auch die acht Chorschüler des Doms genommen wurden (welche auch Schlafschüler hießen, weil sie in einem Dom-Gebäude ihre Schlafstellen hatten), machten die den damaligen Anforderungen entsprechenden theologischen Studien, bis sie zu dem

---

40 Ganz geschichtlich. Nach: Ed. Meyer, das Hamb. Schulwesen im Mittelalter, woselbst viele Urkunden als Belege. Mönckeberg, die St. Nicolai-Kirche.

Dienste eines Vicars promovirt und höherer geistlicher Grade würdig erachtet wurden. Darum gab es nach 1400 zwei gelehrte theologische Lectoren am Dom, darum wurden sie in der christlichen Dogmatik, in Rhetorik und Dialectik geübt, in der Gesangskunst vervollkommnet, und zum genausten Verständniß der Lateinischen Sprache angeleitet, die schon den jüngsten Schülern neben dem Lesen, Schreiben und Rechnen eingebläuet wurde.

Die damaligen Schüler saßen auch nicht immer still in der Classe und lernten; es gehörte ja der Kirchendienst zu ihren Pflichten; sie dienten bei den täglichen wie nächtlichen Messen und verherrlichten durch Gesang den Gottesdienst; sie dienten auch bei allen Leichen-Bestattungen, wie bei bügerlichen Festlichkeiten als geübte Sänger und gewandte Vorleser.

„Pueri puerilia tractant," – von der Unbändigkeit und dem zügellosen Muthwillen der mittelalterlichen Schuljugend Hamburgs sind viele Klagen bis auf unsere Zeit gekommen; sie waren lose Vögel, zuweilen gar nicht nüchtern, sie sangen absichtlich falsch, lärmten in der Kirche, brachen zur Nachtzeit in Bürgerhäuser unter dem Vorwande, nach den vom nächtlichen Chordienste wegbleibenden Mitschülern zu suchen, und schwärmten tobend in der Stadt umher. Daß sie aber noch 1477 aus Muthwillen den Gebrauch des „heimlichen Gemaches" verschmähten, weshalb E. E. Rath solchen Unfug abzustellen, das Dom-Capitel ernstlich ermahnen mußte, das ist fast unschicklich zu sagen, aber dennoch urkundlich zu beweisen. Der Bakel mag rechtschaffen auf den Rücken der Buben getanzt haben, ohne ihnen die bösen Schalksstreiche austreiben zu können. Denn außer diesem Corrections-Mittel des Stockes (welches neuerlich ein preußischer Kammer-Redner die „ungebrannte Holzasche in cylindrischer Form" genannt) kommen noch viele andere Strafen vor, z.b. Kirchen-Prison („prisonium ecclesiae"), bei Angst-Wasser und Kummer-Brodt („panis doloris et aqua angustiae"), sogar Excommunication und Stadtverweisung.

Unter den Deutschen auch zu Hamburg begangenen Schüler-Festen zeichnen sich nun folgende aus.

Am St. Gregorius-Tage, den 12. März, an welchem von den Scholaren vieler Deutscher Schulen die halb ernsthafte, halb spaßhafte Ceremonie der Erwählung eines Kinder-Bischofs vorgenommen wurde, fand in Hamburg nur eine einfachere Festlichkeit statt, eine Art Schulgrün mit allerlei Um- und Aufzügen und schließlich eine erquickliche Mahlzeit.

Der berühmte oder berüchtigte Alchymist und Medicus, Engelbert Arnoldi, ein wegen angeblicher Ketzerei aus dem Kloster Lokkum verbannter Mönch, welcher zuletzt hier lebte, lehrte und starb (1490) und seine treuesten Jünger und Verehrer unter den Hamburger Scholaren hatte, die ihm schließlich auch ein ehrliches, wenn auch nicht christliches Begräbniß auf dem Heiden-Kirchhofe verschafften und ihn selbst bestatteten, hatte letztwillig für so viel Anhänglichkeit ein Capital von 100 Rhein. Goldgülden bestimmt, dessen Zinsen zu den Kosten des Schüler-Gastmahls am St. Gregorius-Tage dienen sollten.

Am Vorabend des St. Andreas-Tages (30. November) durften sich die Schüler aus ihrer Mitte einen Abt wählen, den sogenannten Kinder-Abt, der in pontificalibus ihren Processionen voranzog und in den Kirchen und bei sonstigen Feierlichkeiten allerlei Vorzüge genoß. Sein Reich dauerte aber nicht lange, denn am 6. December war das Hauptfest der Schüler, der St. Nicolas-Tag, an welchem der Kinder-Abt dem Kinder-Bischof Platz machen mußte, von dem wir sogleich hören werden.

36. Vom Kinder-Bischof zu Hamburg[41]

(Nach 1305)

Am St. Nicolas-Tage, dem Hauptfeste der Hamburger Schuljugend (6. December), durfte dieselbe nach altem Herkommen einen Bischof aus ihrer Mitte erwählen, welcher die Hauptperson bei dem Feste war, und noch drei Wochen lang später fast unglaublicher Ehren und Vorzüge genoß. Natürlich war es eine Sache des höchsten Verlangens, der brennendsten Sehnsucht, bei den Schülern wie bei ihren Eltern, zu dieser mehr als blos närrischen Würde gewählt zu werden; vermuthlich waren deswegen manche Intriguen, und dadurch eben so viele Unruhen, Partheiungen und Familienzwiste zu Wege gekommen, wie weiland vor einer Königswahl im Polenreiche; deshalb, damit der guten Stadt durch verderbliche Spaltungen kein Schade geschehe, schlossen die Ehrbaren des Rathes und die Ehrwürdigen des Dom-Capitels am 7. December 1305 (nach einem heißen Wahlkampfe) eine Vereinbarung, durch welche ganz ernsthaft und förmlich ein genaues Regulativ de eligendo episcopo puerorum, über die Erwählungsweise eines Kinder-Bischofs festgesetzt wird.

Nach demselben konnte ein Schüler nur einmal in seinem Leben solcher Ehre theilhaftig werden; wählbar aber war Jeder aus der ganzen Schuljugend, jung oder alt, unterm Joch oder außerm Joch, Canonicus oder Nicht-Canonicus. Es gab nämlich, wie uns diese merkwürdige Urkunde zeigt, eine Reihe von Domschülern, welche man Scholares Canonici, Kinder-Domherren, nannte, vielleicht die Besten, die Selectaner jeder Classe. Diesen aber allein stand das Wahlrecht zu, welches sie nach der Anciennität ihrer Aufnahme unter die Zahl der Kinder-Domherren ausübten. Wenn dennoch Wahlstreitigkeiten ausbrachen, so legte sich das Capitel ins Mittel und präsentirte einen Candidaten, der dann gewählt werden mußte.

---

41   Geschichtlich und urkundlich. Nach denselben Werken. – Die Vereinbarung von 1305 giebt Meyer, a. a. O. S. 197.

Der also gekorene Episcopus puerorum hatte für die Ehre eine gewisse Erkenntlichkeit zu entrichten, ein schlichter Scholar 1 Talent (20 β), ein Kinder-Domherr 6 [M.][42] Pfennige. Den Erwählten durch Spottlieder oder Schmähgedichte, Lateinische oder Deutsche, zu kränken, und Andere dieser Wahlgeschichte wegen in solcher pasquillantischen Weise ehrenrührig anzugreifen, war den Schülern bei schärfster Ahndung verboten: es muß also vorher sehr stark in diesem Punkte gesündigt worden sein.

Der erwählte Kinder-Bischof wurde dann am St. Nicolas-Tage mit großen Pomp, bischöflich angethan, von priesterlich gekleideten Knaben und der ganzen bunten Schar der Condiscipeln begleitet, in den Dom geführt, wo er auf dem Altar einen Ehrenplatz einnahm, und also dem ordentlichen Gottesdienst beiwohnte. Dann lag es ihm ob (vermuthlich in der großen Halle vor der Domkirche), einen bischöflichen Sermon zu halten, Lateinisch oder Deutsch, gewöhnlich eine in Versen oder Reimen verfaßte, gewiß sehr ergötzliche Oration, zu deren Abfassung er kaum eine Nacht Zeit gehabt hatte.

Der nun folgende öffentliche Umzug der Schüler durch alle Straßen der Stadt war der Glanzpunkt des Tages. Vor dem Kinder-Bischof trugen phantastisch geschmückte Schüler verschiedene Fahnen und große mit Kringeln und Kuchen aller Art behängte Stangen. Der jugendliche Bischof saß im vollen der Wirklichkeit nachgebildeten Ornat zu Pferde, von kleinen Diaconen begleitet. Es folgten Gesänge absingend die älteren Scholaren in ihrer ernsthaften gewöhnlichen Schultracht (graue Röcke und schwarze Kappen). Dann aber schwärmte und wirbelte lustig hinterdrein die ganze Schar der jüngeren Schüler, die heute nicht „sub jugo" waren, in vielfachster Verkleidung, als Apostel und Heilige mit deren Attributen, als Engel, als Priester, Mönche, Könige, Kurfürsten, Ritter, Rathsherren, Bürger, Schneider und Schuster, als Bauern, Kriegsleute, auch als Narren, Heiden und schwarze Mohren, ja sogar als Teufelchen. Sie allzumal, während sie die Häuser besammelten und reichlich mit Lebensmitteln und Almosen beschenkt wurden, trieben dabei alle nur ersinnliche Kurzweil und verübten tausend Schalksstreiche und Possen, zur großen eigenen und aller Zuschauer Ergötzung, welche in ungezählter Menge den Zug begleiteten oder ihm aus den Fenstern zusahen. Eine große fröhliche Schmauserei beschloß diesen Freudentag.

---

42   Lübische Mark

Bis zum 28. December blieb der Kinder-Bischof im Besitze seiner Hoheit und Herrlichkeit. An allen in diese Zeit fallenden Sonn- und Festtagen erschien er im völligen Ornat, mit der Inful geschmückt, zur Messe und Vesper auf einem Ehrenplatz des hohen Chors der Domkirche. Vermuthlich brauchte er auch während dieser angenehmen Wochen gar nicht zu lernen. Ja, wollte ihm gar das Glück so wohl, daß er innerhalb derselben seligen Todes verfuhr, so erwies man seinem Leichnam die bischöflichen Ehren; er wurde bestattet mit den Exequien und der ganzen Pracht eines wirklichen Bischofs.

Wenn aber der 28. December kam, das Gedächtnißfest der von Herodes gemordeten unschuldigen Kindlein, dann besuchte er Morgens zuletzt als Bischof die Messe, nach deren Beendigung sodann er und alle Scholaren im Reventer (Refectorium, Speisesaal) des Doms eine kurze summarische Collation gegen mäßige Beisteuer empfingen, worauf die ganze Bubenschar schleunigst zu den Pferden und Fahnen stürzte, um im letzten lustigen Mummenschanz den letzten lustigen Umzug durch die Stadt zu machen, nach dessen Beendigung für dies Jahr der Spaß aus war.

Als schwache Nachbildungen dieses Festes sind wohl die protestantischen Kindergrüne anzusehen. Man denke an den Umgang der Paßmann'schen Armenschule, an das beliebte Waisengrün; ein feierlicher Umzug kommt auch dabei vor, so wie Almosen-Sammeln und Gesang, auch viel Ernsthaftigkeit: Ermüdung, Lehrer, Polizeidiener, – sogar auch eine Art Kinder-Bischof: der jugendliche zwischen zwei Soldaten befangen einherschreitende sogenannte Capitain, in dessen lange Rocktaschen mitleidige Hände das Doppelmarkstück hinterrücks versenken, worauf er zum Dank sich tief verbeugt und den üblichen Kratzfuß versucht.

37. Kindersegen[43]

(1313)[44]

Um Neujahr 1313 war ein Graf von Holstein mit seiner Gemahlin zu Hamburg. Und als über Tisch die Herrschaften und ihre Junker sich allerhand Stadt-Neuigkeiten erzählen, wie's zu sein pflegt, wenn man in Hamburg bei der Mahlzeit sitzet, da kommt die Rede auf eines rechtschaffenen Bürgers Hausfrau, bei der so eben Drillinge angekommen waren. Nun war die Gräfin noch sehr jung und unerfahren, darum verwunderte sie sich ungemein über diese Sache, und wollte es gar nicht für möglich halten, daß solche Drillings-Geburt sollte mit rechten natürlichen Dingen zugegangen sein, vermeinte also, die Bürgersfrau müsse wohl ungetreu oder eine Zauberin sein, denn ohne Sünde oder Hexenkunst könne nie mehr als ein Kind zur Zeit geboren werden, und eben so gut als zwei oder drei, könnten's ja auch noch viel mehr sein, und wenn's mit der Bürgersfrau Richtigkeit habe, so wolle sie sich's gefallen lassen, so viel Kinder zu bekommen als Tage im Jahr.

Um nun die Gräfin wegen ihrer einfältigen und fürwitzigen Reden zu strafen, und die Unschuld der ehrlichen Hamburgerin recht ans Licht zu bringen, – was geschieht? Noch bevor das Jahr um ist, bekommt die Gräfin zum Entsetzen ihres Herrn und der Amme und Aller, dir es erfahren, wie zu ihrem eigenen unsäglichen Schrecken 364 Kindlein, nicht mehr und nicht weniger, 364 ganz kleine niedliche Kinderchen, jedes so winzig klein wie eine Seekrabbe, und alle waren springend lebendig, und hatten kralle Aeuglein im Köpfchen und schrieen zusammen ganz allerliebst. Das war eine schöne Bescheerung! Des Grafen Capellan kam flugs herbei mit dem leeren Taufbecken, dahinein tat man alle 364 Kinderchen, und besprengte sie behutsam mit Weihwasser, und jedes Köpflein bekam ein Tröpflein. Das war ihre heilige Taufe.

---

43 Nach Beckendorp's handschriftl. Chronik – Aehnlich ist eine von einer Holländischen Gräfin erzählte Sage.

44 Jahreszahl fehlt im Original. Nachgetragen aus dem Inhaltsverzeichnis.

Und darnach wurden die 364 allesammt still und immer stiller, – sie hatten ihren Erdenberuf, die Ehrenrettung der Hamburgerin, erfüllt; – sie durften verscheiden.

Fragt nun irgend ein Ungläubiger spitzfindig: warum waren's denn nur 364, da doch das Jahr 365 Tage hat? so ist die Antwort: die Gräfin wird wohl auch im Kalender schlecht bewandert gewesen sein und immer geglaubt haben, es gebe nur 364 Tage im Jahr, d'rum konnte sie billig auch nicht mit mehreren gestraft werden, als sie sich vermessen hatte.

38. Isern Hinrik[45]

(1317–1382)

Isern Hinrik war ein Graf von Schauenburg-Holstein, Gerhard des Großen Sohn, ein ritterlicher Mann von ungemeiner Kraft und Festigkeit, dessen Kriegsmuth ihn schon in jungen Jahren als er gegen die Dänen, und unter dem Schwedischen Könige gegen die Finnen zu Felde zog berühmt gemacht hatte; wegen welcher Eigenschaften er auch den Namen Heinrich der Eiserne oder Plattdeutsch „Isern Hinrik" davon trug.

Diesen Beinamen soll er zuerst bekommen haben, als er in Kriegsdiensten des Königs von England in der Schlacht bei Cressy unter andern Heldentaten auch den König von Frankreich (nach Andern den von Böhmen) gefangen nahm, indem er mit zwei Rittern in den feindlichen Haufen sprengte, mit der Linken den König bei dessen goldenen Halsketten faßte und herauszog, während er mit der Rechten die Trabanten niederhieb.

Wegen solcher Tat wurde er einer der obersten Kriegshauptleute und mit Ehren überhäuft, als er nach England heimkehrte. Darüber bekam er viele Neider und Feinde unter den Engländern, die ihm Hinterhalte stellten, aus denen er sich aber immer durch unerschrockene Kühnheit glücklich heraus zu kämpfen verstand.

Des Königs Ohr war zwar gegen die Verläumdungen taub, die Isern Hinriks Neider wider ihn ausstreueten. Aber die Königin gewannen sie damit, daß sie ihr vorredeten, er sei Keiner vom hohen Adel, und nur ein Deutscher Abentheurer. Sie ließ darum, in des Königs Abwesenheit, eine Probe zu, von der die Neider hofften, daß sie ihn verderben sollte. Es hieß nämlich, daß ein Löwe keinen ächt und recht geborenen

---

45   Piderit, Geschichte der Grafsch. Schaumburg. S. 74. – Müllenhoff, Holstein. Sagen S. 25–28. Wegen des Thurms s. Reddermeyer, Topographie S. 259. Der zweite der Grundrisse in Lappenberg's Programm giebt sein gutes Bild. In Lübeck trug um 1534 ein Kriegsschiff den Namen „isern Hinrik," s. von Alten, Graf Christoffer von Oldenburg S. 162.

Fürsten und Herrn verletze; deshalb ließen sie heimlich in der Nacht den großen Löwen des Königs aus dem Zwinger, daß er im königlichen Burghofe frei umhergehe.

Als nun Isern Hinrik des Morgens in der Dämmerung, wie er's zu thun pflegte, aufstand, um frische Luft zu schöpfen, und nur im Mantel ohne Wehr und Waffen in den Hof trat, da sprang ihn der Löwe ingrimmig an und brüllte fürchterlich. Isern Hinrik aber, unerschrocken wie immer, blickte ihn fest an, hob die Faust etwas gegen ihn und sprach mit ernster Stimme: „Bis stille, bis stille, du frevelicher Hund!" Und alsobald legte sich der Löwe still und stumm demüthig zu des Grafen Füßen, der ihn dann in seinen Zwinger gehen hieß. Darüber entsetzten sich seine Widersacher, die heimlich auf den Verlauf der Sache Acht gegeben hatten, und von nun an hatte der Graf Frieden vor ihnen.

Andere sagen: er wäre einst, als er mit vielen vornehmen Engländern vor dem Gitter gestanden, freiwillig zu dem Löwen in den Käfig gegangen, sprechend: „Ist Jemand unter Euch von so gutem Adel als ich, der thue mir's nach," hätte dann dem Löwen sein Kränzlein, das er des Hoffestes wegen getragen, auf's Mähnenhaupt gesetzt, sei dann langsam und ungefährdet wieder herausgetreten, und hätte gesagt: wer von Euch meines Adels ist, der hole mir mein Kränzlein wieder. Aber Keiner hätte sich's getraut.

Isern Hinrik aber mochte nicht länger bei den Engländern bleiben, und der König, so lieb er ihn hatte, mußte ihn ziehen lassen. Er hat dann dem Pabste Urban als Feldherr gedient und auch in Italien viel herrliche Taten verrichtet, und ist der Römischen Hinterlist so tapfer entgegengetreten wie der Englischen, und endlich, der Plackereien müde, nach Holstein heimgezogen, wo er sein Land regierte mit kräftiger starker Hand. Die Schweden trugen ihm nachmals die Königskrone an, er aber hat sie nicht gemocht.

Die Städter, nämlich die Lübecker und Hamburger, hat er anfangs nicht gut leiden können. Denn ihm war's verhaßt, daß diese Mauerhocker und Krämer, wie er sie nannte, zu so großer Macht und Herrschaft gekommen waren, weshalb er auch den räuberischen Edelleuten seines Landes durch die Finger sah, wenn sie die Hansischen Wagen plünderten. Die Städter griffen, um sich zu vertheidigen, auch wohl hie und da ein Bischen zu weit, und als sie, um auf die Räuber zu fahnden, 200 ihrer Reiter in die Stadt Segeberg legten, da kam Isern Hinrik über Nacht hinzu, nahm die 200 Reiter und alle Hansischen Bürger, die er traf, gefangen, bis sie sich löseten, woraus eine langwierige Fehde entstand, die endlich von Kaisers und Reichs wegen vermittelt wurde.

Inzwischen hatte Isern Hinrik der Städter Tapferkeit und ihre Rechte besser kennen gelernt, darum versprach er sie zu schützen gegen die Straßenräuber und Buschklepper, wie gegen seine beutelustige Ritterschaft; es wurde deshalb zu Lübeck ein Vertrag geschlossen, daran auch, außer Isern Hinrik, die Grafen Johann, Clas und Gerd theilnahmen. Und 1347 vereinigten sich dieselben nochmals mit dem Hamburger Rathe, zur Vertilgung und Ausrottung der Raubgesellen, namentlich derer an der Alster. In Folge dessen eroberten und schleiften die Hamburger sogleich das feste Haus zu Wohldorp, das mit seinen schönen Ländereien und Forsten ihnen noch jetzt gehört; die Burg Linau nahmen und brachen sie ebenso. Stegen aber belagerten sie und die Grafen lange vergeblich, bis der Burgherr, Johann von Hummelsbüttel, gegen 5000 [M.][46] und freien Abzug ins Ausland, die Veste übergab, die dann zerstört wurde.

Seitdem lebte Isern Hinrik mit den Hamburgern in gutem Vernehmen, bis auf die Zwistigkeiten wegen der vergebens von ihm verlangten Huldigung; er kam zuweilen hieher und wurde hoch geehrt, denn seine herrlichen Kriegestaten waren bekannt und das Volk hielt ihn werth, und erzählte sich viel von seinen Ritterfahrten und Heldenstücken.

Und als später vor dem Dammthore, welches dazumal hart an der Alster, unfern der Reesendammsbrücke gelegen hat, ein neuer Zwingthurm zur Befestigung der Außenwerke gebaut wurde, da nannte man diesen Thurm, dem starken Grafen zu Ehren, Isern Hinrik. Er blieb stehen, als Stadt und Festung erweitert wurde und diente zuletzt, ehe er 1728 abgebrochen wurde, einigen Reitendienern zur Wohnung.

Von diesem Grafen schreibt sich die noch heutigen Tages hie und da übliche Redensart her, mit der man einen festen, unerschrockenen Mann bezeichnet: „he iss'n rechten isern Hinrik."

---

46 Lübische Mark

39. Till Eulenspiegel in Hamburg[47]
(Vor 1350)

Nachdem das „fromme Kind" des Dorfes Knettlingen, der weltbekannte Schalksnarr Till Eulenspiegel, den Ehrbaren Rath zu Lübeck so listig angeführt hatte, daß er ihn vom Galgen laufen lassen mußte, kam er nach Hamburg, der guten Stadt, wo er bis dato noch Niemand genarret. Trat auf den Pferde-Markt, wo die Holzbauern standen und schaute sich um. Da kam ein Meister Barbier zu ihm und fragte, was er für ein Handwerksgesell wäre? Eulenspiegel antwortete: grad' heraus gesagt, ein Barbier. Da dingte ihn der Meister und sprach: An diesem Markte wohne ich, dort in dem Hause, wo die großen Fenster sind, da geh' nur hinein, ich will bald nachkommen. Eulenspiegel sagt Ja, und geht zu dem Hause gradaus mitten durch das Fenster hinein in die Stube und sagt: Grüß Gott und das Handwerk. Des Bartscherers Frau saß in der Stube und spann, die verschrak sich übel und sprach: Was führt dich der Teufel da herein? Kannst du nicht zur Thüre hereinkommen? Eulenspiegel sprach: Liebe Frau, zürnet nicht, Euer Hauswirth, der mich als Gesellen gedinget, hat mich das geheißen. Sie aber schalt: Das ist mir ein saubrer Geselle, der seinem Meister Schaden zufügt. Er antwortete: Soll der Gesell nicht thun, was ihn der Meister heißt? Indem kam der Meister und sprach: wie Gesell, konntest du nicht zur Thüre eingehen und mir die Fenster ganz lassen? Lieber Meister, sprach Eulenspiegel, Ihr hießet mich da hineingehen, wo die großen Fenster seien, darnach tat ich gehorsam Eurem Gebot. – Der Meister schwieg still, denn er bedurfte eines Gesellen, dachte auch wohl, durch ihn die Kunden besser zu bedienen und am Lohn ihm den Schaden abzuziehen; befahl ihm darauf die Scheermesser zu schleifen, und sprach: schleif sie glatt aus dem Rücken gleich der Schneide. Da schliff Eulenspiegel den

---

47 Aus dem bekannten Volksbuch; in der Simrock'schen Ausgabe die 72ste, in der Marbach'schen die 89ste Historie. Die gewünschte Canonisirung erzählt Deecke, Lübeck'sche Geschichten und Sagen S. 123.

Messern den Rücken so scharf wie die Schneide, so daß sie an beiden Seiten haarscharf wurden. Als nun der Meister sah, wie Eulenspiegel ihm alle Messer verdorben, sprach er zornig: das wird nicht gut. Eulenspiegel aber meinte: wie sollt's nicht gut werden, ihnen thut's nicht weh, und ich mach' es, wie Ihr mich geheißen habt. Da ward der Meister noch zorniger und sprach: du bist ein arger Schalk, geh' straks wieder hin, wo du hergekommen bist. Eulenspiegel sprach: Ja, wir können doch nicht ewig beisammen bleiben, sprang also hurtig zum Fenster wieder hinaus, wo er hereingekommen war, daß die Scheiben klirrten. Da ward der Bartscherer fast wüthend, und lief ihm nach mit dem Büttel, der ihn greifen sollte, daß er die zerbrochenen Fenster und die verdorbenen Messer bezahlen möchte. Eulenspiegel aber dachte: für diesmal ist's genug mit Hamburg; lief behend und hurtiger als Meister und Büttel, kam an den Hafen, sprang in ein Schiff, das grade abfuhr, und entkam also glücklich.

Hernach ist Till Eulenspiegel niemals wieder in Hamburg gewesen. Ob er den Barbierer und dessen Schadensklage so gefürchtet, oder ob er gemeint, in Hamburg seien die Leute doch zu klug für seine Ränke und Schwänke, und verstünden keinen Spaß, auch die Büttel zu unhöflich, der Gerichtsherr zu dreist und die Ehrbaren Wohlweisen minder bedachtsam, denn die Lübecker Herren, – genug er ist wohl später oftmals „am letzten Heller" gewesen, aber endlich nach Mölln gegangen, wo er bekanntlich (1350) unter unsäglichen Schalksstreichen gestorben ist und begraben liegt. Und die Möllner, die er doch lebend garstig gedrangsalt hat, ehrten ihn im Tode, als einen großen Mann, und waren so stolz auf ihn, daß sie dem Cardinal Raymundus, welcher um 1503 als päbstlicher Legat durchs Land zog und nach Mölln kam, fleißig anlagen, daß „de olle Herr" canonisirt würde und als Heiliger in den Kalender käme. Dem Cardinal haben aber wohl Eulenspiegel's Ansprüche auf den Heiligenschein etwas bedenklich geschienen, genug, er hat „nicht gemöcht."

40. Die verwünschte Linde bei Harvestehude[48]
(Um 1350)

Auf dem Felde links an der Chaussee vom Rothenbaum nach Eppendorf steht ein kleiner kugelrunder Lindenbaum, der seit 500 Jahren nicht größer geworden, sondern an Dicke des Stammes, der Aeste und Krone grade so geblieben ist, wie er damals war, nur daß man der Rinde das hohe Alter des Baumes wohl ansehen kann. Der Baum aber ist verwünscht, und das ging, der Sage nach, also zu.

Im Kloster Frauenthal zu Harvestehude hatte ein junges schönes Mädchen von vornehmen Geschlecht zu Hamburg aus Liebesgram den Schleier genommen. Sie hatte sich verlobt mit einem jungen Edelknappen der Umgegend, der war zu Heerfahrten in die Welt gezogen, um sich zu versuchen, die güldenen Sporen zu verdienen, mit Ehre und guter Beute dann zurückzukehren und sie auf seine väterliche Burg heimzuführen als sein ehelich Gemahl. Die Zeit aber war längst um gewesen und der Geliebte nicht gekommen. Darum wollte sie ihr Vater des Versprechens ledig achten und sie zwingen, einen andern Mann zu heirathen. Und da sie den nicht leiden konnte, sie auch noch immer in treuer Liebe ihrem fernen vielleicht längst verstorbenen Geliebten anhing, so wußte sie sich nicht anders zu helfen, als daß sie ins Kloster ging.

Einige Zeit darnach aber kehrte der junge Ritter heim, und da er erfuhr, was geschehen, faßte er den Plan, seine vormalige Braut, es koste was es wolle, aus dem Kloster zu entführen und in ferne Lande mit ihr zu flüchten. Er wußte es auch anzustellen, daß sie Kundschaft von ihm empfing, und daß er sie einige Male in stiller Nachtzeit im Klostergarten sprach. Da ist er allemal durch die Alster geschwommen, über die Mauer geklettert und hat sie unter den großen Eichen, die noch bei Harvestehude stehen, erwartet. So sehr nun auch der Ritter bat, und so tief die arme Nonne ihr Verhängniß beklagte, so blieb sie doch ihrem

---
48   Eine von keiner Chronik erzählte Sage, nach mündlicher Überlieferung.

Gelübde treu und verwarf festiglich sein Vorhaben, sie zu entführen. Und zuletzt sagte sie ihm feierlich für dieses Leben Valett, da sie gewillt, ihn fürder nicht wieder zu sehen; und vermahnte und tröstete ihn auf den Himmel. Nach diesem schmerzlichen Abschiede ist der Ritter sogleich aus dem Lande gezogen und geistlicher Ordensritter geworden, hierorts aber gänzlich verschollen.

Die grünen Eichen jedoch im stillen Klostergarten haben dazumal bei den nächtlichen Unterredungen einen Verräther verborgen gehalten, und wider die arme Nonne ist beim geistlichen Gericht eine schwere Anklage wegen unerlaubten Liebeshandels und gebrochenen Gelübdes erhoben. Und da sie nun nicht leugnen konnte, ihren vormaligen Verlobten zu mehreren Malen dort heimlich gesprochen zu haben, sonst aber, da der Ritter fern war, keinen Beweis für ihre Unschuld bringen konnte, so hielt man die schlimme Anschuldigung für erwiesen und verurtheilte sie zum Tode und zum Begräbniß auf freiem Felde in ungeweihter Erde.

Und ehe sie gerichtet wurde, hat sie's erbeten, daß ihr Leib auf dem Klosterfelde, in dem Hügel, darauf ein junger Lindenbaum, begraben werde, und hat gesagt: „ich verwünsche den Lindenbaum, daß er niemals größer werde, als er jetzt ist, und das soll als ein Zeugniß gelten für meine Unschuld, denn so gewißlich er hinfort nicht mehr höher wachsen wird, so gewißlich sterbe ich, wie ich gelebt, als eine reine und unschuldige Braut Christi."

41. Das Rolandsbild in Hamburg[49]

(1368)

In vielen alten Städten, die von Kaisern gebauet und kaiserlich geblieben waren, wurde durch einen kaiserlichen Vogt Gericht und Recht geübt im Namen des Kaisers. Und als Symbol solcher Gerichtsbarkeit, oder auch als Kennzeichen des einem Orte vom Kaiser verliehenen Stadt- oder Weichbilds-Rechtes, diente ein aus offnem Markte stehendes Kaiserbild von Holz oder Stein, wie es noch jetzt in vielen alten Niederdeutschen Städten zu sehen ist, z.b. in Bremen. Nach dem ersten Kaiser nannte man es vielleicht „Karolus-Blld," woraus im Munde des Volks nach und nach Rolands-Bild wurde. Vielleicht auch hielt man den alten Helden Roland für Karls ersten Statthalter und für das Muster aller kaiserlichen Vögte.

Vielleicht hatte Hamburg schon in früheren Zeiten solch eine Säule; mindestens gab es kaiserliche Vögte (Advocaten genannt), die Recht sprachen und übten. Jedenfalls aber wurde, nachdem Hamburg ein erweitertes Weichbildsrecht erhalten hatte, zu dessen Kennzeichen Ao. 1264 ein solches Rolands-Bild aufgerichtet, und zwar uuf dem Platze, wo das Eimbecksche Haus am Dornbusch stand, in der Nähe einer kleinen Brücke, die darnach den Namen Rolandsbrücke empfangen hat. Dies war die Stätte, an der nach Altdeutscher Weise unter freiem Himmel der Vogt das Gericht hegte.

Aber nur 104 Jahre haben die Hamburger den Roland gehabt, dann verschwand er, und das ging also zu.

Kaiser Karl IV. der Lützelburger war 1368 Tangermünde (nach Andern 1375 in Lübeck); die Grafen von Holstein zogen zu ihm, um durch seinen Machtspruch die landesherrlichen Rechte über Hamburg zurück zu erlangen, auf welche ihr Vorfahr, Adolf IV., verzichtet hatte. Sie glaubten solchen Verzicht anders verstehen zu müssen, als die Hamburger ihn verstanden, denen sie übrigens sonst gar nicht übel

---

49 Geschichtlich; s. von Heß, Topographie I. 246. – Zimmermann, Chronik 191.

wollten. Da die Hamburger sich neben Adolf's Verzicht auch darauf stützten, daß ihre Stadt eine kaiserliche sei, so glaubten die Grafen, daß der Kaiser nur auf seine Rechte über Hamburg zu verzichten brauche, das Andre werde sich finden. Den Kaiser setzte dieser Handel in Verlegenheit. Er war den Hamburgern gewogen, hatte ihnen erst 1365 ihre Privilegia bestätigt, auch das große Recht ertheilt, alle Seeräuber zu verfolgen, zu richten und den Blutbann auf der Elbe zu üben. Er konnte sie darum nicht den Holsteinischen Grafen unterthänig machen. Diesen aber war er auch Freund und hätte ihnen gern etwas Gutes gegönnt. Darum half er sich mit einem doppelsinnigen Befehl, der weder recht Deutsch noch kaiserlich war; danach sollten sich die Hamburger zu den Grafen als zu ihren Herren halten, jedoch ihrer Rechte und Pflichten zu Kaiser und Reich unbeschadet. Das war ein Gebot, das aus zweien mit einander unverträglichen Dingen bestand. So sahen es auch die Grafen an, schlugen sich die Sache aus dem Sinn und bestätigten lieber den Hamburgern die alten Verträge und Freiheiten, wogegen diese sich auch erkenntlich bewiesen.

Aber dem Kaiser verübelten die Hamburger seine doppelsinnige Antwort, da sie erwartet hatten, er werde unumwunden für ihr Recht auftreten. Sie meinten nun, da die Sache mit den Grafen ohne des Kaisers Hülfe so leidlich abgelaufen war, daß sie hinfort keines kaiserlichen und Reichsschutzes mehr bedürften, und deshalb kamen sie zu Hauf und stürzten das Rolandsbild um und warfen es von der Brücke ins Wasser. Und mag es wohl sein, daß tief unter dem Schlamm eines der Canäle der Altstadt, das alte Kaiserbild noch jetzt liegt und etwa von den Flethenkiekern wohl anzufinden wäre, wenn sie nur mehr Sinn hätten für solche Alterthümer.

42. St. Maria to'm Schare.[50]

(1371)

Da, wo jetzt der Rödingsmarkt auf den sogenannten Klevelappen stößt, bis zur Scharthorsbrücke und weiter abwärts, standen um 1371 noch keine Häuser; es war ein vor der Stadt am Hafen belegenes freies Ufer, was in Altsächsischer Sprache Schar oder Scher hieß (im Englischen shore). Dort, bei dem hiernach genannten Schar- oder Ufer-Thore, wo die Schiffer landeten und wo täglich Pilger und Reisende ankamen oder abgingen, dort stand von uralten Zeiten her in einer Nische der Stadtmauer ein hochverehrtes Mutter-Gottes-Bild. Und diese „Sunte Maria to'm Schare to Hamborg" war namentlich bei allen hier verkehrenden Seefahrern, wie überhanpt bei allen Pilgrimmen und Reisenden in so großem Ansehen, daß beständig Andächtige in Menge vor dem unscheinbaren Bilde auf den Knien lagen und beteten. Und kein Schiffer ging aus dem Hafen, der nicht daselbst die Mutter des Heilandes um Fürbitte bei dem Allmächtigen angefleht hätte, daß ihm eine glückliche Reise und fröhliche Heimkehr zu Theil werden möge; und Keiner kam glücklich heim, der nicht an derselben Stätte seinen Dank mit Gebet und Almosen geopfert hätte. Und in damaligen für See- wie Land-Reisen gefahrvollen Zeiten hatte mancher fahrende Mann, bei drohenden Schrecknissen unterwegs, der heiligen Maria to'm Schare Hülfe angerufen und hernach als glücklich Erretteter sein Gelübde an Ort und Stelle gelöset. Und auch hier in der Stadt sollen der Wunder viele an Kranken, Blinden und Lahmen geschehen sein, wenn die Hülfesuchenden mit gläubigem und demüthigem Sinne die Mutter Gottes am Scharthore um Heilung anriefen, darum war dies Bild so hoch geehrt. Und die Sage ging unter dem Volke, der heilige Anscharius, der erste Erzbischof in Hamburg, habe dies gnadenreiche Bild mit herüber gebracht, als er etwa 30 Jahre nach Hamburgs Erbauung hieher gekom-

---

[50] Das Geschichtliche, wie die Anschar's-Sage, erzählt Riehn, das Hamb. Waisenhaus S. 10, 233 etc. – von Heß I. 404. – Staphorst I. 61.

men; und an der Uferstelle, wo er zuerst das Land betreten, da habe er es ausgestellt, und als später Stadtmauer und Thor hier gebaut sei, habe man das Bild in die Nische gesetzt und dem heiligen Anschar zu Ehren das Thor Scharthor genannt. Ob er's wirklich herüber gebracht hat oder nicht, und ob nach ihm oder nach dem Ufer das Thor so genannt wurde, ist gleichviel; schön aber ist's, daß das damalige Volk des vor 500 Jahren entschlafenen Erzbischofs noch lebendig gedachte und sein Andenken in Ehren hielt.

Und im Jahre 1371 hat sich der Rath mit dem Dom-Capitel vereinigt, um an jener Stelle hart am Ufer ein Bethaus zu erbauen, „dar man schall inne setten dat Bilde der hilligen Juncfrouwen, welck nu steit in der Müren der Stad by der Poorten Schardor." Und dies Bethaus wurde 60 Fuß lang und 30 Fuß breit, und vor dem Marienbilde wurde ein Block angebracht zur Empfangnahme der Opfer und milden Gaben, von deren erstem Drittel das Gebäude unterhalten wurde, während das Domstift das zweite Drittel und E. E. Rath, für Beschirmung der Pilger und Wallfahrer, das letzte Drittel empfing.

Um 1450 aber war aus dem Bethause eine förmliche geweihte Kapelle geworden, in welcher der Gottesdienst von der Jacobsbrüderschaft, einer Corporation von Schiffern und ihren Frauen, unterhalten wurde. Denn diese ehrbaren Jacobsbrüder stifteten Vicarien und Commenden für die Priester der Kapelle und tägliche Almissen oder Messen. Und sie und viele andere gute Christen hielten dort täglich Andacht und Gebet, ehe sie an ihr Tagewerk gingen, und schenkten der Kapelle Kleinodien und spendeten der Armuth reichliche Gaben.

Zum Unterschiede aber von dem in der Domkirche befindlichen Mutter-Gottes-Bilde welches „St. Maria im Thum" hieß, nannte man diese Kapelle mit dem alten Namen „St. Maria to'm Schare," jedoch auch, löblicher Kürze wegen, „Schar- Kapelle," wobei man denn, irrig, aber gut gemeint, eben so viel an den heiligen Anschar dachte, als an die heilige Maria, die hier am Schare der Elbe verehrt wurde.

43. Die Köpfe an St. Jacobi-Küsterei[51]
(1390)

Ao. 1390 hat sich allhier eine abscheuliche Mordgeschichte zugetragen. Einer der Stadtdiener, deren damals noch nicht so viele gewesen sind als jetzt, hatte eine Frau, die war schön, aber böse und ungetreu, und als ihr Wandel ihm bei einer Gelegenheit offenbar wurde, strafte er sie in Gegenwart aller, die zufällig dabei, wie er's durfte nach göttlichen und menschlichen Rechten; das empfand die Frau übel, doch verbiß sie ihren Grimm und dachte nur, sie wollt's ihm schon eintränken. Darnach, als sie daheim waren, sorgte sie, daß ihr Mann auf den Verdruß mehr Wein trank, als ihm gut war, schenkte ihm brav ein, bis er trunken wurde und aus dem Sessel einschlief, wobei ihm das schwere Haupt seitwärts niederhing. Es war aber gegen Mitternacht.

Merke, man muß sich nie betrinken, absonderlich nicht aus Aergerniß und Verdruß, und keinenfalls aus Zureden eines Weibes, das man zuvor tödtlich beleidigt hat.

Als nun das Weib ihren Mann schlafen sieht, zieht sie ihm sein eigen Schwert aus der Scheide und haut ihm den Kopf ab. Läuft daraus zu dem Küster zu St. Jacobi, der ihr guter Freund war, erzählt ihm Alles und fordert von ihm Hülfe, den todten Körper auf die Seite zu bringen. Der dumme Narr, obschon ihm die Haut schaudert bei Vernehmung der Mordtat, ließ sich wirklich durch des schlechten Weibes glatt' Gesicht und liebliche Worte bethören, daß er mit ihr ging, den Leichnam heraustrug und aus St. Jacobi Kirchhof an der Mauer verscharrte. Als beide aber wieder in des Entleibten Hause die Blutspuren vertilgt harten und ausruhen wollten von der teuflischen Arbeit, kam ihnen Furcht an, das frische Grab möchte andern Tags entdeckt werden und sie verrathen. Graben es also wieder aus, nehmen den Körper heraus, tragen ihn in des Küsters Haus, um ihn aus dem Feuerheerde zu verbrennen.

---

51 In allen handschriftl. Chroniken. Auch bei Steltzner I. 321. Als wirkliche Begebenheit anzunehmen.

Aber das Feuer wollte nicht hell flammen und den Körper nicht verzehren, verursachte aber soviel Rauch, ein so erschröcklich Prasseln im Schornstein und so pestilenzialischen Gestank, daß die Nachbarn erwachen, eine Feuersbrunst vermuthen und vor der Hausthüre zusammenkommen, um zu löschen; als der Küster nicht aufmachen will, schlagen sie die Thüre ein, und finden denn die ganze Bescheerung, den halb verbrannten geköpften Leichnam des armen Stadtdieners, daneben die tiefbetrübte Wittwe und den Küster, welcher ihr Trost einzusprechen vorgiebt. Er konnte aber nicht lange leugnen und das boshafte Weib auch nicht, und beide ließen es nicht erst auf die scharfe Frage des Büttels ankommen, sondern bekannten Alles. Also kamen sie vors Halsgericht, allwo der Stab über ihnen gebrochen ward, und empfingen ihren verdienten Lohn, indem das Weib lebendig verbrannt wurde, wobei das Feuer lichterloh flammte und die giftige Schlange bald zu Asche verzehrte; der Küster aber wurde, da er die Mordtat selbst nicht begangen, nur erdrosselt und dann aufs Rad geflochten.

Zum ewigen Andenken an dieses abscheuliche Verbrechen und zur Warnung und Abschreckung Aller, die aus bösen Wegen wandeln und da vorbeigehen, hat man über der Hausthür der Küsterei zu St. Jacobi zwei steinerne Menschenköpfe, einen Manns- und einen Weibskopf, eingemauert, welche noch vor 100 Jahren daselbst zu sehen gewesen sind.

44. Von Claus Störtebeker und Godeke Michels.[52]
(1394–1402)

Unter den Vitalienbrüdern, diesen verwegenen Seeräubern der nordischen Meere gegen Ende des vierzehnten Jahrhunderts, waren etwa seit 1394 Claus Störtebeker und Godeke Michels die hervorragendsten Anführer. Vitaliner, Vitalianer oder Victualienbrüder nannten sie sich nach ihren Vorwesern im Handwerk, welche anfangs, beschirmt von der Hansa, der belagerten Stadt Stockholm Lebensmittel seewärts zugeführt hatten. Ihre Kapereien gegen die Feinde der Hansa und Schwedens arteten aber nach jenem Frieden, der dieses Reich mit Dänemark und Norwegen verewigte (der Calmar'schen Union 1397), in allgemeine Seeräuberei aus, unter welcher Handel und Schifffahrt aller Staaten des Nordens empfindlich litten. Es war eine wahrhaft furchtbare Genossenschaft, zu der sich die Abentheurer aller Länder, kriegs- und seekundige, kühne und kräftige Männer, von Kampf- und Raublust getrieben, zusammen fanden, um mit gleichen Pflichten auch gleiche Rechte auf gemeinsame Theilung der Beute zu übernehmen, woher sie sich auch „Likedeeler" nannten. Sie waren so überzeugt von ihrer Berechtigung zum Seeraube, daß z.b. zehn ihrer Hauptleute, worunter zwei Ritter, in Stockholm eine Messe gestiftet hatten zu ihrer und König Albrechts Ehre; sie waren so zahlreich an Schiffen und Mannschaft, und so wohlgeordnet, daß sie eine Stadt wie Bergen in Norwegen erobern und ausplündern konnten, daß keine Niederlage sie vernichten zu können schien, daß ein Deutsches Ordensritter-Heer von 4000 Mann sie nur von der Insel Gothland und etwa aus der Ostsee vertreiben konnte; sie waren so mächtig, daß Staaten mit ihnen um Waffenstillstands-Verträge unterhandelten und daß es eines förmli-

---
52 Vorzüglich nach Laurent's und Lappenberg's Zusammenstellungen in der Zeitschrift für Hamb. Geschichte, Bd. II. 43, 93, 285 (das Volkslied) und 594. Daneben andere geschichtliche Quellen, und in Betreff der Sagen: Müllenhoff, Holstein. Sagen S. 36–38.

chen Hansischen Krieges wider sie bedurfte. Und in diesem Kriege war den Hamburgischen Waffen der Ruhm vorbehalten, durch fortgesetzte Kämpfe und Siege, wie durch Ergreifung ihrer Hauptführer, dem ganzen jahrelangen Piratenwesen ein Ende zu bereiten.

Claus Störtebeker ist – so erzählt die Sage – bevor er ein Seeräuber geworden, ein Edelmann gewesen und zu Halsmühlen bei Verden geboren. Es behaupten freilich auch an der Ostsee viele Städte und Orte, daß er dort geboren sei, z.b. Wismar, aber das mag hier unerörtert bleiben. In seinen jungen Jahren hat er lustig gelebt, hat Fehden ausgefochten, turnirt und gerauft, dabei geschmaus't und gezecht, und darnach in Hambnrg mit andern wilden Gesellen, so lange bankettirt und gewürfelt, bis er Hab und Gut verpraßt hatte. Und wie ihm nun zuletzt die Hamburger, Schulden halber, sogar sein ritterlich Gewand und Rüstzeug genommen und ihn der Stadt verwiesen haben, da ist er unter die Vitalienbrüder gegangen und ein Seeräuber geworden, wie vor ihm noch keiner gewesen ist.

Derzeit war das Haupt derselben Godeke Michels (nach heutiger Art zu sprechen: Gottfried Michaelsen), ein tapferer gewaltiger Mann, auch guter Leute Kind, über dessen Heimath sich Holstein, Mecklenburg, Pommern und Rügen streiten; Andere aber nennen eine verfallene Burg bei Walle im Verdenschen als seinen Geburtsort. Der hat den neuen Genossen mit Freuden aufgenommen; und nach abgelegten Proben seiner ungemeinen Kraft (denn er hat eine eiserne Kette wie Bindgarn zerreißen können), wie auch seiner Unerschrockenheit und Tapferkeit, hat er ihm gleich ein Schiff untergeben und hernach den Oberbefehl über die ganze Verbrüderung mit ihm getheilt. Und weil der neue Genoß, der seinen adligen Namen abgelegt, so ganz unmenschlich trinken konnte, daß er die vollen Becher immer in einem Zuge ohne abzusetzen hinunterstürzen konnte und dies Becherstürzen täglich unzählige Male wiederholte, so nannte man ihn den Becherstürzer, oder Plattdeutsch Störtebeker.

Als die Raubgesellen einstmals die Nordsee recht rein geplündert hatten, fuhren sie nach Spanien, um dort zu rauben. Störtebeker und Godeke Michels machten wie immer gleiche Teile der Beute, nur die Reliquien des heiligen Vincentius, die sie aus einer Kirche genommen, behielten sie für sich und trugen sie seitdem unter ihrem Wams auf der bloßen Brust. Und daher ist's gekommen, daß sie hieb- und schußfest gewesen sind; kein Schwert und Dolch, keine Armbrust, Büchse oder

Karthaune hat sie je verwunden, geschweige denn tödten können – so ging die Sage.

Und nach ihrer Vertreibung aus der Ostsee haben sie von ihren Schlupfwinkeln auf Rügen und andern Orten lassen müssen. Darauf haben sie aber in Ostfriesland gute Freunde gewonnen und dort ihren Raub bergen und verkaufen können. Sonderlich bei Marienhaven haben sie viel verkehrt und daselbst giebt's noch viele Erinnerungen an Störtebeker. Der Häuptling, Keno then Brooke, wurde sein Schwiegervater, denn die schöne Tochter desselben verliebte sich in den kühnen mächtigen Mann und folgte ihm auf sein Schiff und in sein schwankend' Reich.

Wenn Störtebeker Gefangene machte, die ein Lösegeld versprachen, so ließ er sie leben. Waren sie aber arme Teufel und alt oder schwächlich dazu, so wurden sie gleich ohne Weiteres über Bord geworfen. Erschienen sie ihm jedoch tüchtig und brauchbar, so machte er erst eine Probe mit ihnen. Wenn sie nämlich seinen ungeheuren Mundbecher voll Weins in einem Zuge leeren konnten, dann waren sie seine Leute, dann nahm er sie als Gesellen an. Die es aber nicht konnten, die wurden auch abgethan.

Störtebeker und Godeke Michels haben auch zuweilen Reue über ihr Leben gefühlt. Und deshalb soll Jeder von ihnen dem Dom zu Verden sieben Fenster, zur Abbüßung ihrer sieben Todsünden, geschenkt haben; das Störtebeker'sche Wahrzeichen, zwei umgestürzte Becher, ist in einem dieser Fenster angebracht. Auch Brodtspenden an dortige Arme haben sie gestiftet. Und hierin finden Viele eine Bestätigung der Angabe, daß Beide Verden'sche Landeskinder gewesen seien.

Ao. 1400 nun ließen die Hansen eine Flotte nach Ostfriesland gehen, um dem Unwesen zu steuern. Die Hamburger Schiffe befehligten die Rathsherren Albert Schreye und Johann Ranne. Sie besiegten die dort liegenden Vitalianer, erschlugen viele Raubgesellen und übten Standrecht an den Gefangenen. Dann eroberten sie Stadt und Burg Emden, und legten Hansische Besatzung hinein. Auch Keno then Brooke mußte seine Burg zu Aurich abtreten, weil er's, gegen frühere Zusage, doch wieder mit Störtebeker gehalten hatte, und mußte dann nach Lübeck gehen, sich zu entschuldigen beim Hansatage.

Nun heißt es: wie die beiden Hamburgischen Rathsherren so eben den neuen Friedensvertrag mit Keno abgeschlossen und die Halle verlassen hätten, da sei Störtebeker aus seinem Versteck hereingetreten, und habe sich mit dem alten Keno über die Hamburger Herren lustig gemacht, die sich wieder von ihnen anführen ließen. Indem aber sei Herr Nanne, der seine Handschuhe vergessen gehabt, unversehens in die Halle zurückgekommen, und habe die neue Verrätherei gemerkt. Darum sei auch alsbald der Krieg wieder abgebrochen.

In der Tat hat noch in demselben Jahre die Hansische Flotte einen neuen Sieg über die Vitalianer erfochten, wobei ihrer 80 geblieben, 30 aber gefangen und in Hamburg am Grasbrook enthauptet worden sind. Der Nachrichter hat für jeden Kopf 8 [Sh.][53] erhalten, sein Knecht aber 20 [Sh.], fürs Einscharren der Leiber. Die Köpfe wurden auf Pfähle gesteckt. Eben so gewiß ist's, daß 1401 wiederum die Hamburgischen Schiffe unter den Rathsherren Nicolas Schocke und Hinrich Jennefeld den Seeräubern in der Weser eine Niederlage beigebracht, und 73 Gefangene gemacht haben, welche (so viele ihrer nicht unterwegs an ihren Wunden verstorben waren) ebenfalls am Grasbrook enthauptet worden sind.

Aber so lange Störtebeker und Godeke Michels am Leben waren, durfte man im Kampfe nicht nachlassen. Darum wurde 1402 aufs Neue eine Hamburgische Flotte ausgerüstet unter dem Oberbefehl der eben genannten Rathsherren. Das Hanptschiff hieß „die bunte Kuh," oder wie es in einem alten Volksliede genannt wird: „die durch das Meer brausende bunte Kuh aus Flaudern mit den starken Hörnern." Dies Schiff befehligte der Eigenthümer desselben, ein junger Kriegsheld, der sich unsterblichen Ruhm bei den Hamburgern erworben hat: Simon von Utrecht.

Die Vitalianer lagen bei Helgoland, wo sie auf die Hamburger Englandsfahrer lauerten, welche nun von den Kriegsschiffen begleitet in See stachen.

Gegen Dunkelwerden näherte sich die Hamburgische Flotte. Es heißt: da wäre ein Blankeneser Fischer in seiner Jolle heimlich an das Hintertheil des größten der Piratenschiffe gekommen, und hätte geschmolzenes Blei in die Angelröhre des Steuerruders gegossen, wodurch dieses fest gelöthet, also unbrauchbar gemacht sei.

Am andern Morgen aber begannen die Hamburger den Kampf; das alte Volkslied sagt, der Kampf habe drei Tage und drei Nächte gedauert; jedenfalls erst nach langer verzweifelter Gegenwehr Störtebeker's

---

[53] Schilling

und seiner Genossen (welche das ihnen als Gefangenen bevorstehende Loos zu gut kannten, um nicht ihr Leben so theuer als möglich zu verkaufen), neigte sich zuletzt ein vollständiger Sieg auf die Seite der Hamburger.

Die „bunte Kuh" unter Simon von Utrecht verrichtete Wunder der Tapferkeit; sie ging „brausend durch die wilde See" und rannte mit „ihren starken Hörnern" gleich das erste Piratenschiff so kräftig an, daß dessen Border-Castell zerbarst. Das Nähere von Simon's und der übrigen Hamburger Taten ist uns nicht aufgezeichnet, nur der glorreiche Erfolg dieses Seetreffens. Ein Theil der Feinde entfloh bei Zeiten; viele der Piraten waren erschlagen oder ins Meer geworfen; ihre Schiffe wurden mit reichen Ladungen an Tuchen, Wachs, Baumwolle u.s.w. erbeutet; als höchster Siegespreis aber durste die Gefangennehmung des unverwundbaren Störtebeker's gelten, der mit einem Unterbefehlshaber Wichmann und 70 Gemeinen in die Hände der Hamburger fiel.

In Hamburg machte man, kraft des vom Kaiser verliehenen Blutbannes über Seeräuber, kurzen Proceß mit den Gefangenen. Störtebeker saß in einem Keller des Rathhauses, der, so lange dasselbe gestanden hat, „Störtebeker's Loch" genannt worden ist. Die Sage erzählt: als man sein Todesurtheil ihm verkündet, hat er nicht gern daran gemocht, und hat für Leben und Freiheit dem Rath eine goldene Kette geboten, so lang, daß man den ganzen Dom, ja die Stadt damit umschließen könne; die wolle er aus seinen vergrabenen Schätzen herbeischaffen. Der Rath aber hat solch' Anerbieten mit Entrüstung von sich gewiesen und der Justiz freien Lauf gelassen.

Schon folgenden Tags fand die Hinrichtung auf dem Grasbrook statt. Das Volkslied sagt, daß diese 72 wilden verwegenen Gesellen, die ihrer Bitte gemäß, im besten Gewande so stattlich und mannhaft hinter Trommlern und Pfeifern in den Tod geschritten, von den Weibern und Jungfrauen Hamburgs sehr beklagt seien. Der Scharfrichter Rosenfeld enthauptete sie und steckte ihre Köpfe auf Pfähle hart am Elbstrande.

Der Sage nach durchsuchten die Hamburger Störtebeker's Schiff besonders eifrig nach seinen ungeheuren Schätzen. Außer einigen Pokalen und anderem Geräth fanden sie aber anfangs nichts, bis endlich ein Zimmermann, der mit der Axt zufällig gegen den Hauptmast schlug, eine Höhlung darin entdeckte, welche voll geschmolzenen Goldes war. Von diesem Schatze wurden die beraubten Hamburger Bürger entschädigt, und die Kosten des Kriegszuges bezahlt, von dem Überrest aber, so heißt es, ließ der Rath eine schöne goldene Krone für St. Nicolai-Kirchthurm anfertigen; als um 1500 dieser Thurm abgebrochen wurde, da soll die Krone auf den St. Catharinen-Thurm gekommen sein, der allerdings um 1602 schon eine Krone getragen hat, aber keinenfalls die jetzige, die erst 1656 vom Oberalten Hermann Rentzel geschenkt worden ist.

Aber noch war Godeke Michels mit dem Rest der Vitalienbrüder zu vertilgen. Gleich nach Störtebeker's Hinrichtung liefen die Hamburger wieder in die Nordsee, um ihr Werk zu vollenden. Wiederum war es Simon von Utrecht auf seiner bunten Kuh, dem nach den alten Berichten der Preis auch dieses Seezuges gebührt, der mit völliger Niederlage der Piraten endete. Unter den 80 nach Hamburg gebrachten Gefangenen war Godeke Michels mit seinem Unterhauptmann Wigbold, einem gelehrten Magister der Weltweisheit, der seinen Stand auf dem Rostocker Katheder mit dem Schiffscastell vertauscht hatte.

Auch diese 80 Seeräuber wurden ebenso wie ihre früheren Spießgesellen auf dem Grasbrook enthauptet. Das Volkslied sagt ungefähr:

Der Büttel, der hieß Rosenfeld,
Der hieb so manchen stolzen Held
Zu Tod' mit frischem Muthe;
Er stund wohl in geschnürten Schuh'n
Bis an die Enkel im Blute.

Die Sage geht noch weiter. Als der Ehrbare Rath, welcher der Hinrichtung beigewohnt, die schwere Arbeit des Scharfrichters wahrgenommen, da habe er ihn nach Vollendung derselben theilnehmend gefragt: ob er sehr ermüdet sei? Darauf soll Rosenfeld gar grimmig gehohnlacht und trotzig gesagt haben: es sei ihm nie wohler gewesen, und habe er genug Kraft, um noch den ganzen Rath ebenfalls zu köpfen! wegen welcher höchst verbrecherischen Antwort E. E. Rath sehr entsetzt gewesen sei und den Kerl sofort habe abthun lassen.

Störtebeker's Andenken haben noch verschiedene in Hamburg als Curiositäten und Merkwürdigkeiten aufbewahrte Dinge frisch erhalten. Eine kleine Flöte oder Pfeife, mit der er auf dem Schiff im Sturm oder Kampf seine Signale gegeben, soll früher nebst dazu gehöriger silberner Halskette in der Kämmerei gewesen sein. Eine 19 Fuß lange eiserne Kanone (sogenannte Feldschlange), so wie Störtebeker's Harnisch, hat man im vormaligen Zeughause bewahrt. Das Richtschwert Meister Rosenfeld's kann noch jetzt im Arsenal des Bürger-Militairs gesehen werden. Eine kleine Holzfigur, einen Neger darstellend, zeigte man als „Störtebeker's Pagen" in der Schiffer-Gesellschaft, beim Brande von 1842 ist sie abhanden gekommen.

Als größte Merkwürdigkeit Hamburgs aber und als zweites Wahrzeichen der Stadt (das erste und älteste war der Esel mit dem Dudelsack im Dom) galt der sogenannte Störtebeker, ein silberner Becher, aus dem er getrunken haben soll. „Wer nach Hamburg kommt, und sollte nicht in die Schiffer-Gesellschaft gehen, damit er aus Störtebeker's und Godeke Michels Becher trinke, und seinen Namen in das bei dem Becher befindliche Buch schriebe, der wäre nicht in Hamburg gewesen," heißt es in einem alten Buch, betitelt: die lustige Gesellschaft. Auf dem Becher, der etwa 11/4 Elle hoch ist und vier Bouteillen faßt, ist eine Seeschlacht dargestellt, die mit dem andern Bildwerk darauf Störtebeker's Leben andeuten soll. Er ist aber, wie schon die darauf eingegrabenen schlechten Hochdeutschen Verse lehren, später angefertigt, und sicher nicht von ihm gebraucht gewesen. Er befindet sich jetzt im Schiffer-Armenhause.

Übrigens scheint Herr Nicolas Schocke bald nach jenen Siegen eine Wallfahrt nach St. Jacob von Compostella gemacht zu haben, wenigstens empfing er hierfür eine Summe Geldes aus der Stadtcasse. Ob er den Dank der Stadt Hamburg an jenem hochgefeierten Heiligthum darbringen, ob er damit ein Gelübde erfüllen, oder ob er etwa die bei Störtebeker und Godeke Michels gefundenen Reliquien des heiligen Vincenz nach Spanien zurückbringen sollte? darüber findet sich nichts aufgezeichnet.

Daß Störtebeker's Besiegung für ein höchst denkwürdiges Ereigniß geachtet wurde, beweist auch, daß eine Medaille mit seinem Bildniß und passender Inschrift geschlagen wurde. Als sein Portrait hat man Jahrhunderte lang einen oft vervielfältigten alten Kupferstich mit grimmigen Gesichtszügen bewundert, der indessen nach neuen Forschungen für unächt gehalten wird.

Das alte „Störtebeker-Lied" wurde noch vor 150 Jahren vielfach im Volke gesungen. Seitdem ist der Held der Vitalianer und sein Ende noch oftmals als Gegenstand dramatischer Werke, in Opern und Trauerspielen, eben dadurch aber in noch größerem Maße auch Hamburg verherrlicht.

Das oft erwähnte Volkslied schließt etwa so:

O Hamburg, du gewannst den Preis!
Die Räuber all' sind Häufenweis'
Durch deinen Sieg gestorben.
Die gold'ne Kron' gebühret dir,
Den Ruhm hast du erworben!

45. Simon von Utrecht[54]

(1400–1437)

Von den Heldentaten des tapfern Schiffshauptmanns Simon von Utrecht gegen die Piraten der Nordsee haben wir eben vernommen. Die Stadt Hamburg hat sich ihm aber auch dankbar bewiesen und ihn bei seinen Lebzeiten wie nach seinem Tode immerdar in hohen Ehren gehalten. Vermuthlich stammte er aus den Niederlanden und war schon vor 1400, in welchem Jahre er das Bürgerrecht gewann, hier eingewandert. Ob er mit seinem Schiffs-Eigenthum auch Kaufmannschaft verbunden habe, ist nicht gewiß zu sagen; er wohnte, wenigstens in den späteren Jahren, im Rödingsmarkte. Nachdem er sich nun auch durch Werke des Friedens verdient gemacht hatte, ist er in den Rath gewählt und 1433 sogar Bürgermeister geworden. Und in dieser obrigkeitlichen Eigenschaft sehen wie ihn nicht nur aus Hansatagen thätig, sondern alsbald auch wieder auf dem Kriegsschauplatze. Er machte den Hansischen Seezug gegen die Dänischen Inseln und Flensburg (1428) mit; und 1432–1433 befehligte er die Hansische Flotte, welche gegen die räuberischen Strandfriesen geschickt wurde. Er schlug dieselben zur See, zwischen der Weser und Ems, und darnach auch zu Lande, indem er ihr Raubnest, die Seebaldsburg, zerstörte, und nach den glücklichen Siegen bei Norden und Lütetsburg, die Hauptstadt Emden einnam, woselbst fortan ein Hamburgischer Rathsherr als Statthalter regierte.

Als Herr Simon von Utrecht hieraus nach Hamburg zurückgekehrt war, da wurden ihm von seinen Mitbürgern die höchsten Ehren erwiesen, die es in einer freien Stadt giebt; er wurde nämlich zum Bürgermeister erwählt, und zwar zu einem außerordentlichen oder Ehren-Bürgermeister, denn die vier verfassungsmäßigen Plätze waren

---

54 Geschichtlich, meist denselben Quellen nacherzählt. Auch Wilckens, Hamb. Ehrentempel. S. 6. Die das Grab betreffende Notiz: aus Archival-Nachrichten. Die Inschrift das Denksteins giebt u.a. Ankelmann: Inscript. Hamb. LV.

insgesammt besetzt; und die hierin liegende noch höhere Auszeichnung ist nach ihm Niemandem wieder zu Theil geworden.

Im Jahre 1437, als er das Ende seines tatenreichen Lebens nahe fühlte, machte er ein Testament, worin er, abgesehen von einigen Messen und Armenspenden, eine gewisse jährliche Summe zu den Unterhaltungskosten der Hamburger Kriegsschiffe verordnete, womit also der alte Seeheld noch sterbend seinen Patriotismus in einer seinem größten Wirkungskreise entsprechenden Art bewährt hat. Im Receß von 1570 wird dieser Stiftung von den Bürgern gedacht.

Am 14. October 1437 ist er gestorben und in der Nicolaikirche bestattet. Daneben wurde sodann ein Denkstein zu seiner Ehre eingemauert, welcher aus dem Brande von 1642 glücklich gerettet ist. Er zeigt oben das Wappen Simon von Utrecht's: ein großes dreimastiges Seeschiff mit einer Thierfigur am Spiegel, ohne Zweifel die berühmte „bunte Kuh;" ein Schwan zieht das Schiff durch die Wellen; oben aus dem Helm des Wappenschildes ist ein Schwan mit ausgebreiteten Flügeln. Darunter folgt eine kurze Inschrift in Lateinischen Versen, welche auf seine Besiegung der Piraten hinweißt und die Nachwelt ermahnt: den großen Taten der Vorfahren nachzueifern, damit der Ruhm der Stadt nicht sinke.

Im Jahre 1566 gedachte die St. Nicolai-Kirchenbehörde das Grab, darin Herrn Simon's Gebeine ruhten, zu verkaufen, da schon über Menschen Gedenken dasselbe nicht geöffnet und kein Erbrecht daran geltend gemacht war. Ob noch Nachkommen von ihm lebten, wußte man nicht – vielleicht wußten die etwas später als Vicare vorkommenden Johann und Georg von Utrecht nichts über ihre etwanige Abstammung von Herrn Simon - genug, das Grab wurde an Hinrich Rheder verkauft. Kaum aber erfuhr der Senat diesen Handel, als er seine Aufhebung anordnete, „dewile Herr Simon von Utrecht dar in begraven is, de so veelfaltige Deenste düsser guden Stadt ertöget hett." Im Jahre 1661 aber, nachdem in wieder verstrichenen 100 Jahren kein Mensch Ansprüche an das Grab gemacht – der um 1612 vorkommende Adrian von Utrecht, ein heimlicher Tischler, hatte wohl nicht daran gedacht – da ist das Grab an Herrn Jürgen Kellinghusen, derzeit Jurat der Kirche, für 150 [M.][55] unter der Reservation verkauft, sogleich davon abzustehen, wenn irgend Jemand Einsprache erheben würde.

---

55 Lübische Mark

46. Die Cäcilienabend-Fluth[56]
(1412)

Ao. 1412 am Cäcilien-Abend ist zu Hamburg und in allen Landen der Unterelbe bis zur See ein so gewaltiger Sturm gewesen, wie niemalen erlebt. Und davon entstand eine unermeßliche Wasserfluth, aller Orten brachen die Deiche durch und die Wasser überschwemmten alle Marschen und rissen die Häuser weg und verheerten die Felder und taten unsäglichen Schaden. Und was an Pferden, Ochsen, Kühen, Schweinen und anderm Vieh umgekommen ist, das ist nicht auszurechnen; sind doch zusammen an 30,000 Menschen, alt und jung, reich und arm, elendiglich in den Fluthen ertrunken. Das war ein Strafgericht Gottes, wie der Art kaum je zuvor und nachmalen keins wieder, vielleicht den schwarzen Tod ausgenommen. Denn wenn auch Ao. 1470 in der heiligen drei Königs-Nacht bei abermaligem Sturmwetter aus Nordwest das Elbwasser so anschwoll, daß es fast eine Elle höher gestanden, als am Cäcilien-Abend, und auch großes Unglück angerichtet an Häusern, Menschen und Vieh, so ist's doch nicht so furchtbarlich gewesen, denn damals. Und der Cäcilien-Abend wurde ein Abschnitt in der Zeitgeschichte, darnach man rechnete und die Jahre zählte, etwa wie die älteren Leute im Volk gegenwärtig alles nach der Belagerung von 1814 bemessen.

---

56 Geschichtlich; s. Steltzner I. 366. – Hesselii herzfließende Betrachtungen über den Elbestrom. S. 126.

47. Hamburger Treue[57]
(1417)

Ao. 1417 waren die Grafen und Herzöge von Holstein und Schleswig mit König Erich von Dänemark in offenbare Fehde gerathen, und von demselben, der bereits Gottorp belagerte, lagerte, hart gedrängt. Da nun den Fürsten der Hamburger Beistand sehr wünschenswerth erschien, so kam Graf Heinrich in Person nach Hamburg gereis't, um Hülfsvölker zu erbitten. Der arme Herr konnte nicht reiten und nicht schreiten, denn er war grade arg mit der Gicht geplagt, erschien also in einem Wagen und ließ vorm Rathhause stille halten. Da er nun nicht absteigen und ins Rathhaus gehen konnte, so kam auf seines Begleiters Herrn von Brockdorfs Ansuchen, E. E. Rath zum Grafen an den Wagen hinaus. Daselbst versammelten sich auch alsbald die vornehmsten Bürger und Unzählige aus dem Volke, welche insgesammt der wichtigen Staats-Verhandlung beiwohnten, die dergestalt, nach Art unserer ältesten Vorfahren, unter Gottes freiem Himmel gehalten wurde.

Der Graf gab nun zuvörderst seine große Noth beweglich zu verstehen und forderte die Hamburger auf, ihn, ihren Freund und Bundesgenossen, in dräuender Gefahr nicht zu verlassen, sondern ihm beizustehen, seines Hauses Recht zu behaupten. E. E. Rath, welchem zwar des guten Fürsten Mißgeschick sehr zu Herzen ging, glaubte dennoch, als Hüter des Gemeinwohls, dagegen erinnern zu müssen, daß Hamburg kraft seiner Privilegien von allen Kriegspflichten und Zuzügen gänzlich befreit sei, weshalb die Stadt keine höchst präjudicirliche Ausnahme davon machen dürfe.

Da nun die umstehenden Bürger dies Wort des Rathes vernahmen und ersahen, wie Graf Heinrich dazu ein betrübt Gesicht machte, da erhuben sie ihre Stimme laut gegen den Rath, und Etliche traten vor und sprachen: Es bringe ihnen keine Ehre, dem Grafen den Zuzug zu

---

57 Nach Beckendorp's und Janibal's handschriftl. Chroniken. Jedenfalls ist das Fundament dieser Erzählung geschichtlich.

weigern; man müsse den Rath zwingen, dem Grafen in ehrlicher Fehde zu Schutz und Trutz beizubringen. Andere redeten zu demselben Ziele klüglich und sprachen: Privilegia seien gut und nützlich, wenn aber Der, welcher sie gegeben, selber in der Feinde Gewalt geriethe, was dann dessen Privilegia noch nützen könnten? da seine Feinde sie schwerlich achten würden. Und Andere riefen noch lauter, daß Hamburg dem edeln Hause der Schauenburger gar viel verdanke, daß des Grafen Heinrich Ahnherr Adolf der Stadt die Freiheit gegeben und seine Nachfolger nicht minder sich verdient gemacht hätten; und daß es eine sehlechte Sache wäre, wenn sie den Enkel verlassen sollten, da sie doch Treue und Anhänglichkeit dem erlauchten Stamme beweisen möchten. Und setzten also dem Rathe stark zu, daß er Hülfe versprechen möge, sie wären willig und bereit dazu, dem Schauenburger Hause in Noth und Gefahr treu zu bleiben.

Und der Graf stund auf im Wagen und grüßte dankend nach allen Seiten hin, wo seine treuen Fürsprecher standen und war bewegt in seinem Sinn und sagte nur „habet's Dank, ihr lieben Männer und guten Freunde, habet's Dank!" Und der Rath besann sich auch nicht lange mehr, und da er der Bürger Vollbord ungefordert dazu erlangt hatte, so sagte er mit Freuden dem Grafen Geld und Kriegsvolk zu.

Vorher aber ließ er, von staatlicher Ein- und Fürsicht getrieben, den Grafen einen Revers unterschreiben, daß dieser kriegerische Zuzug den Privilegien der Stadt keineswegs zum Nachtheil gereichen solle.

Darnach rüsteten die Hamburger und schrieben dem Könige Erich einen Absagebrief, worüber derselbe sich sehr entsetzte (wie die Chronik berichtet), und da auch bald darauf 600 Hamburger Schützen gen Gottorp zum Entsatze kamen, so hob er eilends die Belagerung auf. Die Hamburger aber, welche neue Mannschaft von ihrer Stadt erhalten hatten, zogen ihm nach, eroberten Tondern und viele Jütländische Städte und hielten ihr Wort, das sie dem Grafen gegeben, ehrlich, wie gute Deutsche Männer, obschon der Krieg noch etliche Jahre, bis 1423 dauerte, worauf aber schon 1426 ein neuer Krieg ausbrach.

48. Ein glückliches Kriegsjahr der Hamburger[58]
(1420)

„Zur Zeit als König Erich von Dänemark sich noch heftig mit den Herzogen zu Schleswig und Grafen zu Holstein befehdete, und die Hamburger selbigen ihren Beistand zugesagt hatten, rüsteten sie auf eigne Faust und Ebentheuer 12 große Schiffe aus, die bemannten sie stark und ließen sie in See laufen, allwo ihnen die große Dänische Flotte begegnete. Die Hamburger, ob sie wohl nicht gleich stark waren, griffen sie doch die Dänen mit freiem Gemüte an, und segelten ihnen gleich anfangs drei Schiffe in den Grund mit Allem, was darinnen war. Mit den übrigen hielten sie ein blutig Treffen und überwanden sie. Der Mehrentheil von den Dänen ward erschlagen, die andern gefangen; viele lös'ten sich unterwegs, die wurden an den Eilanden ausgesetzt; und noch 120 brachten sie heim nach Hamburg, denen schätzten sie ein großes Lösegeld ab." So berichtet eine alte Chronik zum Jahre 1420 ohne die Namen der tapfern Anführer zu nennen.

In demselben Jahre waren die Hamburgischen Waffen auch zu Lande siegreich. Herzog Erich von Sachsen-Lauenburg hegte in seinem Lande viele Straßenräuber, die Hamburgs und Lübecks Handel empfindlich schadeten. Nach vergeblichen Verhandlungen mit dem Herzoge und nach erklärter offener Fehde ließen beide Städte marschiren. Unter den Bürgermeistern Johann Pleskow von Lübeck und Henrich Hoyer von Hamburg kamen 3000 Mann zu Fuß und 800 Reiter vor Bergedorf, dem hauptsächlichsten Aufenthalte der Raubgesellen. Das Städtchen wurde nach kurzem Kampfe genommen und niedergebrannt. Die stark befestigte Burg leistete dagegen mehr Widerstand. Vier Tage lang wurde sie belagert, berannt und mit Büchsen und Steingeschossen vergeblich bestürmt. Ein heimlicher Weg, welcher von der

---

58   Desgleichen. Beide Ereignisse sind geschichtlich. Im Perleberger Vergleich wurde den Städten auch die Hälfte des Sachsen-Waldes, mit Ausnahme des Jagdrechts, zu Eigen übertragen.

Burg aus unter den Wassergräben ins Freie führte (um der Besatzung nothfalls die Flucht zu sichern), wurde entdeckt und besetzt. Dann am fünften Tage brachten die Städter Stroh, Pechtonnen, Salpeter und Pulver unter die Außenwerke, und zündeten solche Dinge an. Während nun dadurch ein Theil der Wälle verwüstet wurde und die Besatzung des Qualms wegen sich in die innere Burg zurückziehen mußte, erstiegen die Städter die Wälle, und zwangen die Besatzung zur Übergabe, worauf die Bürgermeister die Fahnen und Standarten beider Städte von der eroberten Veste wehen ließen. Sodann eroberten sie auch die Riepenburg an der Elbe, und die Burg zu Kuddevörde, welche letztere sie sofort schleiften. Und noch weiter würden die Hamburger und Lübecker ihren Krieg gegen die Raubschlösser fortgesetzt haben, wenn nicht die benachbarten Fürsten um Waffenstillstand gebeten hätten. Zu Perleberg wurde dann der Frieden vermittelt, und den Städten die eroberten Vesten Bergedorf und Riepenburg, sammt den dazu gehörigen Vier-Landen: Curslak, Alten- und Neuen-Gamme und Kirchwärder, eigentümlich zugesprochen. Also sind Hamburg und Lübeck in den Besitz des beiderstädtischen Amts Bergedorf gekommen.

49. Johann Kletze[59]

(1427)

Nachdem 1426 zwischen den Holsteinischen Grafen und dem König Erich von Dänemark aufs Neue ein Krieg ausgebrochen war, trat Hamburg auf die Seite der Grafen, und widerstand mit ihnen siegreich vor Schleswig und Gottorp dem Dänischen Heere, welches sodann das Land räumte, als auch die Hansischen Ostseestädte dem Könige absagten. Im Vorjahre 1427 griffen deren Schiffe die Dänen auf ihren Inseln an, während die Landtruppen, Holsteiner, Lübecker und Hamburger, bis Flensburg vordrangen und diese feste Stadt belagerten, welche aber starken Widerstand leistete, weshalb um Ostern von Hamburg noch eine ansehnliche Verstärkung junger Kriegsleute zu Fuß wie zu Roß unter dem Rathsherrn Johann Kletze, als Hauptmann, eintraf, und ein besonderes Lager aufschlug.

Johann Kletze war ein sehr tapferer, muthiger Mann, dem es unleidlich war, noch länger auf Erstürmung der Stadt zu harren. Aber die Grafen, die den Oberbefehl führten, verboten den Angriff, da sie noch andere Hülfstruppen erwarteten. Ungeduldig über den Verzug und das müssige Leben im Lager, brennend vor Tatenlust und begierig nach Ruhm und Ehre, faßte Johann Kletze den Vorsatz, die Erstürmung der Stadt zu erzwingen und selbst der Erste auf den feindlichen Mauern zu sein. Am Abend vor dem Himmelfahrtsfeste (den 28. Mai) spendete er seinen Leuten einige Tonnen Hamburger Biers, theilte ihnen sein Vorhaben mit, und indem er beim Anbruch der Nacht die Stadt mit glühenden Pfeilen und Bolzen beschießen ließ, führte er sie zum schnellen Überfall und Sturm gegen die Stadt; die jungen Krieger, eben so kühn und unbesonnen wie ihr Anführer, folgten ihm gern.

Das plötzliche Getöse aber hatte das ganze Lager erweckt; man rüstete und wappnete sich, einen Überfall der Dänen vermuthend; und schneller als die Übrigen eilte der ritterliche Graf Heinrich herbei, ein

---

59 Der Hauptsache nach ganz geschichtlich. Nach den bekannten Quellen.

ächter Schauenburger, der wollte im Kampfe nicht der Letzte sein, und an seinen Großvater, Isern Hinrik, denkend, flog er den Hamburgern und ihrem Hauptmann voraus, entriß einem Landsknecht die Sturmleiter und erstieg mit blankem Schwerte die Mauer. Aber auch die Dänische Besatzung war wach geworden und hatte an den glühenden Pfeilen die Richtung des Angriffs wohl erkannt, darum, als Graf Heinrich die Mauer fast erstiegen hatte, traf ein so gewaltiger Lanzenstoß des Fürsten Brust, daß er todtwund zur Erde fiel, worauf auch das tollkühne Unternehmen des Johann Kletze gänzlich verunglückte.

Graf Heinrich war in sein Gezelt getragen, wo er nach wenig Stunden seinen Heldengeist aufgab. Er war kaum 30 Jahre alt geworden, und Jedermann hatte ihn geehrt und geliebt, weil er ein so edler und tapferer als freundlicher und wilder Herr gewesen. Als sein Tod im Lager ruchtbar wurde, herrschte allgemeine Bestürzung und Trauer. Der Lüb'sche Bürgermeister gab nun die Sache verloren, und trotz aller Gegenrede des Grafen Adolf, der die Belagerung fortsetzen wollte, schifften die Lübecker sich ein und segelten nach Hause. Da meinten die Hamburger, nun wäre ihres Bleibens auch nicht länger dort, zumal sie und ihr Hauptmann Kletze von allen Holsteinern als die Ursache des ganzen Unglücks und des Todes ihres edlen Grafen scheel angesehen wurden. Darum folgten sie dem unseligen Beispiele der Lübecker und zogen ab und heim, worauf die übrigen Bundesgenossen auch nicht länger blieben und die Belagerung aufhoben.

Und bald darauf im Juni-Monat hatte auch die Hansische Flotte, befehligt von den Bürgermeistern Tidemann Steen von Lübeck und Hinrich Hoyer von Hamburg, Unglück gegen die Dänischen und Schwedischen Schiffe, vorzüglich, weil die Lübecker den Angriff der Hamburger schlecht unterstützten. Die Bürgermeister und der Hamburger Rathsherr Johann Voß wurden sogar gefangen nach Copenhagen geführt, und der Verlust an Schiffen und Ladungen war sehr groß. Erst nach fünf Jahren konnten Hoyer und Voß ausgelös't werden, und Tidemann Steen wurde in Lübeck drei Jahre im Thurme und lebenslang in seinem Hause in Haft gehalten.

In Hamburg war über diese Verlüste die Trauer groß. Aber auch der Zorn gegen die, welche sie verschuldet hatten. An Tidemann Steen konnte man nicht kommen, aber Johann Kletze mußte seine Ungeduld schwer büßen. Er wurde in die Frohnerei gesetzt und peinlich verklagt. Zwar war die Anschuldigung des Verraths, welche der von den Bürgern erwählte Sechsziger-Ausschuß gegen ihn erhob, völlig grundlos, und keine Qual der Folter, auf die man ihn warf, erzwang dem Unglücklichen ein Bekenntniß. Aber dennoch gab die bei einem Kriegshauptmanne nicht zu rechtfertigende Unbesonnenheit und Tollkühnheit, zumal aber sein Handeln gegen höheren Befehl, den Sechszigern Grund genug, um das Todes-Urtheil wider ihn zu erzwingen. Am St. Antonius-Abend wurde er auf öffentlichem Markte (dem Berge) enthauptet, und sühnte durch mannhaftes und frommes Sterben den durch unglücklichen Erfolg so verderblich gewordenen Fehler seines Lebens.

Auch in andern Hansestädten mußten die Antführer der Zuzüge für die Verlüste büßen; in Wismar wurden Bürgermeister Johauu Bankskow und Rathsherr Hinrich von Haren enthauptet, und in Rostock entzogen sich die vier Bürgermeister nur durch schnelle Flucht der Volksjustiz.

50. St. Ilsabe'n-Haus[60]
(1428)

Obschon der Rathsherr Johann Kletze sein Vergehen durch den Tod gebüßt hatte, so war das dem frommen Gemüte und der ehelichen Liebe seiner hinterbliebenen treuen Hausfrau Gesa, des Markward Schreye Tochter, nicht genug. Zu noch größerer Sühne seines Fehls bei Gott und den Menschen, zum Gedächtniß an seine in der blutigen Fehde erschlagenen Genossen, und um für ihren unglücklichen Herrn statt des Fluches ein gesegnetes Andenken bei den Mitbürgern und Nachkommen zu erwecken, schuf sie ein Werk christlicher Liebe, zu welchem sie all sein hinterlassenes und ihr eigenes Vermögen nebst den Spenden der Familie bestimmte. Wir müssen es schon rühmend preisen, wenn Jemand im großen Glücke, von Freude getrieben, an arme Unglückliche denkt und Betrübte tröstet. Aber in tiefster Trauer, im wehesten Herzeleid durch christliche Liebeswerke sich empor zu richten, das ist noch größer, noch schöner.

Im Jahre 1428 stiftete sie nämlich ein Hospital am Burstah und nannte es zu Ehren der heiligen Elisabeth St. Ilsabe'n-Haus, und versah es mit so reichen Einkünften an Brau- und Wohnhäusern, Renten und Gülten, daß zwanzig unvermögende alte Wittwen und Jungfern nebst vier Pflegerinnen zu ihrer Bedienung darin bequem versorgt und unterhalten werden konnten. Und in ihrem Testamente vom Jahre 1443 vermachte sie noch jeder der Ilsabe'n-Schwestern eine milde Gabe. Zur Unterscheidung nun von dem etliche Jahrhunderte früher zu ähnlichen Zwecken gestifteten Hospital zum heiligen Geiste nannte man im Volke dieses auch wohl „den grooten" und das Ilsabe'n-Haus „den lütten hilligen Geest."

Grade 100 Jahre lang hat die Stiftung der frommen Wittwe Kletze unverändert bestanden. 1528 in der Kirchen-Reformation wurde das Hospital der neuernannten Verwaltung des St. Marien-Magdale-

---
60 Desgleichen.

nen-Klosters (welches kein Vermögen besaß) untergeben. Drei Jahre darnach wurden die in letzterem noch geduldet gewesenen Mönche ausgewiesen, worauf die Vorsteher, nämlich Ehrbare Oberalten (die auch den grooten hilligen Geest verwalteten), in dies leere Kloster die sämmtlichen Bewohnerinnen des Ilsabe'n-Hauses übersiedelten, und das letztere an den späteren Rathsherrn Detlev Schuldorp verkauften. Noch Ao. 1810 hat dies Gebäude gestanden und die Hausnummer 57 geführt.

Nach und nach veränderte sich auch die innere Einrichtung; die aufzunehmenden Wittwen und Jungfern mußten ein gewisses Eintritts- oder Einkaufs-Geld entrichten, wofür sie, außer der freien Wohnung im Kloster, auch Feuerung und eine Leibrente erhielten. Davon hießen sie Praebendariae oder Prövenerinnen, und sonst auch Klosterschwestern; ihre Oberin hieß die Mesterin. In dem großen Klostersaale hielten E. Oberalten ihre Versammlungen in Hospital- oder Landgebiets-Angelegenheiten, bis zu unsern Tagen.

So ist denn das jetzige St. Marien-Magdalenen-Kloster eine Verschmelzung zweier Stiftungen des Alterthums; das Gebäude, das schirmende Obdach, gewährt Adolf's IV. Gelübde in der Schlacht von Bornhövede, die sonstige Lebensnothdurft: das nicht minder fromme Liebeswerk und Sühnopfer der Frau Gesa Kletze.

51. Dat lütte Rümeken[61]

(1429)

Unter den vielen guten Holsteinischen Fürsten aus dem Hause Schauenburg ist auch der Graf Otto zu nennen, welcher um 1429 zu Pinneberg auf seinem Schlosse residirte und seine Herrschaft wohl regierte. Er war ein freundlicher Nachbar unserer Stadt und lebte mit mehreren Herren des Raths in guter Gevatterschaft; kam auch zum Oefteren, wenn er etwa auf seiner Vogtei zu Ottensheim oder Ottensen (von seinem Großvater Otto also genannt) gewesen war, nach Hamburg herein geritten, allwo er im Rathskeller einen weidlichen Trunk liebte und gemeiniglich von etlichen Rathsherren daselbst bewirthet wurde. Von ihm wird nun Folgendes erzählt:

Als er einstmals also da sitzet und zecht mit den Hoch- und Wohlweisen und ist guter Dinge (und die Wohlweisen trachten, wie sie ihn noch fröhlicher machen und lassen ihm vom Mutterfäßchen den besten Firne-Wein zapfen), da ereignet es sich, daß unvermuthet schnell die Zeit verstrichen und die Stunde, da alle Stadtthore fest verschlossen werden, vorüber ist. Saß also Herr Otto in der Stadt und konnte vor Tagesanbruch nicht wieder heim. Die Hoch- und Wohlweisen aber – vielleicht waren es Herr Bürgermeister Hinrich vom Berge und die Herren Erich von Tzeven, Martin Swartekopp und Simon von Utrecht, allesammt berühmte Männer und tapfere Kriegshelden – wußten ihrem Ehrengaste das Unglück so vergnüglich vorzustellen, daß er sich nicht weiter darum grämte und der Einladung des Bürgermeisters, bis zum Morgen in seinem Hause Herberge zu nehmen, gern nachkam. Als nun der Graf daselbst angelangt, siehe da steht eine saubere Tafel mit den niedlichsten Speisen und herrlichsten Weinen zum Abendimbiß bereit, und des Bürgermeisters Hausfrau credenzt dem hohen Gas-

---

61   Als Sage auch von Geschichtschreibern erzählt, z.b. Schmid, histor. Beschreibung Altona's S. 21. Urkundlich ist der [380] Erwerb dieser Gegend abseiten Hamburgs schon im 13ten Jahrhundert nachzuweisen.

te den Goldpokal. Sie war eine feine schöne Frau und ließ es sich angelegen sein, den Grafen wohl zu bedienen und gemeinsam mit ihrem Herrn in fröhlicher Rede so gut zu vergnügen, daß er von all den guten Dingen schier lustig wurde. Und als nun der reichliche Wein auch sein Bestes tat, da ist die schöne Bürgermeisterin mit lieblichen Worten und holdseligen Geberden den Grafen angegangen, daß er ihr doch das kleine Räumchen schenken möge, „dat lütte Rümeken" zwischen dem Millern-Thore und dem Bach, der zur Elbe läuft, weil die Hamburger Frauen gern auf der Stadt Gebiet ihr Linnen bleichen möchten. Und da sie so artig bat und der Graf ein ritterlicher Herr war, der einer bittenden Frau, zumal wenn sie schön war, nichts abschlagen konnte, er in seiner Vergnüglichkeit auch nicht genau sich entsann, daß das gewünschte kleine Räumchen eigentlich ziemlich groß sei – so gewährte er das Ansuchen günstig; und da zufällig Herr Hermann Kreyenberg, der Protonotarius, hinzu kam, und gleich eine Abtretungs-Urkunde darüber in die Feder fassen konnte, so unterschrieb der Graf Otto flugs und fröhlich den Brief und setzte sein Siegel dabei, worauf der Wein nach abgethanen Staats-Geschäften desto besser mundete, bis der Graf vom Bürgermeister und Protonotar, nicht ohne deren thätige Beihülfe, zu Bette geleitet wurde.

Andern Morgens, als er heimkehrend über das abgetretene „lütte Rümeken" ritt, verwunderte er sich sehr über dessen Umfang, aber er war ein edelmüthiger Herr, der fröhliche Schwänke wohl leiden konnte, darum lachte über die List seiner Gastfreunde, die er nun wohl verstanb, und ließ die Sache gut sein. Und wenn er später, wie noch oft geschah, gen Hamburg zu Weine und Biere ritt, so nahm er sich besser in Acht, und verpaßte niemals wieder die Stunde des Thorschlusses, und hat auch beim Bürgermeister niemals wieder geherbergt, und hat der schönen Frau Gevatterin lächelnd gesagt: um das ganze Hamburger Linnenzeug zu bleichen, möchte sie wohl seine ganze Herrschaft Pinneberg für ein – lüttes Rümeken ansehen und ihm fördersamst abschwätzen.

Also soll es gekommen sein, daß die Stadt Hamburg den großen Raum bis an den Altonaer Grenzbach erworben hat. Und die seine Art, wie damals die weisen Väter der Stadt für deren Vergrößerung sorgten, wollen wir loben, und die schöne Bürgermeisters-Frau dankbar preisen – auch wenn diese Geschichte nur eine Sage ist.

52. Dithmarscher Fehden. Martin Swartekopp und Ralev Carsten[62]

(1430–1434)

Im Jahre 1430 sind die Dithmarscher der Hamburger Feinde geworden, darum, daß diese kraft kaiserlicher Privilegien jenen nicht gestatten wollten, Korn von der Elbe anders wohin zu verschiffen, als gen Hamburg. Daran wollten die Dithmarscher sich nicht kehren, aber statt den Streit in Güte zu verhandeln, schlugen sie gleich mit Keulen drein. Denn als im selbigen Jahre die Hamburger Kriegsvölker, welche die Stadt dem Herzoge von Schleswig zu Hülfe gesandt hatte, von Apenrade zu Wasser heimkehrten und an der Dithmarscher Küste friedlich ans Land stiegen, da wurden sie unabgesagt von den Dithmarschern, unter deren Häuptling Ralev Carsten, überfallen, und sind ihrer viele getödtet, noch mehrere aber verwundet und gefangen, die Hamburger Schiffe auch als gute Beute von den Frevlern behalten. Welcher Friedensbruch auf einer Tagefahrt zu Stade nicht hat vermittelt werden können, weil die Dithmarscher trotzig geblieben sind. Darnach im Jahre 1431 fuhren sie vor den festen Thurm der Insel Neuwerk, welcher dem seefahrenden Kaufmann zum Besten von Hamburg unterhalten wird. Daselbst hielten sie ein Schützengefecht, brannten die Vorpforten ab, verwundeten und erschlugen einiges Volk, raubten Vieh, Schiffe und andere Habe, und fuhren damit heim. Solchen doppelten Schimpf aber konnten die Hamburger nicht stecken lassen; und da es nun eben an der Zeit war, daß die Schiffe mit Hamburger Bier beladen waren und in die See gehen sollten, auch viele heimkehrende Hamburger Schiffe aus England und Flandern erwartet wurden, so rüstete E. E. Rath etliche Schiffe und besetze sie mit 600 Mann, welche die ab- und aufsegelnden Kauffahrer convoyiren und gegen die Dithmarscher beschirmen, dieselbigen aber nicht angreifen sollten. Oberster Patron war einer des

---

[62] Geschichtlich, nach den Hamb. Historikern, und Joh. Adolfi Neocori Dithmars. Chronik I. 403.

Rathes, Herr Martin Swartekopp. Als nun die Kriegsvölker eine Zeit lang auf der Elbe gekreuzt und grade den Dithmarschen gegenüber ankerten, ward ihnen Zeit und Weile lang, und weil sie's für offenbares Feindesland hielten, haben einige hundert Mann einen Landgang unternommen (doch zwar ohne Herrn Swartekopp's Befehl) und einige Häuser ausgeraubt und nieder gebrannt. Und dies deuchte ihnen gut als Vergeltung für die Dithmarscher Friedensbrüche und Raubzüge. Aber die Dithmarscher waren bei der Hand und kamen in großer Menge zusammen, so daß Herr Swartekopp, um seine Leute zu salviren, mit der übrigen Mannschaft landen und in den Kampf eilen mußte. Die Dithmarscher waren indeß zu mächtig, und nach tapferer Gegenwehr erschlugen sie fast alle Hamburger, deren nur sehr wenige wieder zu den Schiffen kommen konnten. Auch Herr Martin Swartekopp, der ehrbare oberste Hauptmann, wurde erschlagen. Und so wilde Gesellen waren dazumal die Dithmarscher, daß sie Herrn Swartekopp's Magen ihm aus dem Leibe gerissen, auf einen Spieß gesteckt und als Siegeszeichen umhergetragen haben.

Solcher Widerwille dauerte noch etliche Jahre zwischen den Dithmarschern und Hamburgern, welche sich gegenseitig allen Tort und alles nur erdenkliche Herzeleid antaten. Und der Haupt-Rädelsführer und Unruhstifter bei den Dithmarschern war einer ihrer Vögte oder Häuptlinge, Ralves oder Ralev Carsten, vom Norddeich, ein wilder und kriegerischer Mann mit einem schiefen Beine. Der schürte den Brand, wenn er am Erlöschen war, und herrschte im Lande als ein Tyrann. Und weil nun in allen späteren Fehdezügen die Hamburger den Sieg davon trugen und die Dithmarscher großen Schaden litten, so wurden sie darüber wie über sein böses grausames Wesen mit Recht dem Ralev Carsten aufsätzig, so daß eine Parthei unter Crusen Johann ihm offen entgegen trat, und die Leute Spottlieder auf ihn sangen, z.b.:

„O Ralves Carsten, scheves Been,
Wo hast du di also versehn
In düsser legen Saken;
Kunst du mal na Meldorp in:
Din Kopp geiht up den Staken."

Alsbald waren auch die Hamburger zur Hand, und sandten zur Bekriegung ihres Erzfeindes, der Parthei des Crusen Johann 800 Büchsenschützen, unter dem Rathsherrn Cord Moller, so wie Kriegsbedarf aller Art. Die Hamburger zogen den Widersachern unverzüglich auf den Hals, und setzten ihnen aller Orten mit offnen Gefechten wie mit Sengen und Brennen so erschrecklich zu, daß sie davor landesflüchtig werden mußten, bis die Sache durch beiderseitige Freunde leidlich vertragen sein würde. Das war im Jahre 1434. Und in demselben Jahre ist Ralev Carsten von seiner eigenen Frau todt geschlagen. Andere sagen, dies sei 1437 geschehen. Genug, er endete gewaltsam sein gewaltthätiges Leben; und von ihm sagten die Hamburger: „de schall't nich mehr dohn!"

53. Von einem geschickten Hamburger Kröpel[63]
(1430)

Wie er geheißen hat, das weiß man nicht mehr, vielleicht Kröpelin; aber ein geschickter Mensch ist er gewesen, der mit seinen zwei Füßen mehr konnte, als Mancher kaum mit Händen und Füßen zusammen. Ein Hamburger Stadtkind kann er nicht gewesen sein, weil man binnen der Stadt von Altersher hat keine Schweine halten dürfen, ihm aber, da er noch als Kind vor seiner Eltern Hause gespielet, eine grimmige Sau beide Hände und die Unterarme abgebissen und aufgefressen hat. Wird also wohl bei St. Jürgen oder da herum gebürtig gewesen sein. Der also hat früh bei sich gedacht: zeitlebens in den Schoos die Hände legen, das kann ich nicht, denn ich hab' keine; zum Betteln sind die Arme auch zu kurz; darum will ich sehen, ob die Füße allein zum Gehen und Stehen gemacht sind. Hat darauf diese Gliedmaßen wacker geübt, und hat sie so fix und fertig brauchen gelernt, daß er sich damit in mehr als einer Profession reichlich nähren konnte. Man sollte glauben, höchstens als Tanzmeister, wozu auch mehr gehört, als die meisten Hamburger verstehen, aber dies Geschäft gab's wohl noch nicht damals, wo man bei dem Worte Tanz meistens an ein kriegerisch Gefecht dachte. Er konnte auch mehr als tanzen. Denn er verstand es, mit den Zehen die Feder zu halten und eine so leserliche Handschrift zu schreiben, wie selten ein Gelehrter; damit verdiente er sich eine gute Schreibgebühr. Er verstand's ferner, Bücher zu falzen und zu heften, und sprang oftmals beim Rathsbuchbinder in die Bucht, wenn's bei dem etwa pressirte. Und weiter verstand er mit Pechdraht und Pfriemen umzugehen, und wurden auch just keine Pantöffelchen für vornehme Frauen daraus, so konnte er doch seine eignen geschickten Füße, falls er sie einmal zum Spatzierengehen brauchen wollte, ganz anständig damit bestiefeln, was freilich selten vorkam, da er sie lieber

---

63 Nach handschriftl. Chroniken und dem gedruckten histor. Bericht der etc. Stadt Hamburg (1770), woselbst der Kröpel ein Schüler genannt wird.

nützlicher beschäftigte; und endlich hatte er's auch gelernt, Kleider zu machen, Hosen, Wämser, Jacken, was man wollte, die schnitt er zu, die nähte und bügelte er, alles mit denselben kunstfertigen Füßen, die er hätte für Geld sehen lassen und damit ein artig Vermögen verdienen können, wenn er nicht lieber rechtschaffen gearbeitet hätte. Noch tat der geschickte Hamburgische Kröpel viel seltsame Arbeit mehr, deren Andenken aber in den 500 Jahren, die seitdem verflossen sind, spurlos untergegangen ist.

54. Palmsonntags-Procession[64]
(1445)

Wie's in katholischen Ländern Brauch ist, so wurde auch vor alten Zeiten in Hamburg am Palmsonntage von den „Papen und München" eine feierliche Procession vorgenommen, wobei man unsers Heilandes Einzug in Jerusalem bildlich darzustellen pflegte. War auch viel Pomp, Narrheit und Schalkheit mit im Spiele, so hatten doch, zumal Anfangs, Viele ihre Andacht dabei. Weil's sich nun wohl traf, daß der Gesell, welcher bei solchem geistlichen Schauspiel den Herrn Christum darzustellen hatte, ein loser Vogel und solcher Ehre unwürdig war, oder nachmals viel Gespött darüber entstand, so hielten es die Kirchenherren zu St. Jacobi für besser, hinfüro keinen lebenden Menschen dazu zu nehmen. Sondern sie ließen ein Heilands-Bild von Holz machen, größer denn ein Mensch, und ihm Antlitz und Hände wohl anstreichen, wozu sie dann die Gestalt bekleideten, wie man den Herrn Christum auf alten Schildereien bekleidet sieht; und diese Figur ritt auf einem großen Esel, auch von Holz und mit Eselsfell ganz natürlich beschlagen, mit starken eisernen Rullen unter den Füßen, also, daß man leichtlich das ganze Christus-Bild auf dem Esel umherziehen konnte.

Und am Palmsonntage des Jahres 1445 wurde es zuerst öffentlich in der Procession gebraucht, und wurde mit Fahnen und geschwungenen Räucherfäßchen, bei Chorgesang und Glockengeläute einmal rund um die Kirche gezogen, wobei unzählig viel Volk gegenwärtig war, das mit grünen Zweigen den Zug geleitete, bis er wieder in die Kirche ging; daselbst wurde das Christus-Bild verwahrt bis zum nächsten Jahre.

Und seitdem hat das Bild, so lange das katholische Bekenntniß noch in Hamburg herrschte, alljährlich am Palmsonntage zu solcher Procession gedient, bis zur Reformation, da wurde es in die Garvekammer

---

64   Als geschichtlich von allen Hamb. Chroniken betrachtet.

der St. Jacobi-Kirche gestellt, wo die Kirchen-Geräthe standen und die Meßgewänder hingen. Aber im Jahre 1530 kam einmal ein Volkshaufen herangestürmt, der holte das Bild heraus, und fuhr damit unter Jubelgeschrei auf und davon, und Niemand weiß, wohin es gekommen ist. Sie sagen aber, etliche wilde Gesellen hätten das Christus-Bild, wie den Esel, mit Aexten im Stücke gehauen und sodann verbrannt, was just nicht zu loben ist.

55. Vom Lachs-Essen[65]

(Um 1450)

In alten Zeiten soll es in Hamburg einen solchen Überfluß an Lachsen gegeben haben, daß Jedermann sie in den Flethen fangen konnte, wohin sie sich, wie es heißt, um deshalb gern aus der Elbe begeben haben, weil die reichen Brauer die Saie oder die Treber von dem ausgekochten Gersten und anderen Abfall in ihre benachbarten Flethe zu schütten pflegten. Mit solchen Trebern füttert man wohl Schweine, aber da nach altem Herkommen innerhalb der Stadt keine Schweine gehalten werden durften, die Brauherren auch zu stolz waren, dergleichen Abfall an Vorstädter und Bauern zu verkaufen, so kam's den Lachsen zu Gute, die wieder den Bürgern zu Gute kamen.

Aber Einerlei ermüdet und Allzuviel ist ungesund. Deshalb sollen die Hamburger Brauer-, so wie sonstige Dienstknechte und Mägde bei E. H. Rathe sich beklagt haben, daß sie Seitens ihrer Herrschaften gar übel mißhandelt würden durch schier alltägliches Lachsessen, welches ihnen darob so gänzlich zuwider geworden, daß sie's nicht länger könnten aushalten und müßten lieber in die weite Welt laufen, wo's keine Lachse mehr gebe. Daraus soll nun E. H. Rath ein billiges Einsehen gethan und verordnet haben: daß inskünftige die Herrschaften ihren Dienstboten nicht häufiger denn zweimal wöchentlich Lachs zu essen geben sollten, womit Knechte und Mägde vergnügt waren, und von dieser Zeit an, wenn sie sich vermietheten, es allemal bei der neuen Herrschaft sich ausbedungen, nicht mehr als zweimal wöchentlich Lachs essen zu dürfen. Solches soll auch jährlich durch die am Rathhause verlesene Bursprake in Erinnerung gebracht sein.

Jetzt würden unsere Dienstboten auch vergnügt sein, wenn sie zweimal wöchentlich Lachs bekommen müßten – aber die Zeiten haben sich geändert, auch in Betreff des Lachsfangens. Das Brauwesen kam in

---

65 Steltzer I. 446. – Adelungk, Hamb. Alterthums-Gedächnisse S. 38. – Hübbe, Hamb. Ausruf S. 40.

Verfall, die Flethe boten den Fischen keine Saie mehr, sie verzogen sich in entlegnere Elbgegenden; und da Lachse feine Nasen haben und den übeln Geruch der Stinte durchaus nicht vertragen können, so wurden sie in der Elbe immer seltener, je mehr der Stint in Aufnahme kam.

Andere aber sagen, das Gebot beziehe sich gar nicht auf den frischen Elb-, sondern aus den gesalzenen Nordischen Lachs, der damals allzuhäufig von den Bergen- und Schonenfahrern eingeführt sei.

56. König Christian I. in Hamburg[66]
(1461)

Im Jahre 1461 zog König Christian I. von Dänemark, der erste aus dem Oldenburger Stamme, nachdem er auch in Schleswig und in Holstein als Herzog anerkannt war, nach Hamburg, damit die Hamburger ebenfalls ihn als ihren Landesherrn anerkennen und ihm den Eid der Huldigung schwören sollten. Welches denselben doch ganz und gar nicht einfiel. Der König kam mit großem Gefolge, mit dem Bischof Arnold von Lübeck, den Rittern und Junkern Ahlefeld, Rantzau, Poggwisch, Buchwald und Anderen. Der Rath und ein Ausschuß von 40 Bürgern empfing den König herrlich, und führte ihn aufs Rathhaus, allwo der Bischof den Vortrag tat, und beiderseits etliche Stunden lang über das königliche Ansinnen hin und her tractiret wurde. Die Hamburger blieben aber fest auf ihrem guten Rechte bestehen und wichen keinen Finger breit davon ab, daß sie keines Herzogs oder Königs Unterthanen seien, folglich keinen Huldigung-Eid leisten könnten, und zwar um so weniger, als Hamburg eine kaiserliche und Reichs-Stadt zu sein das Glück habe; erboten sich aber gern dazu, den König als Grafen zu Holstein und Stormarn anzuerkennen, ihn als ihren Freund, Bundesgenossen und Schirmherrn anzunehmen, und sich zu ihm zu halten, wie sie sich zu seinem hochseligen Herrn Ohm Adolf, dem letzten Schauenburger Grafen von Holstein, gehalten hatten. Das schien dem Könige zu wenig, und so verging der Tag fruchtlos.

Über Nacht aber besann sich der König eines Bessern, und als die Herren andern Tages im Rathhause wieder zusammen kamen, erklärte er sich damit zufrieden. Worauf der worthaltende Bürgermeister, Herr Detlev Bremer, im Namen des Rathes und der 40 Bürger, wie

---

66 Geschichtlich, von allen Chroniken erzählt. Als König Johann 1481 die Erbhuldigung begehrte, erklärten die Hamburger „sie wollten lieber ihren Kopf missen, als erbhuldigen," worauf der König nachgab. Wilckens, Hamb. Ehrentempel S. 23. Zimmermann 330.

in Vollmacht der ganzen städtischen Gemeine die feierliche Annehmungs-Formel aussprach, wogegen dann der König allen anwesenden Hamburgern die Hand schüttelte, und der Stadt Freiheiten und Privilegien bestätigte.

Versteht sich, daß E. E. Rath den König und seine Herren gar wohl regalirte, und Fleisch, Fisch, Bier und Wein, wie auch kostbares Silbergeschirr als Geschenk an Se. Majestät überbringen ließ.

57. Die Hamburger mögen nicht Kreuzfahrer werden[67]
(1464)

Ao. 1464 kam des Pabstes Pius II. Botschafter, der alle Länder der Christenheit bereisete, um die Völker zum Kriege gegen den Türken auszurufen, auch nach Hamburg. Der verhieß großen Sünden-Ablaß Allen, die das Kreuz nehmen und wider die Ungläubigen kämpfen wollten. Aber in Hamburg gab's dafür keinen Sinn; was rechtliche gute Bürger waren, die Haus und Heerd, Weib und Kind hatten, die mochten nicht in den fernen Krieg; ihr Kreuz trügen sie schon ohnehin, und ihrer Sünden Last würden sie auch sonst ledig, so meinten sie. Darum war der Zulauf derer, die das Kreuz und den Ablaß nahmen, nicht gar groß, und waren es meist verdorbene Gesellen oder fahnenflüchtige Landsknechte und herrenlose Leibeigene, die gewillt waren, mit dem rothen Kreuz die Löcher ihres Wamses und mit dem Ablaß die Blößen ihres Gewissens zu decken. Solch loses Gesindel trieb der Nuntius überall auf, aber nichts Besseres, und als sie abzogen, dachte Jeder: die Schächer werden das heilige Grab auch nimmer befreien; was auch nicht geschehen ist.

Es hat auch Keiner von den Gesellen, die damals als Kreuzfahrer aus unsern Gegenden zogen, die Heimath je wieder gesehene manche kamen noch bis Rom oder Venedig, aber da der Pabst zu Ancona starb, lief der ganze Schwarm, der so bärbeißig gethan und den Großtürken selber hatte auffressen wollen, wieder auseinander, der eine starb hier, der andere verdarb dort.

---

67 Geschichtlich. – Schütz Hamb. Geschichte II. 311 und die Chronisten.

58. Von einem seltenen Meisterstück[68]
(1464)

Wer sein Handwerk gründlich versteht und tüchtig betreibt, den muß man loben, und wenn's der Henker wäre, dessen verzweifelter Kunst man sonst nicht hold ist.

Das war Claus Flügge, ein Freiknecht von riesiger Körperkraft, der muß gelernt haben bei irgend einem Frohnvogt unter den Riesen, der ihm die Schwertstreiche des großen Roland beibrachte, gegen welche der von Meister Uhland besungene „Schwabenstreich" des Kreuzritters fast ein Kinderspiel gewesen ist. Als Claus Flügge ausgelernt hatte und wußte, was er konnte, nämlich besser henken, schmäuchen, säcken, köpfen, spießen, zwicken, peinigen und stäupen, denn irgend ein Scharf- oder Nachrichter im heiligen Römischen Reiche, kam er auf seiner Wanderschaft oder Kunstreise nach Hamburg, wo E. E. Rath grade in großem Nothstande war, weil er eben 40 Seeräuber zum Schwerte verurtheilt hatte, und sein alter Scharfrichter Tags darauf Todes verfahren war. Was thun? Es war ein mißlich Ding mit einer so großen Execution einen der hiesigen Henkersknechte zu betrauen, deren auch keiner sich der starken Arbeit unterfing. Geköpft aber mußten die armen Sünder alle vierzig am dritten Tage nach erfolgtem Spruch werden; – um noch einen andern bewährten Mann zu verschreiben von Stade oder Buxtehude, dazu gebrach's an Zeit und leicht war's unnütz, wenn auch dort grade ein Blutgericht stattfinden sollte.

Und im Volke hieß es: daß wenn zur festgesetzten Stunde einer Execution kein Henker vorhanden sei, nach Altsassischem Gesetze sodann der jüngste Herr des Rathes wohl oder übel das Richt-Amt vollziehen, und das Blut-Urthel, das er hatte finden helfen, auch selbst zur Ausfüh-

---

68 Die Person des Flügge ist geschichtlich; sein hier erzähltes Meisterstück mag als Sage dahingestellt bleiben. S. Hamb. Chroniken, herausg. von Lappenberg, Heft I. S. 13. Note 4. Die Einflechtung der vielleicht nicht völlig sagenhaften Verpflichtung des jüngsten Rathsherrn wird man hier wohl am rechten Ort finden.

rung bringen müsse. Jüngster Rathmann war damals Herr Jacobus Struve, dem mag bei dem Handel auch wenig froh zu Muthe gewesen sein.

Als nun Claus Flügge in seiner Herberge dies vernommen, dachte er: hier blüht dein Waitzen oder nirgends, begab sich stracks zum ältesten Gerichtsherrn und erbot sich zu dem Stücklein, unter der Bedingniß, daß es sein Meisterstück sein sollte, dergestalt, daß ihm der Dienst als Frohn und Büttel zu Hamburg lebenslang möchte verliehen werden, so er alle vierzig hintereinander sein säuberlich und nach der Kunst abthun würde; falls aber er's fehle, dann solle auch sein Hals dem jüngsten Herrn zu Diensten stehen. Und im Rathe nahm man nach kurzem Besinnen dies Erbieten des fremden Knechts an, dessen vorgezeigtes Richtschwert so entsetzlich groß war, als sei's aus einem uralten Hünengrabe herausgeholt, und so haarscharf, daß alle ein Grausen ankam, die es sahen.

Und es ist ein Meisterstück absonderlicher Art gewesen, wie wohl desgleichen die Welt niemalen gesehen hat noch sehen wird. 40 Piraten sollten geköpft werden, Kerls mit Pferdeknochen, und Sehnen, so dick wie Ankertau. Und die hat Claus Flügge geköpft, nicht einzeln jeden für sich, nein, er hat immer drei Paar mit den Rücken gegen einander auf die Stühle gesetzt, und dann sein Hünenschwert mit beiden Händen ein paar Mal um den Kopf geschwungen und dabei fest auf die sechs Hälse geschaut, und dann zugehauen, daß die Köpfe rein und glatt abrasirt waren vom Rumpf, als wenn ein Knabe Diestelköpfe mit dem Kindersäbel abhaut. Und hat keinen einzigen gefehlt, jeder Hieb war sauber und gut und lobte den Meister. Dem Hauptmann aber der Seeräuber, Hinrik Schinder hat er geheißen, dem tat er die Ehre an, ihn allein zu richten.

Claus Flügge hatte sich also zum Meister seiner Kunst und zum wohlbestallten Frohn dieser Stadt durchgeschlagen, und saß noch lange Jahre warm und wohl in seinem guten Dienst, denn in Hamburg gab's damals schnelle Justiz, und wurde kein Federlesens gemacht, und für jede Justificirung bekam er gute Bezahlung aus der Kämmereicasse. So hat er auch 1488 die 74 Seeräuber, deren Hauptmann Hinrik Stümer war, an einem Vormittage auf dem Grasbrook enthauptet, aber einzeln, damit es nicht so hastig gehe und die Zuschauer mehr davon hätten.

59. Der Hansen Krieg und Frieden mit England[69]
(1468–1474)

Es war der König von England (also erzählen die alten Geschichtschreiber) mit den Hansen in seinem Reiche sehr übel umgesprungen, hatte deren einige aus ihrem Stahlhofe zu London greifen und erwürgen lassen, andere ins Gefängniß geworfen, alle Hansischen Privilegien vernichtet und den Stahlhof weggenommen.

Darauf rüsteten unter den Hansen zuerst die Bremer und Hamburger und fuhren mit einer starken Flotte nach England, woselbst sie 49 Meilen lang alles Land eroberten und darin mit Sengen, Brennen und Todtschlagen wie grimmige Feinde verfuhren. Die Kriegsgefangenen brachten sie auf ihre Schiffe und hingen sie sonder Gnade an den Masten auf, Angesichts ihrer Landsleute an der Küste; oder sie banden sie an die Takel, so daß sie durch die niedergelassenen Anker jämmerlich erwürgt wurden; oder sie warfen sie kurzweg über Bord, daß sie elend versoffen, – was Alles die Engländer mit großem Herzeleid ansehen mußten. – Darnach im 1472sten Jahre führten die Hamburger einen Hauptschlag glücklich aus, eroberten und nahmen nach Kriegsrecht sechs große Englische Schiffe mit reichen Gütern beladen. Und vom Hansatage wurde aller Handel mit den Engländern gänzlich verboten, weshalb sie immer kleinmüthiger wurden. Im folgenden Jahre (1473) liefen auch Schiffe der Hansastadt Danzig wider die Engländer aus, und ihr muthiger Hauptmann, Paul Beneke, erbeutete sogleich ein viel größeres feindliches Schiff. Darauf nahmen zwar viele Engländer die Burgundische Flagge an und glaubten sich dadurch sicherer. Aber der Hauptmann war ebenso klug als tapfer, der ließ sich nicht einschüchtern, weder durch die fremde Flagge, noch durch die Übermacht des

---

69   Geschichtlich. Zimmermann, Chronik 336. – Handschrftl. Beckdorp'sche Chronik. – Lappenberg, Geschichte des Stahlhofes in London S. 52. 53. – Paul Beneke's Geschichte, ausführlicher erzählt von Reimer Kock bei Grautoff, histor. Schriften II. 701–8. Darnach auch bei Deecke, Lübeckische Geschichten und Sagen.

Feindes, und besiegte ihn vollständig in einem der rühmlichsten Seetreffen, das jemals vorgefallen ist; weshalb auch Paul Beneke's, des „eddeln Düdschen Helden" Name bei allen Hansen und Deutschen mit Preis und Ehre genannt wurde.

Wegen aller dieser Niederlagen baten nun die Engländer ihren König gar inständig, daß er Frieden machen möchte mit den Hansen; und da auch der König den großen Ernst der Städte sah und ihre Macht spürte, so gab er nach und ließ vermelden, daß er zum Frieden geneigt sei.

Und noch in demselben Jahre 1473 wurden zu Utrecht die Tractaten durch gegenseitige Abgesandte begonnen, die acht Monate lang tagten (weil gar zu viele Händel zu schlichten waren), und erst im Jahre 1474 fertig wurden. Und unter den Hansischen Gesandten war auch unser Bürgermeister, Herr Dr. Hinrich Murmester; der hat durch geschickte und kluge Rede und Schrift den Deutschen Kaufleuten wie der Stadt Hamburg gar große Dienste geleistet und den Frieden zu Stande zu bringen geholfen; und hat auch vor dem Könige in England so klüglich das Wort geführt, daß der Frieden zum Ruhm und Gewinn der Hansen wirklich ausgeführt worden ist. Denn sie erhielten ihre wichtigen Privilegien und den Stahlhof in London zurück, und als Ersetzung ihres erlittenen Schadens eine große Summe Geldes, nämlich 10,000 £ Sterling.

60. Des Teufels Stiefeln[70]
(Um 1470)

Vor vielen Jahrhunderten kam aus dem Pommerlande ein Schustergesell hieher, der hieß Hans Radegast. Weil gerade das Schusteramt viele Gesellen verloren hatte, die vom Morgensprachs-Herrn Tumults halber zum Wandern verurtheilt waren, so fand Hans Radegast in der Herberge gleich Arbeit, ohne daß man ihn um Geburtsbrief und Wanderbuch befragte. Weil er nun ein geschickter anstelliger Gesell war, so behielt ihn der Meister gern und dachte nur bei sich: der Hans Radegast sieht zwar aus als ein Wende und ist aus Pommerellen eingewandert, wo auf einen Deutschen 10 Wenden kommen, aber da er seine Sache versteht und sich stille hält, so will ich fünf grade sein lassen, und ein Auge zudrücken; war meiner Großmutter zweiter Mann doch auch ein Wende, und wenn sie's im Amte gewußt hätten, wäre ich nimmer Meister und Bürger geworden.

Hans Radegast aber wußte sehr wohl, daß er ein Wende war, und hätt's nicht bergen können, weil er kein brieflich Zeugniß hatte, als ächt, recht und Deutsch geboren, und man sah's seinem Gesicht auch gleich an, daß seine Mutter eine Wendische Hexe konnte gewesen sein. So lange er unter den Pommerellen gewesen war, hatte er deß' kein Arg. Als er aber nach Lübeck und von da nach Hamburg kam, und unter den Deutschen lebte, da ward ihm sein Unglück inne, dieweil er so viel vernahm von der Wenden Bosheit und Grausamkeit, und wie sie vordem gegen das Christenthum und in Hamburg mit Brennen, Morden, Rauben und Plündern gewüthet, und keinen Stein auf dem andern gelassen hatten, also daß ein ingrimmiger Haß entstanden war gegen alles Wendische Wesen, der noch Jahrhunderte lang forterbte von Va-

---

70 Meyer (Blick auf die Domkirche S. 60) theilt sehr summarisch den Kern dieser Sage mit, welche ich durch das hinzugefügte Wendische Gewand motivirte. Der Wendenhaß in hier erzählter Weise ist völlig geschichtlich, s. Westphalen, Hamb. Verfassung und Verwaltung I. 161. Note *) Laurent, in der Zeitschrift für Hamb. Geschichte I. 161. S. auch Heß, Topographie I. 279.

ter auf Sohn und Enkel, also, daß in Deutschen Städten ein Wende war wie ein Ausgestoßener und Verfehmter. Und als er beichten ging zum Pfaffen, konnte er's nicht lassen, denn sein Geheimniß drückte ihn, als wenn's eitel Sünde und Blutschuld wäre, und offenbarte ihm, wenn er's gewiß Niemandem weiter sagen wolle, so müsse er's bekennen: er wäre Wendischer Nation. Und der Pfaffe hat sich gekreuzigt und lange besonnen, dann hat er gesagt, ein Verbrechen wär's zwar eigentlich nicht, das Wendenthum, aber schön wär's auch nicht, und wovon er ihn absolviren sollte, das wüßte er nicht, er möchte nur hingehen und sehen, wie er sich fromm und ehrlich durch die Welt schlüge, und still sein Unglück tragen.

Nun wäre das wohl so gegangen, aber Hans Radegast warf sein Auge auf eine feine Jungfer, die wollte er heirathen, und zuvor Meister und Bürger dieser Stadt werden. Das Geld dazu hatte er sich schon erspart. Altflicker oder Schuhknecht hätte er leichter werden können, aber dann hätte ihn die feine Jungfer nicht genommen, die trug einen hohen Sinn und wollte nur einen Meister haben, daran sie auch merken konnte, ob er ein Wende oder nicht. Wie er sich aber bei dem Morgensprachs-Herrn meldet und thut seinen Spruch und begehrt das Amt, da treten die Alterleute auf und fragen nach dem Geburtsbrief, und sagen's ihm auf den Kopf zu, daß er ein Wende sei, der in kein zunftmäßig Amt kommen und das Bürgerrecht nimmer gewinnen könne. Und da half kein Bitten und Flehen, die Alterleute wollten's nicht, und die Amtsrolle und Artikel zeigten's, daß sie im Rechte waren. Und Hans Radegast kam in Zorn und Ingrimm deshalb, und vermaß sich, er wäre kein Wende, und der beste Schuster in Hamburg, und verstünde mehr als alle Meister, darum müßte er ins Amt und Bürgerrecht; und vermaß sich so sehr, daß er als Meisterstück Alles zu machen verhieß, was die Alterleute von ihm fordern würden. Darauf dann die Alterleute, um sein zu spotten und sein zudringlich Begehren gänzlich abzuweisen, ihm gesagt: falls er über Nacht bis Sonnenaufgang ein makellos Paar Reiterstiefeln ohne irgend eine Nath machen könne, so solle er ins Amt kommen und Meister werden, folglich auch ihrethalb zum Bürgerrecht gelangen. Würd's aber hernach entdeckt, daß er doch ein Wende oder Slave, so würde es ihm gehen wie dem Hans Swinegel 1466, dem sein fälschlich erworbener Bürgerbrief wieder abgenommen worden, und sein Name im Bürgerbuch durchstrichen, mit dem Beifügen „deletus est, quia Slavus."

Und da er nun gegen Mitternacht still und allein in der Kammer saß und bei seinem unmöglichen Unterfangen schier verzweifelte, da haben ihn Ehrsucht und Weltlust geblendet, daß er den Teufel rief, ihm beizustehen, und das Werk, dessen er allein nicht mächtig, zu vollbringen. Und der Teufel, der allemal erscheint, wenn ein junges Blut ihn nur an die Wand malt, kommt angeflogen mit Sausen und Brausen durchs Fenster hinein, gehörnt, mit Pferdefüßen, ein scheußlich Ungethüm, davor ein Anderer als Hans Radegast sich billig hätte entsetzet; aber das Wendenblut fürchtet solchen Satansspuk nicht, und willigt ein, ihm seine unsterbliche Seite zu verschreiben, und auch fortan den Namen Gottes nicht mehr zu nennen, da er ihm sonst alsogleich verfallen sein soll. Und als das Pactum in Richtigkeit, setzet sich der Teufel flugs oben auf den Tisch und gebraucht Pfriemen und Pechdraht, als wäre er niemals was anderes als ein Schuster gewesen, und ehe der Hahn den Tag ankräht, ist das Stiefelpaar fertig, von braunem Leder, und ist nirgendwo eine Nath zu sehen, worauf der Teufel wieder mit Saus und Braus verschwindet.

Und als andern Tags die Alterleute kamen und die Stiefel besahen und keine Nath daran befanden, entsetzten sie sich, und mußten ihr Wort lösen, und Hans Radegast als Meister erkennen. Und ob er nun auch ins Amt kommen ist, so hat's ihm doch nicht geholfen, denn als er vor E. E. Rathe den Bürgereid leisten will, und vergisset sein Pactum, und spricht die Worte aus: „alse my Gott helpe und syn hilliges Word," da fällt plötzlich ein Donner und Wetter vom Himmel mit Dampf und Rauch, und Hans Radegast ist strax nach Nennung des Namens Gottes zu Boden geschlagen und nimmer wieder aufgestanden.

Und als die Herren des Raths sich von ihrer Bestürzung erholet, und durch ihre Diener den todten Mann aufheben lassen, da hat er das Gesicht im Nacken und die Zunge schwarz zum Halse herausgereckt, also, daß Jeder mit Entsetzen gesehen, daß den Wendischen Mann der Teufel geholet.

Und die Alterleute des Schuster-Amtes haben billig Bedenken getragen, mit den Stiefeln sich zu befassen, so klärlich ein Meisterstück des leidigen Satanas, und haben sie in den Dom getragen, allwo unter den geistlichen Herren ein geschickter Teufelsbanner, der hat die Stiefel exorcisiret und mit Weihwasser besprenget, und darnach in der Domkirche an einem Pfeiler hoch aufhängen lassen, damit männiglich, absonderlich Wendisches Volk, daran ein schreckhaft Beispiel nehmen und sich warnen lassen möge vor Hochmuth, Ruhmgier und Weltlust, so zu teuflischen Bündnissen führen, dabei der Höllendrache allemal der alleinige Gewinner. Item, daran zu erkennen, wie daß der allmächtige Gott nicht zuläßt, daß Jemand durch Lug, Trug und Teufelslist in eine ehrbare Zunft komme und dieser frommen Stadt Bürgerrecht gewinne.

Und die Stiefeln des Teufels hingen am Pfeiler der Domkirche noch manche Jahrhunderte bis vor etwa 50 Jahren, und alte Leute werden's bestätigen, die sie gesehen haben. Und hernach, als der Dom zerstört wurde, kamen sie ins Artillerie-Zeughaus im Bauhofe. Da hat ein bekannter Autor sie besehen und will nicht gefunden haben, daß sie ohne Nath genäht seien. Das aber mag daher rühren, daß selbiger Autor an den Teufel und des Teufels Werke nicht mehr glaubte; denn so wie der Gläubige sieht, was er glaubt, so kann auch der Ungläubige nicht erkennen, was er doch nicht glauben will.

61. Hamburger wollen keinen Schimpf leiden[71]
(1478)

Um die Zeit, da Hamburg längst eine freie und mächtige Stadt war, die größte wohl nach Lübeck unter den Hansestädten, gab's oftmals Händel zwischen unsern Bürgern und den Holsteinern. Denn die Hamburger waren just nicht demüthig, sondern mußten, was sie vorstellten, und wenn sie auf Reisen in fremden Städten Gutes sahen, so war doch Alles bei ihnen viel besser, was sich gelegentlich noch jetzt zutragen kann. Die Holsteiner aber wurmte es, daß Hamburg aus einem Städtlein ihrer Grafen eine so mächtige, reiche und freie Stadt geworden war, und wenn unsre Bürger auf die vollen Säckel schlugen, daß es klang, und als die großen Hansen einherstolzirten, dann gab's böses Blut hie und dort.

Nun war dazumal das Brauwerk ein Hauptgewerbe in Hamburg, und das schöne Bier wurde ausgeführt in alle Welt und hatte der Stadt Ruhm und Reichthum mitbegründen helfen, darum das Brauwerk von Rath und Bürgerschaft wie ein Augapfel allzeit sorglich bewacht wurde. So wohlhabend nun auch das Gewerk war, so steckten in den 531 Brauhäusern der Stadt doch manche fremde Capitalien, wie das in aller Welt so ist, daß Hauseigenthümer zum Bauen und Bessern andrer Leute Geld gegen Zins aufnehmen und in ihr Erbe einschreiben lassen. Da nun, wegen des Reichthums der Brauer, alles Capital, was in Brauerben war, am sichersten geachtet wurde, so hatten manche Holsteiner, zumal viele vom Adel, nicht unbeträchtliche Summen dort angelegt, nicht grade, um den Hamburgern einen Dienst zu thun, sondern weil sie selbst dabei am besten fuhren.

Da nun dies ruchtbar wurde, begannen die Holsteiner in aller Weise unsre Bürger zu hänseln; foppten sie als Großprahler, die doch arme Schlucker wären, weil ohne Holsteinisches Capital das Hamburgische

---

71 Handschriftl. Chronik von Beckendorp. Nach Archival-Notizen scheint diese Erzählung mehr Geschichte als Sage zu sein.

Brauwerk und damit der ganze Wohlstand der Stadt nicht bestehen könne; welche Beschimpfung unsre Bürger gewaltig wurmte.

Da nun E. E. Rath solches erfuhr, nahm er sich der Bürger gerechten Unmuth billig zu Herzen und sann auf Abhülfe. Und weil zu selbiger Zeit auch der König von Dänemark in einigen Anschreiben nicht eben fein darauf anspielte, daß sein Holsteinischer Adel mit Capital und Renten in Hamburg wohl possessionirt sei, so schlug das dem Faß den Boden aus. Darum ließ der Rath die Aeltesten der Brauerbrüderschaft fordern, imgleichen auch die vornehmsten unter den erbgesessenen Bürgern, und beredete mit denselben die Mittel und Wege, den Schimpf von dieser guten Stadt abzuwälzen, durch schleunige Auszahlung aller schuldigen Capitalien und Ablösung der verschriebenen Renten. Und die Bürger, die keine Brauhäuser hatten, also eigentlich bei dem ganzen Handel unbetheiligt waren, erklärten sich gern bereit zu Ehren der Vaterstadt ein Opfer zu bringen, um nur den unleidlichen Schimpf, als könne Hamburg ohne der Holsten-Junker Geld nicht bestehen, mit Stumpf und Stiel auszurotten. So kam die Sache leichtlich zu Stande. Was die Brauer und Brauhaus-Eigenthümer nicht aus eignen Mitteln gleich zusammenbringen konnten, das legten ihre guten Mitbürger hinzu, und vom gemeinen Gut der Stadt wurde der Rest aufgebracht; und als nun sämmtliche Capitalien, Gülten und Renten der Holsteiner auf- und losgekündigt, und dann bei Heller und Pfennig auf einem Brett ausbezahlt wurden, womit allen ihren ferneren Großsprechereien das Thor verschlossen war, da staunte König, Adel und Landschaft über der Hamburger Reichthum und Macht, noch mehr aber über ihre einmüthige Großherzigkeit zur Ehre der Vaterstadt.

62. Von einem vollkommenen Bürgermeister[72]
(1466–1481)

Das war Herr Hinrich Murmester, ein Hamburger von ächtem Schrot und Korn alten Gepräges, von ehrbaren Eltern zur Gottesfurcht, Rechtschaffenheit und zu jeder männlichen Tugend und Tüchtigkeit erzogen. Wegen seiner vorzüglichen Geistesgaben wurde er ein Gelehrter, und studirte in Erfurt und Padua Weltweisheit und Rechtswissenschaft. Ao. 1464 wurde er in den Rath zu Hamburg gekoren, und schon zwei Jahre darnach, vermöge seiner besondern Würdigkeit, zum Bürgermeister. Welches Amt er ruhmvoll bekleidet hat, bis er am 9. April 1481 zu seinen Vätern versammelt worden ist.

Das war ein Mann! Jeder Zoll ein Bürgermeister! „Ex utroque Consul," sagt der Geschichtschreiber Steltzner von ihm; denn er war nicht nur ein Doctor der Philosophie und der Jurisprudenz, ein weiser und kluger Staatsmann, sondern er war auch ein tapferer kühner Kriegsmann und besonnener Heerführer, und hat des Staatsschiffes Ruder in Krieges- wie in Friedenszeiten gleichmäßig zu Hamburgs Wohlfahrt und Ruhm zu lenken verstanden.

Zuvörderst, welch' ein weiser und kluger Staatsmann er gewesen, davon hat er den besten Beweis gegeben, als durch sein Verdienst der Hansen Krieg gegen England zu Ende gebracht und (1474) der preisliche Utrechter Frieden abgeschlossen wurde. Und auf allen Hansatagen, die von 1466 bis 1478 in Lübeck oder andern Orten gehalten wurden, vertrat jedesmal Herr Murmester unsere Vaterstadt aufs Beste und war im Hansischen Rathe der angesehenste Stimmführer.

Zum Andern, von seinen kriegerischen Taten finden wir in den Chroniken um 1472 ein Beispiel angedeutet. Damals hatten nämlich

---

72 Geschichtlich. Wilckens Ehrentempel S. 8. Das Testament bei Staphorst, IV. 432. – Nach dem Murmester'schen Stammbaum auf dem Archiv hatte des Bürgermeisters Mutter, Hilleke oder Hildegundis, aus zweiter Ehe einen Sohn, Jasper Frauenengel, der leider nicht die damals lebende Jgf. Mandüwel heirathete, sondern als Vicar im Cölibat starb.

die Schleswig'schen und Holsteinischen Marschländer, unter Henning Wulf, Unruhe und Aufruhr wider König Christian von Dänemark erregt und hatten dessen rebellischen Bruder, den Grafen Gerhard von Oldenburg um Beistand gebeten, der auch in Husum gelandet war, Blockhäuser bauete und große Kriegesanstalten traf. Der König hatte sich eilends gerüstet und die Hamburger zu Hülfe gerufen, zu deren Wehrhaftigkeit und kriegserfahrnen Tapferkeit er sich viel Gutes versah. Rath und Bürger waren bereit, rüsteten ein starkes Heer Fußvolk und Reiter, und ernannten den Bürgermeister Hinrich Murmester zum obersten Hauptmann. Und mit diesen tapfern Hülfstruppen, die unter ihrem mannhaften Anführer herrliche Taten verrichteten, schlug der König seine Widersacher aufs Haupt, daß sie sich fortan nicht ferner gerührt haben.

Zum Dritten ist Herr Murmester aber auch ein gar frommer, wohlthätiger Bürgermeister gewesen, der den armen Leuten viel Gutes erzeigt hat, indem er sie für seine leiblichen Kinder achtete, da seine Ehe mit Elisabeth Pott einzig in solchem Betracht nicht gesegnet war. Barmherzigkeit ist der schönste Schmuck eines jeden Regenten, er sei Fürst oder Bürgermeister. Darnach tat Herr Murmester, und hat noch letztwillig milde Vermächtnisse gestiftet, die sein Andenken schon deshalb auf uns gebracht hätten, wenn er nicht auch sonst ein „vullenkamener Borgermester" gewesen wäre. Er hat legirt: dem ältesten Bürgermeister-Amte (zu mehreren Ansehens desselben) ewige Renten zu täglichen Brodtspenden an Hausarme, auch jährliche Roggengefälle an die Dürftigen im Hospitale zum heiligen Geiste; ferner Renten zu Seelmessen und zu Spenden an die Geistlichen und Schulmeister der Kirche zu St. Nicolai, und eine jährliche Mahlzeit für 30 Scholaren der St. Nicolai-Schule, wobei ein Viertel vom Ochsen, ein ganzes Lamm, Brodt und eine halbe Tonne guten Biers verzehrt werden sollten.

Zum Vierten ist Herr Murmester, selber ein gründlicher Gelahrter in mehr als einer Facultät, auch ein die Wissenschaften befördernder Bürgermeister gewesen, daher er auch letztwillig seine sämtlichen Bücher der durch ihn mitbegründeten Stadt-Bibliothek vermacht hat.

Zum Letzten ist Herr Murmester bei allem Ernste seiner Amtswürde doch auch ein frohmütiger Bürgermeister gewesen, der aller ehrbaren Ergötzlichkeit sich niemals abhold bezeigt hat. Und weil er gern im Kreise seiner Freunde und Amtsbrüder Gottes Gaben fröhlich genoß, so stiftete er für den Rath dieser Stadt eine jährliche vergnügte

Mahlzeit am St. Hieronymus-Tage, zu welcher, „damit die Gesellschaft desto lustiger sei," der Pfarrherr zu St. Nicolai ein- für allemal geladen war. Solche Mahlzeit ist viele Jahre hindurch gehalten worden, hernach aber ist das Capital mit andern ähnlichen Vermächtnissen zu Mag. Joh. Reineke's Stiftung gekommen, daraus bekanntlich E. E. Raths Wittwen getröstet werden, was doch auch dazu dient, die Mahlzeiten der noch lebenden Herren zu erheitern.

Das war also Herr Dr. Hinrich Murmester, den man mit Recht einen „vullenkamenen Borgermester" nennen konnte, weil er in jedem Betracht tüchtig zum Regimente war. Solcher Männer hat's in Hamburg von jeher viele gegeben, im Rathsstuhle und außerhalb, wie wäre sonst, trotz aller Zeitläufte Ungunst und Gefährdung, die Freiheit der Väter bewahrt, und aus deren Erbe eine so reiche, mächtige Stadt erblüht?

63. Die wunderbare Kohl-Wurzel[73]
(1482)

Es lebten um 1480 in dem Hamburgischen Dorfe Eppendorf, welches dem Kloster zu Harvestehude untergehörig war, zwei Schwestern bäuerlichen Standes, die hatten von ihren Eltern weiter nichts geerbt, als einen großen Kohlgarten, von dessen Ertrage sie sich nährten. Da sie nun nicht ganz wohl verträglich mit einander lebten, so theilten sie den Garten in zwei Hälften, damit Jede ihr eigen Stück Kohlfeld hätte und darauf nach Belieben schalten und walten könnte. Die älteste der Schwestern war fleißig und wartete des Gartens früh und spät, so daß es mit natürlichen Dingen zuging, wenn ihr Kohl und sonstiges Gemüse immerdar trefflich gedieh und von den Hamburger Feinschmeckern vorzüglich gesucht war, was ihr guten Gewinn brachte; während in dem Gartenlande der jüngeren Schwester, die faul war und sich um nichts bekümmerte, nur schlechtes Gemüse zwischen vielem Unkraut zu Tage kam.

Darum beneidete diese ihre ältere Schwester, und meinte nicht anders, als daß ihr ein kräftig Geheimmittel zu Gebote stünde, davon ihr Kohl so wunderbar gedeihe. Und weil sowohl Neid als Habsucht sie trieb, nach ebenso trefflichem Kohl zu trachten, so verlegte sie sich in der Stille auf allerlei schwarze Kunst und Zauberei. Wer die Hexe gewesen ist, die sie berathen hat, steht nirgendwo geschrieben; aber mit gotteslästerlicher Absicht ist sie das nächste Mal zum heiligen Abendmahl gegangen und hat bei Austheilung des Sacraments die geweihte Hostie nicht genossen, sondern im Munde aufbewahrt, sodann aber heimlich herausgenommen, und in der folgenden Mitternachtsstunde in aller Teufel Namen in ihrem Garten unter einer jungen Kohlpflanze eingegraben.

Nicht lange darnach hat sich die gewünschte Wirkung solchen Zaubermittels gezeigt; das Unkraut verschwand von selbst, die Kohlpflan-

---

73 Nach einem alten fliegenden Blatt in Fol., „Naturale Abbildung" etc., welchem Steltzner u.a. folgen, indem sie der älteren Schwester eine Mitschuld beilegen, die aus andern Berichten nicht erhellt.

zen wuchsen und gediehen in solcher Schönheit, wie niemals in diesen Landen zuvor gesehen; der andern Schwester und aller Nachbarn ehrliche Kohlhöfe waren gegen diesen nur Kinderspiel, und aus Hamburg kamen Aufkäufer und Vorhöker und boten im Voraus große Summen für den herrlichen Ertrag des Gartens.

Inzwischen hatten die Nachbarn bemerkt, daß allnächtlich in diesem Garten ein Lichtschimmer funkelte; fragten also einmal die Eignerin, was sie denn noch Nachts mit der Leuchte dort zu handtieren hätte? worauf sie versicherte und betheuerte, sie wisse gar nichts davon. Als nun die Nachbaren genauer darauf achteten, gewahrten sie, daß das Licht keine Leuchte sei, sondern daß von einem der Kohlsträucher ein wunderbarer strahlenförmiger Glanz ausgehe, der die Pflanze fast wie ein Heiligenschein umgebe.

Solches Phänomen ist ihnen aber befremdlich vorgekommen, darum haben sie Anzeige davon gemacht zu Harvestehude bei ihrer klösterlichen Obrigkeit. Darauf ist selbige in großer Procession mit vielen Priestern und Mönchen zu dem Garten gezogen, und an der bezeichneten Stelle hat man die Kohlpflanze ausgegraben, und allda ein Mirakel entdeckt. Denn die Wurzel gedachter Pflanze, die ungewöhnlich groß und stark gewesen,[74] hat das leibhaftige Bild unsres Heilandes am Kreuze gezeigt, so deutlich und augenscheinlich, daß Alle, die dabei gestanden, auf die Knie gefallen sind.

Diese wunderbare Kohlwurzel ist sodann ins Kloster zu Harvestehude gebracht, und allda in eine silberne Monstranz gefaßt, und auf Verlangen den Andächtigen gezeigt, die scharenweise aus der Stadt und allen Landen ringsum herbeigezogen kamen, um das Wunder, davon die Geschichte in Jedermanns Munde, selbst zu sehen. Das begab sich im Jahre 1482.

Die Zauberschwester aber hat sogleich, als in ihrer Gegenwart das Geheimniß an den Tag kam, Alles gestanden, was Gotteslästerliches sie verübt, und bekannt, daß diese Kohlpflanze dieselbe sei, an deren Wurzel sie die heilige Hostie eingegraben. Darum ist sie billig dem Gerichte übergeben und nach dem Rechte an Leib und Leben gestraft worden.

Der Garten aber sank gleich, nachdem die Crucifix-Wurzel herausgenommen, in seine vorige Wüstenei zurück.

---

74 Gegen 9 Zoll lang und 2 bis 3 Zoll breit, wie eine alte, in Kupfer gestochene „recht naturale Abbildung" darthut

Ein halbes Jahrhundert später, als durch die Kirchen-Reformation in Hamburg Alles umgestaltet, und das Kloster Frauenthal zu Harvestehude zerstört war, kam die Monstranz mit der Wunderwurzel ins Johannis-Kloster zu Hamburg, welches nach Vertreibung der Mönche den lutherisch gewordenen Klosterjungfern eingeräumt war. Auch hier ist sie vielen cüriösen Liebhabern von natürlichen und geistlichen Wunderwerken gezeigt worden, wodurch sie denn nach und nach so bekannt und berühmt wurde, daß Kaiser Rudolf II. nichts sehnlicher wünschte, als sie zu besitzen.

Als darum Ao. 1602 sein Gesandter, der Freiherr Ehrenfried von Minckwitz, in Hamburg in Matthiä Meyer's Hause in der großen Reichenstraße residirte, da hat derselbe seines kaiserlichen Herrn bittlich Begehr denen Herren des Raths eröffnet, welche alsobald, um das Reichs-Oberhaupt dieser guten Stadt günstigst zu verbinden, es in die Wege gerichtet haben, daß am 17. Februar die Wunder-Wurzel dem von Minckwitz für seinen Gebieter ausgeliefert worden ist. Derselbige hat sie dann in Prag in Empfang genommen, und sich so herzlich darüber gefreuet, daß er dem Rathe einen ganz ausnehmend gnädigen Brief geschrieben, darin er sich bei ihm und den freundwilligen ehrbaren Klosterjungfern schönstens bedankt hat. Darnach ist diese Eppendorfische Wunder-Rarität in die kaiserliche Kunstkammer nach Wien gekommen, woselbst sie jedenfalls noch vor 100 Jahren gezeigt wurde, also vermuthlich auch noch heutigen Tages von reisenden Hamburgern und Eppendorfern in andächtigen Augenschein genommen werden kann.

64. Die Hand, die aus dem Grabe gewachsen[75]
(Um 1500)

Es waren einmal, so erzählt die Sage, ein Paar schlichte ehrliche Eheleute in Hamburg, Dietrich und Geseke Voß, die nährten sich rechtschaffen und erzogen ihre Kinder zur Gottesfurcht und Arbeit. Die Kinder schlugen auch alle gut ein, bis auf einen Buben, Hans, der war schon von Kindesbeinen an ein Taugenichts und so unbändig und versessen auf dumme Streiche aller Art, daß keine Vermahnung mit Furcht und Zittern mehr bei ihm verfing, sondern der Junge täglich bösartiger wurde. Und in der ganzen Nachbarschaft war er so verrufen, daß alle Naberkinder ihm aus dem Wege gingen, und der Schulmeister keinen fand, der bei ihm sitzen wollte. Und dabei fing er schon früh an, erst zu naschen, dann zu prassen, und jeden Schilling, der in seine Hände fiel, den verjubelte er. Und die Gassenjungen sangen von ihm den Spottreim:

> *„Hans Voß heet he,*
> *Schelmstück weet he,*
> *De he nich weet, de will he lehren,*
> *Huus und Hof will he vertehren."*

Und die ehrlichen Eltern wurmte das, und sie gedachten den Jungen noch schärfer ins Gebet zu nehmen, um zu versuchen, ob sie ihm nicht noch die Liebe zum Guten, zu seinen Eltern und Mitmenschen einbläuen könnten. Und nun droschen sie rechtschaffen auf den Buben; der aber ward immer verstockter und herzenshärter, und lachte der Schläge, die Vater und Mutter weher taten als ihm, und endlich vergaß er sich so sehr, daß er in seiner Bosheit der Mutter die Zuchtruthe wegnahm und ihr damit einen argen Streich versetzte.

---

75 Meyer, Domkirche S. 69, erzählt der Sage Kern sehr kurz; umständlicher spricht er S. 51 über den Christmarkt im Dom. Der Vers im Anfange dieser Geschichte ist ein volkstümlicher: Schütz, Holstein. Idioticon. III. 165.

Da aber tat der liebe Gott ein Einsehen. Vielleicht wollte er den guten Eltern die Schmach und Schande ersparen, ihren Sohn später am lichten Galgen hängen zu sehen, denn so hoch wollte er hinaus, das war klar. Gott schickte Krankheit, daran verstarb der böse Bube. Und als er begraben war auf dem Doms-Kirchhof, draußen am Reventer, da bemerkte am Abend danach der Todtengräber, daß etwas wie ein Finger aus dem Grabe hervorragte; am dritten Abend war schon die ganze Hand heraus gewachsen, und es war die rechte Hand. Der Kuhlengräber schüttete ein paar Schaufeln voll Erde darüber und trat sie fest, – aber nach dreien Tagen war die Hand wieder da. Und die Eltern des Knaben kamen, und bei Nachtzeit gruben sie das Grab um 2 Ellen tiefer, und deckten Rasen darauf, und beteten für die Ruhe der armen Seele in mancher lieben Morgen- und Abendstunde, und ließen Seelenbäder und Messen im Dom lesen für den verdorbenen gestorbenen Sohn, daß er Ruhe im Grabe fände, es half aber alles nichts, die rechte Hand, mit der er seine leibliche Mutter geschlagen hatte, stand immer lang aus dem Grabe hervor, zu Jedermanns Entsetzen und Grausen.

Da war ein Canonicus am Dom, ein weiser frommer Herr, der wußte endlich Rath, und ließ durch des Domvogtes Schwert, das zuvor geweiht war, die Hand abhauen und in den Dom tragen, woselbst er sie auf ein Mauer-Gesimse, dem hohen Chor gegenüber, hinlegte. Damit hatte die arme Seele für begangene Missetat die gerechte Strafe, die im Leben ausgeblieben war, noch nachträglich an dem verbrecherischen Gliede des Körpers empfangen, denn es stehet geschrieben: „Auge um Auge, Zahn um Zahn, und womit du gesündiget, daran wirst du gestraft werden." Und von Stund' an blieb das Grab ruhig, und keine Todtenhand langte wieder heraus ins Leben.

Die abgehauene Hand aber blieb auf ihrer Stelle im Dom und verdorrte und wurde steinhart, verging aber nicht; und alljährlich zur Adventszeit, wenn die Kreuzgänge und Vorhallen voll Krambuden, Verkäufer und Käufer und zumal voll Kinder waren (denn der Weihnachtsmarkt wurde hier gehalten, bis man den Dom abbrach, seit welcher Zeit der Christmarkt auf andere freie Plätze verlegt ist, die man dann auch Dom nennt, was kein Fremder versteht und begreifen kann, und viele Hamburger wissen auch nicht, woher der Ausdruck kommt); also in jener Zeit wurde von des Domküsters Knecht diese verfluchte Hand den Kindern zu ihrem gerechten Staunen und Grausen gezeigt, und dann wurden sie dabei scharf vermahnt, wie billig, zu Gehorsam und Elternliebe; und zur festeren Einprägung solcher nützlichen Lehre theilte der Küsterknecht dann wohl rechts und links mit der verdorrten Hand Ohrfeigen aus, daß die Kinder erschrocken und schreiend von dannen liefen.

Und der Domherr Dr. Meyer, der letzte Canonicus des tausendjährigen Stiftes, der im Jahre 1844 gestorben ist, der hat die Hand noch gesehen. Wo sie aber später geblieben ist, das weiß man nicht. Vielleicht wär's gut, wenn sie noch jetzt vorhanden wäre und alljährlich einmal den Kindern eine kleine Lection erteilen könnte.

65. Vom Cardinal Raymundus. Auch vom Hamburger Biere[76]

(1503)

Zur Zeit, da der Pabst den Cardinal Raymundus als Legaten nach Deutschland geschickt, um allerlei Streitigkeiten zwischen Clerisei und Weltlichkeit zu schlichten, kam derselbe auch nach Hamburg. Die ganze Geistlichkeit, das Dom-Capitul mit Probst und Dechant an der Spitze, auch alle Mönche und Weltpriester gingen ihm in weißen Chor-Röcken mit Kreuzen und Fahnen entgegen. Rath und Bürgerschaft empfingen ihn am Thore und geleiteten ihn nach der Domkirche, woselbst er auf dem hohen Chor am Altare niederkniete und seine Andacht verrichtete, und sodann in seine Herberge in der Cantorei am Berge, wo nachmals der Dechant gewohnt. Am folgenden Sonntag war feierliche Procession; nach dem Gottesdienste betrat der Cardinal ein hohes Gerüste auf dem Doms-Kirchhofe, vor des ersten Dom-Pastors Haus, darin hernach der Stadt-Physicus gewohnt. Von solchem Throne herab tat er an die Bürger und Einwohner eine schöne Lateinische Anrede, welche ein vornehmer Clericus, der Graf von Kirchberg, verdolmetschte, darin er die Bürger zu Frieden und Eintracht vermahnte und dann allen Andächtigen den Segen ertheilte. Bei solchem Acte dienten ihm als Diaconen der postulirte Erzbischof von Bremen, Christoph, Herzog von Braunschweig, und der Graf von Kirchberg. Herr Raymandus hat in Hamburg seine Sachen wohl verrichtet und alle Händel des Dom-Capitels mit der Stadt geschlichtet; die Clerisei hat er scharf vermahnt, daß sie kein Aergerniß geben sollte und Frieden halten, und die Mönche hat er in den Klöstern heimgesucht und hat bei harter Strafe anbefohlen, daß sie ihren Ordensregeln sollten genau nachkommen, ein heilig Leben und einen erbaulichen Wandel führen.

---

76 Geschichtlich, s. Steltzner II. 115 u.a. Hesselii, Elbstrom S. 177. von Hövelen, Hamb. Hoheit etc. (1668). S. 125. Über das Bier und dessen Arten giebt Schlüter im Tractat von den Erben umständliche Nachricht.

Übrigens hat er sich auch Hamburgs Ergötzlichkeiten gefallen lassen lassen, und Speise und Trank haben ihm wohl behagt. Absonderlich hat er dem schönen Biere zugesprochen, das dazumal noch weltberühmt und weit trefflicher gewesen, als heut zu Tage das Bayrische, das man aller Orten findet, grade so wie dazumal das Hamburger Bier in der ganzen Welt getrunken worden ist. Und der Herr Cardinal hat, als er an diesem Biere sich gütlich gethan, ausgerufen: O quam libenter esses vinum, das heißt etwa:

O Bier, wie schmeckst du fein,
Wie gerne wärst du Wein.

Welcher Spruch dann (wie ein alter Historienschreiber beifügt) zumeist die löbliche Brauer-Brüderschaft sehr vergnüget hat, aber auch von E. E. Rath, als Anerkenntniß einer der preiswürdigen Tugenden dieser guten Stadt, mit nicht geringer Gemütsbewegung vernommen ist, maßen solch Cardinals-Wort dem Hamburger Biere eine unvergängliche Ehre gezollet.

Das Bier aber war dazumal bei aller Trefflichkeit so billig zu kaufen, daß ein Gebräu von 47 Tonnen nicht mehr denn 46–47 [M.][77] galt. Von diesem Hamburger Biere sagen damalige Schriftsteller: „es ist gar feinen annehmlichen Geschmackes, anfänglich auf der Zunge süße, sodann lieblich säuerlich wie Wein. Vor Zeiten ist es hochroth gefärbt gewesen, nachmals aber ein Braun- und Weiß-Bier geworden. Es hat viel Substanz in sich und giebt reichliche Nahrung, daß der Mensch davon brav gedeihet und ein gut Geblüte benebst schöner Farbe annimmt; maßen man in Hamburg nicht allein von Farben gar schöne und feine Jungfern und Frauenzimmer, sondern auch gar wohlgestaltete Junggesellen und Männer erblicket. Und auch von denen auswärtigen Medicis wird das Hamburger Bier für ein gesundes Gertänke gehalten und mannigfach verordnet."

---

77   Lübische Mark

66. Von Claus Schwarte, dem klugen Hauptmann[78]
(1504)

Als man schrieb 1504, da diente den Hamburgern als Schiffs-Hauptmann ein Ditmarscher, Claus Schwarte geheißen, den sie zu Sommerszeit zur Seefahrt gebraucht hatten. Dazumal war eben ein gräulich Morden und Rauben vollführet worden von etlichen rittermäßigen Personen und ihren Gesellen aus dem Wunneken-Brooke, welcher im Lauenburgischen oder bei Trittau zu suchen, allwo sie ihre besten Häuser gehabt. Da nun den Rathsherren von Hamburg verkundschaftet war, woselbst sie an einem bestimmten Tag zusammen kommen würden, um die geraubte Rente unter sich zu teilen, so beschickten sie Claus Schwarte, welcher zu dieser Winterszeit in der Stadt müssig und meistens im Stadt-Weinkeller lag, und befragten ihn, ob er sich zu einem Zuge wider die Buschklepper wolle gebrauchen lassen, wenn sie ihm genugsam Volk zur Hülfe geben würden. Als Claus Schwarte dies vernommen, dankete er dem Rathe freundlich, erbot sich alles dessen, doch sollten sie ihn nur allein rathen und taten lassen. Holt deshalben heimlich seine Bootsteute und Soldaten zusammen, so alle auf der Bärenhaut lagen, und giebt ihnen insgeheim seinen Befehl, so daß keiner Menschenseele davon das Geringste bewußt wurde. Zur bestimmten Stunde bei Nachtzeit aber finden sich seine Leute, die auf verschiedenen Wegen und verkleidet herzu gekommen waren, vor dem bestimmten Orte im Wunneken-Brook ein, und als Claus Schwarte sie alle zu Haus hat, belegt und stürmt er das feste Haus, darin die Räuber beim Beuteteilen, Bechern und Würfeln wohlgemuth sitzen, also daß er nach kurzem Gefechte die ganze Bande gefangen nimmt. Dieweil er sie nun auf handhafter Tat öffentlich beschlagen, achtete er sich zu prompter

---

78 Nach. Joh. Adolfi Neocori Ditmars. Chronik I. 535, woselbst diese Geschichte Plattdeutsch mit dem Zusatz „ut der Hamborger [382] Stadtbook" erzählt ist. Ich habe sie sonst nirgends gefunden, Schwarte erinnert sehr an den Lübeck'schen Hauptmann Jäger, 1291, von dem Lüb. Chronisten eine ganz ähnliche Tat berichten; s. Deecke, Lüb. Gesch. u. Sagen.

Justizübung wohlbefugt; und dieweil, als gemeldet, allerlei Edelleute darunter waren, so setzte er ihnen so lange hart zu, bis sie ihre Namen bekennen mußten; die ließ er sodann auf Zettel schreiben, und einem Jeden seinen Namen um den Kopf binden; darnach aber, als sie bei zweien unterwegs aufgegriffenen München gebeichtet, ließ er ihnen allen durch den Büttel, den er heimlich mitgebracht, die Köpfe abschlagen und mit den Zetteln daran in einen Sack stecken, die Leiber aber allda einscharren; die vorgefundene gute Beute ließ er aufbinden und zum Beschluß das Haus an allen vier Ecken in Brand stecken. Dies alles passirte in einer einzigen langen Winternacht, und noch in derselbigen Nacht kam Claus Schwarte mit den Seinen heimlich zurück nach Hamburg, als wenn er nirgends gewesen wäre, und schickte seine Leute wieder auf die Bärenhaut und saß selber mit einigen guten Gesellen im Weinkeller und „juchte und tuchte" wie zuvor. Als nun E. E. Rath, welcher unterweilen in großer Verwachtung gestanden, wie der Tanz abgelaufen, von solchem Gelage hörte, vermeinte er nicht anders, als daß Claus noch gar nichts unternommen habe; ließ ihn also durch den Rathsboten beschicken und befragte ihn ernstlich: ob das Wort halten heiße? Ja, lieben Herren, antwortete Claus Schwarte, die Sache ist klar und abgemacht, laßt nur Euern Nachrichter holen. Als nun der Büttel kam mit seinem Sacke, da wurden die Köpfe vor den Herren ausgeschüttet, die Zettel besehen und die Personen benennet, worauf Claus gesagt: de schölen't nich mehr doon! Etliche meinen, Claus habe selbst den Sack bei sich behalten und vor dem Rathe ausgeschüttet, was aber auf eins heraus kommt.

Und E. E. Rath hat seinen Hauptmann Claus Schwarte hoch belobet und hat geachtet, es sei ein gar behender Anschlag gewesen und sehr weislich ausgesonnen, daß er alles so geheim gehalten, damit nichts vorher verlautbare und den Feinden verkundschaftet werde. Item sei es gar sehr weislich gewesen, daß er ganz in der Stille und Geschwindigkeit also unsänftiglich mit den hohen Personen umgegangen wäre, indem er dadurch ihren Verwandten und ihnen selbst die öffentliche Schande ersparet hätte, lebendig gen Hamburg geführt zu werden, um hier vor aller Welt ihr Recht am Galgen ausstehen zu müssen. Und indem Claus Schwarte sich ihrer in dieser geschwinden Maßen entlediget, habe er auch den Rath und die gute Stadt vor Verlegenheit und Anfeindung bewahret und ihm wie ihr einen trefflichen Dienst erzeiget.

67. Wahrhaftige Historia, wie Claus Kniphoff, der große Seeräuber, von den Hamburgern überwältigt und gerichtet worden ist[79]

(1525)

I. Wie der vertriebene König Christiern sich zu helfen sucht

Ao. 1522 mußte König Christiern II. von Dänemark und Norwegen sein Land verlassen. Er war zuvor ein gewaltiger Fürst gewesen, aber wie er Gott nicht fürchtete und dessen Gebote nicht hielt, so achtete er auch der Menschen Recht und Gesetz gering, verfuhr wie ein Tyrann nicht nur gegen seine Unterthanen, sondern auch gegen seine Nachbaren und vor allen gegen die Hansestädte, die er bitterlich haßte. Er plagte sie, wie er nur konnte, ihre Macht verkleinerte er, ihre Privilegien verletzte er und ihre Schiffe und Güter ließ er kapern, wo sich nur irgend ein Scheingrund dafür finden ließ. Und ein altes Weib war es, die ihn so übel berieth, Fran Sibreth Willems, die Mutter der schönen Düveke, seiner Geliebten. Als die Hansen nun lange vergeblich nach Erhaltung des Friedens getrachtet, aber keine Sühne gerechter Beschwerden erhalten hatten, rüsteten sie sich zum Kriege wider den König; und zu derselben Zeit stand auch Adel und Geistlichkeit in Dänemark gegen ihn auf, und da er mit wenigen Getreuen sich weder im Lande behaupten noch die Haufen abwehren konnte, so mußte er heimlich entweichen. Er floh also mit seiner Gemahlin Isabella oder Elisabeth von Österreich, seinen Kindern und vielen Schätzen und Kleinodien

---

79 Durchgehends geschichtlich. Der Eingang nach verschiedenen histor. Quellen; darunter: Altmeyer, Isabelle d'Autriche et Christiern II. Brux. 1842. Der Hauptinhalt nach dem trefflichen Plattdeutschen Bericht eines Gleichzeitigen im I. Hefte der von Lappenberg herausgegebenen Hamb. Chroniken S. 22 u.s.w. – Die Lieder über Kniphoff: Zeitschrift für Hamb. Geschichte II. 118 u. 577.

nach Zeeland und Flandern und an den Hof der Frau Margaretha von Österreich, der Regetin der Niederlande.

In den folgenden Jahren suchte er, sowohl beim Kaiser Karl V., als in England, Brandenburg und fast bei allen Fürsten Europa's Hülfe zu bekommen, um sein Reich wieder zu erobern. Denn nach seiner Flucht war sein Oheim, der Herzog Friedrich von Schleswig und Holstein zum König erkoren, und die Hansestädte hatten ihm ihren Beistand gern zugesagt. Aber Christiern fand wenig Theilnahme, geringen Trost und nirgends Hülfe. Er mußte also auf eigne Faust sein Heil versuchen. In der Ostsee vertrat Sören oder Severin Norby seine Sache, indem er von der Insel Gothland aus die Kaperei, sonderlich gegen die Hansen, in Christiern's Namen trieb. Es wurde den tapfern Lübeckern schwer, ihn zuletzt von Gothland zu verjagen, aber sein verderbliches Handwerk setzte er dennoch fort.

Nun war's im Jahre 1525, als der König gedachte, eine Flotte auszurüsten, die sich mit Sören Norby vereinigen sollte, um dann mit doppelter Macht, sowohl die Hansen zu demüthigen als auch Norwegen zu erobern. Zu dieser Unternehmung fand er leider bei denen zu Zeeland und Flandern mehr thätige Hülfe, als sie verantworten konnten. Denn sie waren alte Freunde der Hansen, und diese hatten sich's von so frommen guten Leuten nimmer versehen, daß sie ihnen ein so arges Spiel bereiten helfen würden. Aber es ward später erwiesen, wie viel Vorschub sie diesem bösen Handel geleistet. Die Ausrüstung der Schiffe und deren Bemannung geschah zu Vere in Zeeland, wo öffentlich freilich von einem ehrlichen Kriegszuge, und nicht von beabsichtigter Piraterei geredet wurde.

II. Wie König Christiern den Claus Kniphoff als Hauptmann bestallt

Des Geschwaders Hauptschiff war ein gewaltiger Viermaster, die Gallion, wie man (von dem also benannten Schiffsschnabel) die größten Kriegsschiffe der Spanische Silber-Flotte zu nennen pflegte, und dann auch alle ähnlich gebauten Schiffe, etwa von der Mächtigkeit eines heutigen Fregatt- oder Linienschiffes. Zwei minder große Schiffe hießen der Bartum und der fliegende Geist, ein viertes, eine kleine Yacht, hieß der weiße Schwan. Zum Ober-Anführer dieses Geschwaders ernannte

König Christiern den Claus Kniphoff. In der Bestallung bevollmächtigte er ihn: nach Bedürfniß ehrliche Landsknechte anzuwerben, Capitaine, Schiffer und andere erforderliche Officiere zu ernennen, und alle Schiffe, Schlösser, Städte und Lande, die ihm Gott als gute Prisen verleihen werde, wohl zu verwalten oder von tauglichen Personen regieren zu lassen.

Demgemäß ließ Kniphoff die Werbetrommel rühren, und bekam bald eine Menge kriegskundiger und seegewohnter Leute; ein Volkslied spricht von 1000 Mann, deren Zweifel über die versprochenen Soldzahlungen Kniphoff durch Hinweisung auf die reiche Kriegsbeute zu heben verstand. Abentheurer und Glücksritter aller Art fanden sich zu ihm, darunter Edelleute, wie Simon Gans (vermuthlich von Puttlitz) und Jürgen von Sidow, wie auch Benedict von Alefeld, ein Holsteiner, der seine Güter an den verstorbenen König Johann verkauft und sein Vermögen verpraßt hatte, weshalb man ihn sportweise nur den Ritter Anefeld (ohne Feld) nannte; der gedachte unter Kniphoff's Banner neue Güter zu erwerben. – Als die Ausrüstung vollendet war, ging das Geschwader in der Fastenzeit des Jahres 1525 unter Segel und kreuzte vorerst in den Gewässern bei der Insel Vlieland.

Claus Kniphoff war ein Jüngling von 25 Jahren, groß und schön, ritterlichen Ansehens, kräftigen gewandten Körpers und ungewöhnlich begabten Geistes; sonst hätte auch wohl König Christiern dem noch so jungen Manne schwerlich ein so wichtiges Commando, ein so unbegränztes Vertrauen verliehen. Er war in Copenhagen geboren und guter Leute Kind; sein Stiefvater, Jürgen Kock, genannt Mynter, ein Bürgermeister zu Malmoe, hatte ihn gut erzogen, und selbst ein ihm feindliches Volkslied lobt Kniphoff's edle Sitte und feine Art. Sein rasches Aufsteigen im Kriegsdienst hatte aber seinen Ehrgeiz geweckt, der wurde sein Verderben; des Königs Auftrag: die Macht der Hansestädte zu vernichten und Norwegen zu erobern, zusammenstimmend mit seinen hochfliegenden Plänen, wie mit seiner unbedingten Anhänglichkeit für die Sache seines Herrn, in welchem er nur einen Unglücklichen sah, ließen ihn die Grenze zwischen dem ehrlichen Kriege und der Piraterie bald verkennen und überschreiten. Eine offene Kriegs-Erklärung erachtete er den Hansen gegenüber für unnöthig. Um seinem Zwecke näher zu kommen, bedurfte er noch viel größerer Mittel, weshalb er vor allen Dingen nach Beute trachtete, die er den verhaßten Hansen abgewinnen wollte. So kam's, daß der kühne Jüngling, der zu edlerem Beruf bestimmt schien, durch Ehrgeiz und Ruhmsucht geblendet, so schnell die Ehrenbahn des Kriegers verließ und zum Freibeuter hinabsank. Aber sicherlich nicht ohne die Mitschuld eines seiner Genossen, des rothen Claus (auch Rode Claus oder Claus Rode genannt), eines kriegskundigen Abentheurers, der zu Kniphoff's Geschwader in den Vlieländischen Gewässern kam, und sich bald so sehr des jungen Aunführers Vertrauen zu erwerben verstand, daß er zunächst unter ihm befehligte. Von der Zeit an, als dieser Mensch, dessen tyrannische Bosheit und Grausamkeit die Volkslieder verwünschen, zu Kniphoff gekommen war, begannen auch dessen Frevel und Verbrechen, und füglich kann man den rothen Claus seinen bösen Dämon, seinen Teufel nennen.

III. Von Kniphoff's räuberischen Seefahrten

Um diese Zeit wurden die Vlieländischen Gewässer unsicher. Kniphoff und seine Gesellen kreuzten umher, und machten Jagd auf die Hansischen Kauffahrer, die mit reicher Ladung völlig ungewarnt und deshalb wehrlos aus der Schelde kamen oder dahin segelten. Diese Probestücke fielen erfolgreich aus, und spornten die Beutelust des Geschwaders zu verdoppeltem Eifer; auch die Schiffe anderer Nationen fielen sie an und plünderten sie aus. Die Beute suchten sie in den Niederländischen Seestädten zu Gelde zu machen, wobei sie Anfangs willige Käufer genug fanden.

Als es nun aller Orten ruchtbar geworden, daß Kniphoff ein Seeräuber, daß sein Kriegs-Unternehmen nichts als ein gemeiner Piraten-Zug geworden sei, und als die beraubten Hansischen Kaufleute bei ihrer Obrigkeit um Hülfe gebeten hatten, da beschickten die Städte den Hof zu Brüssel, und führten Klage gegen Knipphoff.

So gern nun auch die Regentin Frau Margaretha ihren Verwandten, König Christiern, schonen mochte, so konnte sie doch nicht umhin, die Sache zu untersuchen. Christiern, um seinen Antheil an Knipphoff's Zügen befragt, stellte es durchaus in Abrede, ihn zur Seeräuberei bevollmächtigt zu haben, und gab als Zweck der ganzen Expedition wiederholt die Vereinigung dieses Geschwaders mit dem des Sören Norby an, welcher sich zu der Zeit in den Gewässern der Ostsee umhertrieb und dort den Hansen in aller Weise schadete. Demnach sandte die Regentin den

Hansestädten ein besiegeltes Schreiben, worin sie dem Kniphoff keinen Schutz in ihren Landen zu geben versprach, ihn für einen Seeräuber erklärte, und die Hansen ausdrücklich aufforderte, ihm und seinen Gesellen, wo sie derselben habhaft werden könnten, der Seeräuber Recht und Gericht widerfahren zu lassen. Den Niederländern aber wurde aller Verkehr mit Kniphoff verboten; auch die Herren von Amsterdam schickten ihm Botschaft, daß er ihre Gewässer schleunigst meiden müsse, da sie mit den Hansestädten im Frieden lebten und ferner in Freundschaft zu leben gedächten. Zugleich wurde es in ganz Holland scharf untersagt, Kniphoff's Beute, wo sie etwa zu Markte käme, zu kaufen.

Da nun die Freibeuter in den Niederländischen Gewässern kein Heil mehr zu erwarten hatten, gingen sie in die offne Nordsee, wo sie fortfuhren, ohne Rücksicht und Schonung ihr Gewerbe zu treiben. Auf der sogenannten Trade, einem Fahrwasser zwischen Jütland und Norwegen, stießen sie auf eine Flotte Dänischer Handelsschiffe, und gedachten sie zu nehmen. Aber die Dänen waren für solchen Fall wohlgerüstet mit Geschützen, Pulver und Blei, und verstanden damit so trefflich umzugehen, daß Kniphoff's Gesellen Gott danken mußten, als sie mit leidlich heiler Haut davongekommen waren. – Darnach landeten sie auf der kleinen Norwegischen Insel Fleckeroe (bei Mandal) und an andern Küstenorten dieses Reiches, wo sie nicht nur die Hansischen Kaufmannsgüter raubten, sondern auch die friedlichen Landesbewohner überfielen und überall plünderten und schlimmen Frevel übten gegen Geistliche, Bürger und Bauern.

Kühn gemacht durch das bisherige Glück, faßte Kniphoff nun den Anschlag, nach dem Beispiel der Vitalianer die Stadt Bergen zu nehmen. Bergen, Norwegens reichste und mächtigste Stadt, worin damals 36 Kirchen, Klöster und Stiftungen bestanden, hatte in seinen Augen noch den Vorzug, daß hier die berühmte Factorei der Hansestädte (das sogenannte Hansische Comtoir) blühte, in deren Gewölben er außer reichen Warenvorräthen auch große Schätze baren Geldes zu finden hoffte. Er würde also durch einen siegreichen Angriff auf Bergen, zwei Fliegen mit einer Klappe geschlagen haben, indem er sodann in den Besitz der Hauptstadt eines der abgefallenen Reiche seines Königs gekommen wäre, und zugleich dessen Erzfeinden, den Hansen, einen schwer zu verwindenden Schaden beigebracht hätte.

Der Anschlag aber war zu verwegen und überstieg die Kräfte seines Geschwaders. Die Bergen'schen Bürger, und nicht minder die Hansischen Kaufleute, kräftige abgehärtete Männer, die eher von ihrem Leben als von ihrem Gute zu lassen entschlossen waren, rüsteten sich zeitig, und setzten den anstürmenden Freibeutern einen so geordneten und wirksamen Widerstand entgegen, daß dem übermüthigen Kniphoff nichts anderes übrig blieb, als vorläufig aufs offene Meer zurückzuweichen, wo er inzwischen seine Räubereien eifrig fortsetze. Die brauchbarsten Seeleute der genommenen Schiffe pflegte er durch Zwangsmittel zu nöthigen, in seinem Dienste zu bleiben.

IV. Der Hamburger Kreuzzug wider Kniphoff

Dies böse Spiel verdroß nun billig alle Städte des Hansabundes, daß sie darauf sannen, dem Dinge ein Ende zu geben. Und angesehen Hamburgs Macht und Gelegenheit, wie auch seiner See- und Kriegsleute Tüchtigkeit, baten die Schwesterstädte unsern Rath, daß er die Sache in die Hand nehmen und Wandel schaffen möge. Die Lübecker hatten genug zu thun, sich des Sören Norby zu erwehren, mit dem ihre Schiffe um die Pfingstzeit bei Buwyck an der Schwedischen Küste bei Nacht und Nebel hart zusammen stießen, jedoch siegreich dem Freibeuter 3 Schiffe abnahmen. Dies zeigten sie dem Hamburger Rath an und baten dringend, er möge den Zug gegen Kniphoff fördern. Anfangs hatte unser Rath nicht gern daran gewollt, weil er wußte, wie schwer es hält, unter Bundesgenossen wieder zum Kosten-Ersatz zu kommen. Aber die Nothwendigkeit, den eigenen Handel gegen die Freibeuter zu schützen, brachte die Hamburger doch dahin, eine Flotte von 4 Kraffeln zu rüsten. Solch ein Kraffel war ein zweimastiges Seeschiff von mäßiger Größe, etwa wie eine Brigg oder ein Schoner, also jedenfalls viel kleiner als die Gallion Kniphoff's, von der Mächtigkeit eines Linienschiffes.

Gegen Pfingsten war Alles bereit, die Schiffe gerüstet, das See- und Kriegsvolk geworben und gemustert. Simon Parseval wurde Admiral; er, so wie Ditmar Kohl, Claus Hasse und Dirk von Minden befehligten Jeder einen der 4 Kraffel als Schiffs-Patron. Unter ihnen dienten als Hauptleute des Kriegsvolks Michel Schröder, der große Helmeke, Jürgen Sibbern und Hans Holck.

Darauf gingen diese Schiffe in See und kreuzten die lange Sommerszeit in den Gewässern der Norwegischen Küste, und suchten den saubern Gast mit allem Fleiße, konnten ihn aber nicht finden, und kehrten unverrichteter Sache gegen den Herbst auf die Elbe und an die Stadt zurück. Das behagte dem Rath übel, denn es sah fast aus wie ein Schimpf für der Hamburger guten Willen und Tapferkeit. Darum ließ er's erkunden, wo Kniphoff anjetzt zu suchen und zu finden wäre, und gab den Schiffen Befehl, sich allweil segelfertig zu halten, um gleich wieder auslaufen zu können. Schiffs-Patrone, Hauptleute und alles Volk waren dess' wohl zufrieden, nur Hans Holck und der große Helmeke, die Hauptleute, die wollten nicht weiter mit; darum gab der Rath ihnen den Abschied und setzte Asmus Stolte und Cord Blome an ihre Stelle. Auch vermehrte der Rath die Flotte noch um 2 Bojer (kleine einmastige Seeschiffe, etwa wie die jetzigen Ever oder Smacken), welche von Hans Lüders und Jacob Block commandirt wurden. Kurz darauf erhielt der Rath die sichere Zeitung, daß Claus Kniphoff in der Osterems läge, in dem Fahrwasser zwischen den Watten östlich der Insel Borkum, unfern des Meerbusens Dollart bei Ostfriesland, in den die Ems sich ergießt. Obwohl es nun um die Zeit der herbstlichen Tag- und Nachtgleiche war, wo schwere Stürme in den Nordischen Meeren zu toben pflegen, so beschloß der Rath dennoch, die Flotte sofort auslaufen zu lassen. Denn es galt, ein großes und gutes Werk verrichten, und die Ehre der Stadt Hamburg vor aller Welt zu behaupten; darum ließ der Rath sogleich die Trommeln rühren, daß Jeder eilends zu Schiffe stieg, und am 3. October segelte die Flotte im Namen Gottes, der einen frischen guten Ostwind dazu verlieh, seewärts dem Kampfe mit Stürmen und Feinden entgegen.

V. Wie die Hamburger Kniphoff fanden

Daß Claus Kniphoff aber nach der Osterems gefahren war, das war also gekommen: Er hatte es sich in den Kopf gesetzt, ganz Norwegen einzunehmen; und eroberte er erst eine Stadt, so wäre dem Sieger genug Beute zugefallen, um Landsknechte in Menge anzuwerben, mit welchen Kriegsvölkern er dann nach und nach das ganze Land erobert hätte. Das wäre schon gegangen. Doch fehlte es ihm für's Erste zur Einnehmung der einen Stadt sowohl an Lebensmitteln als an Mannschaft. Darum trachtete er nach der Osterems und den Friesischen Küsten, wo er beides zu finden hoffte. Denn die Leute dort herum hielten es damals oft mit den Seeräubern, wie aus Störtebeker's Geschichte erinnerlich ist.

Nun hatte er unter seinem Volk keinen andern Lootsen, der des Fahrwassers zur Osterems kundig gewesen wäre, als einen gefangenen Hamburger Steuermann, der mußte sie dahin führen. Um seinen Hals zu retten, versprach der Hamburger, was von ihm gefordert wurde, sofern er selbst nur richtigen Bescheid wüßte. Denn er war ein Schalk und ließ die Schiffe nahe der Osterems auf den sogenannten Hamburger Sand laufen. Da wollten die Bootsleute den Steuermann über Bord werfen. Aber Kniphoff schützte ihn, weil er zuvor gesagt, er sei des Fahrwassers nicht kundig genug. Er spielte gewagtes Spiel, denn wenn Kniphoff geargwohnt hätte, daß er die Schiffe vorsätzlich auslaufen lassen, damit die Hamburger davon Nachricht erhielten, um sie allda zu bestricken und zu fangen, – dann war sein Kopf geliefert. Mit Verlust eines Mastes kamen die Schiffe wieder ab vom Sande und in die Osterems bei Gretsyl, wo sie ankerten.

Als nun die Hamburger nach der Insel Neuwerk kamen, wurde ihnen dort die Zeitung bestätigt, daß Kniphoff in der Osterems läge, wo er sich nur ein wenig stärken wolle, um Norwegen zu bezwingen. Da setzten sie noch mehr Segel bei und kamen am 6. October in den Meeresarm, den man die Grete nennt, bei Gretsyl.

Da warfen sie vorerst Anker, und die Schiffs-Patrone und Hauptleute kamen zusammen, um Kriegsrath zu halten, wie Kniphoff am besten anzugreifen sei. Und weil Jeder der tapfern Männer die Ehre des schwersten Kampfes für sich begehrte, so warfen sie das Loos darüber, wer die Gallion angreifen und erstürmen sollte. Und Ditmar Kohl traf's, der sollte mit seinem Kraffel dem riesigen Hauptschiff der Feinde an Bord legen, um es zu entern, und Simon Parseval, der Admiral, und die zwei kleinen Bojer sollten ihm zur Hülfe bereit bleiben, während Claus Hasse den „fliegenden Geist" und Dirk von Minden den „Bartum" angreifen und nehmen sollten.

Noch selbigen Tages, am 6. October, legten sich die Hamburger Schiffe so nahe an Kniphoff's Schiffe, daß sie sich einander wohl sehen, aber mit Geschützen nicht bestreichen konnten.

VI. Wie Kniphoff sich zum Kampfe rüstete

Als nun Claus Kniphoff die Hamburger Schiffe gewahrte, da rief er sein Volk zusammen, um zu berathen, ob es thunlich sei, davon zu fahren und dem Kampf auszuweichen. Als er sich mit seinem Volke so besprach, da antwortete dasselbe: er möchte nur liegen bleiben und die Hamburger Landratzen nur herankommen lassen, sie wollten ihrer wohl mächtig werden; die Hamburger wären doch nur Apfelschützen, dererwegen sie unverzagt seien; wenn sie den Streit nicht annähmen, so würde die Kunde vor Fürsten und Herren kommen, daß sie vor Apfelschützen geflohen wären; solche Schande könnten und möchten sie nicht leiden; sie wollten sich wehren mit Macht, – übrigens würden sie die kleinen Hamburger Kraffeln und Bojer mit den Karthaunen und Serpentinen der Gallion leichtlich in den Grund schießen.

Als nun Kniphoff diese mannhafte Antwort seines Volks vernahm, wurde er froh und sprach: „Hei frisch, ihr lieben Gesellen, wir wollen Preis und Ehre gewinnen. Da liegen güldene Berge, die sollen unser sein. Jeder Büchsenschütz und Constabler lade und schieße aber Büchse und Geschütz nur auf die Kraffeln ab, und nicht auf die Bojer, bei Leib und Gut! damit wir unser Kraut und Loth nicht unnütz verschießen." Daß er somit verbot, auf die Bojer zu schießen, das hat ihm nachmals großen Schaden gebracht. So mag der Mensch, wenn Gott im Himmel einmal seinen Untergang beschlossen hat, es anfangen, wie er will, und noch so klug zu handeln vermeinen, es hilft doch nichts, und Alles muß zu seinem Verderben dienen.

Hierauf war Kniphoff bedacht, den Hamburgern kund zu thun, daß er den Kampf mit ihnen annehme, und sie zu grüßen, wie gute Kriegsmänner achtbare Feinde mit Ehren zu grüßen pflegen. Er steckte also auf seinen Schiffen die Fähnlein auf und ließ sie fliegen. Dazu ließ er aus den größten Stücken seiner Geschütze drei Schüsse thun, den Hamburgern zu Ehren und um sie willkommen zu heißen. Solchen Kriegesgruß erwiederten die Hamburger und feuerten auch aus ihren größten Stücken drei Schüsse. Dabei ist es am 6. October geblieben. Und als es dunkelte und die Nacht das weite Meer bedeckte, und nur auf jedem Schiffe die Leuchte beim Steuer schimmerte, da lagen die beiden Flotten so friedlich und still einander gegenüber, als wenn sie nimmer morgen auf Tod und Leben zu streiten bestimmt gewesen wären; und das Volk aß und trank und war guter Dinge, und ging schlafen, und freute sich auf den Morgen wie auf einen Ehrentag, und doch sollte manch junges frisches Blut dahin fließen und manch kühnes Auge den Abend nicht wieder schauen. Aber Claus Kniphoff konnte nicht schlafen, denn es mahnte ihn düster, und es kam ihm ein

Grauen an, wenn er des kommenden Tages gedachte. Vielleicht fiel ihm das Geschick seines Namensvetters, Claus Störtebeker, ein, in dessen Fußstapfen er leider getreten, welcher vor mehr als 100 Jahren von den Hamburgern überwunden und zum Blutgericht fortgeführt war. Das Mögliche zu seiner Rettung versuchend, schickte er mit einbrechender Nacht heimlich und still seinen Schiffsschreiber mit einem Boote ans Land, damit er noch Volk anwerbe und auf die Schiffe brächte. Der Schreiber war eifrig im Dienste seines Herrn, und brachte in der Nacht zusammen, wen er antraf und halbwegs bereit fand; einige holte er aus den Betten, Fischersleute und Bauern, die an dortiger Meeresküste insgesammt der Seefahrt wohl kundig – denen sprach er schöne Dinge vor und verhieß ihnen reiche Beute, wenn sie nur einige Stunden lang helfen wollten. Sie ließen sich bereden und gingen mit zu Schiffe, und gedachten nicht länger dort zu weilen, als zum Verzehren eines Härings gehört, und bald genug mit Geld und Gut beladen wieder daheim am warmen Ofen zu sitzen; ja der Mensch denkt und Gott lenkt! und daß ihrer Viele dort erschlagen oder als Gefangene mit nach Hamburg vors Gericht geführt werden würden, das dachten sie freilich nicht, als sie die Betten verließen und von Weibern und Kindern schieden, um Kniphoff's Mannschaft zu verstärken.

VII. Des Seetreffens Anfang und Fortgang

Der Morgen des 7. Octobers brach an; es war ein Sonnabend, und Jedweden verlangte darnach, wie der Tag enden werde. Claus Kniphoff, der gewöhnlich einen herrenmäßigen Anzug trug, kleidete sich ganz unscheinbar. Er zog ein weißes Hemde an, dazu ein blaues Wams und eben solche Hosen, in welchem Anzug er auch gefangen und nach Hamburg gebracht worden ist, wo er seinem Beichtvater im Kerker die Löcher gezeigt hat, welche die Hamburger Kugeln in die Aermel und Falten gerissen, ohne ihn zu verwunden.

Die Hamburger trugen großes Verlangen zum Kampfe, nach den Feinden stand ihr Begehr. Die Anführer ließen dem Volke einen guten „zarten" Morgentrank vorsetzen, Warmbier mit Schießpulver darin, gut durcheinander gerührt; mit solchem Trunk im Leibe konnten die Männer des Tages Arbeit schon tragen. Die Hauptleute redeten ihr Kriegsvolk an und sprachen: „Ihr Hamburger, gute Gesellen, heut' nehmt euch zusammen, und habt der Feinde Acht. Wenn ihr euch von ihnen bezwingen lasset, so wisset ihr, daß es euch Leib und Leben kostet; das vergeßt nicht, und schaffet, daß ihr es euren starken Vorfahren gleich thut, die alle Freibeuter aus der See holten; gedenket des tapfern Simon von Utrecht und seiner Mannen, wie sie einst den Störtebeker bezwangen; und zeiget euch werth, ihre Nachkommen zu sein, auf daß die ehrenreiche Stadt Hamburg bei ihrem alten Ruhm und Preise bleibe! Daran gedenket ihr Alle!"

Nun eröffneten die Hamburger das Treffen um 8 Uhr früh, indem ihre kleinsten Schiffe, die beiden Bojer, sich in möglichster Schnelligkeit dicht an die Gallion machten, deren großer hoher Bord fast ihre Masten überragte, da konnten die Gallion-Kanonen ihnen nichts anhaben, weil ihre Schüsse darüber hin gegangen wären; das hatte Kniphoff auch wohl bedacht, und deshalb Pulver und Blei zu sparen geboten. Er hätte sie aber zusammen schießen sollen, ehe sie so nahe heran kamen, dann wäre er ihrer entledigt geblieben. Die Bojer lagen nun längs der Gallion und schossen ihm ihre Bleipillen in den Rumpf und aufs Deck, so viel sie vermochten, und manch guten Kerl schossen sie aus der Wehre. Bald darnach segelte Simon Parseval, der Admiral, mit seinem Kraffel heran, ließ in Schußnähe den Anker fallen und beschoß die Gallion; aber die vergaß den Admiral auch nicht, ließ die Karthaunen und Schlangen spielen und feuerte Blitz und Donner auf den Kraffel. Der Admiral hatte sein Volk unter Deck bleiben lassen, so daß nur etwa 12 Mann oben waren zur Regierung des Schiffes, weshalb das Feuer der Gallion ihm wenig Schaden tat; indessen kam das Admiralschiff von seinem Anker los und trieb seitab von der Gallion weg.

Während dieser Zeit hatte Claus Hasse mit seinem Kraffel den „fliegenden Geist" angelaufen, und nach einigen gewechselten Lagen des groben Geschützes sogleich geentert, und die Hamburger waren so heftig auf den „fliegenden Geist" gefallen, und hatten so tapfer auf dem Deck gefochten, Mann gegen Mann, daß dies gute Schiff Kniphoff's bezwungen war, bevor der Hauptangriff gegen die Gallion geschah. Und die Schiffs- und Kriegsleute vom fliegenden Geist wurden gefangen und in den Schiffsraum gesperrt, so viel ihrer nicht im Streit erschlagen oder über Bord geworfen waren; sie waren von Kniphoff's Gesellen die ersten, die's empfanden, daß die Hamburger doch keine Apfelschützen sind.

Derweile hatte Dirik von Minden mit seinem Kraffel weniger Glück; er sollte den Bartum angreifen, aber sein Steuermann versah's und lief auf den Grund, so daß dies Schiff fest saß und am Kampfe nicht theilnehmen konnte, welches Dirik sehr nahe ging. Jedoch schickte er sein Volk in Booten den andern Schiffen zu Hülfe, damit diese ihre Mannschaft verstärken möchten.

Während dies geschah und das Admiralschiff von der Gallion abgetrieben war, vergaßen die kleinen Bojer ihren Dienst nicht, sondern setzten allein dem mächtigen Feinde mit unaufhörlichem Schießen tapfer zu. Nun hielt aber auch Ditmar Kohl nicht länger zurück, sondern befahl hart auf die Gallion zu steuern, um den Hauptangriff zu wagen. Kniphoff, der Ditmar's Kraffel heransegeln sah, glaubte, dessen Volk würde wie das des Admiralschiffes unter Deck sein; also machte er seinen Plan darnach, und ließ seine wehrhaftesten Männer allesammt auf's Deck und an Bord treten, und befahl: sobald der Kraffel heran käme, sollten sie mit aller Macht ihn entern und darüber herfallen; so würden sie den Kraffel nehmen, ehe die Hamburger es sich versähen. Also hat Kniphoff nachmals seinem Beichtvater selbst erzählt.

VIII. Des Kampfes Fortgang, Erstürmung der Gallion

Ditmar Kohl aber erwog, daß sowohl die beiden Bojer als das Admiralschiff schon lange Zeit die Gallion beschossen, und sicher auch gut getroffen hätten; darum schien ihm der Augenblick günstig, den Sturm zu wagen, damit er den Preis des Tages und um so größere Ehre erringen möchte, als der Admiral noch nicht wieder herbei gekommen war. Darum rief er sein Volk aufs Deck, und gab Befehle, und stellte die Constabler an die Stücke (Kanonen), und jeder Mann mußte seine Hakenbüchse bereit halten, oder sein Faustrohr, und dazu das Schwert locker in der Scheide.

Als nun der Kraffel dicht an die Gallion kam, deren Volk auf dem Deck und am Bord gedrängt da stand, in der Meinung, Ditmar's Schiff zu entern und zu nehmen, – da eröffneten die Hamburger auf Ditmar's Commando zu gleicher Zeit aus Kanonen, Hakenbüchsen und allen Gewehren ein so wohl gezieltes Feuer, daß gleich bei der ersten Lage an 30 Mann von Kniphoff's Gesellen fielen und todt blieben. Und die Hamburger, die nicht Zeit verlieren mochten mit Laden und Richten, auch des ehrlichen Kampfes Mann gegen Mann begehrten, griffen flugs, bevor der Pulverdampf sich verzog, zu den Sturmleitern und Enterhaken, erklommen und erstiegen das große Schiff und warfen sich mit Ungestüm und Todesverachtung auf das Deck und auf die ihnen an Zahl weit überlegenen Feinde.

Zu derselben Zeit merkten die Besatzungen der tapfern kleinen Bojer, die immer schießend an der andern Seite der Gallion lagen, daß Ditmar Kohl entern wolle, und schnell kamen sie heran, um stürmen zu helfen; und während Ditmar Kohl's Leute die Gallion rechts erstiegen, sprangen die Bojersleute von links her über Bord aufs Deck.

Nach der ersten vollen Lage der Hamburger war ein Theil von Kniphoff's Leuten unter Deck gegangen, um mit den dort liegenden Karthaunen den Kraffel in den Grund zu schießen; aber noch ehe sie gerichtet hatten, kamen ihnen die Hamburger schon ungestüm über den Hals, denn während ihrer die Meisten auf dem Deck gegen den Feind sieghaft kämpften, waren Andere auf Ditmar's Befehl gleich hinunter gestiegen, um den Sieg auch hier zu sichern.

Das war ein mörderischer Streit! Wüstes Toben, Kampfgeschrei und Commando-Rufen; unter den Tritten der Männer erbebte das Schiff, hieher, dorthin wälzten sich die Haufen der Kämpfenden; die Schwerter saus'ten und trafen krachend ihr Ziel, das Blut floß in Strömen. Leichen bedeckten den Boden. Von beiden Seiten wurde mit höchster Kraft und Tapferkeit gestritten. Unter Kniphoff's Leuten waren viel wilde Gesellen, die schon, ehe sie in seinen Dienst getreten, manch böse Tat ausgesessen; landflüchtige Friedensbrecher, Geächtete und Verfestete. Die wußten jetzt wohl, woran sie waren. Ergeben mochten sie sich nicht, denn hinter schimpflicher Gefangenschaft dräute das Gericht und das Schwert des Henkers! Darum verkauften sie jede Wunde so theuer als sie konnten, damit ihr Tod in Wehr und Waffen, eines wilden Lebens blutiges Ende, mindestens nicht ungerächt bleibe.

Aber die Hamburger fochten wie die Helden, ihrer großen Vorfahren würdige Söhne! Im Angriff so kühn als besonnen, im Kampfe fest und stark, keinen Schritt zurück, – vorwärts dringend oder todt wieder sinkend. Nicht nur die wohlbewehrten eigentlichen Kriegsleute (von denen ein Theil in der Stadt Sold und Diensten stand, ein anderer aber Freiwillige oder für diesen Zug Geworbene waren), sondern auch die Hamburger Bootsleute, so viel ihrer entbehrlich, waren auf die Gallion gekommen, und grade diese richteten mit ihren kurzen Handbeilen, die sie gebrauchten wie unsere Vorfahren ihre Streitäxte, ein furchtbares Blutbad an; wen die Bootsleute faßten, den schlugen sie todt, sie gönnten auch Keinem das Leben, sondern ließen ihre Beile umhertanzen, wo noch ein feindlicher Mann zu sehen war; in die Mastkörbe und ins Tauwerk stiegen sie, die Flüchtigen verfolgend, bis zum Schiffsraum hinunter. Die Hamburger Kriegsleute dagegen gaben Pardon Allen, die darum baten, und machten also Gefangene, die dann eingeschlossen wurden. Es war auch manch ehrlicher Kerl unter Kniphoff's Volk, der bei der Anwerbung nicht gewußt hatte, daß der Kriegszug in Seeräuberei ausarten werde, oder der hernach gefangen und gezwungen war, auf der Gallion zu dienen; auch einige fürwitzige Leute, nämlich die erst zur Nacht an Bord gekommenen Friesen. Diese Alle brauchten den Meister Büttel von Hamburg nicht so sehr zu fürchten, darum ergaben sie sich den Söldnern und Landsknechten der Hamburger.

Mittlerweile war der Kampf, obwohl er noch fortdauerte, doch schon außer Zweifel; die Hamburger hatten überall die Oberhand und wurden Meister der großen Gallion. Von Kniphoff's Gesellen lagen die Besten in ihrem Blute am Boden, oder trieben als zerhauene Leichen auf den Meereswogen dahin. Herrn Benedict von Alefeld war gleich Anfangs der Hirnschädel weggeschossen; die Tritte von Freund wie Feind gingen über seinen verstümmelten Leichnam. Ein andrer vornehmer Anführer, ein früherer Bürgermeister von Copenhagen, und seine Gesellen, waren wie die tollen Hunde erschlagen. Kniphoff's Cumpan, der rothe Claus, wehrte sich wie rasend; er war als der bäseste und ruchloseste von Allen bekannt, und ein rechter eingefleischter Teufel; darum ließen die Bootsleute nicht von ihm ab, und da sie ihn endlich bei seinen Armen fingen und festhielten, kühlten sie ihre Wuth mit den Beilen – er wurde zerhauen in kleine Stücke, wie man das Fleisch zerhackt zum Grapenbraten! Wie Viele verwundet oder todt ins Meer gestürzt waren, wie Manche freiwillig dort ihr Ende gesucht, das weiß man nicht, die Wellen trieben die Körper dahin, – aber der Todten von Kniphoff's Volk waren Viele – auf der Gallion allein lagen hernach noch 88 Mann; der Verwundeten und Gefangenen Zahl mochte doppelt so groß sein.

IX. Kniphoff ergiebt sich, Victoria der Hamburger

Als Claus Kniphoff seines Genossen, des rothen Claus, grausiges Ende gesehen, da wurde er inne, welch' ingrimmig Volk die Hamburger Bootsleute wären; vor ihrer Übermacht zu erliegen, unter ihren Schlachterbeilen zerhauen zu werden, das däuchte ihm noch widerwärtiger, als ehrliche Kriegsgefangenschaft, auf die er hoffte, wenn er sich freiwillig stellte.

Und noch einen Blick tat er über den Kampfplatz, ob sich keine Möglichkeit der Rettung zeige; da er aber Alles verloren geben mußte, brauchte er noch einmal sein gutes Schwert, um sich durch die Bootsleute eine Bahn dahin zu erfechten, wo er Hamburger Kriegsleute gewahrte, denen wollte er sich ergeben. Und da ihm dies mit Mühe gelungen war, und er einen graubärtigen Rottmeister ersah, sprach er zu dem: nimm mich gefangen, lieber Kriegsmann! Der fragte hingegen: wer bist du? wie ist dein Name? Indem merkte Kniphoff, daß die Bootsleute mit blutigen Beilen ihn überall suchten und nach ihm schrieen, um ihn zu vierteilen, und dringender noch bat er: o lieber Krieger, ich bin Claus Kniphoff, der Hauptmann der Schiffe, schone meines jungen Lebens und verhehle mich vor den Bootsleuten! Und der alte Kriegsmann nahm ihn als Gefangenen in seinen Schutz, und nannte ihn laut vor allem Volk „Hinrik Moller," damit er unerkannt bleibe, und stieß die Bootsleute zurück, und deckte ihn vor ihren Beilen und führte ihn aus der Gallion in Ditmar Kohl's Schiff hinüber; und Kniphoff hatte ihm sein Schwert überliefert, und dazu einen goldenen Fingerring geschenkt zum Lohn, daß er ihn vor den Bootsleuten geschützt.

Als Ditmar Kohl seiner ansichtig wurde, erkannte er ihn gleich für Claus Kniphoff. Aber er schwieg und brachte ihn aus dem Wege, denn sein Hauptmann Cord Blome und die Wärwölfe, die Bootsleute, rannten umher und schlugen Alle todt, auf die sie stießen. Und insonderheit schrieen sie nach Kniphoff, wo der steckte, sie wollten ihm seinen Lohn geben und ihn in Stücke zerhauen.

Dies ernsthafte Spiel hatte wohl an acht Stunden gedauert, von Morgens 8 Uhr bis Nachmittags gegen 4 Uhr. Kniphoff, dem war's sonderbarlich ergangen. Die Kugeln hatten ihm seine Kleider am Leibe durchlöchert, und sogar sein Hemde war davon zerrissen, in so dichtem Kugelregen hatte er gefochten, und doch war er unversehrt und unverwundet! Gottes Hand mag ihn gnädig beschirmt haben, nicht um sein armes Leben zu retten, denn dessen Glück und Frieden war verspielt; sondern um des Heils seiner unsterblichen Seele willen, auf daß er nicht mitten in seinen Freveln und Sünden dahinführe, sondern erst durch Reue und Buße seine Schuld sühne. Das hat er selbst im Gefängniß zu Hamburg seinem Beichtvater erklärt. Er blieb in Ditmar's Schiff, obschon der Admiral ihn bei sich haben wollte, aber Ditmar behielt ihn als seinen Gefangenen, und behandelte ihn freundlich und mild, wie's dem Sieger wohl ansteht.

Nun waren noch unbezwungen der weiße Schwan und der Bartum. Dieser saß auf einer Untiefe; seine Besatzung, als sie der Gallion Geschick wahrnahmen, warf zur Erleichterung Ladung und Geschütz über Bord und untersuchte den Grund, um sich in der Stille davon zu machen. Aber dies gelang nicht, denn der Admiral Parseval sah ihnen auf die Fäuste. Er schickte, da er der Untiefe wegen mit seinem Kraffel nicht nahe kommen konnte, sein Volk auf Booten an den Bartum, um ihn zu nehmen. Als sie an die Planken legten, warfen die Feinde große Stein-Geschütze über Bord und hätten sie's nicht zeitig gemerkt, sie wären allesammt zerschmettert oder versoffen. Und gleich darauf schossen die vom Bartum mit Kanonen, Büchsen und allen Gewehren so heftig auf die Boote, daß sie Gott dankten, wie sie außer Schußweite und zum Admiral zurück kamen. Darauf befehligte der Admiral einen der Bojer heran, der legte sich, da er nicht so tief ging als ein Kraffel, dicht an den Bartum, den die tapfere Mannschaft alsbald enterte und erstieg. Zugleich kamen des Admirals Boote wieder, und seine Leute erstiegen auch den Bartum und wollten dessen Besatzung insgesammt in die Pfanne hauen; aber die aus dem Bojer bezähmten die Wuth der Bootsleute, und nahmen der Feinde eine große Zahl gefangen.

Darnach ergab sich auch der Schwan, darin nur wenig Volk lag, und damit waren alle Schiffe Kniphoff's genommen, und die Hamburger hatten einen herrlichen Sieg erfochten, darum ließen sie ihre Fähnlein fliegen, löseten alle Geschütze und riefen Victoria, zur Ehre Gottes des Allmächtigen, der den Sieg in ihre Hand gegeben.

X. Wie die Hamburger heimfahren

Am Ufer bei Gretsyl standen viele Menschen, die hatten von früh Morgens an dem Treffen zugesehen, und weil einige der Ihrigen dabei waren (wie oben erzählt ist), so trauerten und wehklagten sie sehr, als sie die Hamburger siegen sahen, um das Schicksal ihrer Gefreundeten.

Auch Herr Edzardus, Graf von Ostfriesland, war am Ufer und sah dem Kampfe zu. Den hatte Kniphoff noch zwei Tage seither am Lande heimgesucht und ihn gebeten, fein Acht zu geben, wenn etwa die Hamburger kämen, um zu gewahren, wie kurz und gut er mit ihnen umspringen werde. Da der Graf nunmehr Kniphoff's Niederlage ersahe, rief er überlaut, „daß dich der Teufel hole! keine zwei Tage konntest du dich halten, der du dich doch zuvor berühmtest, du wolltest in zwei Stunden, kurz und gut, mit den Hamburgern fertig werden!"

Andern Tages wehte ein großer Sturm aus Nordwesten. Die Hamburger konnten weder an ihre Heimfahrt denken, noch konnten sie an's Land fahren, die Todten allda zu begraben. Da machten sie's „kurz und gut," und warfen sie über Bord ins Meer. Dann vertheilten sie ihre Gefangenen; einige blieben in der Gallion und wurden da verwahrt, die andern kamen auf die Kraffeln, bei welcher Gelegenheit die Bootsleute es wieder nach ihrer Weise „kurz und gut" machten, wenn irgendwo der Raum zu enge wurde für die Gefangenen, nämlich: todt geschlagen und über Bord geworfen, was zu viel war! Aber Claus Kniphoff blieb bei Ditmar Kohl wohlbewahrt.

Darnach gingen die Schiffe unter Segel; die Hamburger brachten die vier Seeräuberschiffe mit aller Ladung und noch 162 Gefangenen auf. Die Fahrt ging langsam der Elbe zu der widrigen Winde wegen. Aber ihnen voraus flog die gute Kunde vom glorreichen Siege nach Hamburg. Und Ein Ehrbarer Rath, da er diese Zeitung vernahm, schickte zwei seiner Mitglieder, Dietrich Lange und Otto Bremer, den Siegern entgegen, um sie willkommen zu heißen. Da die Herren nun in Ditmar Kohl's Schiff traten, gingen sie in seine Cajüte, und ließen Kniphoff vor sich bringen. Sie redeten ihn freundlich an und sagten, willkommen Claus, und hießen ihn sich setzen. Er antwortete: „freilich Ihr Herren, Ihr möget billig mich willkommen heißen, so, wie Ihr mich jetzt hier sehet!" Darnach setzten sie ihm einen Trunk Weines vor in einem güldenen Pocal, der war des Kniphoff's Eigen gewesen, und sagten, trinket aus Eurem Becher, Claus! Er antwortete: „es ist nicht mehr mein Becher, er gehört den guten Gesellen, die ihr Leben daran gewagt haben, mich mit Hab und Gut zu gewinnen; und liebe Herren, das möget Ihr wissen, ich hätte nicht geglaubt, daß, solche Männer in solchen grauen Wämsern stecken! Sie fielen zu mir ins Schiff, nicht wie Menschen, sondern wie die leibhaftigen Teufel."

XI. Der Gefangenen Einzug in Hamburg

Endlich kamen die Schiffe die Elbe herauf und legten sich am Ufer unten beim Eichholz, welches damals noch außerhalb der Stadt lag, vor Anker. Und am 22. October, am Sonntage vor St. Catharinen-Kirchweih-Feste, wurden Kniphoff und seine Gesellen ausgeschifft, und durch das Millernthor in die Stadt und zum Rathhause geführt, von den siegreichen Schiffs- und Kriegsleuten begleitet. Trommler und Pfeifer und fünf Fähnlein Kriegsknechte zogen voran, dann ging Claus Kniphoff, zwischen den vornehmsten seiner Mitgefangenen, den beiden Edelleuten, Simon Gans von Puttlitz und Jürgen von Sidow. Dann kam das geringere Volk seiner Gesellen, paarweise oder zu dreien; ein langes starkes Tau lief die ganze Reihe der Gefangenen entlang, daran waren sie geschnürt; die Verwundeten gingen nicht mit, die wurden zu Schiff bis zum Rathhause gebracht, und daselbst in die Reihe gestellt.

Nachdem sie alldort von Bürgermeistern und Rathmännern, auch sonstigen angesehenen Bürgern in Augenschein genommen waren, wurden sie in einen Thurm am Winserthore gesetzt, vielleicht denselben, der unter dem Namen „Roggenkiste" erst vor etwa 30 Jahren abgebrochen worden ist. Kniphoff brachte man auf den höchsten Boden des Thurmes, weil er das Haupt der Freibeuter gewesen war; ein Stockwerk niedriger sperrte man die beiden Edelleute ein, und zu unterst die Gemeinen, so viele ihrer dort Platz fanden; die andern geringen Gefangenen wurden im Büchsen- oder Zeughause, einige auch im Baren-Thurme an der Brooksbrücke untergebracht.

Desselbigen Tages kam an den Rath ein Schreiben des Grafen Edzard von Ostfriesland; der hatte, wie gedacht, gute Freundschaft mit Claus Kniphoff gepflogen, und war auch durch König Christiern bewogen, alles Mögliche zur Rettung seines Hauptmanns zu thun. Er forderte in diesem Briefe vom Rathe die schleunige Auslieferung Kniphoff's, seines Volkes und seiner Schiffe, da dieselben auf seinem, des Grafen, Stromgebiet gefangen und erbeutet wären. Noch selbigen Sonntags rief der Rath die Bürger aufs Rathhaus und legte ihnen die Sache vor. Die Bürger, die ihr kaiserlich Recht gegen alle Seeräuber wohl kannten, lachten des gräflichen Begehrs, und beschlossen einmüthig, dem

Grafen zurückzuschreiben: wenn er unsere Schiffe und Leute haben möchte, so könnten sie ihm wohl geschickt werden, aber nur, um auch ihn, den Grafen, abzuholen, der die Seeräuber vertheidigen wolle; denn der Hehler wäre so schlecht wie der Stehler. Doch hat's der Rath, als er dem Grafen Antwort schrieb, etwas glimpflicher und höflicher abfassen lassen, wenn schon der Sinn derselbe gewesen ist. Und der Graf hat auf solche Erwiderung nichts weiter von sich vernehmen lassen. Dagegen kam vom regierenden Könige von Dänemark, Friedrich I., ein Schreiben an den Rath, worin er diesen aufforderte, die Gefangenen zur Rechenschaft zu ziehen, scharf zu examiniren und Justiz zu üben.

Am 24. October, Dienstag vor Allerheiligen, sind Kniphoff's sämmtliche Fähnlein, die im Seetreffen erbeutet waren, mit klingendem Spiele und unter Rührung der Trommeln in die Domkirche gebracht, und alldorten über dem Predigtstuhl aufgehängt worden, als Siegeszeichen und zum rühmlichen Gedächtniß an Ditmar Kohl und seine tapfern Kampfgenossen. Daselbst haben sie lange Jahre gehangen, zuletzt sind sie ins Zeughaus gebracht, wo auch das grobe Geschütz aus Kniphoff's Schiffen aufbewahrt wurde.

Dann wurde den tapfern Kriegs- und Schiffsleuten, wie ihren heldenmüthigen Anführern der Sold ausbezahlt. Überdies behielten sie die selbstgewonnene Beute, und bekamen noch dazu als Belohnung, den Werth eines der eroberten Raubschiffe, 2720 Pfund Pfennige oder Thaler, für damalige Zeit eine große Summe.

XII. Wie Kniphoff und seine Gesellen gerichtet werden

Mittwoch, den 25. October, ist Kniphoff mit seinen Gesellen vor Gericht geführt, und daselbst verhört von 8 Uhr Morgens bis 3 Uhr Nachmittags. Da wurde er vom Fiskal auf Seeräuberei verklagt, und sein ganzes Sünden-Register, alle die Schiffe, die er genommen und geplündert, nicht weniger als 172, und all' das unschuldige Blut, so dabei vergossen war, wurde ihm vorgehalten. Und Kniphoff vertheidigte sich selbst mit großer Klugheit und Kraft in bescheidentlicher Rede. Er entgegnete vornämlich, daß er keinen Seeraub begangen, da er König Christiern's bestallter Hauptmann, und von ihm zu Kriegszügen gegen seine abgefallenen Reiche wie gegen die Hansen befehligt sei. Alle Schiffe, die er genommen, habe er nach Kriegsrecht genommen, darum sei er jetzt auch Kriegsgefangener und verlange für sich und seine Leute anständige Haft bis zur Auslösung, nach Kriegsrecht und Kriegsbrauch. Und seine Bestallung und all' seine Briefe und besiegelten Documente wurden verlesen, aber nichts konnte ihn retten. Denn er konnte es nicht rechtfertigen, daß er die Feindseligkeiten ohne alle Wahrschauung und Kriegs-Erklärung angefangen hatte, daß er namentlich die Hansischen und Hamburgischen Schiffe, die sonder alle Kunde von seinem Vorhaben so wehr- als arglos gewesen, gekapert und geplündert habe. Und der Brief der Regentin Margaretha, die ihn dem Seeräuber-Recht für verfallen erklärte, machte sein Maß voll. Die Richtherren waren die Rathmänner Jürgen Plate und Albert Westede, die erkannten ihn schuldig des Seeraubes, und fanden zu Rechte, daß er mit der Strafe der Seeräuber, der Enthauptung, zu belegen sei. Und von seinen Genossen wurden vorerst sechszehn zu gleicher Strafe verdammt. Kniphoff schalt zwar dies Urtheil vor dem Rath, und forderte dessen Sentenz, aber der Rath judicirte nicht anders, sondern bestätigte das Todesurtheil. Da Kniphoff dies vernahm, bat er nicht um sein Leben, sondern um Gnade für seine Genossen, zumal für die, welche ihm nur gezwungenerweise gedient hatten. Dann wurde er wieder in den Thurm zurückgeführt.

Unterdessen kam noch manch' Fürwort beim Rathe ein, von großen Herren, die sich für Kniphoff verwendeten. Auch sein Stiefvater, der Bürgermeister von Malmoe, schrieb gar beweglich, und bot ein großes Lösegeld für seinen Sohn. Aber der Rath mußte wohl beim strengen Rechte bleiben, denn Kniphoff hatte zu viel geschädigt und gesündigt, als daß es hätte ungebüßt und ohne die ordentliche Strafe des Gesetzes bleiben können; darum verschmähete der Rath das Lösegeld, davon der Vater dann eine Armenstiftung in Malmoe gründete, zum Seelenheile seines unglücklichen Sohnes.

Der saß indessen im Winserthurme und schaute aus seinem hohen Gitterfenster ins Freie, über den Elbstrom hin, den segelnden Schiffen nach, weit hinaus in die Welt, aus der er nun in jungen Jahren so unglücklich scheiden sollte; scheiden von aller Erdenlust, Größe und Macht, von der er geträumt! Er war zu hoch geflogen, darum fiel er so tief. Und Herr Stephan Kempe, damals noch Klosterbruder, nachmals aber erster lutherischer Pastor zu St. Catharinen, saß bei ihm und tröstete ihn aus Gottes Wort, vermahnte ihn zur Reue und hörte seine Beichte an. Denn er fand in Kniphoff's tiefstem Innern einen guten Grund, und Gottes Gnade war in ihm mächtig, so daß er seinen Tod durch Henkershand als eine gerechte Strafe und Buße seiner vielen Sünden und als ein Heilsmittel zu seiner ewigen Seligkeit erkannte; deshalb bereitete er sich, in Hoffnung auf die Absolution und das Sacrament, mit Freudigkeit zum Tode.

Auf dem Grasbrook wurden seit uralten Zeiten Angesichts des freien Elbstroms die Seeräuber enthauptet, nahe dem Element, auf dem sie gesündigt; wonach dann die Köpfe auf hohe Pfähle gesteckt wurden, die den Schiffern schon von Weitem als Denk- und Warnungszeichen galten. Da hinaus wurde Kniphoff am Montag, den 30. October, geführt, er ganz allein, denn dies hatte er sich als eine Gnade erbeten, damit es ihm nicht das Herz breche, wenn er etwa die Verwünschungen seiner Genossen vernehmen müsse. Es war früh Morgens, da der Frohn ihn abholte. Kniphoff war bereit, er streckte ihm die Hände entgegen. Unverzagt und frisch schritt er zwischen den Bütteln und Kriegsknechten durch die Straßen, und in seinem Angesicht sah man kein Zeichen von Todesfurcht und Bangen. Und wer ihn dahin gehen sah, den jammerte es, und manch mitleidig Herz, absonderlich bei den Frauen, konnte sich der Thränen nicht erwehren über das schreckliche Ende des jungen schönen Hauptmanns. Auf St. Catharinen-Kirchhof stand schon Pater Stephan, der ertheilte ihm hier vor allem Volk, das betend niederfiel, die Absolution und reichte ihm das Sacrament der Versöhnung. Und als Kniphoff sich vom Knien erhub und weiter schritt, sprach er Allen vernehmbar: „Herr Jesu Christe, der du dein Blut auch für mich vergossen, erbarme dich meiner und sei mir gnädig!"

Dann ging's zum Brookthore hinaus, und am Strande der Elbe, auf der Stelle, wo 123 Jahre früher Claus Störtebeker und seine Gesellen denselben Tod erlitten, kniete Kniphoff nieder und empfing mit gefalteten Händen den Schwertstreich, der sein Haupt vom Rumpfe, und seine Seele von der Erde schied. Eine Stunde später wurden 16 seiner Gefährten in derselben Weise hingerichtet. Und am 10. November empfingen noch 46 ihr Urtheil, das lautete auch auf den Hals; da wurden sie wild und zornig und schalten überlaut auf Rath und Bürgerschaft; es half ihnen aber nichts, denn am Montage nach Martini wurden sie enthauptet. Am 24. November wurden 26, und am 4. December noch 20 Gefangene vom Gerichte freigesprochen, die hatten bewiesen, daß Kniphoff sie zum Dienste gezwungen. Am 13. December aber wurden wieder acht Freibeuter, darunter der Edelmann Simon Gans und im Januar 1526 noch ihrer vier zum Tode verurtheilt, und bald darauf hingerichtet.

Endlich wurden noch zur ebengenannten Zeit die letzten drei von Kniphoff's Gesellen freigesprochen, also daß, ihn selbst eingeschlossen, im Ganzen 75 enthauptet, die Übrigen aber frei erkannt und losgelassen worden sind. Mit selbigem Richtschwerte aber, welches Kniphoff und seine Gesellen vom Leben zum Tode gebracht hat, ist kein Mensch mehr gerichtet worden. Es ist ins Zeughaus gebracht, und wurde dort bei den erbeuteten Seeräuber-Waffen und Kanonen aufbewahrt.

Die alte Chronik, aus der diese Geschichte größtentheils genommen ist, schließt ihren Bericht also: „Gott gebe, daß die Richter alle Schuldigen gestraft und alle Unschuldigen freigesprochen haben mögen; und Gottes Gnade und Barmherzigkeit sei mit Allen, die in diesen unglücklichen Kniphoff'schen Begebenheiten in irgend einer Weise umgekommen sind. Amen!"

68. Ditmar Kohl[80]
(1525–1563)

Den beiden tapfern Anführern, deren glorreicher Sieg über die Kniphoff'sche Flotte so eben erzählt ist, gebührt wohl noch ein besonderes Wort der Erinnerung.

Von Simon Parseval, dem damaligen Admiral, ist freilich nichts weiter zu erzählen. Vielleicht kehrte er ins Privatleben zurück, aus welchem dann sein Name nicht wieder hervorgetreten ist; vielleicht auch ist er bald hernach verstorben. Vermuthlich war der Simon Parseval, welcher 1570 Senator wurde und 10 Jahre später, vom Rathhause heimgehend, auf der Reimersbrücke todt niederfiel, sein Sohn oder Enkel. Sein Wappen: zwei Hände, die mit zwei Hakenstöcken einen Fisch fangen, wäre allenfalls auf des Admirals glücklichen Fisch- oder Seezug zu deuten. Mit einem um 1620 in Hamburger Kriegsdiensten gestandenen Hauptmann Parseval scheint dieser Name erloschen zu sein.

Herr Ditmar Kohl aber, der sich bei jenem Zuge so äußerst rühmlich ausgezeichnet, und viel Preis und Ehre bei Rath und Bürgerschaft, auch wohl einen guten Antheil an der ehrlichen Kriegsbeute davon getragen hatte, wurde zwei Jahre darauf in den Rath gewählt. Auch in diesem höheren Amte hat er sich in Kriegs- wie Friedenszeiten sehr verdient gemacht. Er beförderte die Kirchen-Reformation, an deren friedlicher Einführung seine Vermittlungsgabe großen Antheil hatte. Im Jahre 1539 versuchte er sich wieder im Waffenwerk als Admiral der Hamburger Schiffe auf der Unterelbe, und wehrte erfolgreich den Übergang der Truppen des Pfalzgrafen Friedrich ab, welche von Hadeln aus in Holstein einfallen wollten. Darnach verwaltete er das Amt Bergedorf,

---

80   Geschichtlich, nach denselben Quellen, und: Wilckens Ehrentempel S. 14. Buck, geneal. Notizen S. 29. Die Kohls-Tonne kommt auf Melchior Lorich's großer Elbcharte 1568 vor. (Verkleinert mit Commentar herausg. von Lappenberg. S. 29.) Die Erkundigungen in Cuxhaven verdanke ich der Güte des Herrn Inspector Kerner daselbst.

dem er eine Kirchenordnung gab. Seit 1548 zur Bürgermeister-Würde erhoben, leitete er 1559 die Vertheidigung Moorburgs gegen die Angriffe Herzogs Otto von Lüneburg-Harburg. Nachdem er 1562 als Gesandter in Copenhagen gewesen war, starb er hieselbst den 22. September 1563 und wurde in der St. Nicolai-Kirche bestattet. Von seinen Nachkommen ist ein Enkel Ditmar Oberalter, und dessen ebenfalls Ditmar genannter Sohn Rathsherr gewesen. Mit dem Lic. Albert Kohl starb 1716 dieses Geschlecht aus.

So viele auffallende Aehnlichkeiten nun auch unseres Ditmar Kohl's Lebenslauf mit dem seines Vorwesers Simon von Utrecht darbietet, so ist ihm doch kein kirchlicher Denk- und Ehrenstein gesetzt, wie diesem. Dennoch gab es vor Zeiten eine Art Denkmal, welches gewissermaßen an seine größte Tat, und zwar auf dem Elemente derselben, erinnert: eine der großen Hamburger Seetonnen, welche das Fahrwasser zwischen der Insel Neuwerk und Vogelsand bezeichnen, führte den Namen „Ditmar Kohl's Tonne."

Für ein solches Sicherungsmittel der Schifffahrt war es in der Tat eine glücklich gewählte Bezeichnung, wenn man ihm den rühmlichen Namen des Mannes beilegte, der einst mit dem Schwerte in der Hand so Großes für den verwandten Zweck geleistet hatte. Darum ist es Schade, daß eine Ditmar Kohl's Tonne (vielleicht wegen späterer Veränderung des Fahrwassers) jetzt nicht mehr vorhanden ist. Genaue Erkundigungen bei den Lootsen zu Cuxhaven und Neuwerk haben nicht einmal eine Erinnerung an solchen Namen irgend einer Seetonne zu Tage gefördert.

Die alten Römer setzten ihren Seehelden eine Denk- und Ehrensäule aus erbeuteten Schiffsschnäbeln. Statt solcher Rostrata war die Deutsche Seetonne ein gar bescheidenes Gedächtnißmal; und auch dieses ist, wie so manches Denkzeichen der mittelalterlichen Größe Hamburgs, untergegangen. Schon durch ihre leicht zu beschaffende Wiederherstellung würde die dankbare Erinnerung an einen unserer verdienstvollsten Vorfahren aufgefrischt werden. Noch passender aber erscheint vielleicht der Gedanke: mit den glorreichen Namen und Bildern unserer alten Seehelden die Wacht-, Signal- und Leuchtschiffe bei Cuxhaven zu schmücken, und die besten derselben zu taufen: Simon von Utrecht und Ditmar Kohl.

69. Ein Turnier auf dem Hopfenmarkt[81]
(1525)

Auf dem Pferde- wie auf dem Hopfenmarkte haben in alten Zeiten zuweilen ritterliche Turniere, Ringelrennen und Lanzenstechen stattgefunden. Nicht grade, daß unsre ehrbaren Väter sonderliche Lust an dieser Ergötzung gefunden hätten; sie trugen wohl gern ihre Haut zu Markte, aber nur, wenn's Ernst war und etwas Rechtes und Großes galt; sondern, wenn Fürsten und große Herren hier waren, denen der Rath auf Stadtkosten eine Kurzweil nach ihrem Geschmack bereiten wollte, dann ordnete er wohl ein Turnier an, wozu das Pflaster aufgebrochen und der Kampfplatz mit Sand überfahren, auch mittelst Schranken und Balkonen für seinen Zweck geschickt gemacht wurde.

Solch Turnier fand Ao. 1525 statt auf dem Horsemarkte (wie des Pferdemarktes alter Name lautet), nachdem Sonntags vor Allerheiligen der Holsteinische Herzog Carsten oder Christian (Königs Friedrich von Dänemark Kronprinz) des Herzogs Magnus von Lauenburg Tochter Dorothea gefreiet hatte und mit ihr auf der Heimreise durch Hamburg kam. Er wurde vom Rathe mit allen Ehren eingeholt und auf Stadtkosten standesgemäß tractirt und freigehalten, auch wie üblich beschenkt mit einem güldenen Becher; und seine Gemahlin und ihre Mutter erhielten ebenfalls güldene Kleinodien zum Andenken an Hamburg.

Als nun, wie gesagt, das Turnier auf dem Pferdemarkt stattfand, und des Herzogs Ritter und Junker, auch viele der benachbarten Edelleute sich wacker auf der Stechbahn tummelten, und die fürstlichen Personen und Hofleute, auch hiesiger Stadt Rathmänner und andre Würdenträger, von hohen Balkonen zuschaueten, da kam dem königlichen Prinzen die Lust an, selber mit zu turnieren, um vor seiner Gemahlin

---

81 Geschichtlich; von Heß, Topographie I. 392 u.a. Auch Plattdeutsch erzählt in den Hamb. Chroniken von Lappenberg, Heft I. S. 49. – Das Tractement kostete der Stadtcasse 510 Thal., der Pocal 162 Thal. und die Kleinodien eben so viel.

durch seine adlichen Künste Ehre einzulegen. Und nachdem er sich sittig vor ihr verneigt und ihren Urlaub dazu erhalten hatte, ließ er sich ein Rüstzug anlegen, ritt in die Schranken, und begann ein hartes Rennen mit zweien Rittern, die er einen nach dem andern glücklich mit dem Speer aus dem Sattel hob und in den Sand warf; da erscholl ein lautes Beifallsrufen und Trompetenschmettern, worauf Herzog Carsten sich grüßend und dankend gegen die Zuschauer verneigte und zu seiner Gemahlin emporstieg, die ihm dann gar holdselig lächelnd des Kampfes Preis mit ihren durchlauchtigen weißen Händen überreichte.

Was sich 13 Jahre später hier begab, als Herzog Carsten König von Dänemark geworden war und sich Christian III. schrieb, und in solcher Eigenschaft Hamburg besuchte, das wird hernach getreulich berichtet werden.

70. Marx Meyer, oder was aus einem Hamburger Grobschmidt werden kann[82]

(1533)

An der Wiege wird's ihm nicht vorgesungen sein, dem Marx Meyer, was später aus ihm werden und wie er enden würde. Und als er ein gelernter Grrobschmidt war und auf der Wanderschaft hie und da einen Kriegszug mitgemacht hatte, da schwoll ihm wohl der Muth nach großen Dingen, aber noch kam's nicht dazu. Er setzte sich nach ehrbarer Bürger Weise in seiner Vaterstadt Hamburg, und hat noch 1530 oder 1531 als Meister Grobschmidt die beiden großen eisernen Rohren zur Bornmühle oder Wasserkunst bei der Alster selbst geschmiedet. Er war ein großer, schöner, starker Mann mit feurigen Augen und mächtigem Barte, und wer ihn in seiner Schmiede am Amboß den Hammer schwingen sah, der meinte, einen der alten Nordischen Wikinger zu sehen, der sich ein Schwert schmiede, so kühn und dreinschlagend sah er aus. Es ließ ihm aber nimmer Ruhe, er mußte hinaus in die Welt, darum nahm er wieder Kriegsdienste und vollbrachte als Fähndrich unter den Lübeckern manche verwegene tollkühne Tat auf einem Zuge nach den Niederlanden. Als sodann Lübeck dem Kaiser 800 Landsknechte gegen die Türken schickte, wurde Marx Meyer zu deren Hauptmann bestellt, und zog gen Ungarn. Und als nach Jahresfrist der Krieg beendet war, kam er reich an Ehre und Beute mit seiner Schar wieder heim, zog durch seine Vaterstadt Hamburg und besuchte seine Freundschaft als ein stolzer großer Herr. Am Tage Viti ritt er wieder von hier fort nach Lübeck, im vollen Küraß mit großen Federn auf dem Helm, überaus herrlich anzusehen, „denn, obschon er nur ein Grobschmidt war, so war er doch ein so ansehnlicher geschickter Kerl, daß er für den besten Edelmann passiren kunnt." Und wie er von hier ritt, Trompeter

---

[82] Geschichtlich. Die Einzelheiten in handschriftl. Chroniken. Benutzt ist auch: von Alten, Graf Christoff von Oldenburg; hiernach ist Marx Meyer von vier Pferden zerissen und mit ihm sein Bruder Gerd Meyer hingerichtet worden.

vorauf, 40 Harnischreiter im Gefolge und zwei Rüstwagen voller Beute hinterdrein, da gaben ihm seine Hamburgischen Freunde das Geleite, als Tydeke Moller, ein Reitendiener, Cord Goldener, ein Junkerbrauer, Jochim Twestreng, Timmo Schröder und Andere.

Und als er nun so herrlich in Lübeck eingezogen war, und ob seiner Tatkraft und Freigebigkeit vom Volke fast angebetet wurde, da verliebte sich des Bürgermeisters Lunte reiche Wittwe in den schönen Mann, und wider ihrer Sippschaft Willen freiete er sie, und gewann dadurch große Güter und noch größeres Ansehen. Wen's beliebt, der kann es in der Lübschen Geschichte nachlesen, wie Marx Meyer dann Wullenweber's Freund und immer mächtiger in Lübeck geworden ist; und wie er als Befehlshaber der Lübschen Flotte Holländische und Spanische Schiffe nahm, in England landete, daselbst aber, als wäre er ein Seeräuber, in den Thurm gesetzt wurde. Der König Heinrich VIII. indeß, der ihn vor sich ließ, fand Wohlgefallen an ihm, gab ihm die Freiheit und eine güldene Gnadenkette, wobei er ihm eigenhändig zum Ritter schlug.

Nachmals ist der Ritter Marx Meyer wiederum nach Hamburg gekommen, aber nur durchpassirt. Er hat viele Züge in Holstein gemacht und ist dann mit einer Flotte nach Dänemark und Schweden gefahren, woselbst er bei Helsingborg in der Dänen Gefangenschaft gerieth und nach Wardbiergschloß gebracht wurde. Er wußte aber 30 Mann zu gewinnen, mit denen überrumpelte er die ganze Besatzung und wurde Herr des Schlosses, das er 15 Monate lang behauptete. Dann aber wurde es erstürmt, und am 17. Juni 1536 wurde der Ritter Marx Meyer daselbst enthauptet, sein Körper geviertheilt und aufs Rad gelegt, der Kopf aber oben drauf gesteckt.

71. Die Synode zu Hamburg[83]
(1535)

Ao. 1535, am 15. April, versammelten sich zu Hamburg, früherer Beredung gemäß, die Superintendenten und Pastores primarii der Hansestädte Lübeck, Bremen, Hamburg, Rostock, Stralsund und Lüneburg, allesammt gelahrte Doctoren und Theologen, wie auch eifrige Beförderer der lutherischen Lehre; der Hamburgische Superintendent war Johannes Hoeck, genannt Aepinus, ein Mann, der sich nach Bugenhagen die größten Verdienste um unser Kirchenwesen erworben hat. Und diese Zusammenkunft allhier nennt man die erste evangelische Synode in Niedersachsen, welche beherbergt zu haben für die gute Stadt Hamburg keine geringe Ehre ist. Die geistlichen Herren tagten nun hieselbst und verfaßten Beschlüsse, die lange Zeit in ihren Städten Geltung gehabt haben, z.b. über die strenge Beichtprüfung vor Zulassung zum heiligen Abendmahl, über Beibehaltung der alten Kirchenzucht und Disciplin, über die Kinderlehre; sie setzten auch fest, daß nur solche Geistliche zum Predigtamte zugelassen werden sollten, die vorher in der Augsburgischen Confession geprüft und darin wohlbeschlagen erfunden wären. Auch in Betreff der Kirchen-Ceremonien kamen sie überein. Es wurde damals noch Vieles von den katholischen Gebräuchen beibehalten, nämlich das, was man für gut und erbaulich erachtete, da man das Kind nicht mit dem Bade ausschütten wollte. So wurde eine tägliche Messe und Vesper beibehalten, und in der Messe wurde erst gesungen das Kyrie eleison und Gloria in excelsis, meist Lateinisch, mitunter Deutsch; dann folgte die Collecte, die Epistel, ein Halleluja, Bugenhagen's Ermahnung wegen des Abendmahls, das Vaterunser und der Segen an das Volk. Für die Vesper bestimmte man zwei bis drei Bußpsalme mit Antiphonien und den Responsorien[84]. Dann folgte

---

83   Geschichtlich. Wilckens, Ehrentempel S. 256. – Grevii mem. Aepini p. 25. Die Gastmahls-Rechnung in Acten des Stadt-Archivs.

84   Antiphonien und Respensorien: Wechselgesänge zwischen dem Geistlichen

das Magnificat und eine Collecte. Sonntags sollte der Gottesdienst mit Vorlesung des Katechismus beginnen, worauf zwei bis drei Psalme mit Responsorien, eine Lateinische und eine Deutsche Collecte aus der heiligen Schrift und das Lateinische Te Deum laudamus folgten; der Predigt war nur wenig Zeit beigemessen. Von all diesen schönen Dingen ist jetzt kaum noch eine Spur im Gebrauch. Außerdem aber verfaßten die Superintendenten auch ein ernstes eindringliches Mandat wider die Sacramentschänder, Wiedertäufer und Gotteslästerer, welches Mandat die Rathsstühle der odgedachten Ehrbaren Städte am Sonntage Trinitatis 1535 publicirten und in Druck ausgegeben haben; worin unter Andern sehr geeifert wird gegen die erschrecklichen Ketzereien und die dem Reiche des Teufels angehörigen Irrlehren, nach welchen z.b. alle Güter der Welt, sogar Frauen und Kinder, sollten gemeinsam sein und alle Obrigkeit vertilget werden; welche Irrlehren neuerdings unter andern Namen wieder erstanden sind.

Und nachdem die geistlichen Herren ihr Werk wohl beschlossen hatten, ließ E. E. Rath, wie's von jeher so üblich gewesen und eine schöne Sitte ist, denselben zu Ehren ein köstlich Gastmahl aus der Doctorei (einem vormaligen Dom-Gebäude) veranstalten und der Rathmann, Herr Detlev Schuldorp, richtete Alles in die Wege und machte den Wirth. Um nun eimual zu zeigen, was vor 300 Jahren ein „waidlich Mahl" hieß, und wie viel es kostete, mag hier Einiges aus Herrn Detlev Schuldorp's „Rekening, wat de mahltidt derer Herren Pastoren verunkostigt heft," mitgetheilt werden.

Der Ehrengäste waren sechs, dazu kamen noch wohl verschiedene hiesige Geistliche, so wie einige Rathsherren und Oberalten; schwerlich werden mehr als 16 bis 20 zu Tische gesessen haben. Diesen wurde vorgesetzt: drei Viertel vom Reh (kosteten 21 [Sch.][85], zwei Viertel vom Kalbe (14 [Sch.]), ein Lamm (14 [Sch.]), ein Ochsenbraten (14. [Sch.]), ein Grapenbraten[86] (14 [Sch.]), einige Hechte (12 [Sch.]),

---

und der Gemeinde (dem Chor), schon im Urchristenthum gebräuchlich.

85 Schilling
86 Grapenbraten: im Grapen geschmortes zerstücktes Fleisch. Hier vermuthlich, da schon Ochsen- und Kalbfleisch vorkommt, vom Schwein. Der Ao. 1568 verstorbene Rathsherr Göbert Schröder hat 1000 Gulben den Rathsverwandten vermacht, welche von den Zinsen quartaliter einen Grapenbraten als Ergötzung haben sollten. Später nicht in natura, sondern in Geld vertheilt.

Gemüse und Kraut (29 [Sch.] 4 [d.][87]), Brot (8 [Sch.]), Kuchen (9 [Sch.]), 4 [lb.][88] Confect zum Nachtisch (3 [M.][89]). Der Koch verbrauchte an Zutaten: 4 [lb.] Speck, (4 [Sch.]), Eier (4 [Sch.]), Butter und Essig (2 [Sch.] 4 [d.]), ein Stübchen[90] Wein (6 [Sch.]), Petersilie (1 [Sch.]). An Getränken kamen auf die Tafel: sechs Stübchen ordinairer Wein (2 [M.] 4 [Sch.]), sechs Stübchen Claret (6 [M.] 14 [Sch.]) und eine Tonne Bier (3 [M.] 1¼ [Sch.]). Für Holz, Kohlen, Salz und Licht: 24 [Sch.]. Da nun auch der Koch und sein Bratenwender zusammen 10 [Sch.] Lohn bekamen und die Schulgesellen (welche vermuthlich die Aufwartung bei diesem Schmause der Pastoren gehabt oder denselben eine Tafelmusik durch frommen Gesang der Chorschüier bereitet hatten) eine Ergötzlichkeit von 24 [Sch.] erhielten, so beliefen sich in Summa die Kosten dieses Banquets auf nicht minder denn 28 [M.] weniger 4 [d.]; „das heiß ich schlampampen!"

Freilich waren damals alle Lebensmittel wohlfeiler, da das bare Geld einen unweit höheren Werth hatte; aber es war doch ein sehr mäßiges bürgerliches, ein unbegreiflich einfaches Gastmahl, nach unsern Begriffen. Da fehlten so viele uns unentbehrlich scheinende Gerichte: Austern, Gänseleber-Pasteten, Trüffelragouts u.s.w., – da waren nur zweierlei Sorten Weine, kein Portwein, kein Champagner! Da gab's sogar – Bier! Dennoch, getrunken haben die alten frommen Herren nicht übel: 1 Tonne Bier und zusammen 12 Stübchen (gleich 48 Flaschen) Wein, etwa pr. Mann 3 Flaschen, ohne das Bier!

---

87   Pfennige
88   Pfund
89   Mark
90   Ein Stübchen gleich vier Flaschen.

72. Der Frohn mißhauet einen Übelthäter[91]
(1536)

In der Nacht auf den 1. Februar 1536 wurden in Hamburg drei Menschen todt gestochen; der Mörder eines derselben wurde noch selbigen Tages in Ketten und Banden gesetzt, ein ganz junger Kerl, der früh da angefangen hatte, wo andere Übelthäter aufhören. Am 17. März wurde er von E. E. Rathe verurtheilt, und nach den üblichen drei Tagen, am 20. hinausgeführt zur Hinrichtung. Und als der Scharfrichter, um ihn zu köpfen, das Schwert schwang, versah er's und hieb zu hoch, nämlich oberhalb des Mundes hinein statt in den Hals, so daß Unterkiefer und Hals unversehrt blieben, was gräßlich genug ausgesehen haben mag.

Da aber das Volk dies sah, wurde es wild und meinte, sein Recht zu üben, wenn es über den ungeschickten Büttel herfiele und ihn tödtete. Als dieser aber das Ungewitter kommen sah, machte sich auf mit seinem Knechte und lies übers Borgfeld nach Hamm zu, und das wüthende Volk mit Geschrei und Steinwürfen setzte ihm nach. Die Reitendiener ritten auch nach und sprengten zwischen den Flüchtenden und dem Volk hin und her, damit sie letzteres etwas zurückhielten. So bekam der Frohn Luft und erreichte das feste Haus beim Hammerbaum und zog hinter sich die Zugbrücke auf. Während er nun verschnaufte und das Haus von Innen verrammelte, hatte das Volk die Zugbrücke niedergeworfen, und begann mit Bäumen die Thüre zu stürmen.

Mittlerweile hatte E. E. Rath in der Stadt diese Ereignisse vernommen, und schickte nun, was an Reitendienern und Reisigen in der Eile aufzutreiben war, mit Spießen, Schießröhren und Haken bewaffnet hinaus. Als sie zum Hammerbaum kamen, war es die höchste Zeit. Der Frohn und sein Knecht hatten sich tapfer gewehrt, ihr Leben theuer verkaufen wollen, und von oben herab Steine und Ziegel auf das Volk geworfen, davon ein Kerl todt geblieben und mehrere verwundet wa-

---

[91] Diese in mehrfacher Hinsicht lehrreiche Geschichte erzählt ein Gleichzeitiger im I. Hefte der Hamb. Chroniken, herausg. von Lappenberg S. 107.

ren. Aber den Angriff der Reisigen hielt das Volk nicht aus, so daß der Frohn und sein Knecht, die sich schon ihres Lebens verziehen hatten, befreit, und Abends gegen 5 Uhr sicher in die Stadt geleitet werden konnten.

Der arme Sünder hatte übrigens trotz dem, daß er „mißgehauen" war, dennoch an jenen Fehlstreiche des Frohns sein junges Leben gelassen. Er blieb auch todt, trotz der Rache, die das Volk zu nehmen gedachte. Aber eine gute Folge hatte die Sache doch für ihn oder für seine Familie. Sein Körper wurde nämlich nicht wie sonst bei Enthaupteten gebräuchlich, mit aufgepfähltem Kopf aufs Rad gelegt, oder als Cadaver eines Maleficanten auf dem Galgenfelde verscharrt. Denn sein Stiefvater nahm gleich vier erbgesessene Bürger zu Zeugen, daß der Delinquent „übel gerichtet" sei, und damit bewies er klärlich, daß ihm zuviel geschehen sei, was über Recht und Urtheil hinaus gehe, was also nicht anders gebessert werden könne, als durch ein ehrlich Begräbniß. Da nun auch der arme Teufel gar nicht eigentlich enthauptet folglich das übliche Verfahren nicht genau anzuwenden war, so gab E. E. Rath zur Beruhigung der aufgeregten Gemüter darin nach, und ließ es geschehen, daß der Körper im anständigen Sarg in St. Jürgen beerdigt wurde. Für solche Milde aber erholte er sich auch wieder an den Anstiftern des Aufruhrs. Alle, die den Frohn thätlich verfolgt und ihn im Hammerbaum belagert hatten, soweit man ihrer habhaft werden konnte, wurden mit Gefängniß oder Geldbußen bis zu 10 Jochimsthaler angesehen; und einige, die deshalb entwichen waren, mußten bei ihrer Rückkehr ebenmäßig tüchtig bezahlen, was man damals nannte: „in die Büchse blasen."

73. Wahrhaftige Historia von der Anwesenheit des Königs Christian III. von Dänemark in Hamburg[92]

(1538)

I. Ankündigung

Es war im März 1538, als zu Braunschweig eine Versammlung der Fürsten und Stände des Schmalkaldischen Bundes stattfand, woselbst über evangelische Angelegenheiten geredet und gehandelt wurde. Die Hamburgischen Abgesandten daselbst waren Johann Rodenborg, Bürgermeister; Vincent Moller, Rathmann, und Magister Hermann Rover, Secretarius, nebst Gefolge von Reisigen, 28 Pferde stark. Während solcher Verhandlungen eröffnete nun der gleichfalls anwesende König Christian III. von Dänemark unsern Gesandten, wie er gesonnen sei, auf seiner Heimreise die Stadt Hamburg zu besuchen, nicht nur, um daselbst einige Händel des Dom-Capitels zu schlichten, sondern auch, um die Erb-Huldigung des Raths und der Bürgerschaft entgegen zu nehmen, die seit seiner Thronbesteigung (1533) annoch rückständig sei; worauf unsre Gesandten nicht verfehlten, königlicher Majestät in verbindlichen Worten die ungemeine Freude der Stadt auszudrücken über die frohe Aussicht, Hochdieselben einmal wieder in ihren Mauern zu beherbergen; über den Huldigungs-Punkt jedoch gingen sie vorerst mit weisem Stillschweigen hinweg. Übrigens berichteten sie sogleich die wichtige königliche Eröffnung an E. E. Rath und sandten Etliche ihres Gefolges damit gen Hamburg.

---

92 Durchaus geschichtlich, vorzüglich dem Plattdeutschen Bericht eines Augenzeugen, Heft 1, S. 151 ff. der von Lappenberg herausg. Hamb. Chroniken, nacherzählt. Viele Einzelheiten sind aus andern handschriftl. und gedruckten Chroniken eingefügt.

II. Empfangs-Vorbereitungen

Sobald E. E. Rath die Botschaft vernommen, berathschlagte er fleißig, was zu thun sei, um Ihrer Majestät einen guten, auch der Stadt nützlichen Empfang zu bereiten. Der König, der allen Bürgern noch in gutem Gedächtniß war, seit er Ao. 1525 als leutseliger und ritterlicher Herzog Carsten, damaliger Kronprinz, alle Herzen gewonnen hatte, verdiente schon deshalb ein Übriges. Dazu kam, daß es galt, der Stadt seine Gewogenheit, zumal in den bevorstehenden kriegerischen Zeiten, zu erhalten, um in dem mächtigen Nachbarn und starken Schirmherrn auch einen guten Freund zu besitzen. Aber mehr als Schirmherr durfte er nicht heißen, und deshalb war die angemuthete Erb-Huldigung der kitzliche Punkt, um den herumzukommen und doch den König zu befriedigen, die hochweisen Herren ihre Gedanken waidlich ergehen ließen.

Der Monat April verging fast mit solchen Berathungen. Endlich war alles in Betreff der Feierlichkeiten beim Einzuge, der Beherbergung, der Bewirthung, auch in Betreff der anzustellenden Festivitäten in Ordnung. Und da der Rath noch von Ao. 1525 sich entsann, daß königliche Majestät ein „sonderbarer Liebhaber derer Turniere" sei, so traf er auch hierfür die nöthigen Anstalten und ließ den Hopfenmarkt mit Schranken gehörig herrichten. Und die Marschleute aus Billwärder wurden befehligt, die Pflastersteine aufzubrechen und die aus den Geestdörfern mußten den Platz mit Sand befahren, das war am 29. April; und am 30. April war die Rennbahn fertig.

Und am 30. April war E. E. Rath auch fertig mit seinem Entschlusse, wie der kitzliche Punkt zu behandeln sei, und zwar in der Weise, daß man dem Könige als Herzog von Holstein für sich und seine unmündigen Brüder Adolf, Johann und Friedrich zwar eine schirmherrliche, aber keine erbunterthänige Huldigung darbringen wolle. Und selbigen Tages forderte der Rath 20 gute Bürger aus jedem der vier Kirchspiele aufs Rathhaus, denen legte er seine Beschlüsse vor. Und die Bürger, die eigentlich von gar keiner Huldigung wissen mochten, sahen doch die Person des guten Königs und den Drang der Umstände an, und waren damit friedlich. Und auf freundliches Begehren des Raths gelobten sie ferner, daß sie an dem Tage des Actes in ihren besten Kleidern aufs Rathhaus kommen wollten, um das Werk vollbringen zu helfen.

So weit waren denn die Vorbereitungen getroffen, als der Einzug nahe bevorstand. Unsre Gesandten waren längst von Braunschweig zurück, und der König schon in Lauenburg, bei Herzog Magnus, seinem Schwiegervater, woselbst er seine Gemahlin Frau Dorothea und seine Schwester Fräulein Elisabeth vorfand, mit welchen er dann die weitere Reise antrat.

III. Des Königs Ankunft

Der Tag der Ankunft des Königs war der 1. Mai, Mittewochs vor dem Sonntage Misericordias Domini. Da machten sich auf, den Majestäten entgegen zu reiten, sie an der Grenze zu empfangen und herein zu geleiten: die Bürgermeister Albert Westede und Johann Rodenborg, und mit ihnen 14 der angesehensten Bürger: Claus Rodenborg, Tilo Rigel, Hinrich von Holte, Jochim Twestreng, Hermann von Hutlem, Hans Wichtenbeck, Jochim Schuldorp, Jost Rover, Jochim Meiger, Johann Luchtenmaker und Andere mehr; allesammt in prächtigen Rüstungen und Harnischen, und hinter ihnen her ritten noch im besten Waffenschmuck wohl 60 Reitendiener und Reisige von den Söldlingen der Stadt.

Als der König auf die Grenze gekommen ist, haben die Bürgermeister ihn mit einer sehr wohl gesetzten Anrede schön willkommen geheißen, worauf er gar freundlich geantwortet, und den Zug fortgesetzt hat. Und gegen 4 Uhr Nachmittags ist der hochgeborene und durchlauchtige König Christianus in großer Herrlichkeit und Pomperei durchs Dammthor in die Stadt gezogen. Sein Gefolge war über 400 Pferde stark, und war meist in Blumengelb gekleidet, die vom Adel aber, so darunter, halb in Blumengelb, halb in Sammet, eine Falte so, die andre so. Voran ritten 12 Trompeter und ein Paukenschläger, sodann ritt der Königin Bruder, der junge Fürst Franz von Lauenburg, und ein Theil der Ritter und Junker, dann kam königliche Majestät selbst; und ihm zur Seite ritt die Königin, und beide grüßten leutselig rechts und links gegen die vielen tausend Zuschauer, die sie mit Jubel willkommen hießen. Dicht hinter dem Könige ritt sein erster Geheimer Rath und Marschall, Herr Johann Rantzau, zwischen den beiden Bürgermeistern von Hamburg, dann folgten wieder Herren vom Adel und die 14 vornehmen Hamburger Bürger; und die Knappen, Trabänten, Reitendiener und Reisige machten den Beschluß. Und im Thor war ein Stand hergerichtet, da hatte E. E. Rath seinen Platz, und dahinter waren die Musikanten, die machten mit Diskanten (Violinen), Violen, Positiven und Fiedeln eine gar feine Musik und hießen also den König willkommen. Und zu dieser artigen Musik erscholl das Schmettern der Zinken und Trompeten und das Dröhnen der Pauken; von den Kirchthürmen herab tönte das feierliche Glockengeläute, und von den Wällen donnerten die großen Karthaunen, alles Ihren Majestäten zu Lieb und Lust – es war ein herrlicher Ohrenschmaus, zumal bei den Kanonen, für Alle, die solch „Gepölder" gut leiden können. Also ehrenreich wurde der König empfangen, durch die Schmiede- und Reichenstraße zum Rathhause geleitet, das mit frischen Maienzweigen geziert war, und von dort unter tapferer Musik der Spielleute und Sänger in die für ihn bereitete Herberge geführt, in Eberhard Huge's Hause.

Desselbigen Tages kam auch mit stattlichem Gefolge der junge Herzog Franz von Lüneburg an, der bekam sein Quartier in Jürgen von Zeven's Hause in der (alten) Gröningerstraße, in demselben großen Gebäude, welches hernach bis 1805 die Englische Gesellschaft innegehabt hat, worauf es 1819 abgebrochen ist, um der neuen Gröningerstraße Platz zu machen.

Am folgenden Tage, Donnerstag, den 2. Mai, ist der König, von seinen Rittern und Junkern zu Fuße begleitet, feierlich nach der St. Catharinen-Kirche geritten. Da wurde discantirt und das Te Deum laudamus gesungen, und der Pastor, Herr Stephan Kempe, hielt einen schönen Sermon. Nach Mittag ist der König, der schon von dem bevorstehenden Turnier vernommen, nach der Rennbahn auf dem Hopfenmarkt geritten; daselbst hat er alle Anstalten besichtigt und gut befunden, auch seine Hengste darauf versucht.

IV. Von Staats-Geschäften

Am Freitage, den 3. Mai, Nachmittags, ist der König mit seinen Räthen aufs Rathhaus geritten, um in der Papen-Sache zu verhandeln; daselbst waren die Herren des Raths und sechs Bürger aus jedem Kirchspiele, sammt unserm Superintendenten Dr. Aepinus und Pastor Stephan Kempe einerseits, und die Herren vom Dom-Capitel andrerseits, deren Zwistigkeiten der König zu vertragen suchte, wobei er großen Fleiß anwandte, um diesen ärgerlichen Handel gütlich beizulegen. Es kam aber zu Nichts, denn es fand sich, daß die Papen keine genügende Vollmacht hatten zur Verhandlung, weshalb sie auch vom Könige einen guten „Schraper" (Ausputzer) bekamen. Darnach, am Sonnabend, den 4. Mai, fand die wichtige Verhandlung wegen der Huldigung statt, von der noch Niemand wußte, wie sie enden würde, ob zum Heil und Frieden, oder zum Unglück und Krieg. Darum war verabredet, daß man zuvor im feierlichen Gottesdienst den Segen des Allerhöchsten herabrufen wolle auf das vorhabende Werk, damit das Auge klar und das Herz fest werde, Recht und Gerechtigkeit, auf welcher Seite es sei, zu sehen, und darnach zu handeln. Also zog Morgens früh der König mit seinem ganzen Gefolge fein demüthig zu Fuße nach St. Nicolai-Kirche, allwo ihm ein Gestühlte eingerichtet war. Und E. E. Rath in corpore und E. Oberalten, auch die für den heutigen Act geforderten 80 Bürger (20 aus jedem Kirchspiel), imgleichen noch viele andere Bürger und ansehnliche Personen waren gegenwärtig in ihrem besten Gewande und Schmuck. Und nach dem Gesang hielt der Superintendent, Herr Dr. Aepinus, einen gar erwecklichen Sermon und erflehte Gottes Segen auf das vorhabende hochwichtige Werk herab.

Nach Beendigung des Gottesdienstes kamen alle Betheiligten auf dem großen Rathhause zusammen. Und auf der einen Seite der Halle saß in einem Armsessel der König; sein Geheimer Rath Johann Rantzau stand neben ihm, die übrigen Räthe und Ritter aber standen dahinter. Auf der andern Seite saß auf einem Stuhle der worthaltende älteste Bürgermeister Dietrich Hohusen, ein hochbejahrter rüstiger Herr, schon 33 Jahre im Rathe und seit 21 Jahren Bürgermeister; und zu seinen beiden Seiten hatten die übrigen Bürgermeister und sämmtliche Rathmannen nebst den Secretarien ihren Platz, dahinter standen die 80 Bürger, je 20 nach ihren Kirchspielen. Und nachdem des Königs Canzler die Forderung wegen der Erbhuldigung gestellt und die Väter der Stadt vermahnt hatte, ihre Schuldigkeit zu bedenken und ihrer Lehnspflicht zu ihren Oberherren, dem Könige und seinen Brüdern, als Herzogen von Holstein, zu genügen, da erhub sich der alte Herr Hohusen, antwortete mit ebenso höflichen und gütlichen als ernsten und festen Worten, und zeigte, wie laut uralter Privilegien und Verträge die Stadt keine Holsteinische den Herzogen erbunterthänige Landstadt, sondern eine reichsunmittelbare sei, wie die Bürger die von den Vorfahren errungene Freiheit als ihr höchstes Gut würdig zu bewahren trachteten, und davon nicht lassen könnten, selbst wenn ihnen kein ausdrücklich Huldigungs-Verbot des Kaisers zur Seite stünde; eingedenk aber nicht nur der werthen

Freundnachbarlichkeit, sondern auch der vielen von Seiner Majestät und dero glorreichen Vorfahren der Stadt erzeigten Guttaten und Gnaden, eingedenk auch der den Herzogen hiesigerseits nicht in Abrede gestellten Schirmherrlichkeit, wollten Rath und Bürger mit Freuden königliche Majestät und dero durchlauchtige Herren Brüder als Herzoge von Holstein anerkennen und als der Stadt Schirmherren annehmen, als solchen ihnen auch treu und hold sein, woferne königliche Majestät dagegen die uralten Freiheiten, Privilegia und Gerechtigkeiten der Stadt anerkenne und ihre Aufrechthaltung gelobe. Und während noch Einiges pro et contra geredet wurde, mochte sich wohl der König von dem Rechte der Hamburger überzeugt haben, wie auch deren standhafte Behauptung der ererbten Freiheit und die so ehrerbietige als feste Rede des alten Hohusen ihm wohlgefallen hatte. Dazu gab's damals ernstere Welthändel zu bedenken. Genug, der König sprach: In Gottes Namen, Ja, er sei's zufrieden, und wurde sodann die Anerkennungs- und Annehmungs-Formul ganz in der Weise beliebt, wie sie bei Zeiten der Könige Christian I., Johann und Friedrich I. stattgefunden hatte. Und stehenden Fußes und entblößten Hauptes sprachen der Bürgermeister und sodann der König die Formuln aus, und letzterer bestätigte damit alle unsre Freiheiten und Gerechtigkeiten und gelobte, die Stadt zu vertheidigen und gegen sie zu handeln, als ein frommer Fürst von Rechtes wegen thun soll. Und darauf gaben die Zweie sich einen ehrlichen Handschlag an Eides Statt; und alle Rathmannen und Bürger traten zum König und jeder gab und empfing einen Deutschen Handschlag.

So war nun diese wichtige Sache glücklich abgehandelt und jeder Theil völlig zufrieden gestellt und lobte Gott im stillen Herzen. Und der alte Herr Hohusen strich sich vergnügt den silberweißen Bart und ließ durch den Herrenschenken und die Diener Zuckerkraut (Confect) und Rheinischen Wein umherreichen, und jeder anwesende Mann, Fürst, Rathsherr, Ritter oder Bürger nahm sein Glas und trank's dem andern zu nach altem Brauch. Und die Bürger traten vor und boten dem König Gruß, Glück und Heil. Und der König antwortete „Dank habet's ihr lieben Herren und Bürger!" Und darauf lud der König in freundlicher Rede Bürgermeister und Rath, so wie alle anwesenden Bürger auf des nächsten Tages Abend zu Gaste, welche Einladung Herr Dieterich Hohusen im Namen Aller mit geziemender Dankbarkeit annahm. Darnach hob der König die Sitzung auf und verließ, von der ganzen Versammlung begleitet, das Rathhaus, um in seine Herberge zu gehen.

V. Von allerlei Lustbarkeiten

Selbigen Tags (den 4. Mai), nach glücklicher Erledigung der Staatsgeschäfte, speiseten die Majestäten zwar zur Erholung allein in ihrer Herberge, für den Abend aber hatten sie E. E. Raths höfliche Einladung zum Banquet und Tanz auf dem Eimbeck'schen Hause freundlich angenommen.

Gegen acht Uhr Abends kamen also die Fürstlichkeiten mit Ritter- und Adels-Gefolge und allem Hofgesinde aufs Eimbeck'sche Haus, allwo E. E. Rath sie gar herrlich mit Trompeten und Pauken empfing. Oben in der großen Halle waren die 80 Bürger sammt ihren Hausfrauen, Töchtern und Söhnen in Sonntagsröcken und Festgeschmeide schon versammelt. Und das Tractement, so der Rath aus Stadt-Kosten den Herrschaften vorsetzte, war über die Maßen gut, und machte dem Raths-Koch wie dem Raths-Kuchenbäcker, imgleichen dem Schenken und dem Kellerhauptmann alle Ehre. Und die Königin erfreute bei diesem Tractement ihr Gemüte also, daß sie dem Bürgermeister laut zurief, daß man doch in Hamburg so ausnehmend gut wie nirgendwo in der Welt zu speisen verstehe, – welche gerechte Lobpreisung unsrer guten Stadt zu vernehmen, denen Herren des Raths wie sämmtlichen Bürgern eine ungemeine Freude verursachet hat. Und nach eingenommener Collation spielten die Raths-Musikanten auf, mit allen Violen, Geigen, Flauten, Zinken und Trompeten. Der Tanz begann mit der ernsthaften Sarabande, die der König mit der ältesten Frau Bürgermeisterin und die Königin mit dem ältesten Bürgermeister, Herrn Hohusen, eröffnete; und ferner wurde getanzt und hofirt und courtoifirt, daß es Art hatte, und die jungen Hamburger Bürgerssöhne meinten darin den Rittern und Junkern vom Hofe mit Nichten nachzustehen und machten ihre Sachen gut, und die Hoffräulein mochten ebenso gern mit ihnen tanzen, als die Ritter und Junker mit den schönen Bürgerstöchtern. Und der König, ein in allen ritterlichen Künsten gar gewandter Herr, tanzte so dannig und drade (flink) mit den Bürgersfrauen als sonst mit den Hofdamen. Also endete denn dieser wichtige Tag mit einem frohen Feste in allgemeiner Lust und Freude.

Nächsten Tages, am 5. Mai, war der Sonntag Misericordias Domini. Da ritt der König nebst Gefolge zum Dom und nahm seinen Platz auf dem hohen Chor, wo man nach altem Brauch das Evangelium absang. Die beiden jungen Fürstensöhne, Franz von Lauenburg und Franz von

Lüneburg, stunden bei ihm. Und nach dem Evangelium wurde die Orgel gespielt und vielstimmig gesungen: Te Deum laudamus. Und weil der König Herrn Stephan Kempe, den Pastor zu St. Catharinen, gern gehört hatte, so hielt derselbe auch heute den Sermon. Er predigte über das Evangelium: „Ego sum pastor bonus, ich bin ein guter Hirte," wobei er viele seine Nutzanwendungen für die Hirten der Völker, die Fürsten, anbrachte. Darnach wurde gesungen: „victimae pascali laudes," damit schloß der Gottesdienst.

Zur Mittagstafel in des Königs Herberge kamen geladenermaßen sämmtliche Herren des Rathes und die Bürger. Da zwar alle achtzig gebeten waren, aber nicht Platz gefunden hätten, so erschienen auf des Raths Anordnung aus jedem Kirchspiel nur fünf, mithin zwanzig zusammen. Die beiden jungen Fürsten waren auch recht lustig dabei. Das Gastmahl fand zur frühen Stunde statt, etwa um 10 Uhr, und als es 11 Uhr schlug, da hob der König die Tafel auf. Denn es sollte Nachmittags das Turnier sein, und er mochte lieber die Zeit diesem Vergnügen, als den Freuden der Tafel gönnen.

VI. Vom Turnier

Gleich nach der Mahlzeit ritt der König, in eitel Roth gekleidet, nach der Deichstraße am Orde des Hopfenmarktes, da war seine Rüstung. Bald darauf kam er ganz in Grün gekleidet auf die Rennbahn geritten und tummelte sein Roß so ritterlich, daß Jedermann ob der Reiterkunst Sr. Majestät sich freute. Abermals ritt er in seine Herberge und ließ sich einen Stechharnisch anlegen. Mittlerweile kamen die Königin und die Prinzeß Elisabeth mit ihrem Hofstaat angeritten, die nahmen alle ihren Platz der Rennbahn gegenüber in des Rathsherrn Joh. Wetken Hause, in der oberen Dönns. Auch kam zu derselben Zeit unser Rath mit den Vornehmsten des Adels, die nahmen Platz auf dem Hopfensaal, zur Seite der Rennbahn. Darnach kam der König im Stechharnisch angeritten, die beiden jungen Fürsten von Lauenburg und von Lüneburg führten ihm die Schilde vor. Seine Edelleute gingen neben ihm, die trugen weiße Hemden über den Wämsern, und goldne Ketten am Halse, und Perlenkränze im Haare und hatten ihre Gesichter geschwärzt wie die Mohren. Der König aber war sehr köstlich in Grün gekleidet und forderte ein Stechen mit dem Ritter Christopher von

Veltheim, wobei die beiden jungen Fürsten neben dem König liefen; und die Trompeten schmetterten, das Stechen ging los, die Turnierer ritten auf einander, und trafen sich Beide gut. Der König stach Heren Cristopher herunter, fiel selbst aber auch von der Gewalt des Stoßes zu Boden. Schnell halfen seine Junker ihm wieder auf.

Darauf turnierten andere Ritter mit einander, der blieb fest im Sattel, jener wurde in den Sand geworfen; oft fielen Beide. Nach Verlauf einer Stunde stach der König abermals mit einem andern Edelmann, den stach er ab, daß er unsanft vom Pferde kam. Darnach stach derselbe Edelmann mit Christopher von Veltheim, und beide fielen ab. Darauf stach ein Paar in Kürassen, der Eine kam zweimal zu Falle; ein anderes Paar stach scharf, auch der junge Lauenburger Fürst turnierte im vollen Küraß mit zweien Rittern; und so ging das Turnieren fort, so lange noch einige Ritterbürtige da waren, die solcher Ergötzung zu Liebe Knochen und Haut feil tragen mochten.

Als nun dieser Lust genug gethan war, begann eine andere. Abends gegen 8 Uhr fand abermals auf dem Eimbeck'schen Hause ein Banquet und Tanzgelag statt; König, Königin und Prinzessin, die jungen Fürsten und alle Ritter, Junker und Hofdamen waren zugegen und tanzten bis 10 Uhr. Dabei ward geschenkt Rheinwein, Eimbecker Bier, Hamburger Bier, so viel als man nur trinken konnte und mochte; es ging hoch her, und wohl an 100 Gläser wurden bei dem Vergnügen entzwei gestoßen. Darnach auf die Letzt wurde der König von all den guten Dingen so ausnehmend lustig, daß er in seiner Fröhlichkeit der Königin die Flege (Haube) vom Kopfe stieß, und dann allen andern Frauen und Jungfern desgleichen, so daß sie Alle in bloßen Köpfen und fliegenden Haaren tanzten, was gar „kürig und spaßhaft" zu sehen gewesen ist.

VII. Abermals Arbeit, adermals Kurzweil

Montag, den 6. Mai, Vormittags, ritt der König wieder aufs Rathhaus und handelte fleißig in der Papen-Sache bis Mittags. Es wollte wieder nichts helfen, die Katholischen vom Capitel forderten vom Rath die Herstellung der abgeschafften Ceremonien, und zumal die Wiedererstattung der dem Lutherthume zugewendeten Kirchengüter, als ursprünglich für den katholischen Gottesdienst bestimmte Stiftungen, und ein Spruch des Reichs-Kammergerichts zu Speyer stand den Papen zur Seite. Der Rath aber vermeinte, da es in Hamburg keine katholische Gemeinden mehr gebe, so müßte das streitige Vermögen den evangelischen Kirchen zu Gute kommen. Daß nun der König als eifriger Protestant den Papen nicht grade beistand, ist zu denken. Und daß diese, auf Urthel und Recht fußend, in nichts nachgaben, gleichfalls. An demselben Tage vollzog der König auch den neuen Pergamentbrief, der seine Bestätigung der Hamburger Freiheiten und Rechte enthielt, mit seines Namens Unterschrift in Vieler Gegenwart, worauf die Urkunde dem Rathe feierlich übergeben wurde. Zur Erholung nach diesen Staats-Actionen, und zur Verdauung nach eingenommener Mahlzeit turnierte der König Nachmittags von halb drei Uhr an mit den beiden jungen Fürsten und 15 Herren, Alle im vollen Küraß, bis gegen fünf Uhr. Und Abends gab's wiederum Kurzweil auf dem Eimbeck'schen Hause, da wurde in der Majestäten Gegenwart zu Fuße turniert und getanzt. Da stand auch ein Banquet bereit, da machten sich die Herrschaften fröhlich, so daß die Lustbarkeit gar bis 4 Uhr Morgens dauerte.

Dingstag, den 7. Mai, ruhete der König ein wenig aus, Nachmittags fuhr er auf der Alster in einem kleinen, schön verzierten Ever spatzieren. Hernach gegen 5 Uhr, da er wieder in seiner Herberge in Ebert Huge's Hause war, überraschten die beiden jungen Fürsten von Lauenburg und von Lüneburg die königlichen Personen gar ergötzlich; sie kamen nämlich in prächtiger Verkleidung als Mohren und hatten ihre Antlitze schwarz bemalt, so auch die ihrer Diener, und ließen vier Geiger voraufgehen und lustig streichen, und brachten also dem Könige einen Mummenschanz zum Valett. Denn noch selbigen Abends um 10 Uhr beurlaubten sich die beiden jungen Fürsten vom Könige und der Königin, und fuhren in einem Ever die Elbe hinauf nach Winsen.

Am Mittwoch, den 8. Mai, handelte der König noch einmal (aber in seiner Herberge) in der Papen-Sache von Morgens 7 bis Nachmittags 2 Uhr, also 7 Stunden lang, was keine Kleinigkeit ist. Und obwohl der König sich selbst so großer Mühe dabei unterzog, so haben doch die Papen in keiner Weise sich schicken wollen. Blieb also diese leidige Stadtsache noch unausgetragen.

VIII. Abreise und Schluss

Am Donnerstag, den 9. Mai, also am neunten Tage nach des Königs Ankunft, erfolgte die Abreise Ihrer Majestäten. Nach dem glänzenden Einzuge und herrlichen Empfange, und nach so manchem kostbaren Beweise der Gastfreiheit der Hamburger, hatte der König sich alle Feierlichkeiten beim Abzuge freundlich verbeten, und wollte ganz incognito, ohne daß irgend Aufhebens davon gemacht werde, sich verabscheiden. Es war früh Morgens, als er seinem Wirth Ebert Huge zum Balett die Hand reichte und mit kleinem Gefolge von fünf Reitern durch die Stadt nach dem Dammthore ritt. Dort sah man den König im grauen Mantel rasch zum Thore hinaussprengen und nach dem Grindel reiten; da war der Sammelplatz seines Gefolges. Dort traf auch gleich nach ihm seine Gemahlin ein. Und als 40 Mann beisammen waren, setzte der Zug sich in Bewegung und verließ bald darauf die Hamburger Grenze.

Und hiermit endet die wahrhafte Geschichte von des glorwürdigen Herrn Christian III., Königs von Dänemark, hochpreislicher Anwesenheit zu Hamburg vom 1.–9. Mai 1538.

74. Der Schar-Kapelle Säcularisirung[93]
(1538)

Zur Zeit der Kirchen-Reformation kam auch, im Jahre 1531, die Reihe an die alte Kapelle am Scharthor, in welcher das uralte Mutter-Gottes-Bild stand, von dem oben erzählt ist. Wie's mit der Zerstörung im Innern zuging, weiß man nicht mehr, nur so viel, daß die Altäre, Bilder und Heiligthümer umgerissen und zertrümmert wurden. Das Gebäude wurde sodann als ein Büchsenhans benutzt, in welchem Schieß-Gewehre Pulver und Blei aufbewahrt waren. Der Rath aber säcularisirte die Kapelle, und zog für die Stadt-Casse alles Vermögen derselben wie der Jacobs-Brüderschaft ein. Von den Renten der letzteren erhielten arme lutherische Prediger milde Gaben. Die Kleinodien der Kapelle, darunter an Gold- und Silber-Sachen viele Monstranzen, Altarkelche und Patenen, Crucifixe, Apostelbilder u.s.w., auch eine feine Krone zum St. Marien-Bilde gehörig, – diese Kleinodien ließ E. E. Rath an den Stadtmünzmeister Illies Rode verkaufen. Auch die sonstigen Zierathen des Gnadenbildes, imgleichen die Chorröcke, Meßgewänder u.s.w. wurden verkauft. Und all diese Güter wurden bei Heller und Pfennig verzeichnet, weil sie der Stadt-Casse zu Gute kamen; wo aber das Mutter-Gottes-Bild, dies uralte Heiligthum unsrer gottseligen Vorfahren geblieben, das meldet keine Kunde; vielleicht wurde es von Bilderstürmern zertrümmert, vielleicht heitzte es den Ofen irgend eines eifrigen Anti-Papisten.

Um 1538 wurde aus dem Gebäude der vormaligen Kapelle ein

---

93 Geschichtlich. Kiehn, das Hamb. Waisenhaus. S. 11. und 255, woselbst auch die Sage von den gespenstischen Poltergeistn. – Allgemein hat man unter Büchsenhaus ein Armenhaus verstanden, vor welchem mit einer Büchse gesammelt sei. Eine Acte des Stadt-Archivs stellt es aber außer Zweifel, daß darunter ein Arsenal zur Bewahrung von Geschützen aller Art (Büchsen) zu verstehen ist. – Ein sachkundiger Aufsatz in den Wöchentl. Nachrichten von 1808, No. 31, verlegt die Clemens-Kapelle (die man für identisch mit der Schar-Kapelle hält) vors Thor in die Gegend das Eichholzes.

Getraide-Magazin. Nach einigen Jahren aber begann es nicht geheuer darin zu werden. Arbeitsleute, die noch spät Abends mit Kornumstechen beschäftigt waren, hatten befremdliches Geräusch und Gepolter vernommen; welches dann so schreckhaft sich anhörte, daß sie davor schleunig entwichen waren. Die am Scharthore Wacht haltenden Landsknechte wußten von gar bedenklichen Rumorem in der nahen Kapelle zu erzählen, und alle Nachbaren klagten über ähnliche nächtliche Beunruhigungen. Kluge Leute meinten zwar, das Rumoren thäten Ratzen und Mäuse, die etwa im Korn herumspökten. Aber das Aechzen und Seufzen, das häufige Schimmern von Lichtern wie beim abgeschafften Kirchendienst, die ganz vernehmbaren Schritte und Tritte vieler Menschen, wie bei den vormaligen Processionen in der Kapelle, alles um Mitternacht, – das konnten doch unmöglich Ratzen und Mäuse verursachen! In den Nächten vor den Marienfesten war es besonders stark mit dem gespenstischen Gottesdienste, während zu andern Zeiten das bloße Rumoren und Poltern ganz grausam überhand nahm.

Das währte so fort, 40, 50 Jahre und länger. Der Sohn hörte es vom Vater erzählen, der Enkel vom Großvater, daß es im Korn-Magazin in der vormaligen Schar-Kapelle unrichtig sei und spöken thäte, und daß es sonder Zweifel der St. Anscharius selber wäre, der aus Betrübniß über die Entheiligung einer von ihm geweihten Stätte mit Seufzen und Wehklagen darin umginge; und daß die Geister aller der frommen Priester die einst hier Gottesdienst gehalten, nun zur mitternächtlichen Stunde stille Messen läsen; und endlich, daß das ganz erschröckliche Poltern von den Geistern der ehrsamen alten Jacobs-Brüder herrühre, die in derber Schifferweise ihre Entüstung über den Mißbrauch ihrer frommen Stiftung durch solch herzerschütterndes Lärmen kund thäten. Und manch' guter Bürger, der unsrer Vorfahren gedachte und ihre Ruhe in Gott gern ungestört ließ, schlug in sich, erkannte das Unrecht, das allemal darin liegt, wenn das, was für geistliche Zwecke gestiftet ist, einer weltlichen Nutzung überliefert wird; und sann auf Gutmachen durch Verwendung der säcularisirten Kapelle und ihres Vermögens zu einer neuen christmilden Stiftung. Und darum kam's Ao. 1597, zu dem Rath- und Bürgerschluß: daß an dieser altgeweihten Stätte ein Waisenhaus aufgerichtet und demselben alles Vermögen der Kapelle und der Jacobs-Brüderschaft zugewiesen werden sollte, wozu Jochim Biel, ein wackrer Bürger in St. Catharinen-Kirchspiel, der diese gute Sache eifrigst gefördert hatte, ein ansehnliches Capital vermachte. Und im Jahre 1604 war das Waisenhaus auf dieser Stelle gebaut und bald darauf auch ein Kirchlein darin zum Gottesdienst geweiht.

Damit scheinen St. Anscharius, die alten Priester und die Jacobs-Brüder, in die veränderte Zeit sich schickend, friedlich gewesen zu sein, denn kein Spuk ist seitdem wieder daselbst vernommen. Wie es aber gegenwärtig damit steht, seitdem 1781 das neuere Waisenhaus in der Admiralität-Straße erbaut, und 1801 das bis dahin als Schul- und Arbeitshaus der Armen-Anstalt benutzte Gebäude verkauft, abgebrochen, und der alte classische heilige Platz der Schar-Kapelle mit Häusern und Speichern bebaut worden ist – darüber hat man nichts in Erfahrung bringen können.

75. Wibeke, die Putzenmakersche[94]
(1541)

Noch heut zu Tage benennt das Volk ein Weib, das mit Lug, Trug und Schwindeleien umgeht, mit dem wunderlichen Namen „Putzenmakersche," woraus denn Andere, die gern Hochdeutsch reden, noch seltsamer eine „Putzmacherin" bilden und damit auf das ganze ehrbare Näh- und Putz-Geschäft ein verkleinerndes Streiflicht werfen. Jenes Wort aber rührt her von Possen machen, womit nicht nur harmlose „Narrens-Possen," sondern alle Arten bertüglicher auf Gewinn abzielenden Schwindeleien verstanden waren. Der Ausdruck ist alt, wenn gleich die Sache noch viel älter ist.

Solch' eine Putzenmakersche war auch ein Landweib, Wibeke, gebürtig aus Moorwärder, von geringer Herkunft, aber mit gewaltigem Mundwerk begabt. Die lies in der Stadt umher, log ehrlichen Leuten schlechte Ware für gutes Geld an, trog ihnen unter allerlei Vorwänden Geschenke ab und machte Wind und Possen wie die geschickteste Gaunerin. Und wenn eine Manier nicht länger ziehen wollte, so erfand sie flugs eine andere. Ao. 1537 hatte sie das Gevatterbitten erfunden, damit betrog sie die halbe Stadt und schwindelte ein Erkleckliches zusammen. Da sie nämlich seit Jahren in den guten Häusern aus- und eingegangen war, so kannte sie alle Familien-Verhältnisse und Umstände, auch die anderen oder interessanten der Frauen, ganz genau. Wo's denn halbweges paßte, da ging sie in ein Haus, vermeldete ein feines Compliment von Diesem oder Jenem, seine Frau Liebste wäre von einem Kindlein verlöset worden, und er lasse schön zu Gevatter bitten u.s.w. Damals mochten die Leute noch gern Gevatter stehen und Pathen Stelle vertreten, die Taufschmäuse und Kindelbiere waren auch nicht zu verachten, darum blieben sie nicht lange bei Betrachtung der

---

94 Unzweifelhaft historisch, Plattdeutsch erzählt im Heft 1, S. 137 der von Lappenberg herausg. Chroniken. Die Bezeichnung „Putzenmakersche" erklärt Richey, Idioticon Hamb. S. 197.

Ansagerin stehen, sondern verabreichten ihr ein honettes Biergeld; und wenn sie dann am dritten Tage wohlgeputzt zur Taufe zu kommen gedachten, so war Alles eitel blauer Dunst gewesen, und zum Schaden hatten sie noch den Spott zu tragen. In dieser Weise trieb sie's lange, und wußte nicht nur die geringen und einfältigen, sondern selbst die vornehmsten, gelehrtesten und klügsten Leute auf das Unverschämteste zu prellen.

Aber mit dem Gevatterbitten wurde es doch zu arg; deswegen paßte man ihr scharf auf den Dienst, und eines schönen Morgens nahmen die Schlupfwächter sie beim Kopfe. Am 8. August bekam sie ihren Lohn: sie wurde am Kaak gestäupt, worauf ihr der Frohn ein Ohr abschnitt, da mit sie sich der Strafe erinnern möge.

Aber das war ihr nicht genug. Eine ächte Putzenmakersche kann nun einmal nicht aus ihrer Schwindelhaut heraus. Sie trieb nach einigen Jahren ihr Gauner-Gewerbe wieder dreister denn zuvor. Da war des Richtherrn Geduld aber zu Ende; Ao. 1541 wurde sie abermals gefaßt, und nun ging's kurz und bündig: erst am Kaak gestäupt, dann das andere Ohr abgeschnitten, und zuletzt zur Stadt hinaus!

76. Der ewige Jude in Hamburg[95]
(1547)

Unter den vielen und großen Vorzügen, die Hamburg vor andern Städten genießt, ist einer von allen Lobrednern unserer Vaterstadt stets übersehen: daß Ahasverus, der ewige Jude, dessen Umherirren im Morgenlande zwar längst bekannt gewesen sein mag, im Abendlande zu allererst in Hamburg aufgeteten ist.

Es war im Winter 1547, als man Sonntags in einer der Hamburgischen Kirchen einen fremden Mann bemerkte, dessen seltsames Aussehen und Benehmen die Andacht der frommen Gemeinde störte. Er schien etwa 50 Jahre alt und war von sehr großer hagerer Gestalt, mit lang auf Schultern und Brust herabwallendem Haupt- und Barthaare; bekleidet war er, trotz des kalten Winters, nur mit linnenen, an den Füßen zerrissenen Hosen, mit einem Leibrock bis ans Knie, und mit einem darüber gehängten sehr langen Mantel oder Talar, übrigens aber barfuß. Ob nun auch er die Aufmerksamkeit Vieler erregt hat, so ist in seimem Benehmen doch nichts als die inbrünstigste Andacht und Demuth zu erkennen gewesen; der Kanzel grade gegenüber hat er gestanden, und den Pastor (der darüber beinah aus dem Contexte gefallen) aufmerksam angeblickt, um kein Wort der Predigt zu verlieren; und jedesmal bei Nennung des Namens unseres Heilandes hat er sich äußerst tief und ehrerbietig verneigt, an seine Brust geschlagen und dabei merklich geseufzet. Nach dem Gottesdienste ist er gesenkten Hauptes still hinaus gegangen.

Unter den Kirchgängern ist nun auch Paul von Eitzen gewesen, eines hiesigen Bürgers Sohn, damals grade von Wittenberg, allwo er Theologie studiret, zum Besuch hier anwesend. Der hat aus Wißbe-

---

95 Nach einer alten Druckschrift: „Wunderbarlicher Bericht von einem Juden Ahasvero etc. von Chrysostomo Dadalaeo Westphalo, o. J. nebst Abbildung und Anhang. Danzig 1602. Ein neuerer Abdruck davon ist das häufig vorkommende Volksbuch. Benutzt ist Grässe's Schrift über die Sage vom ewigen Juden.

gier dem befremdlichen Manne weiter nachgeforscht, und bei einigen weitgereisten Bekannten erkundet, daß ein ähnlicher Pilgrim an unterschiedlichen Orten des Morgenlandes gesehen sei, und daß man ihn Ahasverum, den ewigen Juden, nenne, weil er nicht sterben könne. Paul von Eitzen hat nun fleißig nachgespüret, wo derselbige Mann hier verkehre, hat ihn endlich in einer geringen Herberge angetroffen, und ihn gefragt, wer er wäre. Darauf hat der Pilgrim ganz bescheidentlich und höflich geantwortet, und hat von sich ausgesagt: daß er zur Zeit des Heilandes schon gelebt habe, und in Jerusalem, wo er auch gebürtig, als Schuhmacher angesessen gerwesen und Ahasverus heiße. Und weiter hat er berichtet: wie er damals unsern Herrn Christus nicht für den Heiland, sondern für einen Sectirer und Aufrührer gehalten, darum er ihn gehasset, und mit auderm Volke vor Pilatus Thüre seine Kreuzigung begehret habe. Und wie dann der Herr zur Richtstätte geführt sei, habe er mit seinem Kinde und Gesinde vor der Thüre seines Hauses gestanden, um das Schauspiel zu sehen, und sich darob gefreuet. Und als der Herr, ermattet von der Last des Kreuzes, das er getragen, sich an seinem Hause habe anlehnen wollen, um zu rasten, da sei er im blinden Zorneseifer, und um des Ruhmes willen bei den andern Juden, so unmenschlich grausam gewesen, daß er dem Heren keinen Augenblick Ruhe gegönnet, sondern ihn fortgetrieben habe von seiner Schwelle. Und da habe der Herr Christus ihn nur eine Welle angeblickt und gesagt: „ich wollte hier nur stehen und ruhen, du aber sollst gehen ohne Ruhe bis an den jüngsten Tag." Und alsbald habe er, obschon er es eigentlich nicht gewollt, dem Zuge nachgehen müssen, habe die ganze Kreuzigung unter wachsender Unruhe mit angesehen, worauf er die bergeschwere Last seiner Versündigung empfunden, und es ihm schier unmöglich gedäucht, wieder heim gen Jerusalem zu gehen, weshalb er fortgegangen wäre, immer zu, Heimath und Freunde, Haus und Hof, Weib und Kind verlassend, durch fremde Länder irrend wie ein betrübter Pilgrim, ohne Rast, ohne Ruhe: Jahrhunderte wären also verstrichen, er habe einmal Jerusalem wieder besucht und Alles verödet gefunden, und die alte Herrlichkeit zerstört. Und so inniglich er sich sehne, aus dieses Erdenlebens Jammerthal erlöset zu werden, so glaube er doch, daß Gott ihn leben lassen werde, wie's der Heiland gesagt, bis zum jüngsten Tage, damit er dann als lebendiger Zeuge wider die Juden diene, zur Bekehrung der Gortlosen und Ungläubigen.

Und auf solche schier unglaublich klingende Aussage hat Paulus von

Eitzen den Mag. Matthäus Delius, Rector der Schule hieselbst, geholt; der war in den Historien der alten Welt trefflich belesen, und kannte aller Dinge Verlauf, und hat den Pilgrim examinirt, und dann mit größter Verwunderung bekannt, Alles, was der Fremdling angebe, sei richtig und stimme vollkommen mit den Geschichten der Evangelisten und alter Historienschreiber, und von den orientalischen Begebenheiten, Regimentsveränderungen, Kriegen und Friedensschlüssen erzähle er als ein Augenzeuge, also, daß kein Zweifel wäre, daß er wirklich Ahasverus sei, der ewige Jude, da bei Gott kein Ding unmöglich.

Darauf ist er noch einige Zeit in Hamburg geblieben, hat Alles wohl betrachtet und sich sonst stille verhalten, nur daß er viel in den Kirchen verkehrt hat, daraus ein Hochehrwürdiges Ministerium hat schließen wollen, daß er dem lutherischen Glauben sich sehr zuneige. Im Übrigen ist von ihm noch zu bemerken, daß er die Sprache jedes Landes, dahin er gekommen, alsobald ohne Erlernung inne gehabt und fertig gesprochen hat, wie er denn auch allhier nicht nur die Hochdeutsche, sondern auch die Niederdeutsche oder Plattdeutsche Sprache geredet hat, als wenn er im Hopfensack oder beim Dovenfleth geboren sei. Ferner ist aufgefallen an ihm, daß er, wider alle Gewohnheit seiner Landsleute, das Geld ganz verachtet hat[96], und wenn Jemand ihm etwas ihm verehret, hat er nie mehr denn etwa 2 [Sch.][97] angenommen, da er keines Geldes bedürfe, weil Gott ihn doch nicht Hungers sterben lasse. Und wo in Hamburg er zu Gaste geladen ist, da hat er sehr mäßig gessen und trunken, nur so viel, als zur Körpers Sättigung nöthig, daß die Hamburger sich gar sehr darüber verwundert haben. Und Fluchreden hat er ganz nicht hören können; und so Jemand bei Gottes Marter oder Christi Blut gefluchet, hat er sich heftig verbittert über solchen Mißbrauch der allerheiligsten Dinge, und hat den Frevler scharf vermahnt und ihm sein eigen Exempel unter Augen geführt. – Darnach plötzlich eines schönen Morgens ist der ewige Jude von Hamburg weggeschwunden gewesen. Wohin er dann gepilgert, das gehört nicht hieher.

Herr Paulus von Eitzen ist nachmalen ein großer Doctor der Theologie, auch Dom-Pastor und Superintendent allhier, später zu Schles-

---

96 Daher heißt es von ihm in einem alten Volksliede:
„Der ewige Jude lauft durch die Welt,
Spricht alle Sprachen, veracht't das Geld."

97 Schilling

wig, gewesen, dessen brieflich Zengniß haben gute Freunde in Druck ergehen lassen, daraus diese Geschichte genommen ist. Nach alten Chroniken ist Ahasverus später wiederum hieher gekommen; da heißt es: „Ao. 1606 Jüdischer Umblaufer kommt nacher Hamburg, der nicht sterben kann, sondern muß immerfort wandern, sintemal er das Crucifige über den Heiland geschrieen und hat den müden Herrn von seinem Hause weggestoßen, da dann der liebste Herr Christus ihm sein ruhelos pilgern bis an den jüngsten Tag vorherverkündigt hat."

77. Die Schlacht bei Drakenburg[98]
(1547)

Im Verlauf des Schmalkaldischen Krieges der protestantischen Stände des Reichs wider die katholischen und den Kaiser Karl V. wurde es zu Anfaug des Jahres 1547 ruchbar, daß die Katholischen wider Niedersachsen Arges im Schilde führten, und daß es dabei zumeist auf die reichen Hansestädte Bremen und Hamburg abgesehen sei. Deshalb waren die Hamburger vorsichtig und auf ihrer Hut, besserten und erweiterten vor allen Dingen ihre Wälle und Gräben und besonders die Festungswerke beim Spitaler-, Stein-, Schar- und Millern-Thore.

Inzwischen waren die feindlichen Truppen, die sich im Bisthum Münster gesammelt hatten, hinter ihrem Obersten, Christoph von Wrisberg, bei 21 Fähnlein Fußvolk und gegen 1200 Reiter stark die Weser hinabgezogen und standen vor Bremen, woselbst danach auch Herzog Erich von Braunschweig, der zu den Katholischen hielt, eintraf. Beide Heerhaufen verbanden sich und fingen an, die Stadt Bremen zu belagern und hart zu drängen. Die Bremer aber leisteten gute Gegenwehr, ihre Stadt war fest und Proviant hatten sie genug; sie beschickten aber die Ehrbaren Hansestädte, und taten das Ansinnen um bundesfreundliche Hülfe.

Als darauf im März die Hansen zu Lübeck Tagefahrt hielten, wozu

---

98 Geschichtlich, bis auf die Beinamen der beiden Penningks, S. 232. Hamburgs und der Hansestädtische Antheil an dieser denkwürdigen Schlacht ist bisher viel zu wenig hervorgehoben. – Die meisten Chroniken enthalten viel Unrichtiges, z.b. Würtzburg statt Wrisberg; aus dem Obersten von Thumbshirn haben sie einige Domherren gemacht u.s.w. Benutzt sind: Misegaes, Chronik von Bremen III. 259. Noller, Geschichte von Bremen III. 68. – Chr. Spangenberg (Chronik der Bischöfe von Verden) erzählt: die Protest. Truppen hätten mit dem Gesange: „Ein' feste Burg ist unser Gott," ihren Angriff begonnen. – [384] Über den Obersten Penningk: Wilkens, Ehrentempel S. 538. Anckelmann, Inscript. S. 67. – Im Bremer Sonntagsblatt von 1853, No. 43, erzählt Herr O. Klopp die Schlacht nach einer Brem. Chronik vom Bremischen Standpunkte, Hamburgs Antheil fast gänzlich übergehend. Wrisberg wird hier Writzeberg genannt.

von Hamburg zwei Bürgermeister, und übrigens auch Gesandte anderer Niedersächsischer Kreis-Stände gekommen waren, da wurde beschlossen, daß man sich tapfer vertheidigen, bundesmäßig zusammenhalten und vorerst schleunig den Brüdern in Bremen Hülfe schicken wolle; und der Graf Albrecht von Mansfeld, ein versuchter Kriegsheld, erhielt das Ober-Commando über die zu stellenden Hansischen und andern Truppen.

Alsobald rüstete Hamburg sein Contingent, und sandte zuvörderst sechs oder sieben Bojer (Kriegsschiffe) mit starker Besatzung und guten Geschützen die Elbe hinab auf die Weser, damit sie Bremen von der Wasserseite decken und die Zufuhr von Lebensmitteln besorgen möchten. Und darnach wurden Soldaten geworben, und hätte Hamburg nicht schon die zwei Jahre vorher zum Schmalkaldischen Kriege so viele Truppen gestellt, davon etliche Fähnlein Reiter und Fußvolk unter Commando des Rathsherrn Matthias Rheder in Lothringen zu Felde lagen, so wäre dies neue Contingent noch stärker ausgefallen. Es kamen aber an Fußvolk 5 Fähnlein Landsknechte, jedes etwa 250 Mann stark, zusammen, darunter 3 Fähnlein Bootsleute, die müssig am Hafen lagen und sich gern einmal zu Lande versuchen wollten, ungelernte Soldaten, aber rüstige Kerls und mächtige Dreinschlager. Sodann ein Fähnlein Reiter, die commandirte als Rittmeister Caspar Tobingk. Und bestallter Oberst der Hamburger war der Ritter Herr Cord Penningk, ein vielversuchter alter Degenknopf von großen Meriten im Kriegswesen. Am 29. April 1547 zog diese wohlgerüstete Mannschaft mit klingendem Spiele und fliegenden Fahnen aus Hamburgs Thoren, und die Bürger und Weiber und Kinder gaben ihnen nach der Ueblichkeit das Geleite, und war bei dem Frauenvolk, wie immer, wenn Soldaten ausziehen, gewaltig viel Weinens und Heulens, aus mancherlei Ursach. Es ist auch mancher ehrlichen Mutter Sohn und manch frischer Gesell draußen geblieben auf grüner Haide und nimmer heimgekehrt.

Die Hamburger zogen durch die Vierlande, gingen zu Eslingen beim Tollenspieker über die Elbe, und obzwar der feindliche Oberst von Wrisberg von seinem Bremischen Lager aus mit 600 Reitern und vielen Hakenschützen sie zu versprengen gedachte, so boten sie demselben doch so mannhaft die Stirn, daß er sich zurück zog; worauf die Hamburger sich bei Lafferte an der Leine im Braunschweigischen mit den Kriegsvölkern der übrigen Hansestädte und verbündeten Fürsten glücklich vereinigten und mitsammen Herzog Erichs ihres Feindes

Land nach Kriegsgebrauch tüchtig brandschatzten, um zuerst eine gefüllte Kriegscasse zu erlangen.

Darauf zogen die vereinigten Hansestädter und ihre Genossen unter dem Mansfelder zu Bremens Rettung an die Weser, obschon sie Kunde hatten von der unglücklichen Schlacht bei Mühlberg, in der am 24. April die protestantische Hauptmacht unterlegen und der Kurfürst von Sachsen gefangen war; und obschon die Sachen so mißlich standen, galt's doch, die Bundesstadt Bremen zu befreien und die versprochene Hülfe zu bringen. Unter dem Mansfelder befehligten noch der Graf Christoph von Oldenburg, die Obersten Cord Penningk, von Heydeck, Wilhelm von Thumbshirn, der versprengte Kursächsische Truppen bei sich hatte, und Andere mehr.

Bei dem Hoya'schen Städtlein Drakenburg an der Weser, zwischen Minden und Rienburg, stießen sie unvermuthet auf die Feinde, welche einstweilen aus ihrem Lager vor Bremen ausgebrochen waren, vermeinend, erst die Hanseaten zu vertilgen und dann gemächlich Bremen zu erobern und auszuplündern. Es ist aber mit Gottes Hülfe anders gekommen. Die Hanseaten und ihre Verbündeten (wozu noch Bremisches Kriegsvolk gestoßen war, das flugs hinter seinen Belagerern drein gezogen kam) nahmen am 24. Mai 1547 die dargebotene Schlacht an, obschon sie bei Weitem in der Minderzahl waren. Denn auf den Höhen beim Köppelberg in fester Position stand Herzog Erich mit etwa 29,000 Mann und vielen schweren Geschützen, und weiter zurück stand der Oberst von Weisberg, welchen der Herzog sogleich herbeirücken ließ.

Nachdem nun der Feldherr, Graf von Mansfeld, den Obersten und Hauptleuten seine Befehle gegeben, und selbige und das ganze Kriegsvolk zu mannhaftem Angriffe und standhaftem Streiten vermahnt hatte, wurde ein kurzer erwecklicher Gottesdienst gehalten auf freiem Felde mit Gebet und Gesang. Worauf sämmtliche Feldprediger, darunter des Grafen von Oldenburg Beichtvater, Dr. Albrecht Hardenberg, vor der Heeresfronte und Angesichts des Feindes niederknieten, und den Allmächtigen um Verleihung rühmlichen Sieges anflehten, sodann aber die vorrückenden Truppen, unter fortgesetzter Vermahnung für die evangelische Lehre Leib und Leben zu wagen, bis ins Gefecht begleiteten.

Als Mansfeld das Zeichen zum Beginn der Schlacht gegeben, rückten sogleich die zum ersten Angriff befehligten Hamburger in geschlossenen Gliedern vorwärts, setzten muthig in den Feind und erstürmten als die Ersten einige mit Karthaunen und Feldschlangen besetzte Höhen, worauf rasch und kräftig von allen Verbündeten ein allgemeiner Angriff geschah. Und die Hanseaten und ihre Genossen schlugen sich gegen die Überzahl der Feinde also kühn und tapfer, und stürmten so unwiderstehlich die mit Geschützen vertheidigten Schanzen, hieben auch so nachdrücklich in die weichenden Reihen, daß sie den Herzog Erich und sein Heer, welchem der Oberst Wrisberg schlecht secundirte, völlig aufs Haupt schlugen und die Schlacht gänzlich gewannen. Und als zur Victoria geblasen wurde, da zeigte es sich, daß gegen 2500 Feinde auf der Wahlstatt geblieben waren, 2519 Mann waren gefangen, von den Feldflüchtigen fanden noch mehrere Tausende ihren Tod entweder in den Fluthen der Weser, oder durch das Schwert der nachsetzenden Hanseaten. Alles Geschütz und große Vorräthe an Waffen und Lebensmitteln waren ihnen in die Hände gefallen.

Herzog Erich entkam nur mit wenigen Reitern, deren Einer ihm sein Pferd abtrat, als er von seinem Streitroß gestürzt war, welches, nebst prächtigen Pistolen und andern Kleinoden im Halfter, die Bremer erbeuteten. Oberst Wrisberg, der grade inmitten des hitzigsten Kampfes aufs Schlachtfeld kam, hätte dem Herzoge noch den Sieg zuwenden können, wenn er gleich ins Gefecht gegangen wäre; aber er mied die Bataille, und warf sich, von Habgier getrieben, seitwärts auf den Troß der Verbündeten, den er sammt der gesuchten vollen Kriegscasse erbeutete und auf seiner eiligen ehrlosen Retirade über Wildshausen nach Holland mit sich fortführte. Bremische Reiter unter Arend Ulcken verfolgten ihn und jagten ihm noch manch gutes Stück Beute und an 500 Gefangene ab. Die Hansischen verschmerzten aber in ihrer Siegesfreude den Verlust ihres Trosses um so leichter, als sie dafür den des Feindes besaßen, und ein Hamburgischer Felbweibel, der in der „Meistersinger holdseligen Kunst" nicht unerfahren war, machte davon ein artig Spottlied, darin die Reime vorkamen:

„*Wi hefft dat Feld,*
Wrisberg dat Geld, –
Wi hefft dat Land,
Wrisberg de Schand."

Über den Obersten Cord Penningk und die Seinigen war groß Lobens und Preisens im Lager. Denn die Hamburger, die durch ihren kühnen Angriff beim Beginn der Schlacht, dem Geschick des Tages die erste glückliche Wendung gegeben, hatten auch im Verfolg des Kampfes ruhmwürdig gefochten, und zumal die Bootsleute, wenn's Mann gegen Mann galt, sollen fürchterlich dreingeschlagen haben, daß Roß und Reiter vor ihren Simsons-Streichen zusammenkrachten wie altes Holzgerümpel. Und unterm Victoria-Blasen hat der Graf von Mansfeld den Obersten Cord Penningk vorgerufen, und da er der Ritterwürde schon längst theilhaftig war, so hat er ihm eine güldene Schaumünze an einer güldenen Kette, wie er selbst sie getragen, um den Hals gehängt, als Dank- und Ehrenzeichen, und dem jungen Penningk, seinem Sohne, dessen Pferd im Kampfe erstochen war, hat er einen schönen Schimmel verehrt, den dieser fortan lange Jahre geritten; und davon hat man dem Vater wie dem Sohne, Beide sich gleich an Tapferkeit und Soldatentugend, unterscheidende Beinamen gegeben, und den Alten „Güldenpenningk" und den Jungen „Schimmelpenningk" genannt; und dessen Nachkommen sollen große Herren geworden sein und diesen Namen noch heute führen.

Darnach marschirte das Heer nach Bremen, das nunmehr völlig entsetzt war. Und 18 große Kanonen wurden als Siegeszeichen auf den Domshof gestellt; dort blieben sie, bis 10 Jahre später beim Frieden, Herzog Erich sie für 600 Thaler einlöste. Und als die Sieger mit Sang und Klang und unter Glockengeläute in die befreite Stadt einzogen, da war der Bremer Freude und Jubel groß, und ihre Dankbarkeit gegen die Hansen, sonderlich die Hamburger, die mit Schiffen und Kriegsvolk so treu zu ihnen gestanden, solle in Ewigkeit nicht enden, so sagten sie.

Der Mansfelder, der Oldenburger, Cord Penningk und alle Obersten, Hauptleute und Officierer wurden von dem Rathsherrn und Camerarius Thiele, von wegen des Raths und gemeiner Stadt Bremen, auf dem Schütting am Markte gar prächtig bewirthet, und im Rathskeller zum Valett Jeder mit einem Ehrentrunke köstlichen Rheinweines regaliret.

Darnach zogen die Hamburger über Ottersberg und Rothenburg wieder nach ihrer Stadt, und die 7 Kriegsschiffe segelten auch wieder von Bremen ab und kamen zurück. Worauf das Kriegsvolk meistentheils abgedanket und mit ehrlichem Zehrgelde entlassen wurde. Herr Cord Penningk aber blieb Oberster der Stadt-Besatzung, und im Jahre 1549 hat er dem Könige von England Hülfsvölker zugeführt. Im Jahre

1554 fühlte der alte Rittersmann sein letztes Stündlein nahen, und rüstete sich dazu mit frommer geistlicher Wappnung, machte auch sein Testament, und schenkte darin der Stadt Hamburg zum Bau der neuen Festungswerke am Steinthore zwanzig Englotten oder große Goldmünzen. Darnach am 5. Februar 1555 ist er sanft und selig gestorben und in St. Jacobi-Kirche begraben, allwo ein schönes Epitaphium von seinen Taten Rühmliches erzählt.

78. Von einigen Ungeheuern in der Elbe[99]
(1549–1659)

Die alten Chronisten erzählen uns von vielen wunderbaren Ungeheuern, welche in der Elbe bei Hamburg vorgekommen sein sollen. Von den Schlangenknäueln im Jahre 1010 ist schon oben die Rede gewesen. Fernere Naturwunder sind folgende.

Ao. 1549 fing man in der Elbe beim Grevenhof, dem Eichholze in Hamburg gegenüber, einen ganz unerhörten Fisch, 6 Ellen lang und dicker als eine Hamburger Biertonne. Da sein Maul absonderlich stumpf war, so gaben die vaterstädtischen Gelehrten dem entdeckten Fisch sofort den Namen Stuvmuhl, was im Hochdeutschen so viel heiß als Stumpfmaul, wovon übrigens, wie es scheint, die wissenschaftliche Naturkunde weiter keine Notiz genommen hat.

Ein anderes Monstrum ließ sich im Jahre 1615 in der Elbe sehen, am meisten bei Teufelsbrück, wo es von jeher nicht geheuer gewesen ist, wie schon der Name sagt. Der Teufel muß in dem dortigen düstern Walde eine seiner vielen Herbergen gehabt haben, denn die Stelle des heutigen schönen Flottbecker Parks wird in alten Urkunden „des Düvels Boomgarden" benannt; vielleicht auch war er dort vom Ritter Bertram in die Enge getrieben, welcher deshalb den hübschen Namen Möt-den-Düvel (Montemeduvele) führte. Genug, dort bei Teufelsbrück tauchte oftmals ein Monstrum aus den Fluthen oder sonnte sich nach Art der Robben auf den Sandbänken zur Ebbezeit. Es war gestaltet wie ein ungeheures Pferd mit einem riesigen Schweinskopf. Aus dem Rachen dräueten vier lange scharfe Zähne hervor. Alle Kugeln, die man auf das Unthier schoß, prallten wirkungslos ab von seiner hornharten Haut. Nach einiger Zeit aber, so melden die Chronisten, verlor sich solch Spectrum oder Gespenst gänzlich aus diesen Gewässern.

---

99 Diese Geschichten erzählen nach den Chroniken: Steltzner, Hesselius (Elbstrom) u.a. Vom „Düvels Boomgarden" und Ritter Montemeduvele spricht Lappenberg, Lorich's Elbcharte S. 46.

Ao.1638 schwamm in der Unterelbe bei Freiburg im Lande Kedingen ein gräuliches Ungeheuer umher, fast gestaltet wie ein riesiger Hirsch, mit spießigem Geweih auf dem Kopfe. Der Hamburgische Schiffer Peter Bartels, ein fester nüchterner Mann, welcher mit seinem Schiffe und Schiffsvolk just dort lag, machte Jagd auf das Gethier und vermeinte, es zu fangen. Aber als er grade mit Harpunen und Haken darnach langte, verschwand es plötzlich vor seinen sehenden Augen, und zwar in so ganz erschrecklicher Weise, daß den guten Mann, der doch sicher nicht nervenschwach war, vor Entsetzen auf der Stelle der Schlag rührte. Sprachlos wurde er heim gebracht und verschied bald darauf. Naturkundige aber wollten wissen, besagtes Monstrum habe wohl eine electrische Kraft in seinem Schwanze gehabt, und mit demselben, vermittelst der in seinen Händen gehaltenen Harpunen, ihm einen so derben electrischen Schlag communicirt, daß er darüber Todes verfahren müssen.

1658, am 1. September, wurde bei Blankenese von den Fischern ein merkwürdiger Fisch erhaschet, den die Seefahrer „Butzkopf" genennet. Es war nur ein Weiblein, aber dennoch in der Runde 3 Ellen dick und 28 Fuß lang ohne den Steert. Er wurde bei Hamburg an den Strand gebracht, und gegen eine geringe Ergötzlichkeit für die Fischer an Jedermann gezeigt, woselbst ihn auch Herr Mag. Petrus Hesselius, der Pesthof-Prediger auf dem Hamburger Berge, gesehen hat. Derselbige vermeldet, man habe für großen Gestank nicht lange bei dem Besehen ausdauern können, dannenhero Viele ihn auch den Stinkfisch geheißen; als es damit zu arg geworden, seien aus ihm viele Tonnen Thran gebrannt, und schließlich meint Mag. Hesselius, der ihn auch hat zeichnen und in Kupfer stechen lassen, daß die Bedeutung dieses an solchem Orte so ganz ungewöhnlichen Fischfanges allein Gott bekannt sei.

79. Was Alles im Jahre 1557 passirt ist[100]

Zum Ersten: Ein grimmiges Wolfesthier, so übers Eis der Elbe kommen war, tat im Winter großen Schaden, erwürgete Menschen und Vieh rund um die Stadt, und ließ sich nicht fangen, so daß die Leute schon glaubten, er sei ein Wärwolf, der sich wieder zum Menschen zaubere, wenn er verfolgt werde. Am 10. Februar, Morgens früh, wollte die Ehefrau des Horner Hufners Arends nebst ihrer Magd zur Stadt gehen; da sie nun vom heiligen Geist-Gehöfte (so dem also genannten Hospital annoch zuständig) nach der hohlen Rönne kommt, wo dazumal ein Gehölze, da springt aus dem Busch das gräuliche Unthier mit mordlustigen Augen und Tatzen auf sie zu, beißt sie jämmerlich in Kopf und Lenden und läuft davon, da die Magd ein entsetzlich lautes Zetergeschrei anhebt und etliche Männer herzukommen. Die Bauerfrau aber starb am dritten Tage, so zerfleischet war sie; darnach ordnete der Landherr von Hamm und Horn ein Treibjagen an, das half. Der Wolf wurde aufgespürt im Hasselbrook und verlief und verfing sich in Jasper Buchwald's Gehöfte; da schlugen ihn die Bauern erst todt und hingen ihn dann, wie man einen Missethäter justificiret, mit einem Strick um den Hals an dem größten Eichbaum der Heerstraße auf, zum Wahrzeichen, daran Jedermann sehen könne: also verfährt man zu Hamm und Horn mit boshaftigen Wölfen.

Zum Andern: Am 27. März wurde in Hamburg zuerst zur nächtlichen Besetzung der Wälle eine ordentliche Bürger-Wache angerichtet, was etwas ganz Neues war und viel Aufsehens bei den Bürgern machte, weshalb man es auch darnach benennet. Es war aber damit nicht weit her und nicht weit hin, denn bald wurden solchem Bürger-Aufsehen die Augen schläfrig und die Glieder lahm, und es kam dahin, daß nur ein paar alte Männer mit Knebelspießen Wache hielten,

---

100 Unzweifelhaft geschichtliche Erzählung in Beckendorp's handschriftlicher Chronik. – Die amtliche Deputirung von Raths- und bürgerschaftlichen Mitgliedern, zur Beaufsichtigung der Verpflegung fürstlicher Gäste, ist bemerkenswerth.

wenn's keinen Krieg gab, – und erst Ao. 1619 kam die bessere Bürger-Wache ins Leben, die bis 1810 (zuletzt auch verwunderlich genug) bestanden hat.

Zum Dritten: Im April und Mai liefen bedräuliche Kriegsgerüchte in Hamburg um, dieweil der Bischof Christopher von Bremen einen Zorn auf die Stadt geworfen und der Graf von Mansfeld sich schwierig bezeigte. Darum ließ der Rath die Trommeln rühren und die Fähnlein fliegen, und schickte Kriegsvolk nach dem Tollenspieker. Es kam aber, Gott Dank, zu keinem Kriege.

Zum Vierten: Im October kamen gen Hamburg hohe Gäste, welche Rath und Bürger gar herrlich tractiret haben, nämlich: die Königin von Dänemark Frau Dorothea, nebst ihren Söhnen Kronprinz Friedrich und Herzog Magnus, die bekamen in Hinrich Wittekop's Hause ihr Logiement; sodann August von Sachsen, des heiligen Römischen Reichs Kurfürst und Herzog Hans von Sachsen, die wurden in Hinrich von Zeven's Hause in der Gröningerstraße (im spätern Englischen Hause) einquartirt; und endlich Herzog Wilhelm von Lüneburg, der in Hans Rode's Hause lag. Und um den hohen Personen die Zeit zu vertreiben, und die Tractemente und Festlichkeiten anzuordnen und zu beaufsichtigen, auch ihnen sonst aufzuwarten, wo's nöthig war, wurden deputiret aus E. E. Raths Mittel: die Herren Jürgen Vilter und Johann Werken; und von der Bürgerschaft, aus St. Petri-Kirchspiel: die Ehrbaren Tönnies Elers und Johann Brand, die besorgten die Gäste im von Zeven'schen Hause; aus St. Nicolai: Hinrich Rheder und Hinrich vom Kroghe, für die in Wittekop's Hause; aus St. Catharinen: Jochim Rentzel und Christoph Kellinghusen, für den Lüneburger in Haus Roden Hause; endlich aus St. Jacobi: Elaus Korvemaker und Evert vom Berge, die mußten aufpassen helfen, daß kein Mangel an irgend Einigem war.

Zum Fünften passirte in demselben Jahre, auch im October, als kaum die Herrschaften abgereiset waren, viel Brandstiftung. Eine Rotte boshaftiger Strolche unterfing sich, die schönen Gartenhäuser vor der Stadt in Feuer aufgehen zu lassen, um dabei zu rauben. Vom 16. bis 19. October brannten sie Johann Ritzenberg's, Hans von Holten's, Hinrich von Düllmen's und Beckendorp's Gartenhäuser ab. Darnach noch Peter von Spreckelsen's Wohnung und Kornspeicher. Alle diese schönen Lustgärten lagen vor dem Dammthore, am heutigen Jungfernstiege, der damals „der Damm" hieß.

Erst im December kam man den Mordbrennern auf die Spur, und griff zuerst einen Jungen, Paul Bornemann, der gestand Alles, wie man ihn mittelst scharfer Frage peinlich vernahm. Hans Dammann, der Anstifter, gab sich darauf selbst an, als auf ihn gefahndet wurde, und vermeinte, sich weiß zu brennen; zum Brennen kam's auch mit ihm, aber roth, denn er wurde mit dem Jungen am 20. Januar 1558 auf dem Melkberge (Andere schreiben: auf dem Meßberge) mit Ketten an den Pfahl gebunden und zu Tode „geschmöket." Jürgen Vogt, einer der Spießgesellen, entlief, wurde aber in Lübeck gegriffen und allda gleichermaßen gerichtet.

80. Pestgeschrei und Schloßbrand[101]
(1564)

Da kurz vor Weihnachten 1564 zu Gottorp die Hochzeit des Fürsten Adolf sollte gefeiert werden mit des Landgrafen Philipp zu Hessen Tochter Christina, so kam die fürstliche Braut nebst ihren zwei Brüdern und Gefolge, 300 Pferde stark, am 13. December zu Bergedorf an, willens durch Hamburg zu reisen. Der voraufgeschickte Courier aber, als er durch die Steinstraße ritt, traf es so wunderlich, daß ihm zufällig fünf oder sechs Leichenzüge begegneten, was in einer großen Stadt wie Hamburg noch nichts Auffälliges ist. Der ehrliche Hesse aber, in dessen Heimathsort vielleicht nur alljährlich fünf bis sechs Menschen starben, vermeint nicht anders, als daß Pestilenz und Viehsterben ganz grausam in Hamburg wüthet, wirft also kurz resolvirt seinen Gaul herum und galloppirt spornstreichs zur Stadt hinaus nach Bergedorf zurück, wo er seine Hiobspost ganz kläglich vermeldet. Darob geriethen die Fürstlichkeiten in einige „Verstörzung," änderten ihren Weg, vermieden Hamburg und ritten bei Fuhlsbüttel über die Alster.

Dies war E. E. Rathe empfindlich zu vernehmen, nicht nur der vorbeigegangenen Ehre wegen, sondern auch des Schadens halber, den löbliches Commercium dabei zu befahren hatte, wenn das Pestgeschrei allzufrühe auskäme. Denn leider Gottes war's nicht ganz ohne, und die Seuche wirklich in Anmarsch, obschon der Courier davon nichts wissen konnte, der gleichwohl unbewußt eine feine Nase gehabt haben muß. Und da zur Hochzeit nach Gottorp mit Glückwünschen und Geschenken der Bürgermeister Hermann Wetken und der Rathmann Jeronymus Hüge reiseten, so überzeugten diese die Hessischen Herrschaften bald, daß ihr Courier ein Esel und Hasenfuß, und nichts an seiner Geschichte wahr sei.

---
101 Nach Beckendorp's handschriftl. Chronik. Des Gottorp'schen Schloßbrandes gedenken alle Schlesw.-Holst. Geschichtschreiber.

Darum kamen dann auch die beiden Hessen-Prinzen auf ihrer Rückreise am heil. Christtage Morgens 10 Uhr nach Hamburg. Und auf E. E. Raths Befehl mußten in St. Petri- und in St. Nicolai-Kirchspiel ein paar Schock Bürger aus der Kirche bleiben, um in ganzer Rüstung und vollem Harnisch Ihre Hoheiten am Millernthore zu empfangen, woselbst sie von etlichen Herren des Raths becomplimentirt wurden. Die jungen Fürsten hatten noch niemals ein Seeschiff gesehen, baten deshalb, man möchte ihnen eins weisen, worauf sie von Michel Plate durch den Rödingsmarkt nach den Kajen geführt wurden, woselbst sie die großen Schiffe liegen sahen, auch eins in Augenschein nahmen, was Alles sie gar sehr in Erstaunen gesetzet hat; von da marschirten die Prinzen immer in stattlicher Geleitschaft nach dem Rathhause, wo sie sich einen Ehrenwein gefallen ließen, gingen dann zum Dom, den sie beaugenscheinigten, und von da strax zum Steinthor hinaus, allwo das Reise-Gefolge ihrer harrte. Und da sie doch dem Frieden in der Stadt nicht trauen mochten, und begehret hatten, in Bergedorf zu speisen, so hatte der Herrenschenk auf E. E. Raths Befehl zuvor genugsamen Proviant dahin bringen und daselbst ein artig Mahl anrichten lassen, was der Stadt Hamburg Ehre machte. Bald darnach brach wirklich eine gefährliche Pest in Hamburg aus, die viele Menschen hinweggraffte.

Während der Zeit die Hessen-Prinzen heimreis'ten, wär's ihrer Frau Schwester, der jungen Herzogin aus Gottorp, fast übel ergangen. Denn am Silvester-Abend gab ihr Gemahl ein gar herrlich Banquet zu Ehren der fremden Hochzeitsgäste, darunter zwei Spanische Grafen. Da sie sich müde gegessen, getrunken und getanzt, gehen sie allzumal schlafen. Derweil nun kein Mensch im Schlosse wacht, als einzig ein Stallbub bei den Rossen, merkt dieser, daß ein Feuer in den fürstlichen Zimmern auskommt, und thut einen Schuß zum Allarm, davon der Herzog erwacht und die Seinigen geschwind auf die Beine bringt. Weil nun aber die Dienerschaft und Hofleute, theils wegen der 14-tägigen Festivitäten todtmüde, theils auch, weil sie insgesammt mehr denn ziemlich berauschet ins Bette gekommen waren, äußerst schwierig zu Gange kamen, so nahm das Feuer dergestalt überhand, daß die fürstlichen Personen und Hofdamen nur mit genauester Noth barfuß und nacket oder im blanken Hemde beim grausamen Winterfrost, über Wall und Graben hin, ihr Leben salviren konnten. Was dabei an fürstlichen Kleidungen und kostbaren Zierathen verbrannte, das ist nicht zu sagen. Und wäre der Stallbub' nicht zufällig nüchtern gewesen, und hätt' er nicht grade einen geladenen Musquetonner zur Hand gehabt, so wäre das ganze Schloß mit Mann und Maus schmählich zu Tode geschmäuchet, und ein schmerzlich Neujahr wäre über das Land aufgegangen.

Unter den jungen Hoffräuleins hat's etliche schämerige gegeben, die sich anfangs gesträubt haben, so fast im Stande der Unschuld aus dem Schlosse zu weichen und unter die Mannsleute zu gehen. Aber die alte Herzogin hat zu ihnen gesagt: „dumm Tüg."

„Beter is't, naket up't Ys to rennen,
Als hier in dat höllische Füür to verbrennen."

Und damit ist denn die ganze Schar der weißen Lämmlein, wie beschrieben, unter einem so erschrecklichen Zetergeschrei hinausgestürzet über den Hof u.s.w., daß die Mannsbilder entsetzt auseinander gestäubt sind.

81. Bestrafter Kornwucher[102]
(1571)

„Unser täglich Brodt gieb uns heute," beten wir mit Recht, denn es wird uns oft schwer genug, gutes Brodt zu gewinnen, sonderlich wenn das liebe Korn mißrathen und dann leicht ein Gegenstand der Gewinnsucht einiger Speculanten ist, die grade durch die allgemeine Noth reich werden wollen. Gewissenhafte Korn-Speculanten giebt's genug; gegen die eigennützigen hilft kein Gesetz, und nur die's gar zu arg treiben, finden zuweilen in ihrem eignen Gewerbe eine gerechte göttliche Strafe.

Gar zu arg trieben's auch Ao. 1571 zwei Bürger Jochim Ernst und Johann Sprenger, die hatten ein Kornlager zu Lauenburg an der Elbe, und trotz der allgemeinen Theurung und des Kornmangels wollten sie nicht verkaufen, sondern dachten, wenn die Preise stiegen: es muß noch besser kommen! Und um ihren Vortheil noch sorglicher zu wahren, wollten sie das Korn nach Hamburg verschiffen lassen, und unter Wehklagen der hungrigen Lauenburger, die so gern etwas von dem vielen Getraide behalten hätten, wurden die vollen Säcke in die Schiffe getragen. Doch da ereignete sich ein Strafgericht Gottes, denn in den Kornsäcken begann es sich wunderlich zu regen, als stecke Lebendiges darin, und alsbald surrte und summte es immer lauter, und aus jedem der Säcke flogen ungeheure Schwärme von Motten und Käferchen, die verdunkelten beinahe die helle Luft und flogen auf und davon; und als die Leute auf die Säcke sahen, da waren sie fast leer und nur die ausgefressenen Hülsen zurückgeblieben.

Die bösen Kornwucherer aber, die dabei standen, verschracken sehr, Jochim Ernst kriegte vor Entsetzen den Stickfluß und blieb auf dem Fleck todt; Johann Sprenger gebehrdete sich verzweifelt, lief in die Elbe und wollte sich versaufen, was aber die Lauenburger nicht litten; darauf ist er – Gott behüt' uns – vom Satan leibhaftig besessen

---
102 Aus den handschriftl. Beckendorp'schen und Janibal'schen Chroniken.

worden, hat noch eine Zeitlang gräulich geflucht und geraset, und ist dann eines so erschrecklichen Todes verfahren, daß man wohl sehen konnte, es habe ihn der Teufel geholt.

82. Hermann Rodenborg[103]

(Um 1586)

Nachdem Hermann Rodenborg, des Bürgermeister Johann's Sohn, in jungen Jahren dem Herzog Adolf von Holstein als Secretarius gedient hatte, wurde er Ao. 1577 in den Rath gekoren. Als einige Jahre darnach der Markgraf von Anspach sich nach Hamburg begab, wurde Herr Rodenborg mit dem Syudicus Dr. Michael Rheder vom Senate deputirt, um in dessen Namen Seine fürstliche Gnaden an der Grenze zu empfangen. Als nun auch der berühmte Herr Heinrich Rantzau, des Königs von Dänemark Statthalter in Holstein, ebendahin kam, um den Markgrafen von wegen seines Herrn zu begrüßen und zu geleiten, da hat Herr Rodenborg sich mit starken Worten dawider gelegt, und es schlechterdings in keiner Weise gestatten wollen, daß von Holsteinischer Seite irgend Jemand das Geleite auf Hamburger Gebiet täte, geschweige denn mit in die Stadt käme. Und das tat er nicht aus Laune oder Eigensinn, sondern zur Behauptung der Hamburger Hoheit, welche durch Herrn Rantzau's Geleiten hätte angetastet erscheinen können, in einer Zeit, wo über unsere von den Holsteinern angefochtene Immedietät so viel gestritten wurde. Und darüber ist Herr Rodenborg mit dem Statthalter in Wortwechsel gerathen, erst nicht zu gelind, dann immer hitziger, und der Disput ist am Ende so weit gediehen, daß zwischen Worten und Werken nur eine schmale Grenzlinie geblieben; denn Herr Rantzau, sonst ein edler und großherziger Mann, hat zur Wehre gegriffen und blank gezogen. Als dies Herr Rodenborg gesehen, hat er auch sein Schwert gezogen und ist damit auf den Statthalter zugeritten. Da dieser nun vermerkt, daß ein Hamburger Rathsherr nicht so leicht sich einschüchtern läßt, zumal wenn er im vollen Rechte, der Herr Markgraf auch solche Händel durchaus nicht für Empfangsfeier-

---

103 Aus älteren biographischen Notizen des Stadt-Archivs über hiesige Rathsherren. Joh. Ludw. Barthold Heise heirathete die Behrmann-Rothenburg'sche Erbtochter. Einer seiner Söhne nahm den Namen von Heise-Rothenburg an.

lichkeiten erachten konnte, so hat Herr Rantzau, obzwar sehr unwirsch, die Segel streichen müssen. Ist also mit seinem Haufen im vollen Galopp davon gesprengt, der Kürze wegen quer durch die Alster geritten („dabei der Herr in seinem Unmuthe schier verdrunken wäre") und wohldurchnässet im Schlosse zu Wandsbeck, so ihm gehörig, angekommen. Herr Rodenborg aber hat mit den Seinigen den Markgrafen geruhig in die Stadt geleitet.

Dieser tapfere Rathmann ist 1590 verstorben. Sein Geschlecht hat noch lange in Hamburg geblüht, ist wohlangesehen gewesen und hat in der Perti-Kirche eine eigene Kapelle besessen. Der Name, später Hochdeutsch Rothenburg geschrieben, erlosch 1742, aber neuerlich hat ihn der auswärts lebende Nachkomme einer weiblichen Linie, bei Erhebung in den Adelstand, seinem Familien-Namen beigefügt.

83. Vom Pastor Werner und allerlei Irrlehren[104]

(1589 und später)

„Anno 1581 is Magister Joachimus Werner, de tovör in St. Johannis-School de twede Classe ass Subrector bedeenet, Dom-Pastor worden und darna 1585 ass Pastor to St. Peter karen, averst na veer Jahren ut der Stadt verwieset. Und de Orsake is düsse: Anno 1589, den 17. Julius, is de hoge Thoorn to St. Nicolai in der Nacht dorch en grausam Dunnerwedder angesteket und in fief Stünn' herdahl brennt, wat averst sünst keenen Schaden dahn hätt, obglyk de Wind van allen Syden geweyet, dat ydt sick leet ansehn, ass schull de heele Stadt in Füür ünnergahn, welkes averst de groote allmächtige Godd in Gnaden afwendt hätt. Derohalven is van't Ministerium en Gebede und Danksegung upsett, de darna lange Tyd in allen Predigten van den Canzeln is affgelesen worden. In düssem Gebede is mit insett wesen, dat Godd uns wolde behöden vor der Calvinisten Lehr. Und da nu de Pastor Joachimus Wernerus alltyd vör dat Woord Calvinisten gelesen hätt Sacrament-Schwärmer, so stell Rev. Ministerium em derohalven to Red; und da hefft se em ünnersöcht und befunden, dat he hymlick Calvinisch was. Wowoll se sick nu veel darümb bemöden, dat he wedderropen schull, hätt he dat doch nich dahn, is also synes Deenstes entsettet und darna is he na Bremen hentrocken."

Und Magister Hieronymus Pasmann, Archi-Diacon to St. Micheel, de 100 Jahr darna levt hätt und de groote Armen-School in de Neistadt inricht hätt, de vertellt van düsser Geschichten:

„Anno 1590 hat das Ministerium zu Bremen einen Lateinischen Brief an das Predigtamt zu Hamburg geschrieben, darin Beschwerde geführt wird über die harte und unbarmherzige Relegirung des Magister Werner, welche unsern Pastoren von den Reformirten zu Bremen gar unglimpflich vorgeworfen wird. Aber vor Gott und allen En-

---
104 Nach Pasmann, Hamb. Denkmal bei aufgebautem neuen Schulhause. 1690. S. 72. ff.

geln ist es uns eine große Ehre, daß unsre seligen Vorfahren über die Reinigkeit der Lehre also dapfer sich erwiesen haben, wie die fernere Lebenshistorie des Magister Werner bestättiget hat."

„In Bremen averst hätt de Magister Werner sick apenbar ass Calviner bekennt, und noch in dat sülvige Jahr 1590 hefft em de Calviner to Groningen in Fresland to erem Pastoren erwählet, wo he ook 1614 storven syn schall."

Und Herr Magister Pasmann füget hinzu: wie es nicht ganz ohne sei, daß in Hamburg zum Oefteren der leidige Satan sich gereget und gräuliche und verdammliche Irrthümer vorgebracht habe, als: der Calvinisten Schwärmerei, der Quäcker Gräuel, der Papisten, Sacramentirer, Schwenkfelder, Wiedertäufer und anderer „phantastischer" Irrgeister verwerfliche Lehren; wie aber unsre Vorfahren im Predigtamte nicht wie stumme Hunde geschwiegen, sondern laut und kräftiglich das Wort der Wahrheit darwider erhoben haben; und wie E. E. Rath seine Schuldigkeit meistens wohl erkannt und mit scharfen Maßregeln dahin gesehen habe, „daß der Teufel solch enthusiastisches Unkraut nicht ferner ausstreue;" – muß es aber bedenklich erachten, daß eine Jüdische Synagoge in Hamburg geduldet werde, weil Christen ohne Verletzung der Ehre Christi, ihres Gewissens und des christlichen Glaubens den Juden eine Synagoge nicht gestatten können, wie Dr. Martin Luther lehre; – kann es schließlich auch nicht ganz billigen, daß man Ketzer und Schwärmer haufenweis in große Städte aufnehme, unter dem richtigen Vorwenden, daß die bürgerliche Nahrung bei vorhandenen schweren Zeiten brodtlosen Handels und Wandels, solches erfordere; „wie denn auch der Irrthumb der Gergesener, welche ihre Sau-Nahrung Christo und seinem Worte vorgezogen, eine gar schwere Sünde gewesen ist."

84. Der Hansen Spiele zu Bergen[105]
(Vor 1599)

Seit alten Zeiten waren bei den Kaufleuten, welche das große Hansische Handels-Comtoir zu Bergen in Norwegen bildeten, allerlei berühmte oder berüchtigte „Spiele" im Schwange, mit welchen sie ihre neuen Lehrburschen plagten; wie es heißt, um reiche junge Leute abzuschrecken, sich zur Handlung nach Bergen zu begeben, auf daß aus solchen später ihnen keine gefährliche Concurrenten erwüchsen. Denn eine ungeheure Menge Prügel, welche die Bursche bekamen, war Hauptsache dabei. Vielleicht war es auch eine freilich wunderliche Art der Erprobung der Neulinge, ob sie kräftig und geschickt zur Erduldung großer Körperbeschwerden seien, denn verzärtelte Muttersöhnchen konnte das Hansische Comtoir in Bergen nicht gebrauchen. Übrigens kommen von Altersher ähnliche Spiele und Proben noch bei andern Verbrüderungen und Genossenschaften vor, z.b. die Handwerkergebräuche beim Gesellwerden der Lehrburschen, die mystischen Prüfungen der aufzunehmenden Freimaurer, die Fuchs-Commersche der Studenten, und das „Einweihen" der Scholaren.

Aber so gut wie einem neuen Quintaner, den die Genossen übers Katheder ziehen und ihm mit einer einmaligen Tracht ehrlicher Prügel die Weihe der Verbrüderung geben, so leicht und gut wurde es den armen Hansischen Handelsburschen in Bergen nicht, denn drei gefährliche Proben hatten sie zu bestehen, ehe sie völlig aufgenommen waren. Und wer den Schaden hat, der darf für Spott nicht sorgen; ihr schmerzliches Ungemach diente den älteren Hansen, den Principalen

---

[105] Diese nur mittelbar hieher gehörige Darstellung dürfte doch Manchem unbekannt und merkenswerth erscheinen. – Handschriftliche Chroniken lassen irrig erst 1623 diese Spiele entstehen. Ich bin der Erzählung des aus Bergen gebürtigen von Holberg gefolgt in seiner Beschreibung der Stadt Bergen (1753.) II. 59 ff. – Über Husanus, welcher fast alle Sprachen verstand, poetisch und juristische Werke schrieb und als Syndicus zu Lüneburg sein bewegtes Leben 1587 beschloß, s. Rotermundt, das gelehrte Hannover II. 435.

und Gesellen, zur großen Belustigung, und eigentlich nur für diese waren ihre Proben ergötzliche „Spiele."

Ao. 1599 besuchte König Christian IV. von Dänemark seine Stadt Bergen. Von Natur sehr munter und damals noch im Jugendalter, trieb er dort so viel Kurzweil und Ergötzung, daß noch 150 Jahre später die Einwohner voll davon waren. Auf einem Gastmahl im Hause des Statthalters Milzow wurden der König und sein Bruder Ulrich also lustig, daß sie, nach Art Deutscher Studenten, alle Fensterscheiben im Hause einwarfen und durch neue ersetzen ließen. Am 25. Juni geruhte der König, ein Festmahl der Hansischen Kaufleute in deren Hauptgebäude einzunehmen; um ihn gut zu unterhalten, wurden zu seinen Ehren nach Tische einige dieser „berühmten Spiele" aufgeführt, wobei den armen Lehrjungen der Spaß so wenig ehrenvoll als vergnüglich vorkommen mochte. Der König aber fand die Spiele so ergötzlich, daß sogleich einer seiner Laquaien einem solchen sich unterziehen mußte. Der arme Mensch wurde dabei sehr übel zugerichtet, und da der König ihn zu einer zweiten Probe durch einen Rosenobel locken wollte, bat er demüthig um Schonung und vermaß sich, lieber 100 Thaler einzubüßen, als solch Teufelsspiel nochmals zu probiren.

Außer einigen minder bekannt gewordenen, gab es hauptsächlich drei Arten dieser Spiele, welche hier beschrieben werden sollen, damit man die Furcht des königlichen Hof-Laquaien ermessen könne.

Das „Rookspill" (Rauchspiel) war die erste, eine Art Feuer-Probe. An einem Feierabend um 10 Uhr holte unter Trommelschlag eine Procession von Gesellen, darunter einige als Bauern, alte Weiber und Narren verkleidet waren, allerlei Holzspäne, Haare, Lederstücke und Gerümpel; damit zogen sie in ihren Schütting, die große Halle jeder der in einzelnen Höfen zusammenwohnenden Abtheilungen der Gesellschaft. Dann wurde der Lehrling, dem's galt, in einen Sack gesteckt und in den großen Schornstein des Schütting-Camins hinauf gewunden, während man das mitgebrachte Holzgerümpel, die Haare und das Leder unter ihm in Brand setzte. Diesen stinkenden Qualm und Rauch auszuhalten, war des Neulings erste Probe. Damit er aber recht viel Rauch in den Hals bekäme, mußte er, während er so hing, auf gewisse vorgelegte Fragen laut autworten und singen. Glaubte man ihn genügend durchräuchert, so nahm man ihn herab und begoß den wohlgeschmäuchten halb erstickten Burschen zur Abkühlung und Erfrischung mit sechs Tonnen Wasser. Bei diesem „lustigen Rookspill" ist einmal Einer jämmerlich erstickt, weshalb der Hof, in dem es geschah, der Stadt Bergen eine jährliche Buße entrichten mußte.

Das „Waterspill" war das zweite Spiel, eine Art Wasserprobe. Es ward jährlich nur einmal, am zweiten Mittwochen nach Pfingst-Sonntag, gehalten. Die Neulinge wurden zuvor Mittags gut bewirthet und um 3 Uhr in Kähnen aufs Meer gefahren, bis in die Gegend des Schlosses. Dann wurden sie entkleidet, ins Wasser geworfen und dreimal untergetaucht, wobei man sie übrigens an den Armen festhielt. Sodann wurden sie, noch im Wasser liegend, von den Gesellen mit Ruthen auf den bloßen Rücken gepeitscht, wobei es aber nicht gar hart zuging, indem Jeder der einzuweihenden Lehrlinge einen Secundanten hatte, der mit einem dickbelaubten Maienzweig sowohl die Schläge abwehrte als seine Blöße deckte. Wenn diese Lust gebüßt war, kleidete man sie wieder an, fuhr zurück und banquettirte Abends in den Schüttingen herrlich, wobei die Lehrburschen, wie gewöhnlich, ihre Principale und Gesellen bedienen mußten.

Früher scheint das Wasserspiel in andrer Weise, nämlich so abgehalten zu sein, daß die Lehrlinge von einem Felsen hinab in die See gestürzt wurden, worauf man sie an einem um ihren Leib befestigten Seile wieder in die Höhe wand, und noch zweimal diese „artige Kurzweil" wiederholte.

Man erzählte aber unter den Hansen, es sei vor langen Jahren ein junges Frauenzimmer in Mannskleidern aufs Comtoir nach Bergen gekommen, aus Liebe zu einem hier angesessenen Gesellen, und habe geraume Zeit dort gelebt, bis es entdeckt und sie mit ihrem Sponsen fortgeschafft sei. Und weil nun nach den Gesetzen der Gesellschaft kein Frauenzimmer auf dem Comtoir und in dessen Höfen sich aufhalten dürfe, so sei zur wirksamen Abschreckung solcher weiblichen Eindringlinge das Wasserspiel erfunden.

Die dritte Probe war das Stupenspill oder die Stupe (Staupenschlag geben). Es fand statt am Sonntage nach dem Wasserspiel, und alle Lehrlinge mußten sich ihm unterwerfen. Am Vorabend mußten sie in langen Böten nach der nächsten Holzung rudern, und die Maien- oder Birkenzweige holen, aus denen die Ruthen gemacht wurden, mit welchen sie gestrichen werden sollten. Das war noch das Lustigste, was ihnen von dieser Ergötzlichkeit zu Theil wurde. Am andern Morgen führte man alle Lehrburschen unter Trommelschlag nach einem Garten vor dem Thore. Dabei war viel Kurzweil, zwei Principale, herrenmäßig gekleidet, waren die Anführer, andere fungirten als sogenannte Rechenmeister und besorgten die Bewirthung. Der Narr oder Hanswurst und seine Cumpane, ein als Bauertölpel gekleideter Gesell, und ein als Bauerweib maskirter Lehrling fehlten nicht; sie redeten in Reimen, foppten und neckten alle Welt und trieben grobkörnige Possen, zumal mit der Bergen'schen Einwohnerschaft, die neugierig dem Zuge zusah. Im Garten trieb man sich eine Weile herum, und kehrte in derselben Ordnung, mit Maienzweigen in den Händen, auf die größte der Schüttingsstuben zurück, wo um 12 Uhr ein Mahl gehalten wurde. Dann kam für die armen Neulinge die große Katastrophe. Der Narr und einige als Herren verkleidete Gesellen fingen zum Schein einen Streit an, worauf die neuen Lehrlinge befehligt wurden, ihn ins sogenannte Paradies zu bringen, einen Winkel oder Alkoven am Schüttingssaale, den man zuvor heimlich zur Marterkammer umgewandelt hatte. Gewöhnlich hatte man die Lehrburschen zuvor bei der Mahlzeit sich ziemlich berauschen lassen, so daß sie beim Eintritt ins Paradies ihre 24 überdies als Bauern vermummten Peiniger nicht erkennen konnten. Einer derselben redete die erstaunten Opferlämmer mit diesem alten Spruche an:

>„Ehre sei Gott, ja, Ehre sei Gott,
>Das rede ich wahrhaft und sonder Spott.
>Nu krupt in dat hillige Paradies,
>Da schölt jü schmecken söt' Barkenries,
>Ja so veel Barkenries schölt jü supen,
>Als 24 Buuern up de Steert könt stupen."

Dann erscholl draußen ein betäubender Höllenlärm von Pauken, Trommeln und Becken, während die vermummten Bauern wie die Teufel über die Lehrlinge herfielen, sie packten, über eine Bank warfen und mit Birkeuruthen aus Leibeskräften so lange bearbeiteten, bis es genug war, d.h. bis aufs Blut der armen Jünglinge, deren Jammergeschrei die laute Musik übertönte.

Wenn sie nun dergestalt, nach der Feuer- und Wasser-Probe, auch die Einweihungsfreuden dieses „Paradieses" genossen hatten, dann wurden sie erst als rite aufgenomene Lehrburschen und Angehörige der Hansischen Corporation in Bergen angesehen, konnten später Gesellen und Principale („Hausherren") werden, und zu ihrer Satisfaction in diesen drei Hauptspielen, welche sie so passiv mitgemacht hatten, auch eine active Rolle übernehmen, nach dem Princip: was ich habe leiden müssen, dem sollen Andere auch nicht entgehen.

Erst Ao. 1671 hat König Christian V. von Dänemark und Norwegen durch ein ausdrückliches Gesetz solche Spiele der Hansen zu Bergen bei schwerer Geldstrafe gänzlich verboten.

Diese Spiele, die unserm verfeinerten Jahrhundert allerdings ebenso unauständig und witzlos als roh und grausam erscheinen, wurden in jenem derberen Zeitalter meistens als etwas ganz Schickliches und Natürliches betrachtet. Raufereien und Prügel gehörten damals noch mehr zum volkstümlichen Spaße, als jetzt, wo noch immer die rechte Jahrmarktsfreude oder ein gutes Puppentheater ohne solche Balgerei nicht bestehen kann, die ja selbst unsern Knaben-Ergötzlichkeiten nicht fehlen darf, soll das Vergnügen vollkommen sein.

Übrigens wurde kein Lehrling zu Bergen gezwungen, sich jenen Spielen zu unterwerfen. Nur wird er alsdann besser gethan haben, seine Laufbahn am Hansischen Comtoir aufzugeben, wie dies Heinrich Husanus um 1555 tat. Es wird nämlich erzählt, daß dieser später als Staatsmann und Gelehrter berühmt gewordene Mann, in seiner Jugend zum Kaufmann bestimmt und als Lehrling nach Bergen gekommen sei. Wie er aber das Stupenspiel überstanden, da hat er seiner Mutter (einer Bürgermeisters-Frau zu Eisenach) das blutige Hemde geschickt, um ihr zu Gemüt zu führen, wie unbarmherzig mit ihrem Sohn umgegangen werde. Die Mutter hat ihn damt eilends zurückgerufen und ihn den sanfteren Musen in Pflege gegeben. Husanus muß aber hernach, als Weimarscher Gesandter oder als Mecklenburgischer Canzler, das Hansische Birkenreis in Bergen als veranlassende Ursache seines Glückes in Ehren gehalten haben.

85. Von Würden und Bürden der Brauerknechte[106]
(Um 1600)

Von der Brauerknechte Heldenthum ums Jahr 1300 und von einigen damit zusammenhängenden Rechten ist zwar schon Oben (No. 34) die Rede gewesen. Es ist aber noch Manches über dieses Gewerk zu erzählen.

Die Brauerknechte bildeten eine Gilde, die nach ihrem Schutzpatron die St. Vincentii-Brüderschaft hieß, und unter vier Brauer-Herren als Alterleuten stand. Der erste und vornehmste ihres Mittels aber war der Baumtrager, der bei feierlichen Gelegenheiten einen wohlverzierten Zuber-Baum als Zeichen seiner Würde trug, und zwei Jahre lang sein Amt führte. Der von den Mitknechten erkorene Baumtrager mußte einen Eid schwören, daß er seine Genossen vertheidigen wolle „vor Bürgermeister und Rath, zwischen Ring und Mauer, vor dem Wirth und Frau," – worauf sie ihn wiederum Beistand, Hülfe und Treue versprachen.

Nach dem Baumtrager kamen die sechs Vorsprachen oder Vertreter der Brauerknechte, auch auf zwei Jahre gewählt. Die Neuwahlen wurden heimlich gehalten, bis zum nächsten Sonntage vor Johannis. Dann, während der Hauptpredigt, trugen die drei abgehenden Vorsprachen drei Kränze von Rosen oder sonstigen schönen Blumen in die Wohnung der Neuerwählten, und hingen sie auf der Diele an den Spiegel. Dann wußte Jeder, den's betraf, Bescheid. Fürwahr, eine löbliche zarte Manier, eine Erwählung durch die Blume zu verkünden, die freilich der also Geehrte mit 1 bis 2 Thalern bezahlen mußte. Dann erschienen alle Vorsprachen zur Mahlzeit bei einem der beiden Altermänner, woselbst die Tauglichkeit und Tüchtigkeit der Neugewählten erprobt wurde.

Nach altem Deutschen Begriff ist ein guter Zecher zu allen Dingen nütze, darum bestand die erste Probe der Vorsprachen darin, daß Jeder

---
106 Nach Schlüter's Tractat von den Erben S. 343 ff.

auf übliches Zutrinken der Alten einen vergüldeten Pokal (½ Nössel groß) voll starken Bieres, nicht weniger als zehnmal austrinken mußte, und zwar je auf einen Zug, ohne abzusetzen. Jeder Zutrinker sagte dabei: „Glas, du weest, dat du hüüt mit einem schönen Rosenkranz büst beehrt, üm de Brüderschop und de Armen twee Jahr lang to bedeenen, und schalst daby dohn, ass Gott am jüngsten Dage mit diner Seelen dohn schall, darup magst du düssen Beeker empfangen," worauf er bestätigte: „darup will ick em empfangen." Während dieses Zutrinkens mußte eine tiefe Stille herrschen, wie es feierlichen ernsten Handlungen so wohl ansteht; wer einiges Geräusch machte, büßte es mit 4 Schillingen in die Armenbüchse.

Dann mußten sie sich auch als Männer von scharfen Zähnen und kräftigen Magen bekunden, um symbolisch zu erweisen, daß sie geschickt seien, harte Pillen zu verschlucken, in saure Aepfel zu beißen, Übeleingebrocktes zu verzehren und sich in der Brüderschaft Angelegenheiten „durch Dick und Dünn zu fressen." Die Hauptprobe dieser, für jeden Gemeinwohls-Vorsteher ersprießlichen Qualitäten war: daß sie nach sonstiger Mahlzeit, ein ganzes Huhn mit Haut und Knochen verzehren mußten, welche Sitte jedoch später, bei abnehmender Kräftigkeit der Menschheit, durch Zahlung von 1 Orts-Thaler abgelöst wurde. Endlich mußten sie auch ihre Fertigkeit im Malz-Messen zeigen.

Am Johannistage kamen dann die Alterleute mit dem Baumtrager und den sechs Vorsprachen wieder zusammen, um eine kleine „Höge" zu halten, ein fröhliches Festmahl zum Besten und auf Kosten der Brüderschaft; Tags darauf fand ihre feierliche Lustwandelung statt, da sie denn ganz ehrbar und langsam durch die Straßen zum Thore hinaus zogen, meist vors Steinthor nach dem Strohhause, seltener nach dem Hamburger Berge. Dabei mußten die Vorsprachen in ihrem Ehrenkleide erscheinen, das war ähnlich wie der Reitendiener Kleidung beim Leichentragen (die alte Feiertracht ehrbarer Bürger), was ihnen und gesammter Brüderschaft kein geringes Ansehen gab.

Sodann waren vordem die neuen Vorsprachen auch gehalten, ihr Haupthaar ganz kurz und glatt zu scheeren und nur an jedem Ohr ein Schöpflein längerer Haare stehen zu lassen. Das war auch von wegen ihres Ehrenamtes. Denn vormals trug das Volk der Knechte, Gesellen und andere ganz geringe Leute, das Haar langwüchsig auf die Schultern fallend, wie die alten Cimbern und Teutonen; vornehme Männer aber (der Geistlichen Tonsur gar nicht zu gedenken), Rathsherren und Doctoren, hielten es fein kurz und glatt und pflegten dagegen des Bartes um Mund und Kinn als ehrsamen Männerschmuckes. Darum mußten auch die zur Würde der Vorsprachen erhobenen Brauerknechte, um sich von ihren Mitbrüdern zu unterscheiden und zum größeren Ansehen des Gewerks, „Haare lassen" und kurz geschoren einherstolziren. Etwa um 1650 aber sind drei Knechte gewählt, die ein trefflich schönes langes Haupthaar gehabt haben, von dem sie sich ungern trennen wollten; und weil dazumal bei den Vornehmen die Sitte der ganz kurzen Haartracht bereits in Abnahme gewesen, so hat die Brüderschaft den drei Vorsprachen gegen Entrichtung von 4 [M.][107] Lübsch ihr langes Gelock zu behalten verstattet, wobei es denn fortan geblieben ist.

---

107 Mark

86. König Christian IV. in Hamburg[108]
(1603)

Im Herbste 1603 erging an den Rath eine Ansagung Königs Christian IV. von Dänemark, daß er gesonnen sei, nach Hamburg zu ziehen, um die Erbhuldigung entgegenzunehmen. Denn wie weiland die Deutschen Könige ihren Römerzug zu machen pflegten, um die Kaiserkrone sich aus der Stadt Rom zu holen, wiewohl oftmals nicht zu ihrem und des Reichs Heil, – also hatten es die Dänischen Könige Oldenburgischen Stammes im Brauch, als Herzoge von Holstein nach Hamburg zu ziehen, um dieser guten Stadt Erb-Huldigung zu begehren, zu welcher sie jedoch mit Nichten verpflichtet war. Darum machte es auch diesmal der Rath wie allemal, schrieb wieder, es werde der Stadt eine Ehre sein den Herrn König zu sehen, falls Derselbe belieben wolle, zwar keine Erbhuldigung, jedoch eine biedere Freundschafts-Versicherung, nach Art der Vorfahren, entgegenzunehmen.

Der König ließ sich die Sache gefallen, schickte auch seinen Statthalter Gerd Rantzau und seinen Canzler Christoph Vultejus nach Hamburg, welche in Gemeinschaft der Holsteinischen Räthe Clemens Gadendorf und Nicolaus Junge, Canzler, alles Erforderliche mit dem Senate vorher besprachen. Übrigens bestimmte der König den 28. October als Tag seines feierlichen Einzuges. Und da er ein Liebhaber von sinnreichen Lustbarkeiten war, so traf er Anstalten, seine Anwesenheit in Hamburg durch allerlei Spiele und Aufzüge zu verherrlichen, weshalb er auch seine Verwandten und Freunde unter den Deutschen Reichsfürsten nach Hamburg einlud, nämlich, außer seinem Bruder Ulrich und den Vettern von Holstein, auch seinen Schwiegervater den Kurfürsten von Brandenburg, und seine Schwestermänner: den

---

108 Steltzner II. 463. Adelungk 99, und andere Geschichtschreiber. Die meisten der interessanten Details aus einer handschriftlichen Fortsetzung von Tratziger's Chronik. von Heß, Topographie I. 392, giebt die Inschrift an Matth. Meyer's Hause.

Kurfürsten von Sachsen und den Herzog Heinrich Julius von Braunschweig; diese aber, obschon sie anfangs zugesagt hatten und sich sehr auf die guten Tage in Hamburg freuten, konnten zuletzt doch nicht kommen, man sagt, weil des Kaisers Majestät es ihnen übel vermerkt haben würde. Doch sandten sie ihre Gemahlinnen, des Königs Schwestern, zu solcher Zusammenkunft.

Am 28 October fand der feierliche Einzug in Hamburg statt; 19 Fähnlein wohlbewaffneter Bürger im blanken Harnisch hatten das Steinthor und die Straßen in der Nähe besetzt, auf den Wällen stand die besoldete Soldateska, ungemein zahlreich, denn der Rath hatte zu mehrerer Sicherheit und Aufrechthaltung guter Ordnung noch 600 Mann versuchter Musketiere angeworben. Die Rathsherren Eberhard Esich und Hieronymus Vogler hielten hoch zu Roß in silberhellen glänzenden Harnischen vor dem Steinthore, die Majestäten würdig zu empfangen und zu beneventiren; während dies in wohlgesetzter Rede geschah, donnerte von den Wällen alles grobe Geschütz, und ringsum ging dem Könige zu Ehren ein so tapferes Freudenschießen los, daß er daran wohl merken konnte, was es mit der Stadt und Festung Hamburg auf sich habe.

So kam der Zug in die Stadt, voran ritten 24 Trompeter und 4 Heerpauker in Roth und Gold gekleidet, die schmetterten und trommelten, daß es Art hatten; dann kamen Leibtrabanten, sodann ritten der König und der Herzog Johann Adolf von Holstein zwischen unsern Rathsherren, darauf fuhr in prächtig vergoldeter Carosse die Königin Anna Catharina, geborene Prinzessin von Brandenburg; Herzog Ulrich von Schleswig, des Königs Bruder, ritt zur Seite des Wagens. Dann folgten andre große Herren, Ritter und Räthe, worauf wieder Leibtrabanten und Reiter-Geschwader kamen. Es waren an 1500 Pferde zusammen. Der Leibtrabanten waren 100 Mann, die waren prächtig in Sammet gekleidet, roth und gelb. Auch 300 Mann Dithmarscher waren dabei, die trugen lange Musketen und blaue Mäntel. Die Reiter waren auf gut Alt-Braunschweigisch gekleidet, trugen lange hohe Stiefel, Lederhosen und Reitröcke, und waren mit silbernen Dolchen zierlich geschmückt.

Der Zug ging dann nach der großen Reichenstraße, woselbst in Matthias Meyer's, eines reichen Bürgers großem Hause, die Majestäten ihr Quartier nahmen. Noch selbigen Tages trafen eine Menge andrer fürstlicher Gäste ein, insgesammt Vettern oder Verschwägerte des Königs, außer seinen Schwestern Hedwig, Kurfürstin von Sachsen, und der

Herzogin von Braunschweig mit ihrem jungen Prinzen Friedrich Ulrich und zweien Töchterchen; nämlich noch drei Herzoge zu Sonderburg, Alexander, Friedrich und Albrecht; dann sechs Brüder, Herzoge von Lüneburg-Celle, nämlich der regierende, Ernst, dann August, ein Dänischer Feld-Obrister, sowie George, Friedrich, Hans und Magnus. Sodann der Erzbischof von Bremen Johann Friedrich, ein geborener Herzog von Holstein-Gottorp. Imgleichen auch der Graf Anton Günter von Oldenburg-Delmenhorst, und die Grafen Enno und Gustavus von Ostfriesland, letzterer nebst Gemahlin; auch zwei junge Mecklenburgische Prinzen, Adolf Friedrich und Johann Albrecht. Schließlich traf noch ein seltener Gast in Hamburg ein: ein Moskovitischer Fürst, des Czaren Großkanzler, der als Ambassadeur nach Deutschland kam. Sein Name scheint etwas schwierig zu behalten gewesen zu sein, denn wie er in der Chronik geschrieben steht, „Altinassa," wird er wohl kaum gelautet haben.

Alle diese Herrschaften wurden bestens einlogirt in guter Bürger Häuser; und Raths-Deputirte sorgten dafür, daß Alles sich fügte und schickte und Jeder sein Recht bekam. Auch die Kriegsleute, Reiter, Wagen und Pferde wurden untergebracht, hie und da; allein in den Ziegelhütten beim Teyelfelde in der Neustadt fanden die Wagen und 1100 Pferde Platz. Daselbst wurde auch in den folgenden Tagen der ganze Troß der Knechte, Kutscher und sonstiges Gesinde gespeiset und getränkt.

Am Sonnabend, den 29. October, besahen die Herrschaften die Stadt und ihre Gelegenheit, gaben auch freundwillige Audienz Jedem, der darum anhielt. Übrigens wurden die Rennbahnen und sonstigen Vorrichtungen für die Turniere und Festspiele auf dem Hopfen- und Pferdemarkt fertig gemacht. Die eine Rennbahn sollte fürs Ringelrennen und Carussel dienen; die andere, um darauf über Pallinen oder Planken zu turnieren; beide waren mit Sand erhöht und rings von Schranken umgeben. Auf dem Pferdemarkt war das sogenannte Indicir-Häuslein, wo die Kampfrichter sitzen sollten, von Holz gar zierlich erbaut. Sieben Säulen waren dabei angebracht, darauf gar schöne Puppen, die sieben Tugenden, von Holz geschnitzt und sauber vermalt, recht artig anzusehen waren.

Am Sonntag, den 30. October, sind die königlichen Majestäten und fürstlichen Hoheiten sammt allen Räthen, Rittern und Hofleuten in Begleitung der rothen Leibtrabanten nach St. Petri-Kirche geritten, woselbst E. E. Rath, E. Oberalten und die vornehmsten Bürger in Staatsröcken sich auch eingefunden. Die Kirche war von Grund aus renoviret und gezieret, und den Herrschaften darin der beste Platz hergerichtet. Eine ganz herrliche Musik von Instrumenten, Zinken und Posaunen, so wie von den Kirchensängern ging der Fest-Predigt voraus, welche Herr Pastor M. Johannes Schellhammer mit großer Salbung zu allgemeiner Erbauung hielt.

Darauf sind der König nebst seinem Vetter Herzog Johann Adolf von Holstein und zwölf beiderseitigen Kanzlern, Räthen und Rittern nach dem Rathhause geritten, woselbst Senatus cum Syndicis et Secretariis, nebst den hundert Bürgern, welche die Bürgerschaft vertraten, bereits versammelt waren. In der großen Halle nahmen die zwei Fürsten den obersten Platz ein, hinter ihnen standen ihre Räthe und Ritter, nämlich: der Statthalter Gerd Rantzau, die Amtmänner Hans Rantzau zu Rendsburg, Benedix von Ahlefeld zu Steinburg, Claus von Ahlefeld zu Kaden, Baltzer von Ahlefeld zu Flensburg und der Ritter Heinrich Rantzau zu Putlos; diese waren im königlichen Dienste. Sodann die Amtmänner: Dietrich von Blome zu Tondern, Georg von Schestedt zu Steinhorst, Friedrich von Ahlefeld zu Apenrade, Dietrich von Buchwald zu Gottorp und Thomas von Blome zu Trittau, so wie Nicolaus Junge, Canzler; diese waren im herzoglichen Dienste. Gegenüber standen vor dem Rathe die hundert Bürger, der worthaltende Bürgermeister Joachim Beckendorp stand vor den Rathsherren.

Die Ceremonie verlief dann üblicher Maßen, die vom königlichen Canzler im Namen des Königs und des Herzogs geforderte eidliche Erbhuldigung wurde diesseits dankverbindlichst abgelehnt und nicht geleistet, dafür aber die ergebene Freundschafts-Annehmung und -Verpflichtung gegen jenseitige Bestätigung der alten Privilegien und Freiheiten erklärt. Der königliche Canzler sprach Hochdeutsch, der Hamburger Bürgermeister redete „auf gut Niedersächsisch," d.h. Plattdeutsch. Worauf der König selbst für sich und Herzog Johann Adolf gesprochen hat. Darnach haben König und Herzog sich mit Bürgermeistern, Rathmannen und hundert Bürgern die Hände gereicht und also ihr gegenseitiges Verbündniß mit „handgegebener Treue" befestigt, worauf die neue Confirmation der alten Privilegien in originali ist überreichet worden.

Hierauf sind die Herrschaften in ihre Logiamenter zurückgeritten. Bei Sr. Majestät ist ein kostbar Banquet angestellt, wobei sämmtliche

Fürstlichkeiten und die Vornehmsten vom Adel nebst „dem löblichen Frauenzimmer" herrlich tractirt und mit allerhand fürstlicher Lust sind ergötzet worden. Während solcher Zeit haben königliche Trompeter und Herolde die auf den folgenden Tag angesetzten Turniere und Aufzüge verkündigt und ausgerufen, auch die Ordnung der Spiele an das Judicir-Haus affigirt und sonst notificirt.

Montag, den 31. October, früh 9 Uhr, begannen die Spiele auf dem Pferdemarkt mit einem schönen Spectakel, von des Königs eigner Invention, sehr anmuthig anzusehen. Von St. Gertruds-Capelle her (allwo der König seine Rüstkammer gehabt) bewegte sich ein seltsamer Zug. Auf einem 16 Fuß hohen Wagen saß zwischen zwei Löwen auf einem vergüldeten Sessel der König selbst, in Gestalt des Sonnengottes, in fleischfarbigvermalten Atlas gekleidet, als ob er nackigt sei; güldene Strahlen hingen Ihro Majestät ums Angesicht, einen Loberrkranz trugen Dieselben im Haare, und einen güldenen Scepter senkten sie grüßend, als sie bei dero Gemahlin, dem übrigen fürstlichen Frauenzimmer und bei dem Judicir-Hause vorüberfuhren. Unter dem hohen Wagen gingen, von Teppichen verdeckt, die königlichen Musikanten, die mit ihren Instrumenten eine äußerst feine und liebliche Musik machten. Diesem Wagen folgte eine Jungfrau, in ihrer einen Hand trug sie ein Herz, darauf saß ein Täublein, in der andern Hand hielt sie eine große Perle. Dann kam des Königs Bruder, Herzog Ulrich von Schleswig (der Bischof von Schwerin), von St. Nicolai-Kirchhof herangezogen. Mit dem Siegeskranz im Haare stand er, zwischen zween gebundenen Heidenfürsten, als der große Alexander von Macedonien hinten auf einem Triumph-Wagen, den drei Schimmel mit Hirschköpfen und Geweihen zogen, welche ein Riese vorne lenkte. In der Mitte lag die Erdkugel unter Wehren und Waffen; Trompeten, Pauken und Trommeln darum herum; die vier Fahnen von Europa, Asia, Africa und America wehten von den Seiten hernieder. Dann folgte noch einiger lustiger Mummenschanz; Marquard von Pentz, der Segeberger Amtmann, kam als ein Bauer mit Pflug und Dudelsack; andere Herren, als Polacken, Moskoviter, Ungarn, Türken, Mohren u.s.w.

Sehr nachdenklich (und ebenfalls von des Königs Erfindung) war noch ein Aufzug auf fünf Wagen: allerhand Bilder und Figuren, auch lebendige Menschen in vielerlei Costum mit merkwürdigen Symbolen und Allegorien, welche allesammt ihre absonderliche Bedeutung gehabt haben und eine rührende Vorstellung der Tugenden wie der Laster gewesen sind; item, daß der Menschen Leben nichts anders sei, als eitel Sorge, Plage, Armuth, Krieg, Verfolgung, Haß, Krankheit und Noth, bis endlich der Tod Alles gut mache, so Seneca kürzlich zusammenfasset „omnis vita supplicium est, mare inquietum, mors portus," – oder wie viel später ein gottseliger Monarch in seinem Testamente dies noch besser ausgedrückt hat: „meine Zeit in Unruhe, meine Hoffnung in Gott."

Hernach war waidlich Ringelrennen, Carussel-Reiten, Lanzenstechen und Turnieren auf der Bahn, darin sich die Prinzen, Grafen, Ritter und Junker versuchten; die Bürger und alle Leute aus dem Volk hatten ihre Freude und Verwunderung daran, denn Solches war von ihnen noch niemals gesehen.

Dienstag, am 1. November, wurde wiederum gespielt und turniert. Der König kam in demselben Aufzug angefahren, weil alle Welt ihn gern noch einmal bewundern wollte. Marquard Pentz hatte aber ein neues lustiges Stücklein erdacht, er kam in einer vierthürmigen Burg, die war von Pappe ganz natürlich gemacht, wenn schon lange nicht so groß als eine wirkliche; als man dies nun erstaunt, da geht aus allen Ecken des Schlößleins urplötzlich ein Feuerwerk los, das knallet und prasselt und sprüht umher zum Entsetzen des Frauenzimmers, das darüber laut zu schreien beginnt; worauf schließlich die ganze kleine Burg in Flammen aufbrennt; inmitten des dichten Feuerregens stand Herr Marquard Pentz mit gezogenem Schwert, das schwang er sich in schnellen Schlägen und Wirbeln um den Kopf, um sich gegen die Funken zu schirmen, was ausnehmend schön anzusehen war. An diesen beiden Tagen hatte der König beim Ringelrennen 232 Ritte gemacht, das Ringlein 175 Mal glücklich herausgestochen und 33 Gewinne gewonnen. In der Nacht darauf wurde das Judicir-Haus vom Pferdemarkt weggenommen und am Hopfenmarkt wieder aufgestellt, was sonder einen Schaden der schönen Puppen auf den Säulen ablief.

Am Mittwoch, den 2. November, hat der König in seinem Quartier dem Rathe der Stadt ein Ehren-Banquet gegeben und unsere Herren herrlich tractiret. Nach der Mahlzeit fand noch eine seltene Ceremonie statt, so in Hamburg vielleicht einzig ist: es wurde ein Capitel des Elephanten-Ordens gehalten und das blaue Band dieses hohen Ehrenschmuckes an vier Ritter verliehen: an des Königs Bruder, Herzog Ulrich; an den Bremischen Erzbischof Johann Friedrich, Herzog von Gottorp; an den Grafen Anton Günter von Oldenburg, und an den Segeberger Amtmann Marquard Pentz.

Donnerstag, den 3. November, war das letzte Turnier auf dem Hopfenmarkt, wo über Pallinen oder Planken gestochen wurde. Etliche 100 Speere und Lanzen zersplitterten dabei, mehrere vom Adel wurden zu Boden gerannt, darunter Einer, der mußte die Lust mit dem Leben bezahlen, denn er starb bald darauf an den Folgen seines grausamen Sturzes. Das war aber auch der einzige Unglücksfall bei allen diesen Ritterspielen und Festlichkeiten.

Freitag, den 4. November, war die ganze Lust aus. Die Herrschaften verließen Hamburg, hierhin, dorthin. Der König zog um 10 Uhr aus dem Millernthore ab, in derselben Ordnung, wie er acht Tage zuvor eingerückt war; die 18 Compagnien Bürger standen mit fliegenden Fahnen wieder aufmarschirt, auf den Wällen wurden die Kanonen gelöset, daß es krachte, wobei auch eine richtig platzte; und rings um die Stadt ging das schwere Musketen-Gepölder, Alles zu Ehren des Königs Christian IV., der wieder in sein Reich zog.

E. E. Rath und alle Bürger dankten aber Gott, daß Alles so gut abgelaufen war, wie kaum zu hoffen gewesen war. Denn zum Ersten war während dieser acht Tage, nach vorherigem gräulichen Schlacker- und Regenwetter, eine sehr schöne sonnige Witterung eingefallen, die bei den öffentlichen Spielen trefflich zu statten kam. Zum Andern war trotz der erstaunlichen Menge Volks aller Nationen, Menschen und Vieh, dennoch Platz für all die vielen Fremden und Gäste, und genugsamer Proviant vorhanden gewesen, sogar, was schier Wunder nahm, zu wohlfeileren Preisen, als vor- und nachher. Zum Dritten war die öffentliche Ruhe und Ordnung kein einzigs Mal gestört worden, und trotz der vielen möglichen Reibungen mit der fremden Soldateska war der Hamburger Jan Hagel immer friedlich und freundlich geblieben, wozu freilich auch die wohl befriedigte Schaulust und die 600 angeworbenen Musketirer beigetragen haben mögen. Die guten Bürger wußten ohnedies, was sich schickt, wenn man Gäste beherbergt und bewirthet. Aus Vorsicht hatte der Rath auch viele Straßen mit Schlägen und Ketten versehen lassen zum etwanigen schnellen Absperren. Es fiel aber in diesen acht Tagen kein Brand, Frevel, Diebstahl, Raub, Mord, Todtschlag, sogar keine Zänkerei und Prügelei von Belang vor, was fast unglaublich klingt, wenn man's sagt. Zum Vierten dankten Rath und Bürgerschaft Gott dafür, daß die bewußte Staats-Action auf dem Rathhause wiederum so annehmlich verlaufen war; und endlich zum Schluß auch besonders dafür, daß der ganze Spaß, trotz der vielfachen Veranstaltungen und Ehrenausgaben, dennoch der Kämmereicasse keinen größeren Bedruck machte, als 15,404 [M.][109] 14 [Sch.][110]; indem die Herrschaften sich allermeistens selbst beköstiget hatten.

Matthias Meyer in der großen Reichenstraße, bei dem die Majestäten logirt hatten, bekam für seine Auslagen zur Ausschmückung der Prachtzimmer 142 [M.] Entschädigung von der Kammer, womit er völlig vergnügt war. Er war so ziemlich darauf eingerichtet, Standespersonen zu herbergen, obschon er kein Gastwirth war. Und erst zwei Jahre zuvor, 1601 im Sommer und 1602 im Februar, hatte der kaiserliche Gesandte, Freiherr von Minckwitz, sein Quartier bei ihm gehabt, und in demselben die bekannte Eppendorfer Kohlwurzel für den Kaiser Rudolf II. in Empfang genommen. Aber die Glorie dieses königlichen Besuches ging dem guten Matthias Meyer über alle bisher genossene Ehre seines Hauses. Derselben zum Gedächtniß inventirte er eine seine Poesie, die er mit güldenen Lettern seinem Hause anschreiben ließ, woselbst sie vor 100 Jahren noch zu lesen gewesen ist. Damit Matthias Meyer's Poesie nicht verloren gehe, wollen wir sie hier abschreiben; sie lautete:

"*Als man zählt 16 hundert und 3 Jahr*
Und dabei der 8 und 20ste war
Octobers, – König Christian
Der Vierte von Dänemark, und Johan
Adolf Herzog zu Hollestein,
Ritten in Hamburg herein.
Zwei Tage lang herrlich und fein
Rennte man nach Ringelein,
Man schaute da viel dem König zu Ehren,
Dabei waren 18 Fürsten und Herren.
Auf'm Hoppenmarkte am Donnerstag
Über dem Balgen manches Speer zerbrach,
Darauf die Herren insgemein
Von hinnen geschieden feyn,
Der König und sein Gemahl
Dazu die Frauenzimmer all.

---

109 Mark
110 Schilling

Hier nun hatten sie ihr Losament,
Bei mir, Matthias Meyer genennt,
Dazumal in meinem Wittwen-Stand
Zum Gedächtniß gesetzt an diese Wand.
Gott wöll fortan Glück und Segen geben
Und uns allensampt das ewige Leben."

87. Der St. Catharinen-Thurm und eine Prophezeiung[111]

(1603)

Im Jahre 1603 geschahe es, daß der neue St. Catharinen-Kirchthurm, welcher durch die Zimmermeister Joachim Behn und Joachim Rustmann in drei Jahren, vom Mauerwerk an bis zum Kreuz und Wetterhahn neu erbauet worden war, fertig und mit unterschiedlichen Feierlichkeiten eingeweihet wurde. Da nun grade zu dieser Zeit, als oben gemeldet, König Christian IV. zu Hamburg sich aufhielt, so gefiel es Demselbigen, den neuen Thurm in Augenschein zu nehmen, wobei er von E. E. Raths Deputirten, den Kirchgeschworenen als Bauherren, auch von Etlichen aus dem Mittel Reverendi Ministerii geleitet und in dem Kirchensaale mit einem Ehrentrunke reguliret worden ist. Als nun Se. Majestät Alles wohl besichtiget, auch sein Vergnügen über den schönen Bau sattsam erkläret hat, da ist den umherstehenden Bauleuten die Lust angekommen, dem Könige eine Reverenz zu erzeigen; und einer von ihnen, ein eisgrauer Altgesell, hat das Wort geführt und dem Könige viel Schönes und Gutes gewünscht, auch die gute Stadt Hamburg seiner Gunst befohlen, und sodann, gleichwie mit prophetischem Geiste, gewahrsagt: der König werde so lange leben, als dieser neuerbaute Thurm stehe. Worüber denn königliche Majestät gelächelt und geäußert: „Der Mann meint's doch gar zu gut mit Uns!" Hat sich aber freundlich für den schönen Wunsch bedanket und allen Werkleuten ein treffliches Biergeld verabreichen lassen, worauf er unter deren Jubelgeschrei und Gejauchze, geleitet wie er gekommen, den Thurm wieder verlassen. Ist aber nach Gottes Willen dieser Wunsch oder Spruch des alten frommen Gesellen zur wahrhaftigen Weissagung geworden; denn wider aller Menschen Vermuthen hat es sich begeben, daß dieser neue feste Thurm, der für Jahrhunderte erbauet schien, schon 45

---

111 Handschriftliche Chronik. Auch Herrn Pastor Wendt's kleine Schrift über den St. Catharinen-Thurm S. 14.

Jahre darnach, nämlich am 15. Februar 1648 Morgens 3 Uhr, in einem ganz erschrecklichen Sturm und Ungewitter unter Blitzen und Donnerkrachen, vom Mauerwerk herabgerissen, zusammengestürzet und zur Erde geworfen worden ist; und kaum 14 Tage darnach, am 28. Februar 1648 ist in der Hofburg zu Kopenhagen der König von Dänemark, Christianus IV., sanft und selig in Gott entschlafen nach 71 Lebens- und 52 Regierungs-Jahren.

Einige sagen, nicht der Altgesell habe diese Wahrsagung gethan, sondern der König selbst habe beim Anblick des Thurmes dessen Dauer nach seines eigenen Lebens Länge gemessen, was Jedermänniglich gar curios und fremd vorgekommen, sintemal darinnen die Meinung zu finden, entweder daß der feste Thurm gar kurze Zeit stehen, oder daß sein Menschenleben nach Methusalem's und anderer Erzväter Weise gar übernatürlich lang währen werde, welches Beides gleich unmuthmaßlich. Sei aber der Prophet gewesen, wer er wolle, König oder Altgesell, eingetroffen ist die Prophezeiung jedenfalls.

88. Die Meer-Jungfer[112]

(1610)

Als Ao. 1610 der Hamburgische Schiffer Jan Smidt und seine Leute unfern des Französischen Hafens St. Jean de Luz bei Bayonne längs der Küste fuhren, da haben sie ein seltsames Meerwunder gesehen. Es war eben beim anbrechenden Morgenlicht, und die ganze Mannschaft noch nüchtern und geruhig. Da sahen sie es aufs allerschnellste zu sich heranschwimmen, desselbigen Gestalt war sehr ansehnlich, die Aeuglein, Nase, Ohren, Wangen, Mund, Stirn, Hals, Alles mit einander war ausnehmend fein und nett, und einer sehr schönen Jungfrauen völlig gleich. Und die Haare, so Türkisch-Blau von Farbe, schlangen sich über die Schultern hinab und spielten in den Wellen. Dies Meerwunder hat sich immer näher dem Schiffe herzu gemachet, da dann die Mannschaft am Bord gestanden und Alles wohl wahrgenommen.

Jan Smidt aber, der Capitain, ein alter vielerfahrner Mann, hat wohl gewußt, daß solche Meerweiber, wenn sie an einen Mann kommen können, denselbigen strax in ihre Arme nehmen und ihn aus eitel Liebe so hart drücken, daß er darüber versticken muß. Maßen nun solcher Liebkosung Niemand an Bord begehrete, hat er seine Order darnach gegeben; und dieweil die Seejungfer Anstalt gemachet, mit Gewalt ins Schiff zu steigen, haben die Leute sie mit Bootshaken und Stangen immer wieder ab- und ins Wasser treiben müssen, darüber sie endlich abgelassen hat; worauf sie ihr lieblich Angesichte in die blauen Haare gehüllet, ganz bitterlich geweinet, die weißen Arme nach ihnen ausgebreitet, die Hände gerungen und darnach vor ihren Augen in die Tiefe hinabgefahren ist, also, daß es die jungen unter den Schiffsleuten gar sehr erbarmet hat und fast weinerlich ihnen zu Muthe geworden ist. Jan Smidt aber hat Segel beisetzen lassen und ist so geschwind als möglich in die hohe See gefahren.

---

112 Hesselii Elbestrom S. 62.

Etliche meinen zwar, Jan Smidt sei zu fürwitzig zu Werke gegangen, und da er und seine Leute gar nicht wahrgenommen, daß die schöne Jungfer einen schuppigen Fischleib und Flossen statt der Beine gehabt, so sei's am Ende gar kein Meerwunder, sondern ein wirklich Menschenkind gewesen, welches etwa unversehens ins Wasser gefallen und nun herzugeschwommen, um Leib und Leben zu salviren. Und wenn Jan Smidt nur besser zugesehen und weniger eilig abgewehrt hätte, so würde das arme schöne Weibsbild nicht so jämmerlich vertrunken sein, und er selber eine Sünde weniger auf dem Gewissen haben.

89. „Lewerenz sin Kind"[113]
(1611)

Zu Anfang des siebenzehnten Jahrhunderts lebte in Hamburg ein schlichter Bürger, der hieß Damm, mit Vornamen Laurentius oder wie man damals sagte Lawrenz oder Lewerenz, und so nannten ihn auch die Nachbarn. Dieser Mann, der an sich nichts Ausgezeichnetes besaß, ist dennoch auf die Nachwelt gekommen und lebt in einem Spruchwort noch jetzt unter uns fort. Was ihn aber so bekannt machte, das war sein Sohn, der auch als „Lewerenz sin Kind" in Aller Munde lebt, obschon Wenige wissen, daß er eigentlich Jacob Damm geheißen hat. Als dies Wunderkind noch in die ABC-Schule ging, blieben die Leute verwundert über des Jungen ungewöhnliche Länge stehen, und fragten, wer er wäre. Da hieß es: „Lewerenz sin Kind." Unter dieser Benennung wurde er im ganzen Stadtviertel, und in immer weiteren Kreisen bekannt, je unaufhaltsamer sein Wachsthum zunahm. Bei der Confirmation überragte er schon die ganze Gemeinde; und als Lewerenz sin Kind um 1611 völlig ausgewachsen und dergestalt in die Höhe geschossen war, daß er nur zwei Finger breit weniger als 5 Ellen, also beinahe 10 Fuß lang war, da hieß es einstimmig: die größte Rarität Hamburgs und der längste Kerl, der jemals hier gelebt habe, sei Lewerenz sin Kind. So war's natürlich, daß er von seinen Zeitgenossen als Maßstab verwendet wurde, und daß man sehr bald sprüchwörtlich von langen, großen und hohen Dingen sagte: „so groß, so lang, oder beinahe so lang, wie Lewerenz sin Kind."

Dieser arme Thurm-Mensch oder Menschen-Thurm hatte indessen von seiner erstaunlichen Größe äußerst wenig Vergnügen und sehr viel

---

[113] Den Stoff gab eine handschriftliche Chronik, die von dem zehn Fuß langen Jacob Damm erzählt. Über das Sprichwort: „Lewerenz sin Kind," berichtet Richey. Idiot. Hamb. p. 151; auch Schütz, im Holst. Idiot., und das Bremisch-Niedersächsische Wörterbuch. – Um 1750 ließ sich hier der lange Cajetanus sehen, dessen colossales Portrait noch 1711 im Baumhause gehangen hat; von Heß, Topographie II. 389.

Unbequemlichkeit. Die Angehörigen belästigte seine Länge; wer mit ihm sprach, verrenkte sich den Hals beim Emporschauen; er gebrauchte das doppelte Menschenmaß zu seiner Kleidung und das Dreifache zur Ernährung seines gewaltigen Körpers; in keinem fremden Bette konnte er schlafen und in den wenigsten Stuben seines Verkehrs grade und aufrecht stehen; vielleicht von den unzähligen Malen, daß er mit dem Kopf irgendwo angestoßen, rührte es her, daß er etwas dumm blieb, denn Lewerenz sin Kind war einzig an Körper so groß gerathen, wenn schon sonst an Gemüt ein sehr harmloser gutmüthiger Gesell. Wie so oft in sehr hohen Häusern die obersten Geschosse nur Bodenräume sind, so sah's auch in seinem höchsten Stock, im Kopfe, reichlich leer und schlecht meublirt aus. Wenn nur damals König Friedrich Wilhelm I. von Preußen gelebt hätte, so hätte man ihn gut versorgen können; denn den schönen Ruheposten eines Flügelmanns der Potsdamer Riesengarde hätte sicher kein Anderer bekommen als Lewerenz sin Kind. Nun aber seeltagte der gute lange Kerl so dahin; ungeschickt, unbeholfen, wie er war, brachte er's zu Nichts; auf die Ehre, ein lebendiges Spruchwort zu sein, gab er wenig; wenn er sich blicken ließ, starrte und staunte man ihn an, die Gassenbuben lachten ihn aus, darüber wurde er immer einhäusiger; und so verscholl und so starb er endlich, man weiß nicht wie, wann und wo?

Aber eigentlich ist nur der körperliche Jacob Damm gestorben, denn „Lewerenz sin Kind" ist nicht verschollen, nicht verhallt. Diese schöne Vergleichungsweise erbte fort und drang aus Hamburgs Mauern in alle Länder der Plattdeutschen Zunge, und überall hört man: „so groot – so lang: aß Lewerenz sin Kind."

90. Das Englische Ruderboot[114]
(1615)

Die jungen Herren unsrer Ruder-Vereine führen zwar schöne und staunenswerthe Fahrten auf der Alster und Elbe aus; aber solch ein Stück, wie das folgende, haben sie noch nicht unternommen, werden auch wohl thun, es nicht zu versuchen. Die alten Chroniken erzählen davon Dies.

Im Jahre 1615 hat sich die Merkwürdigkeit zugetragen, daß drei Personen in einem kleinen offnen Boot von England herüber nach Hamburg gerudert sind. Wie denn der Engelsmann gern absonderlich ist und auch bei seinen Wetten was Apartes haben mag, so hat solch frevelhaft Wagniß auch einer Wette gegolten, so die drei Personen um einige 1000 Thaler eingegangen sind. Es war eine offne Jolle, etwa 30 Fuß lang, 2 Ellen breit und 5/4 Ellen tief, ohne Mast, Segel und Steuer, und jeder der drei Engländer hatte nur ein Ruder. Und der liebe Gott hat dasmal solchem eiteln Frevelmuth langmüthig zugesehen, und sie vor Sturm und Unwetter, Piraten und Seethieren glücklich bewahrt, also daß sie, noch bevor ihr Proviant völlig verzehrt war, mit heiler und trockner Haut beim Baumhause ans Land gestiegen sind. Aber die Heimfahrt haben sie auf selbigem Boote nicht wieder machen mögen, denn nachdem sie sich etliche Wochen allhier sattsam ausgeruhet und gepfleget, auch alle Herrlichkeiten der Stadt in Augenschein genommen, und sich selbst haben anstaunen lassen, sind sie auf einem großen Englandsfahrer nach Hause gereiset, und haben zuvor ihr Boot mit den drei Rudern dem Collegio löblicher Admiralität dieser Stadt geschenket, in dessen Arsenal es zum ewigen Andenken aufbewahrt werden sollte. Und diese Inschrift ist daran gemachet worden:

„Ick will uthgan, und will min Lief und Bloot to wage setten, umb Gold und Good und guden Namen dardorch to erjagen."

---

[114] Steltzner II. 530. Hesselii Elbestrom S. 82, woselbst eine Abbildung des Bootes und der drei Engländer. – Uffenbach, merkwürdige Reisen II. 114.

Um 1750 befand sich dies Boot im Kornhause, der jetzigen Infanterie-Kaserne; wohin es aber später gekommen, das ist nicht zu erkunden gewesen.

91. Die Hansischen Gesandten bei König Gustav Adolf von Schweden[115]

(1620)

Einige Zeit vor der Vermählung des Königs Gustav Adolf von Schweden schickten die Ehrbaren Hansestädte eine Gesandtschaft nach Stockholm, die sollten sich mit dem Könige besprechen wegen eines Bündnisses in Betreff der protestantischen Religion, und des Hansischen freien Handels nicht minder. Diese Verhandlungen sollten äußerst geheim geführt werden, daher man nur erzählte, es sei eine bloße Glückwünschungs-Gesandtschaft. Als nun die Hansischen Herren Legaten zur Audienz aufs Schloß gefahren kamen, empfing der König, unbedeckten Hauptes vor einem Stuhle und neben seinem Canzler Oxenstjerna stehend, die Legaten gar huldvoll und freundlich. Und die Herren Hansen entboten dem Könige Glück und Heil, wünschten ihm alles Gute und beständige Gesundheit, auch viel Glück und Segen zu der vorhabenden Vermählung mit seinem „herzlieben Gesponse," der Kurbrandenburgischen Prinzessin Maria Eleonora. Und als sie von der feierlichen Audienz wieder in ihre Herberge gekommen waren, ließ ihnen der König die üblichen Geschenke für vornehme Gesandte überbringen, und erhielten sie zur ziemlichen Zehrung in der Stadt Stockholm, so oft sie nicht bei Hofe speisen würden, an lebendigem Vieh: 6 Mastochsen und 21 feiste Hammel; ferner 1 Elennthier, auch 4 Ohm guten Weines und dazu 360 Schwedische Thaler, welche königliche Verehrung Hansische Herren Legaten gar sehr vergnüget hat.

---

115 Sartorius, Geschichte der Hanse III. 57. Note 30.

92. Der Winterkönig in Hamburg[116]
(1621)

Als der Kurfürst Friedrich V. von der Pfalz, den die protestantischen Böhmen zum König gewählt hatten, nach der verlorenen Schlacht am weißen Berge bei Prag sein Reich lassen und in kalter Winterzeit umherirren mußte (weshalb man ihn auch den Winterkönig nannte), da kam er auf seiner Reise am 14. Februar 1621 nach Harburg und von da übers Eis nach Hamburg. Er hatte bei sich seine Gemahlin, eine stolze Königstochter aus England, der zu Gefallen er die dornige Böhmenkrone genommen, sonst hätte er wohl lieber auf seinem schönen Schlosse zu Heidelberg gesessen und in Frieden gelebt, denn er war ein gutmüthiger lustiger Herr, der gern bankettirte und becherte. Ferner waren mit ihm sein junger königlicher Sohn, ein Graf von Solms, auch ein Herzog von Holstein-Sonderburg, nebst unterschiedlichen Böhmischen Herren und anderen Standespersonen. Diese Herrschaften, deren Logiement im Englischen Hause in der Gröningerstraße war, blieben etliche Wochen allhier, und besahen sich die Stadt und ihre Gelegenheit.

E. E. Rath, welcher den König als einen protestantischen Reichsfürsten gebührlich empfangen hatte, war am 19. Februar bei ihm zu Gaste, da er denn ein stattlich Convivium veranstaltet hatte, bei dem er sich trefflich bene gethan haben soll. Es wurde über Tische so gar stark poculiret, daß unser ältester Bürgermeister, Herr Vincent Moller Lt., der sonsten, wie in allen löblichen Dingen, also auch beim Trinken seinen Mann gar wohl stand und ein tüchtiges Maß fassen konnte, des Guten zu viel bekam; wie ihm denn, als der vornehmsten Rathsperson, von allen Herrschaften beständig zugetrunken wurde, worauf er den herkömmlichen Bescheid zu Ehren unserer Stadt nicht schuldig blieb, auch selber zum guten Trunk manchen löblichen Spruch zu thun wuß-

---

[116] Aus handschriftl. und gedruckten Chroniken. – Buek, genealogischen Notizen S. 63.

te, bis daß er sich wegen des zu scharfen Trinkens sehr übel befand und in sein Haus in der Deichstraße heimbringen ließ. Und ist dies Gastmahl dem wackern Herrn Bürgermeister so ungünstig ausgeschlagen, daß er von Stund' an siech wurde und etliche Wochen darauf, nämlich am 30. März, dieses irdische Jammerthal verlassen mußte. Starb also der gute Herr, wie er gelebt: zu Nutz, Ehr' und Frommen unsrer Stadt.

Der Winterkönig aber zog am 7. März mit den Seinen wieder von hinnen, anfangs nach Segeberg, allwo viele der protestantischen Fürsten und Stände zusammenkamen und über die vorgehenden Kriegsläufte insgeheim tractirten; später nach den Niederlanden, allwo ihm zu Harlem sein ältester Prinz im Wasser ertrank; dann auch nach England. Zuletzt ist er in die Pfalz wieder eingezogen, so König Gustav Adolf von Schweden ihm eroberte, und ist Ao. 1632 zu Mainz verstorben, erst 36 Jahre alt.

93. Schiffs-Auffliegung bei Neumühlen[117]
(1622)

Groß Weinens und Wehklagens ist in Hamburg gewesen, als das schöne Schiff in die Luft flog, mit vielen Menschen darauf, am 2. Juli 1622, Abends zwischen 6 und 7 Uhr; und dies Unglück hat sich in dieser Weise zugetragen.

Schiffer Peter Janssen, der mit voller Ladung nach Malaga segeln wollte, wurde am gedachten Tag, als das Schiff auf der Elbe bei Neumühlen lag, von seinen Rhedern und deren Freunden besucht, nachdem sie so eben am Lande eine fröhliche Mahlzeit gehalten hatten. Als sie nun am Bord waren, um hier vom Schiffer und Schiffsvolk Abschied zu nehmen, dabei auch eine kleine Kurzweil zu halten, und noch etwas kalte Küche und einen guten Trunk zu genießen: da läßt der Schiffer zu ihrer Ehre und zu mehrerer Ergötzung alle Kanonen des Schiffes abfeuern. Als die erste Salve erfolgte, haben sich die anwesenden Frauen und Jungfern aus angeborener Zaghaftigkeit des weiblichen Geschlechts gewaltig verschrocken. Nach der zweiten Salve haben sie's bittlich von ihren Männern erlangt, daß solch überlautes Schießen, welches ihnen gänzlich ungewohnt und sehr zuwidern, möchte eingestellt werden. Jedennoch hat das Schiffsvolk gegen die Order noch eine dritte Salve gelöset, als zum Valett und weil aller guten Dinge drei seien, woraus aber Gottleider ein sehr bös Ding geworden ist. Denn es ist hiebei aus Unvorsicht der Constabler, so vermuthlich betrunken gewesen, Feuer ins Pulverfaß gerathen, und dadurch geschehen, daß urplötzlich das ganze Schiff mit der ganzen Ladung (darunter viel Pulver und Kupfer in Platten), sammt allen Menschen darauf, mit erschrecklichem Donnerskrachen und feuriger Lohe in die Luft geflogen ist. Und zwei Ever mit Korn, die grade nahe

---

117 Steltzner III. 26. 27. – Hesselii Elbestrom S. 141, wobei die Abbildung der Explosion, während die gerettete Frau landet. – Ausführliche Namen-Angabe der Verunglückten enthält eine handschriftl. Chronik. – Hardkopf's Predigt: „Denk d'ran, Hamburg," hab ich nicht gesehen.

vorbeifuhren, wurden von der Explosion mit ergriffen und gingen auch zu Grunde. Welches erschreckliche Spectaculum von den Leuten am Ufer, die vom verbrannten Getraide überschüttet wurden, mit höchster Bestürzung angesehen worden ist. Die Zahl der also Verunglückten, die man hernach ermittelt hat, ist gewesen 45; darunter Peter Janssen, der Schiffer, nebst Frau, 2 Söhnen und 11 Bootsleuten, sodann seine Rheder, angesehene Kaufleute mit ihren Frauen und Kindern und Freunden, lauter gute Bürger aus den Familien von Kampen, Bettjens, Kräffting, Rendtorff u.a. Sie sind im Auffliegen theils zerstückt und zerrissen, theils verbrannt, theils halbtodt aus der Luft ins Wasser gefallen und ertrunken. Auf der Elbe haben viele zerrissene Gliedmaßen umhergetrieben, z.b. der Oberrumpf einer Dienstmagd mit einem Kindlein fest im Arm; die hat man aufgefischt und an den Strand gebracht. Und einer der Rheder stand oben auf dem Schiffscastell und hielt grade einen vollen Becher empor und jauchzte vor Lust, als der Schlag geschah und er im Nu in die Luft fuhr, von dannen er in Stücken niederfiel. Und am hohen Ufer im Kornfeld fand man hernach ein halbes Bein, in der Hosentasche steckte ein Comtoir-Schlüssel, woran man einen vornehmen Kaufmann erkannte, von dem man nur dies halbe Bein begraben konnte. Also war die fröhliche Lustfahrt der guten Menschen nach Gottes Willen gar jammerhaft verunglückt, und die Trauer groß in der Stadt.

Von Allen, so am Bord gewesen, sind einzig eine Frau und ein Bootsknecht gerettet; die Frau, welche in gesegneten Umständen war, befand sich nämlich nach der ersten Lösung der Kanonen so übel, daß sie um Gottes Barmherzigkeit willen bat, man möchte sie ans Land setzen, das Herz thäte ihr gar zu weh; worauf man sie schleunig von einem Knechte dahin rudern ließ; und wie sie den Fuß auf den Strand gesetzt, da ist das furchtbarliche Krachen erfolgt und das Schiff aufgeflogen.

Sonntags darauf ist in allen Kirchen von diesem erschrecklichen Ereigniß gepredigt und für die armen Verunglückten gebetet. Und Herr Mag. Hardkopf, Pastor zu St. Nicolai, hat seinen Sermon drucken lassen, unter dem Titel: „Denk' daran, Hamburg!"

Hiebei hat sich auch noch diese nachdenkliche Geschichte zugetragen. Es hatte die Wittwe Krampen auf dem Brook ein einziges Kind, eine stille sittsame Tochter von 20 Jahren, lieblichen Angesichts und bei Jedermann wohlgelitten. Und Hinrich Kräffting, der Handlungsdiener einer der Rheder, hatte sie lieb und wollte sie gern heirathen, was der Mutter schon recht war. Selbiger bat nun die Jungfer, daß sie mit seines

Principals Familie nach dem Schiffe fahren möchte, wo er seine Gelegenheit zu ersehen und die Werbung anzubringen gedachte. Sie wollte aber nicht und bat auch gar beweglich ihre Mutter, sie mit der Ausfahrt zu verschonen; endlich aber, als diese stark in sie gedrungen, hat sie geantwortet: liebe Mutter, Euch zu Gefallen will ich's thun, aber Gott weiß es, mein Herze ist gar schwer dabei. So ist sie denn mit ihrem Liebsten hinausgegangen, und beider Seelen sind vereint gen Himmel geflogen.

Die Mutter hat sich nun dies klägliche Ende ihrer lieben Tochter dermaßen zu Gemüte gezogen, daß kein Trost bei ihr verfangen wollte, da sie sich als die Mörderin ihres frommen Kindes ansah. Letztlich verfiel sie in Tiefsinn und sagte: wenn sie sich etwa einmal verlieren sollte, so möge man sie dort suchen, wo ihre Pantoffeln stünden. Eine Zeit darnach geht sie auf den Bleichplatz hinter ihrem Hause am Brook. Eine Dirne, die daselbst beim Zeuge sitzt, ruft ihr noch zu: sie möge nicht auf das dünne Brett am Graben treten, und geht dann ihrer Wege; als sie wieder kommt, ist Frau Krampen verschwunden, und da man sie aller Orten sucht, findet man endlich ihren Leichnam im Wassergraben, dahinein sie über Kopf gefallen war; die Pantoffeln aber standen fein säuberlich daneben auf dem Lande.

Noch lange Zeit hernach sputeten sich alle Waschweiber, die auf diesen Bleichen hinterm Brook handtirten, daß sie fertig würden mit ihrer Arbeit vor Sonnenuntergang, denn sodann ward's daselbst gar nicht geheuer. Und von dem schweren Seufzen und Stöhnen und Pantoffel-Geklapper, so allda zu vernehmen, wußten sie viele schauerliche Geschichten zu erzählen. Eine resolute Frau aber, die noch spät gegen Mitternacht hinüberging, um ein vergessenes Stück Wäsche zu holen, hat mit leibhaftigen Augen gesehen, wie vor ihr am Graben eine lange schwarz gekleidete Frauengestalt mit weißem Regentuch um den Kopf händeringend auf- und abgegangen, dann aufs Waschbrett getreten und im Graben verschwunden ist.

Als ich ein kleiner Junge war, hat mir unsre Waschfrau erzählt, daß es auf den Bleichen hinterm Brook spuken solle; weiter wußte sie nichts davon zu sagen, denn die Geschichten von der Lustfahrt zu dem Schiffe, von dessen schrecklichem Auffliegen, von der armen Jungfer Krampen und ihrer tiefsinnigen Mutter, – die waren längst vergessen und verschollen, wie so vieles in der Welt, Lust und Weh, Freud und Leid. Seitdem sind dort die Bleichplätze verschwunden und jetzt auch die Wassergräben zugedämmt.

94. Die Fastelabend-Fluth[118]
(1625)

Es haben sich die Hamburger wohl selten einer so schönen warmen Januar-Witterung zu erfreuen gehabt, als im Jahre 1625, denn fast gemahnte sie an einen Italischen Frühling. Es grünte aller Orten, Primeln, Tulipen und andere Blumen kamen haufenweis hervor, alle Hecken, ja selbst die wilden Rosen-Sträucher blühten mitten im Januar. Dann aber gab's Frost, der all die Herrlichkeit zerstörte, und am 26. Februar kam ein furchtbarer Sturm aus Nord-West, und da grade Mondwechsel eintrat, auch die Oberelbe voll festgestauten Eises war, so stieg die Spring-Fluth bei Hamburg zu einer unerhörten Höhe, wie seit der großen Cäcilien-Fluth Ao. 1412 nicht erlebt war. Die eintretende Ebbe konnte nur wenig Wasser wegbringen, und mit der neuen Fluth stieg das Unglück noch höher. Schon um 3 Uhr Nachmittags fuhr man in den niedrigen Stadtgegenden, z.b. auf St. Catharinen- und Marien-Magdalenen-Kirchhof, mit Kähnen nicht nur, sondern mit Evern. Es wurde durch diese Überschwemmung viel großes Unglück angerichtet. Die Deiche brachen und alle Marschen wurden vom Wasser verheert. In der Stadt litt zumal die St. Catharinen-Kirche, in welcher die Fluth fußhoch stand. Die Gräber fielen ein, Särge trieben empor und umher. Es vergingen vier Wochen, bis man hier den Schaden, unter Erhöhung des Bodens, soweit hergestellt hatte, daß wieder gepredigt werden konnte; wie das Alles eine zum Gedächtniß hieran in Stein gehauene Inschrift an der Nordseite der innern Kirche besagt.

Fast ein Wunder ist's zu nennen, daß in diesem Sturm ein Schiff von 170 Lasten über den Grasbrook und über Deiche und Dämme weggetrieben wurde und mitten im Lande, bei Bullenhusen, wo damals eine Vogelstange, zu sitzen kam. Ein kleiner Junge machte nebst einer großen Katze die ganze Besatzung des Schiffes aus. Während man nun

---
118 In allen gedruckten und handschriftl. Chroniken, hier vorzüglich nach Janibal und Beckendorp erzählt.

nach Ablauf der Gewässer darüber rathschlagte, wie man das auf dem Trocknen sitzende Schiff von da wegbringen und wieder flott machen könne, und schon daran verzweifelte, da kam eine zweite Sturmfluth, mittelst welcher das Schiff mit dem kleinen Jungen und der großen Katze, durch die noch offenen Deichbrüche glücklich wieder auf den Elbstrom gelangte.

95. Marcus Meyer und der St. Marcus-Platz[119]
(1625)

Zu den verschiedenen Aehnlichkeiten zwischen Venedig und Hamburg gehörte einst auch die: daß es hier wie dort einen St. Marcus-Platz mit einem geflügelten Löwen gab. Freilich bei uns existirt dieser Platz seit 70 bis 80 Jahren nicht mehr, denn das Häuser-Viereck der Peters-, Markt-, Marienstraße und Kohlhöfen steht ungefähr auf seiner einstigen Stelle; aber das Löwenbild ist noch vorhanden.

In alten Zeiten, als noch die ganze jetzige Neustadt außerhalb der Thore und Wälle lag, und vorstädtische zu St. Nicolai eingepfarrte Anbauer nach und nach diese Gegend bevölkerten, da gab's im gedachten Revier fast nur Gemüsegärten, die man (wie noch jetzt auf dem Lande) Kohlhöfe nannte; der Abhang nach dem (Valentins-) Kamp zu, hieß der Melkberg. Zur Zeit der Pestilenz von 1563 wurden dort der Nicolai-Kirche zwei Stücke Landes zu Begräbnißplätzen für die Pestleichen ausgewiesen. Einen derselben nannte man (der Sage nach: von den vielen Krähen, die der Leichenacker dahin zog) den Krayenkamp, auf dessen Mitte später die große St. Michaelis-Kirche gebaut wurde. Der andere zwischen den Kohlhöfen belegene sogenannte Kirchhof war seit der Pestzeit unbenutzt, bis die Nicolai-Kirche ihn um 1623 für 70 [M.][120] dem Gärtner Harm Husmann vermiethete, welcher dem mit der Väter Gebeinen gedüngten Boden, wohlschmeckende Gemüse abzugewinnen trachtete. Von 1627 bis 1653 haben dann dicht daneben die seit 1612 aufgenommenen Portugiesischen Juden ihre Todten bestattet.

Nun lebte zu letztgedachter Zeit ein wackrer Bürger Marx Meyer in

---

119 Vorzüglich nach Wortmann's chronolog. Zusammentrag, die Kirche und das Kirchspiel St. Michaelis betreffend. 1809, S. 110 ff., wo auch die Urkunde der Juraten abgedruckt ist. – Daß der Krayenkamp seinen Namen von dem Pächter eines dortigen Platzes Kraye habe, meint Reddermeyer, Topogr. S. 266.

120 Mark

dieser vorstädtischen Gegend, der war vermöglich und angesehen in seinem Kreise, und hatte nur die Schwäche großer Eitelkeit. Daß er, als Vorstädter, weder Rathsheer noch Oberalter noch sonst ein Würdenträger der Stadt werden konnte, kränkte ihn genug. Als aber die Bewohner der Gegend sich in ein Bürger-Regiment zusammenthun mußten, da gelang es ihm, Capitain in demselben zu werden. Mit solcher Ehre hätte ein andrer Christenmensch sich begnügt, aber Marx Meyer, der sich nun Marcus Meyer schrieb, wollte platterdings diesen schönen Namen auf die Nachwelt bringen; und da er begriff, daß ein Bürger-Capitain selten über seine Lebensdauer hinaus gekannt und genannt ist, er auch an Großtaten und Geldopfern nicht viel daran wenden konnte, so kam er auf den sinnreichen Einfall, seinen Namen einer Gasse oder einem Platze anzuhängen, um in liegenden Gründen seine Verewigung hypothecarisch sicher zu stellen. Hierzu erkor er sich den vormaligen Pestkirchhof bei Harm Husmann's Krautgarten. Er erlegte also dem Gotteskasten zu St. Nicolai 100 [M.] Lübisch, wofür die Juraten ihm eine Urkunde (vom 7. September 1625) ausstellten, darin sie aus Dankbarkeit für jenes Geschenk gelobten: daß der erwähnte Platz fortan „ihm zu Ehren nach seinem Namen Sanct Marcus-Kirchhof genannt werden solle," auch ihm erlaubten, daselbst dereinst für seine Kosten sich ein Denkmal zu errichten.

Nun konnte er zufrieden sein; hatten doch die Juraten in diesem Diplome sogar dem Pabste ins Amt gegriffen, und ihn, den Hamburger Bürger-Capitain luherischen Glaubens, für ein wahres Lumpengeld ohne Umstände canonisirt und zu einem Sanct Marcus Meyer erhoben! Völlig beruhigt daher durch diese Urkunde, welche ihm die zeitliche wie ewige Unsterblichkeit verbriefte, verzichtete er Ao. 1634, militairischen Ruhm verachtend, auf seine Capitainschaft, und 1650 auf das irdische Dasein. Möge Gott ihm die Unsterblichkeit im Himmel nicht versagt haben! Mit der Verewigung hienieden sah es, trotz der Urkunde, bereits mißlich aus. Denn noch bevor er starb, scheint seine Beziehung zum Marcus-Platz in Vergessenheit gerathen zu sein. Wenigstens wußte Paul Langermann, als er sich 1641 ein Haus nahebei erbaute, nichts davon; er schrieb des Platzes Namen dem Evangelisten Marcus zu, und ließ nun dessen Sinnbild oder Attribut, einen geflügelten Löwen, mit der Unterschrift St. Marcus, in Stein hauen und an seinem Hause einmauern. Der ehrliche Meyer bezog vermuthlich Bild wie Inschrift bescheiden auf sich, und da er sich dergestalt noch bei seinen Lebzeiten mit einem feinen Denkmal beehrt glaubte, so sparte er füglich den beabsichtigten Leichenstein.

Aber er war nicht gemeint gewesen, und grade das Löwenbild brachte ihn um seinen Nachruhm. Denn von nun da fiel es gewiß keiner Seele mehr ein, Platz und Bild auf ihn, den bald vergessenen Bürger-Capitain, zu beziehen, sondern alle Welt bezog es auf seinen berühmteren Namensvetter, den Evangelisten; woraus man lernt, daß es ein Unglück ist, mit einem großen Manne denselben Namen zu führen, da diesem alle, auch die kleinsten Verdienste des andern angedichtet werden, und jeder geringere Ruhm stets der größeren Glorie zufliegt, wie Eisenfeilspäne dem Magnet.

Indeß des seligen Marx Meyer's Verewigungs-Versuch sollte noch vollständiger verunglücken; womit denn auch des Apostels Name von Hamburgs Straßenwelt verschwand. Freilich, wenn der Plan auf dem Marcus-Platze ein Filial der großen St. Michaelis-Kirche zu bauen, wofür Pastor Julis Heuoch Roloffs Ao. 1716 Himmel und Erde in Bewegung setzte, zu Stande gekommen wäre! Aber nun, – wer kennt jetzt noch einen St. Marcus-Platz in Hamburg? Nachdem die Physici erklärt hatten, daß die Ausgrabung des Grundes wegen der darin längst vermoderten Pestleichen gefahrlos geschehen könne, hat die St. Nicolai-Kirche den dortigen großen Hügel abtragen, den Platz parcelliren und zum Bebauen öffentlich verkaufen lassen, worauf die oben genannten Straßen Marcus Meyer's Gedächtniß-Spuren verschlungen haben. Denn wenn sich auch in den Hypotheken-Büchern der Name Marcus-Straße findet, so nennt doch Niemand dieselbe anders als Markt-Straße. Der Löwe dagegen hat sich, unter einmaliger Veränderung seines Standortes, an demselben Gebäude tapfer behauptet, und dient gegenwärtig als Schildhalter der Apotheke, Marienstraße No. 1, grade auf der Ecke bei den Kohlhöfen.

96. Nach Spandau fahren![121]
(1631)

Gustav Adolf, König von Schweden, der Held des Nordens, der zur Rettung des evangelischen Glaubens nach Deutschland gekommen war, weilte im kurfürstlichen Schlosse zu Spandau. Dies vernahmen einige ehrsame Hamburgische Kaufleute, die mit 34 beladenen Wagen von Magdeburg (kurz vor dessen gräulicher Zerstörung) nach Hamburg heimkehrten. Nun ist's bekannt: Hamburger mögen gern etwas Neues sehen, und wenn sie auch ihrer freien Stadt mit Leib und Seele angehören, so hindert das doch nicht, daß sie rennen und laufen, um ein gekröntes Haupt zu Gesicht zu bekommen, weil's zu Haus kein solches giebt und königliche Pracht etwas Rares ist. Es ist daher nicht zu verwundern, wenn gedachte Hamburger unterwegs die Neugier plagte, den großen König Gustav Adolf von Angesicht zu sehen, der so viel von sich reden machte; doch kam wohl auch eine edlere Wißbegier und der Wunsch hinzu, dem Helden, der des bedrängten Lutherthums Hort war, ihre Verehrung zu bezeugen. Genug, da sie nun auch gute Geschäfte gemacht, ihre Säckel gefüllt hatten, und es ihnen also auf einige Tage Umweg und vermehrte Kosten nicht ankam, so resolvirten sie sich dazu, erst nach Spandau zu fahren, um den König zu sehen. Als sie nun daselbst anlangten, fand ihr Gesuch um Audienz sogleich Gewährung. Der König empfing die Hamburger mit aller Civilität und Freundlichkeit, sagte: er sei äußerst gerührt über der Herren angenehmen Besuch, forschte nach der Einzelnen Namen, Stand und Würden daheim, erkundigte sich nach dem Befinden der Frau Liebsten u. dgl. m.

Nun war der König der Zeit grade sehr knapp bei Cassa, und noch Morgens hatte er seinen Großkanzler gefragt: Oxenstjerna, woher nehmen wir das Geld für die Soldateska, der wir schon etliche Monate schuldig sind? Und just, ehe der antwortet, kommt die Botschaft, daß

---

[121] In fast allen Chroniken und Geschichtsbüchern als Tatsache erzählt, z.b. Steltzner III. 258 ff. Zimmermann S. 515.

34 reiche Hamburger Wagen angelangt seien und daß deren Eigner königliche Majestät zu sehen wünschten. Da hat der Oxenstjerna seinen Herrn bedeutungsvoll angeblickt, und nur gesagt: der Himmel thut ein Wunder und schickt als helfende Engel der Hamburger Kaufleute. Und der König hat ihn verstanden, etwas geseufzt, aber gesagt: wohlan, weil's sein muß!

Darum als er nun mitten in der Audienz die Hamburger wohl vergnügt sieht, da rückt er ihnen traulich näher und sagt: liebe Herren, so und so steht's bei mir, Geld brauch' ich zu Euer Aller Heil, Geld hab' ich keins, darum, leiht mir auf königliche Parole, Brief und Siegel, was ihr an Barschaft bei Euch führt, aus Liebe zu mir, zur Ehre Gottes und zur Rettung des evangelischen Glaubens.

Solch königliches Wort und Ansinnen hat nun die Hamburger gewaltig verschnupft und aus ihren Himmeln unsanft herabgestürzt, daß sie erstarrt dastanden und sich schwer verwirrt anblickten. Denn „in Geldsachen hört alle Gemütlichkeit auf" und „Borgen macht Sorgen." Gleichwohl war's eine verlegene Parthie, dem Helden des Nordens solch freundlich Gesuch abzuschlagen, jetziger und späterer Folgen wegen. Entschuldigten sich also die Hamburger nach manchem Räuspern gar höflich, wie daß es ihnen unendlich Leid thue, königlicher Majestät absolut nicht dienen zu können, sintemal sie nichts Sonderliches an Barschaft bei sich führten, was der Ehre werth sei, Se. Majestät zu vergnügen. Hierauf aber erwiederte der gute König ganz freundlich, er wüßte schon Bescheid, daß es ein Erkleckliches betrüge, und wenn's etwa nicht langte, so könnten sie ja auch mit den 34 Wagen in die Bucht springen, in denen würden seine Leute vielleicht das Glück haben, etwas zu finden. Da war's freilich den Hamburgern zum Verzweifeln, aber sie waren in des Königs Gewalt, mußten darum gute Miene zum bösen Spiel machen, und die Säckel auskehren, darinnen sich denn noch 80,000 Thaler bar befanden, die des Königs Großkanzler einstrich und jedem Kaufmann für sein Theil einen königlichen Schuldschein über empfangenes Darlehen überlieferte.

Nun war unter den Hamburger Kaufleuten auch Herr Dr. Johannes Moller, Pastor zu St. Perti allhier, der seine Vaterstadt Breslau besucht und von Magdeburg aus mit jenen heimreisete. Den ließ der gute König in der Schloßkirche zu Spandau vor ihm und seinen betrübten Hamburger Gästen, zu deren geistlicher Stärkung im weltlichen Ungemach, predigen. Aber obgleich Herr Pastor Moller über den ihm aufgegebenen Text: Ev. Matth. 19, 21: „gehe hin, verkaufe, was du hast, und gieb's den Armen, so wirst du einen Schatz im Himmel haben," (und Vers 23) „denn ein Reicher wird schwerlich ins Himmelreich kommen," einen gar beschaulichen und erbaulichen Sermon hielt, dennoch wollt' es bei den Unsrigen nicht verfangen, und sie blieben, was man damals hieß, „verstörzt." Und selbst die Ehren und Freuden der königlichen Tafel, bei welcher sie auf Sr. Majestät freundliche Einladung als seine lieben Gäste erschienen, konnte ihren melancholischen Tiefsinn nicht zerstreuen; und einigermaßen froh waren sie erst, als sie mit gutem Urlaub und Geleitsbrief vom Könige entlassen, sich wieder mit ihren glücklich geretteten 34 Wagen etliche Meilen von Spandau auf dem Wege nach Hamburg befanden. Herr Pastor Moller hatte gut trösten, der hatte natürlich kein Geld gehabt, also auch keins verborgen müssen, sondern noch obendrein für seine Predigt ein ansehnliches Douceur als königliche Verehrung bekommen, war also der Einzige, der bei dieser unglücklichen Fahrt nicht übel gefahren war.

Und daheim in Hamburg, als die Geschichte ruchtbar wurde, ist viel Redens davon gewesen, viel Bedauerns und Wehklagens über die ausgezogenen Vettern und Gevattern, auch viel Zürnens und Scheltens gegen den König, von dem man sich Besseres vermuthet hatte, als solch ungastliches Benehmen gegen redliche Hamburger Bürger. Und darunter war der alte Rathmann Hermann Rentzel, der vergaß es dem König nicht, und wenn er später von irgend einer übeln Vergeltung eines ehrlichen Vertrauens hörte, so pflegte er die Stirn zu runzeln, heftig auszuspucken und zu sagen: „Pfui Deubel, dat heet ick na Spandau fahren, um den König to sehn!" Welche Redensart in diesem Sinne sprüchwörtlich geworden ist. Bei Andern aber war viel Lachens und Spottens über die Geschichte, denn es liegt einmal in der Menschen Natur: wenn Einer ehrbar einherschreitet und stolpert plötzlich und fällt, so lachen die Umstehenden. Und diese meinten: was brauchten Jene von grader Straße abzulenken, um einen Potentaten zu sehen? es geschieht ihnen schon recht, und hatten sie wirklich so viel warme Verehrung für den Helden des Nordens, so müssen sie auch mit Vergnügen seiner Sache und dem Evangelio mit einigen 1000 [M.][122] von ihrem Mammon ein Opfer bringen können. War's aber nicht das, so war's eitel Neugier und Fürwitz. – Und bei diesen Leuten wurde es

---

122 Mark

auch gebräuchlich, von einem fürwitzigen Menschen, der bald übel anlaufen wird, sprüchwörtlich zu sagen: „de fahrt ook hen na Spandau, um den König to sehn!" – Und so wurde das „na Spandau fahren" eine Hamburger Redensart, die jetzt freilich, wie ihre Entstehungsgeschichte, verschollen ist.

Es muß aber zu Ehren des großen Königs Gustav Adolf noch erzählt werden, daß die von ihm mit so unwiderstehlicher Freundlichkeit jenen Hamburgern abgeliehenen 80,000 Thaler zwar erst nach seinem Tode (denn er starb leider schon im nächsten Jahr darauf), doch bei Heller und Pfennig von der Krone Schwedens, nach dem Westphälischen Frieden, Ao. 1650, gegen Einlieferung der königlichen Schuldverschreibungen, den Gläubigern oder ihren Erben zurückgezahlt worden sind.

97. Von einem Wärwolfe[123]
(1632)

Um diese Zeit lebte ein Mann in Hamburg, Hinrich Küsch, ein Brauerknecht, der wegen seiner ingrimmigen Gemütsart und seines verteufelten Aussehens bei Niemandem wohlgelitten war; denn wen der Kerl mit seinen grünen Augen ansah, den stach es so curios, daß es ihm ordentlich wehe tat in Leib und Seele. Es ging auch allgemein die Sage, daß er ein Wärwolf sei, d.h. daß er sich, absonderlich zur Zeit des Neumondes, in einen Wolf verwandeln könne, um dann als solcher nach Gelüsten seines schwarzen Herzens, Bosheit und Übeltat zu verrichten. Weil nun in einem guten Stadt-Regimente solche Wärwölfe schlechterdings nicht zu dulden sind, indem sie aller Häscherkunst löblicher Polizei spotten, und sich jedesmal, wenn sie etwa als bösartige Wölfe verfolgt werden, in einen Menschen zurückverwandeln und der Nachstellung entziehen können, wie umgekehrt: so hatten Bruchvögte, übrige Gerichtsbediente, Büttel und Henkersknechte sich vorgesetzt, dem Kerl genau aufzupassen, was aber zeither nie gelungen war, indem sie allemal, wenn sie ihn ins Auge fassen wollten, von seinem stechenden Blick getroffen, wieder ablassen mußten. Nun begab es sich im 1631sten Jahre, daß gedachter Hinrick Küsch einen offenbaren Mord beging, und zwar als Brauerknecht, nicht als Wolf, indem er einen fremden Mann, Augustin Brod geheißen, niederstach. Er mochte wohl seine Wolfshaut oder sonstiges Zaubergeräth just nicht bei der Hand haben, und sich auf seinen bösen Blick verlassen, wenn's Noth thäte. Es fügte sich aber, daß das Blut aus der Stoßwunde des Ermordeten grad' in die Höhe und ihm ins Gesicht sprützte, also daß es seine Augen gänzlich verdunkelte. Und ehe er sich dessen entledigt hatte, waren der Bruchvogt und seine Diener schon auf ihn zugesprungen,

---

123 Die handschriftl. Beckend. Chronik erzählt den Kern dieser Geschichte. – Wärwolf, nach Adelung vom Altdeutschen War, Mann (vir); also ein Mann-Wolf. S. Tkany, Mythologie II. 183.

verbanden ihm flugs die blutigen Augen, knebelten ihn und führten ihn in die Hechte und Helden der Büttelei. Und sein Proceß dauerte fast ein Jahr, weil er mehr zu gestehen hatte als ein gewöhnlicher Maleficant, und zu Zeiten des Neumondes mußte er mit den schwersten Ketten und Blöcken belegt werden, wenn seine Wärwolfs-Wuth erwachte. Endlich wußte man genug oder wollte des Gräuels nicht mehr wissen, condemnirte ihn darum zum Tode, und ließ ihn, die schärfere Strafe Gott anheim stellend, bloß einfach und in der Stille enthaupten, zwischen den Thoren, Morgens um 4 Uhr. Das geschah, um die schaulustige Menge abzuhalten, ihr selbst zum Gewinn, damit kein Unheil geschehe durch des boshaften Kerls letzten Blick oder durch einen verspritzten Tropfen seines verteufelten Blutes.

98. Vom Gesundbrunnen[124]
(1633)

Am steilen Abhange des Borgfeldes, dem Ausschläger-Wege grade gegenüber, entspringt ein schönes klares Quellwasser, welches nicht nur von den Nachbarn gern getrunken, sondern auch in die Stadt gefahren und daselbst für ein Billiges verkauft wird. Diese Quelle heißt der Gesundbrunnen, und das kommt daher. Ein Bauer im Dorfe Horn, ein frommer einfacher Mann, hatte einen bösen Finger. Da er nun täglich zur Stadt gehen mußte, und einstmals (es war am 24. Januar 1633) grade an jener Stelle des Weges seiner empfindlichen Schmerzen wegen eine Weile ausruhete, da hat er Gott im brünstigen Gebete um Heilung gebeten. Und wie er neben sich rieseln hört und sich umschaut, da sieht er plötzlich eine Quelle hervorsprudeln, wo vorher nur trockener Grasboden und Lehm gewesen. Als er nun, darüber erstaunt, von ungefähr seinen kranken Finger hineintaucht und rein wäscht, da schwindet ihm strax ein gut Theil seiner Schmerzen; und als er's noch etliche Tage wiederholt, wird er völlig heil und gesund. Und er lobte Gott und erzählte das Wunder seiner Freundschaft, und so ward die Tugend des Brunnens ruchtbar, und von allen Orten, und zumal aus der Stadt, kam eine Menge preßhafter Leute, vornehme und geringe, zu solchem Brunn. Und die mit dem rechten Glauben an Gottes gnädige Hülfe kamen, wurden alle gesund und hingen allda ihre Krücken auf, mit denen sie herausgekommen waren, zum Zeichen, daß sie genesen, und priesen Gott und opferten milde Gaben, so daß diese Quelle gefaßt und ein artig Häuselein darüber erbauet werden konnte. Solche Wunder- und Heilkraft des Gewässers dauerte aber nicht sehr lange. Denn da Einige derer, die herauskamen, mit unbußfertigem Gemüte und gottlosen Gedanken Genesung von ihren Gebrechen suchten, Andere eitel Muthwill oder schändlichen Wucher mit der gütigen Got-

---
[124] Steltzner III. 260 u.s.w. In Hesselii Elbestrom, S. 14 ist auch eine Abbildung gegeben.

tesgabe trieben, die Meisten aber, die geheilt wurden, Gott dafür zu danken vergaßen, und nicht anders vermeinten, als es müsse also sein, so tat Gott ein Einsehen, und nahm von der Quelle die Heilkräftigkeit wiederum fort, zur Strafe des undankbaren Geschlechts. Zu Wolfgang Henrich Adelungk, des Schulhalters und Historici Zeiten (um 1696), haben die Krücken noch allda gehangen, dann sind sie weggekommen. Das Wasser heißt zwar noch heutigen Tags der Gesundbrunnen, und die Häuser längs der Straße heißen auch beim Gesundbrunnen, aber es thut's jetzt nicht mehr, wenn's auch noch ein recht klares angenehmes Wasser ist, etwas säuerlich mineralischen Geschmackes, und gern getrunken wird.

99. Von einer Entführung[125]

(Um 1635)

Zur Zeit des 30-jährigen Krieges, da die Schweden im Lande Holstein gehauset hatten und eben abgezogen waren, ereignete sich eine denkwürdige Entführungsgeschichte. Ein Schwedischer Oberst, ein noch junger schöner Herr, der durch seine wunderbare Tapferkeit so schnell vorgerückt war, hatte im Holsteinischen auf einem gräflichen Schlosse im Quartier gelegen und einen ernsthaften Liebeshandel mit des Burgherrn Tochter angesponnen. Die junge Gräfin liebte den schönen Kriegshelden herzinnig, obschon er als Feind des Landes ihrem Vater in den Tod verhaßt war, und dessen Einwilligung zu einer Heirath nicht zu erhoffen stand. Die Liebe eines jungen Mädchens aber kehrt sich nicht an Krieg und politischen Hader, wie bekanntlich einquartirte feindliche Soldaten stets unter den Töchtern des Landes Liebschaften genug finden. Hier war aber mehr als Liebschaft, eine gewaltige heiße Liebe auf Leben und Tod, bekräftigt durch viel theure Eide, bestätigt hernach durch den hingebendsten Opfermuth. Darum, als der Oberst mit seinem Regimente das Land verlassen mußte, verabredete er mit der schönen Gräfin eine Entführung. Und kaum hatte er seine Truppen über die Elbe ins Stift-Bremische geführt, so kehrte er heimlich mit den trefflichsten schnellsten Pferden zurück, und in einer stillen dunkeln Nacht entführte er seine Angebetete, die aus Liebe zu ihm Vater und Mutter, Heimath, guten Namen, Alles verließ. Er nahm sie auf sein Roß und jagte mit ihr von dannen, bis dahin, wo er ein zweites hatte stehen lassen, um schneller fortzukommen, und so ging's rastlos weiter. Aber der alte Graf hatte die Entführung zu früh gemerkt und seine Leute aufgeboten, und verfolgte nun scharf und hitzig die Flüchtigen, die kaum Zeit zum Essen und Trinken fanden, und wegen der anfangs eingeschlagenen Umwege durch einsame Gegenden, viel Vorsprung verloren hatten. Gegen Abend des folgenden Tages waren die Verfolger

---

125 Den sagenhaften Stoff zu dieser Geschichte giebt Meyer, Domkirche S. 69.

ihnen hart auf den Fersen, und schon konnten sie den zornigen alten Grafen, Allen voran, erkennen, als sie ins Gebiet der Reichsstadt Hamburg kamen; der alte Graf aber respectirte kein fremdes Gebiet, und setzte ihnen auch da nach, so daß sie gezwungen waren, ihren Gewaltritt weiter fortzusetzen.

Die Thore der Festung Hamburg sollten grade geschlossen werden, da sahen die erstaunten Wächter und Hellebardierer im Steinthore, einen schwerbewaffneten Kriegsmann auf schaumbedecktem Rosse hereinsprengen, als ob Tod und Teufel hinter ihm drein seien, vor ihm ein wunderschönes todtblasses Fräulein, das ohnmächtig an seiner Brust ruhte, und ihn mit den Armen umschlungen hielt, – und ehe sie sich besannen, waren Roß und Reiter in den dunkeln Straßen der Stadt verschwunden, so daß sie fast eine Erscheinung erblickt zu haben glaubten. Und als 5 Minuten später der alte Graf mit seinen Reisigen herangebraus't kam, da fanden sie das Thor schon geschlossen, und wenn das damals geschehen war, so wurde vor Anbruch des nächsten Tages Niemand weder ein- noch ausgelassen. Die Verfolger mußten also vorläufig vom weiteren Nachsetzen abstehen, gedachten aber am andern Morgen die Flüchtlinge mit Hülfe des Gerichts desto sicherer zu fangen, da sie nun im Käfig darinnen saßen, und nicht heraus konnten. Die waren aber schon in Sicherheit, wo ihnen kein zorniger Vater mit seinen Reisigen, kein weltlich Gericht mit Häschern und Schergen etwas anhaben konnte.

Als der Oberst nämlich mit seiner holden Beute die Steinstraße heraufgesprengt war und an den Dom kam, da entsann er sich, daß die Domkirche das Asylrecht habe, nämlich eine Freistätte sei, wo jeder hineingeflüchtete Verfolgte völlig unangefochten weilen könne. Solche Ruhe auf der Flucht winkte ihm einladend, und da er die große Thüre beim Reventer offen sah, stieg er mit seiner schönen Geliebten vom Pferde, dem er einen Schlag gab, daß es weiter lief. Dann trat er, die ohnmächtige Gräfin auf den Armen tragend, zu den Dom hinein. Es mochten wohl zu der späten Abendstunde grade wenig Menschen auf dem Speersort gewesen sein, da's kein Aufsehen gemacht hat, wie er gekommen und in den Dom gewichen ist.

Als er nun das uralte große Gebäude mit seinen vielen Kreuzgängen und Hallen durchschritt und nicht wußte, wohin sich wenden in der zunehmenden Dunkelheit, da ist er zufällig etliche Stufen hinabgestiegen und in ein halb unterirdisch Gewölbe gekommen, das lag unterm hohen Chor und hieß die Kluft oder die Krypte; zur katholischen Zeit war auch hier Gottesdienst gehalten, seitdem aber war's ein Grabgewölbe geworden für vornehme Domherren oder fremde Ritter und Edelleute. Und als der Oberst dort angelangt, wo's fast nächtig düster ist, da bricht seine gewaltige Heldenkraft zusammen, – kaum daß er seine noch immer bewußtlose Geliebte vorsichtig auf eine steinerne Ruhebank niederlassen kann, da sinkt er zu Boden; mag's die ungeheure Erhitzung und allgewaltige Anstrengung des langen Rittes im schweren Harnisch gethan haben, oder auch die Gemütserregung der Sorge, der Hoffnung, der Furcht; genug, als ob ihn der Schlag rühre, so sinkt er todt zu den Füßen seiner ohnmächtig daliegenden Geliebten nieder.

Um Mitternacht mag's gewesen sein, als sie in diesem schauerlichen Orte von der langen Ohnmacht zum Bewußtsein erwacht; – der Mond schien durch die kleinen Gitter-Fensterchen oben am Kreuzgewölbe in die Gruft. Als sie sich umschaut, nicht fassend, wo sie sei, noch wie sie hergekommen, und rings umher die steinernen Grabmäler gewahrt, und die ausgestreckten Steinbilder der alten Domherren und Ritter mit gefalteten Händen auf der Brust, – und eine schauerliche Stille und Kühle sie, die einzig Lebende unter vielen Todten, anweht, – und als sie nun, mit wachsender Angst ihrer grausigen Lage inne geworden, mit dem Entsetzen einer jähen Ahnung des Schrecklichsten, nach ihrem Geliebten umherblickt, und den Mann ihres Herzens, ihr einziges Eigen auf der Welt, kalt und todt zu ihren Füßen sieht, – da bricht ihr Herz vor der zu großen Last des Entsetzlichen, und indem sie niedersinkt zu ihrem todten Geliebten, stirbt auch sie an seinem schon erstarrten Herzen. Da hatten die beiden in anderer Weise das gefunden, was sie suchten, und der Tod hatte sie an geweihter Stelle getraut. Und der barmherzige Gott möge den beiden verirrten Liebenden ein gnädiger Richter gewesen sein.

Am andern Tage, als der alte Graf in die Stadt kam und aller Orten nachforschen ließ, fand man sie nirgends, denn im Dom und zumal in der Krypte suchte sie Niemand. Und der Graf zog zornig, wie er gekommen, wieder von dannen, und soll seiner Tochter geflucht haben. Und die ruchtbar gewordene Entführungsgeschichte wurde schnell wieder von andern Ereignissen verdrängt; bei den Schweden wurde der Oberst anfangs sehr vermißt, dann aber, als der Marsch weiter ging, bald auch vergessen im wechselvollen Soldatenleben.

Ich weiß nicht, wie viele Jahre es gedauert hat, bis endlich einmal

Jemand in die vergessene Kluft unterm Dom kam. Da fand man zwei Leichen nebeneinander, beide völlig unversehrt, die des ritterlichen Obersten und die der schönen jungen Gräfin. Und da entsann man sich der alten Geschichte, und reimte sich Alles zusammen; und da die Leichen so schön erhalten und sehr merkwürdig zu sehen waren, auch kein Mensch für ihre christübliche Beerdigung zu sorgen sich einfand, so legte man sie, so wie man sie gefunden, in einer obern Seiten-Abtheilung des Chors der Domkirche auf einen Mauervorsprung. Daselbst haben sie sich erhalten bis vor etwa 60 bis 70 Jahren; alljährlich während des Weihnachtsmarktes (und auch sonst auf Verlangen Wißbegieriger) wurden sie vom Domküster gezeigt; es waren die Leichname unverweset, nur eingetrocknet wie Mumien oder wie die Leichen in dem bekannten Bleikeller unter dem Bremer Dom. Die Gräfin war kostbar in Seide und Sammet gekleidet, der Oberst trug einen Harnisch und einen Waffenrock von den königlich Schwedischen Farben, und an den Füßen große Reiterstiefeln mit schweren Sporen. Dann aber, etwa in den 1780ger Jahren, ließ das Capitel beiden Leichen ein ehrlich Begräbniß geben.

100. Die Hamburgischen Frauen[126]
(Um 1637)

Ein gelehrter Französischer Edelmann, der Messire Aubery du Maurier, welcher um 1637 mit einer Gesandtschaft seines Königs einige Zeit in Hamburg lebte, giebt den damaligen Frauen dieser guten Stadt ein ruhmwürdiges Zeugniß, welches etwa also lautet:

„Die Frauen in Hamburg (und gleichermaßen in Lübeck und Bremen) denken nur an ihr Hauswesen; die Mütter beschäftigen sich fleißig mit allerlei nützlichen Dingen im Innern der Wohnung, und die Mädchen mit Nähen, Stricken und Spitzenmachen. Alles ist in ihrer Lebensart weise und wohlgeregelt, eine Coquette würde als ein Ungethüm betrachtet werden. Auch lesen sie niemals Romane, welche so oft das Verderben der Jugend sind. Sie kennen hier (bis jetzt) auch keine Karten- und alle jene Hasard-Spiele, welche so vielen untröstlichen Jammer in das Familienleben bringen und leider die gewöhnlichste Beschäftigung der Französischen Damen bilden. Die hiesigen Frauen wissen (bis jetzt) kaum, was für Dinge Comödien, Opern, Bälle, nächtliche Gesellschaften und Carnevals-Vergnügungen sind, wo man sich maskirt, wo Frauen sich als Männer verkleiden, wo man tausend Thorheiten begeht, und wo die gesellige Freiheit gar leicht zu schlimmen Dingen ausartet. Die Hamburgischen Frauen kleiden sich in einer äußerst anspruchslosen Weise; wenn sie sich auf der Straße sehen lassen, so erscheinen sie jederzeit von der Fußspitze bis ans Kinn verhüllt; zuweilen geschmückt mit goldenen Ketten, tragen auch mitunter an allen Fingern dicke goldene Ringe, – und also sieht man sie gemessenen Schrittes majestätisch einherwandeln."

Davon, daß die Hamburger Frauenzimmer damals (mindestens noch 10 Jahre früher) in ganz unerhörter Weise neugierig und fürwitzig gewesen sind (Eigenschaften, welche ihnen jetzt völlig abgehen),

---
126 Aus: Aubery du Maurier, memoires de Hambourg etc. p. 26. Herausg. von Dorvaulx du Maurier, 1737, Haag, 100 Jahre nach der Abschaffung.

sagt der galante Franzose kein Wort. Sie hatten es aber kurz vor 1626 damit so weit getrieben, daß sie bei allen Feuersbrünsten, Aufläufen und Tumulten aus purer Curiosität allemal sich dicht herzudrängten, und gar nicht wegzubringen waren, obgleich sie den angeordneten Maßregeln im Wege standen. Da alle vernünftigen Ermahnungen dagegen fruchtlos blieben, so schritten endlich Rath und Bürgerschaft ernsthaft ein, und geboten (im Art. 33 der Wacht- und Feuer-Ordnung vom Jahre 1626), daß bei Zeiten und Stunden des Tumults und Feuerlärmens platterdings keine Frauen, Jungfern, Weiber, Mägde und Kinder auf den Gassen sich finden lassen sollten, bei Strafe des Verlustes „des obersten ihrer Kleidungsstücke." Man wußte wohl, wo man sie am empfindlichsten, also am wirksamsten fassen mußte, denn vom Anzuge, Putz und Schmuck mißt kein Frauenzimmer das Geringste. Das ging aber nur auf die Wohlhabenden unter dem neugierigen Weibervolke, und sehr vorsichtig fügte das Gesetz hinzu: „sofern sie deren (der Kleidungsstücke) nicht viel werden über der Haut haben" (folglich mit Anstand nichts davon entbehren können), „so sollen sie statt dessen tapfer dafür abgeschmieret, und Andern zum Abscheu mit Schlägen bezahlet werden."

101. Ein guter und ein schlechter Trinker[127]
(1637)

Etwa um 1637 war ein Mann in Hamburg, ein Franzose, der hat, was das Trinken anbelangt, alle damaligen Hamburger übertroffen, die doch auch in diesem Betreff keine Anfänger waren, sondern was Ehrliches leisten konnten. Der Mann hieß Mr. Vinaut, und war einer der Mundköche des berühmten Grafen d'Avaux, welcher als Französischer Gesandter mit einem ansehnlichen Gefolge damals in Hamburg lebte, und später bei den Behandlungen des Westphälischen Friedens Frankreich vertrat. Mr. Vinaut, groß und rund wie eine Tonne, war in Paris bei allen Weinschenken und Garköchen so wohlberufen, daß man derzeit in allen Wirthsstuben sein Portrait sehen konnte; er rühmte sich, durch seine Kunst (des Kochens oder des Trinkens?) schon vier Herren ruinirt zu haben; ein gleiches Schicksal hoffte er auch Herrn d'Avaux zu bereiten, welcher ihn oft scherzend sein unergründliches Weinfaß nannte. Bei einem Gastmahle, welches der Rath zu Hamburg dem Gesandten gab, zeigte Vinaut auf Verlangen folgende Probe seiner Trinkfähigkeit. Er trat ans Ende der Tafel mit einem angezündeten halbpfündigen Licht in der Hand, während ein großer Eimer mit eisernem Bügel ganz voll Weins zu seinen Füßen stand, und nachdem er jedem einzelnen der 25 bei Tafel sitzenden Herren jedesmal ein vom Mundschenken frisch gefülltes tüchtiges Glas Wein zugetrunken hatte, nahm er das brennende Licht in den Mund, kauete und schlang es hinunter, worauf er (vermuthlich um dies seltsame Gericht besser zu verdauen) den Kopf auf den Eimer beugte, dessen Bügel um seinen Hals schlang, sich damit aufrecht in gute Positur stellte, den Eimer zierlich an die Lippen setzte, und dies geräumige Gefäß in einem Zuge, ohne abzusetzen, leerte. Eine unglaublich scheinende Geschichte, die aber 25 der angesehensten Personen Frankreichs und Hamburgs als Augenzeugen bestätiget haben.

---

127 Die erste Geschichte aus dem eben gedachten Buch, S. 18, und Steltzner III. 324. – Die zweite aus Beckend. handschriftl. Chronik.

Der Graf d'Avaux gab übrigens zur Feier der Geburt eines Dauphins von Frankreich am 11. August in seinem Hotel in der Neustädter Fuhlentwiete ein überaus glänzendes Banquet, das Mr. Vinaut große Ehre gemacht hat. Vor dem Hause floß aus Springbrunnen rother und weißer Wein für Jedermann stundenlang, und die Armen-Häuser bekamen ganze Ochsen und Schafe zum Verspeisen.

Möglich, daß Jan Dircksen, der Kirchspielsläufer, sich Mr. Vinaut als Vorbild genommen hatte, wenigstens trank er auch unmenschlich viel, aber mit geringerer Künstlichkeit und schließlich mit entschiedenem Unglück. Denn als Ao. 1646, am 29. August, das jährliche große Convivium der Herren Bürger-Capitaine auf dem Einbeck'schen Hause abgehalten wurde, da nahm Jan Dircksen, der mit den übrigen Kirchspielsläufern die Aufwartung dabei hatte, die gute Gelegenheit wahr, und trank, damit nichts umkomme, vom Überfluß der Heeren so erschrecklich viel in sich hinein, daß er zuletzt, mit Erlaubniß zu sagen, ganz vollgesoffen war. Solch Mißgeschick war Mr. Vinaut nie begegnet. Aber es kam noch ärger. Denn spät Abends, als Jan Dircksen heimwanken will, fällt er beim Einbeck'schen Hause in einen Rinnstein, der leider etwas tief war, so daß er nach einigen vergeblichen Versuchen wieder empor und auf die Beine zu kommen, sich in sein Geschick ergiebt und darin liegen bleibt, salva venia wie ein Schwein; auch alsobald in solchem unsäuberlichen Bette einschläft, in welchem ihn nächtlicher Dunkelheit wegen Keiner der noch Vorübergehenden bemerkt. Weil es nun Nachts stark zu regnen beginnt (so erzählt die Chronik), so läuft jener Rinnstein ganz voll Wassers, und also ersoff der versoffene Kirchspielsläufer ganz elendiglich in der Gosse, und wurde am andern Morgen als ein todter Mann herausgezogen. Konnte man also wohl sagen: „der Tod ist der Sünde Sold."

102. Elephant, – Neger, – Mißgeburt[128]
(1638)

Die Chroniken vermelden uns von dreien merkwürdigen Ereignissen des Jahres 1638 Folgendes:

Am 23. Juni ist zum ersten Male ein Elephant nach Hamburg gekommen, der alsobald mit obrigkeitlicher Erlaubniß auf dem Einbeck'schen Hause öffentlich zu sehen gewesen ist.[129] Vordem hat man solch Geschöpf Gottes nur aus den Bildern von der Schöpfung und der Arche Noah gekannt. Es ist ein großmächtiges Thier gewesen, auf dessen Ohrlappen und „Schnabel" der dickste Kerl Platz genug hatte; und sein Führer hat gesagt: es wäre anjetzt noch klein und erst acht Jahre alt, wenn es aber ausgewachsen sei, dann würde es noch immer größer. Gedachter Führer war ein gar winzig Männlein, verstand aber gleichwohl den großen Colosser mit einem eisernen Hakenstock wohl zu tractiren, und lenke ihn, wie man ein Hündchen regiert. Der Elephant konnte auch viel artige Kunststücke, am liebsten aber mochte er mit seinem Rüssel ein paar Stübchen Wein oder ein Faß Bier fassen und mit einem Male ausschlürfen, was ihm viele Bewunderer zu Wege brachte. Etliche Liebhaber vom Reiten versuchten auch seinen Gang, er ging ihnen aber einen zu starken Paß und trottete gar zu hoch. Obgleich nun Jeder, der dies noch nie hier gewesene Naturwunder beschauen wollte, bare 4 [Sch.][130] Lübsch erlegen mußte, so war doch allezeit ein mächtig Gedränge dazu, sintemal die Hamburger etwas curios sind, sofern es was Neues zu sehen oder zu hören giebt.

Um diese Zeit kam auch mit einem Schiffer aus Indien ein kleiner Mohr, ein Negerbübchen von fünf Jahren, nach Hamburg, und war

---

128 Aus handschriftl. Chroniken.

129 Es handelte sich um die Elefantendame Hansken, die zwischen 1637 und 1655 mit ihren Kunststücken auf Jahrmärkten in den Niederlanden, in Deutschland, der Schweiz und in Italien gezeigt wurde.

130 Schilling

erschrecklich schwarz. Als ihn aber die Weiber am Hopfenmarkte sahen, da fanden sie ihn wunderlieblich, wie denn das Frauenzimmer oft einen seltsamen Geschmack offenbart, sonderlich betrefflich des Ausländischen. Und die Weiber herzten und küßten den kleinen Teufel und nannten ihn liebkosend: „lütten söten swarten Engel!"

In demselben Jahre ereignete es sich, daß hierorts hinterm breiten Giebel ein erschreckliches Monstrum geboren wurde. Die Eltern waren geringe Leute, die beständig in Hader und Zank lebten, mit sich, mit den Nachbarn, mit Gott und der ganzen Welt, auch von Gottes Wort nichts wissen wollten, und ein so gräuliches Fluchen in der Gewohnheit hatten, daß Jedem angst und bange wurde, der solch lästerlich Sacramentiren nur von fern hörte. Und daß Gott die Flucher und Lästerer strafen wird, das war ihnen unterschiedlich, auch vom Gerichtsherrn, in Erinnerung gebracht, der ihnen auch durch Züchtigung und Incarcerirung in der Roggenkiste das Gewissen zu schärfen versuchte, – aber vergebens! Da sie nun wiederum einander und das zu erwartende Kindlein ganz ruchlos verflucht hatten, da traf sie Gottes Strafgricht mit dem abscheulichen Wechselbalge, so ein Ungethüm war mit zwei Schweinsohren, sechs Augen und mit zwei Hörnern auf dem Kopfe, daran man klärlich der bösen Eltern eingeteufelte Natur erkennen konnte. Dies Monstrum lebte bis zum folgenden Tage, dann starb es und wurde verscharrt, da es für ein christlich Menschenkind unmöglich zu achten war. Muthmaßlich war bei der Geburt desselben noch was Absonderliches passirt, ein Höllenspuck oder ein schreckhaft Gesichte, so den Eltern das Gewissen heftig gerührt, obschon sie darüber schwiegen. Denn die Mutter wurde darnach krank und verfuhr Todes im Irrsinn. Der Kerl aber hatte das Zittern und Bebern an Händen und Füßen davon gekriegt und hat damit noch etliche Jahre als Bettelmann im Steinthor gestanden, und nimmermehr dabei geflucht, sondern das Vaterunser, die 10 Gebote und den Glauben hergebetet.

103. Johann Körner's Schuld und Sühne[131]
(1639)

Im Sommer 1638 zog aus der Fremde ein mühselig und beladen Hamburger Kind wieder in die Vaterstadt ein, um hier, wo es geboren und wo es gesündigt, auch zu büßen und freiwillig zu begehren, was des Verbrechers Recht ist: die Strafe.

Sieben Jahre früher war dies Hamburger Kind, Johann Körner, ein ehrsamer langer Schuhmachergesell, fröhlich und guten Muths nach Hamburg gekommen, um während seiner Wanderzeit einmal bei den Eltern und der Freundschaft vorzusprechen. Da hatte er aber Trauer genug vorgefunden. Sein Vater, der vormals als Steuermann auf einem Islandsfahrer zu einigem Wohlstande gekommen war, hatte inzwischen das Zeitliche gesegnet, das war betrübt; aber seine Schwester hatte seinen Widersacher von Jugend auf geheirathet, den Niclas Dannemann, und was daraus entstand, war noch viel schlimmer. Denn Niclas Dannemann hatte des alten Körner's Vermögen zu sich genommen, und als er nun mit dem Schwager teilen sollte, da sah dieser sich aufs Schmählichste übervortheilt und betrogen. Und mehr als das Geld, das er verlieren sollte, wurmte den guten Gesellen des Gegners höhnisch Wesen; darum als sie am Abend des 13. März 1632 auf der Zöllenbrücke sich trafen und mit bösen Worten hart aneinander kamen, da läßt Johann sich bemeistern vom Zorn und thut, was nicht Recht ist vor Gott und Menschen, zieht in der Hitze sein Messer, und da Dannemann sich just wendet, um zu entlaufen, so stößt er es ihm durch den Rücken in die Brust, daß er hinstürzt und alsobald Todes verfährt.

Johann Körner war damals sogleich weichhaft geworden, hatte sich Nachts versteckt und war mit Thor-Oeffnung aus der Vaterstadt gegangen, um nimmer heimzukehren, wie er gedachte. Und des Dannemann's Leiche war beschrien im öffentlichen Gassenrecht, und darnach bestattet; nach dem Mörder war geforscht, aber da er nirgends

---
131 Aus verschiedenen handschriftl. Chroniken und Steltzner III. 355.

gefunden wurde, so ward allmählig die Sache vergessen. Und die in des Thäters Freundschaft, die sein plötzlich Verschwinden wohl mit dem Zwiespalt der Schwäger und der Erdolchung des Dannemann reimen mochten, schwiegen stille dazu, denn Johann war Allen lieb und werth, er war allezeit ein frommes ehrliches Blut und ein treues Herz gewesen; auch ausnehmend schön von Gestalt und lieblich von Angesicht, dem die langen blonden Haare trefflich standen, wie er sich denn auch immer gar sauber und ansehnlich in der Kleidung hielt.

Als er damals von Hamburg entwich, Hab' und Gut verlassend und nur das Bewußtsein einer bösen Tat mit sich nehmend, da trieb er sich lange Zeit in der Welt umher, reiste auf seinem Handwerk durchs ganze Reich, war in mancher Stadt in Arbeit gewesen, denn er verstand seine Sache und hielt sich still und fleißig; er hätte auch oftmals dort sein Glück machen können, denn manche hübsche Meisterstochter hätte den schönen Gesellen gern zum Schatz genommen, und der Vater hätte sich gefreut, den geschickten Gehilfen zum Eidam zu bekommen. Aber der hatte nirgends Rast, es trieb ihn fort und fort eine innere Unruhe, und kaum war er irgendwo warm geworden und gedachte sich der heimlichen Grillen zu entschlagen und froh zu leben, so fühlte er sich wieder aufgetrieben, weiter zu wandern, als könnte er entfliehen dem, was ihn so jagte und peinigte: dem Gewissen. Und wie bitterlich er auch seine Untat längst bereuet hatte, wie brünstig er auch Gott um Vergebung gebeten hatte, wie ehrbar und makellos auch sein Wandel war, dennoch konnte er keinen Frieden finden; seine Reue war noch ohne Buße, ohne Sühne, darum fand er keine Versöhnung mit Gott, mit der Welt, mit sich selber.

Als sieben Jahre so vergangen waren, da traf es sich, daß er auf der Wanderschaft fern im Reiche in ein Dorf komme, wo die Kirche offen steht und der Pfarrer predigt darinnen. Unwillkürlich tritt er hinein und steht im Eingange und vernimmt des Pfarrers Rede, wie er grade aus dem 1. Buch Mosis, Cap. 4, V. 10, die Worte erklärt, die der Herr zu dem ersten Mörder Kain gesagt: „das Blut deines Bruders schreiet zu mir!"

Und diese Worte Gottes, die der fremde Pfarrer wohl auf höhere Fügung gesprochen, haben des Johann Körner's Herz dergestalt getroffen, daß er von Stund' an gewußt, was er zu thun habe, um Ruhe und Frieden wiederzufinden. Darum machte er sich auf, um den Weg der Buße und Sühne, – den Weg des Gerichts – zu gehen, und zog als mühseliger und beladener Pilgrim heim in die Vaterstadt, wo er unerkannt anlangte.

Hier ging er sogleich in die Büttelei am Berge, und bat den Scharfrichter, Meister Valentin Matz, daß er ihn schließe als einen Mörder, der er wäre, und es Einem Ehrbaren Rathe sofort hinterbringe, damit er vor Gericht gestellt würde, und seinen Lohn empfinge. Meister Valten aber, der genug Maleficanten in der Frohnerei haben mochte, hieß ihn gehen, und wollte nichts damit zu schaffen haben. Früh andern Morgens aber kam Johann Körner wieder, und bat flehentlich, der Büttel möge doch thun nach seinem Begehr, erzählte ihm Alles genau, was sich mit ihm und Niclas Dannemann vor sieben Jahren begeben, und bestand darauf, geschlossen zu werden, weil er nur durch die Buße und Sühne einer wohlverdienten Strafe, die sein Recht sei, Frieden erlangen und das ewige Heil seiner Seele erretten könne. Und Meister Valten, dem solch ein Mensch noch nicht vorgekommen war, also daß er vermeinte, der Gesell sei nicht bei Sinnen, fühlte sich dennoch gedrungen, ihm zu willfahren, und ging zu den beiden Gerichtsherren und meldete ihnen den seltsamen Vorfall. Und so ungern auch diese die längst verschollene Missetat wieder aufrühren wollten, und so gern sie den Gesellen auf andere Gedanken gebracht hätten, so konnten sie doch nicht umhin, ihm zu willfahren, als er auf seinem Willen bestand. Mit E. E. Raths Consens wurde er sodann geschlossen und nach untersuchtem Tatbestande, jenes Mordes wie seiner gesunden Sinne, vors Gericht gebracht, wo man denn die Sachen also befand, daß sein Begehr konnte erfüllt und ihm die Strafe des Schwertes zuerkannt werden. Darum wurde er in E. E. Raths Audienzsaal geführt. Da war die große Luke im Dach abgehoben, weil nach altem Sächsischen Recht der Verbrecher sein Urtheil unter Gottes freiem Himmel (wo vordem auch die Gerichte seibst gehegt wurden) empfangen muß. Und daselbst saßen unbedeckten Hauptes sämmtliche Bürgermeister und Rathmannen, und wie der Protonotarius das Bluturtheil vorlas, setzten sie ihre Hüte auf. Johann Körner aber, als er sein Recht vernommen, ward froh, und gab jedem der Herrn nach Alter und Rang, mit gebührlicher Reverenz die Hand und dankte für gnädigen Spruch inbrünstig, und sprach gar beweglich, wie Gott es Jedem der Herren vergelten möge, was sie durch dies Todesurtheil zum Heil seiner Seele gethan; es sei ihm nun ein Stein vom Herzen gefallen, und Gott möge jeden Verbrecher, der in seinen Sünden dahin ginge, auch also erwecken, wie er ihn erweckt habe, – also, daß es die Ehrbaren Herren gar sehr gerührt und erbaut hat, weil sie solch einem bußfertigen und schier freudigen Delinquenten noch nie vom Leben zum Tode geholfen hatten.

Und am 4. Februar, währnd E. E. Rath nach alter Sitte sich versammelte, und mit dem Glockenschlag der Execution der worthaltende Bürgermeister stehenden Fußes, im Namen Aller ein fromm Gebet sprach, daß Gott möge ihr Urtheil für gerecht erkennen und dem armen Sünder barmherzig und gnädig sein, – während dieser Zeit wurde Johann Körner hinausgeführt zur Gerichtsstätte. Er hatte einen langen Mantel an und eine Trauerbinde, und betete unterwegs mit dem geistlichen Herrn, der ihn geleitete; er sah so hell und lieblich von Angesicht aus, daß man schier glaubte, eines Engels Antlitz zu sehen. Als er oben stand, war alles Volk still, und es regte sich nichts; und er redete mit lauter fester Stimme das Volk an, bat um Verzeihung wegen des bösen Beispiels, das er gegeben, wünschte Allen Heil, Glück und Segen und ein gute Nacht. Dann fiel er dem Scharfrichter Meister Valten um den Hals und dankte ihm für das, was er nun an ihm verrichten werde, und bat ihn, sein Amt rechtschaffen zu vollführen. Und Meister Valten, im Grunde ein gutherziger Mann, und durch dieses armen Sünders wundersames Benehmen schon längst aus der zu seinem Amte nöthigen Kaltsinnigkeit gekommen, fühlte sich weichmüthig werden, und stieß ihn deshalb heftig zurück, konnte sich aber des Weinens fast nicht erwehren, weil er ihm das Herz so sehr eingenommen hatte. Wie sich nun Johann Körner auf das Stühlchen gesetzet, die schönen blonden Haare selbst aufgesteckt hatte und nun laut betend des Todesstreiches gewärtig war, da holte Meister Valten aus, aber ganz verwirrt, wie er war und die Augen voller Thränen, hieb er unrecht und traf ihn in den Kopf, daß er vom Stuhl zur Erde fiel, wo der Meister ihm geschwind den Kopf vom Rumpf trennte, worauf er sich eiligst durch die Fallthüre vom Köppelberg in den Keller unter demselben begab, um sich zu salviren. Denn die Leute im Volk rund umher hatten Erbarmen mit dem armen Sünder gehabt, und da sie ihn nicht auf den ersten Streich getödtet sahen, wollten sie das Hochgericht stürmen, um Meister Valten in Stücke zu zerhauen, und kamen mit Beilen und Aexten und zertrümmerten schon die kleine Brücke, die zum Köppelberg führt. Die Reitendiener und das Commando der Garnison vertheidigten ihn mit schwerer Mühe, und erst als der Stadt-Commandant, der Oberst Enno Wilhelm von Kniphausen, mit einigen 100 Mann zu Hülfe kam, konnten die Reitendiener den geängsteten und ganz zerknirschten Meister

Valten in ihre Mitte nehmen und in Sicherheit bringen, während draußen das rasende Volk die Soldaten mit Steinwürfen übel tractirte und selbst durch scharfe Schüsse nicht zur Raison gebracht werden konnte, sondern die Miliz in die Flucht trieb, die Gott dankte, als sie Hals über Kopf zur Stadt hereingekommen war. Auch vom Volk waren Mehrere geblieben und schwer verwundet. Das war ein schlimmer Tag gewesen.

Und schon des Volks wegen mußte der weichmüthige Meister Valten von E. E. Rath abgesetzt und cassirt werden. Er wäre aber auch selber nicht länger Büttel geblieben, hat er gesagt, weil er hätte mehr denn ein Haar darin gefunden. Kaufte sich darnach in der Neustadt in der Schlachterstraße ein Haus; darin wohnte er noch lange Jahre, und trieb ein besseres Gewerbe: heilte, statt zu tödten; denn er verstand sich auf Kräuter und Wurzeln und auf Sympathia besser, denn mancher gelernte Doctor und Balbierer, und tat feine Curen, und hatte viel Respect, selbst beim Volke.

Das ist die nachdenkliche Geschichte von Johann Körner, der ein guter Mensch gewesen und doch ein Mörder geworden; darnach aber, durch Gottes Wort in seinem Gewissen zu rechter Reue und Buße geweckt, sein menschlich Fehlen gesühnt, und gewiß vor dem Richterstuhle Gottes Barmherzigkeit gefunden hat.

104. Die Unterirdischen zu Blankenese und Herr Rist[132]

(1650–1660)

Bald nach dem Westphälischen Friedensschlusse erscholl hierorts ein häufiges Gerüchte, als wenn in den Blankeneser Bergen viele Unterirdische und Zwerge spukten, sich den Vorübergehenden, auch Schäfern und Jägern zeigten und sie sehr erschreckten. Es ging zwar schon längst die Sage, daß daselbst, zumal nach der Wedeler Seite zu, in Höhlen und Erdspalten solche „Unnereersche" ihr heimlich Wesen trieben, was auch bei den dortigen heidnischen Opferstätten und Grabhügeln der Hünen gar wohl gedenkbar, maßen zu Hütern verborgener Schätze und anderer Dinge gemeiniglich Zwerge bestellt gewesen sind, wie alte Kunden berichten. Es war aber lange Zeit nichts davon vermerkt, weil die Schrecknisse des 30-jährigen Krieges die Unterirdischen nicht minder denn die Überirdischen turbiret, und sie genöthigt hatten, in ihren Höhlen der Schätze vor Crobaten und Tatern achtsam zu hüten.

Als nun jenes Gerüchte vielfach erscholl, da hat sich der gelahrte Pastor zu Wedel, Herr Johann Rist (oder Ristius, wie er sich schrieb), bei nachtschlafender Zeit aufgemacht, um solch zwergischem Treiben auf die Spur zu kommen. Mit ihm ging Herr Chrysostomus Köhler, der Vice-Canzler des Herzogs zu Wolfenbüttel, ein beherzter kluger Mann. Als sie nun bei dem Dorfe Rissen in die Berge kommen, und Alles ist still, nur fernher bellen die Hunde, in Wedel schlägt's Mitternacht und der Mond geht just auf, da haben sie wahrgenommen, wie aus einem Fuchsloch ein Haufe solch unterirdischen Völkleins ist hervorgedrungen, kaum kniehoch, mit großen Köpfen und Gesichtern als die alter Männer, mit großen Nasen und klugen Augen, braun gekleidet, mit Glöcklein an den Mützen, daß es anmuthig geklingelt, wie sie sind

---

132 Nach von Hövelen, Hamb. Hoheit, S. 111. 112 und Adelungk, Alterthums-Gedächtniß, 41. 42, woselbst die Inschrift des Rolandsbildes, dessen Hersteller der Amtmann Hans Bremer war.

auf- und abgesprungen; die haben da ihr Wesen getrieben und getanzt im Ringelreihen und rundem Kreise beim Glockenspiel. Herr Ristius hatte eine schöne Anrede ausgesonnen, mit der er sie bei des Allmächtigen heiligem Namen zu beschwören gedachte, daß sie ihm Red' und Antwort geben, wer sie wären, und was sie trieben, und wo die großen Schätze lägen, und ob man sie nicht heben könnte; und Herr Ristius will sich eben räuspern, da kommt unversehens Herrn Chrysostomus Köhlern ein so gewaltiges Niesen an, daß er von dem Feldstein im Gebüsch, darauf er mit Herrn Risten gestanden, hinunterfällt mitten in den Ringelreihen der Unterirdischen, die davor billig erschrecken, auseinanderfahren und blitzschnell allesammt durch das Fuchsloch wiederum verschwunden sind, zu beider Herren großem Leidwesen. Herr Ristius ist nachhero noch etliche Male wieder hinausgegangen, aber die Constellation war ihm ungünstig, er hat ihnen so nahe nicht wieder beikommen können. Ist auch erklärlich, daß die Zwerge wohl gemerkt, daß er ein kluger Mann, der sie auszufragen gedächte; und also sich vor ihm mehr denn vor Hirtenbuben und geringem Volke in Obacht genommen. Sie kannten wohl auch Herrn Risten schon, daß er Hünengräber aufdecke, und uralte Urnen, Leichgeschirre und Aschenkrüge daraus nehme, und also fürchteten sie ihn zwiefach vor allen Menschen.

Aber bis zu Zeiten der großen Weltunruhe, die man den nordischen Krieg nennet, sind sie noch oftmalen bei Tage wie bei Nacht von Bauern und andern schlichten Leuten gesehen worden. Darnach haben sie sich verzogen, wiewohl Etliche in Sülldorf, Rissen und da herum sie noch heutiges Tages verspüren wollen, wie auch Greten Dütsch, die Blankeneser Botenfrau, erzählt hat, die selber bei Nacht und Nebel von den Unterirdischen wollte auf Irrwege geführt und geneckt sein. Aber was Greten Dütsch gesagt, dem ist nicht zu trauen, weil ihr Geist fast allezeit in Nacht und Nebel befangen war, sintemal sie mehr als billig dem leidigen Branntwein zusprach, wie männiglich bezeugen wird, der Greten Dütsch gekannt hat, die nun wohl schon längst todt sein mag.

Herr Rist, dessen Voreltern aus dem Reich stammeten, hat noch etliche Jahre in hohem Ansehen und Ehren zu Wedel gelebt. Außer der Gottesgelahrtheit, Predigt und Seelsorge trieb er auch die Poeterei, darinnen er durch herrliche geistliche Gesänge, deren einige wir noch heute zu unsrer Andacht und Erbauung in den Kirchen singen, wie imgleichen durch treffliche weltliche Oden also berühmt geworden, daß Kaiser Ferdinand III. ihn als Poeten gekrönet, in den Adelstand des Reichs und zum kaiserlichen Pfalz- und Hofgrafen erhoben hat; in seinem Wappen steht der dichterische Schwan sammt Stern und Mond (ob letzterer auf die versuchte Erkundschaftung der Unterirdischen sich bezieht, weiß ich nicht); und die Muse der Poesie mit dem Lorbeerkranz in der Hand steht oben auf dem Helm. Und als Herr Ristius am 30. August 1668 verstorben war, da hat ganz Teutschland den seligen Mann betrauert und seine Carmina desto höher geschätzet; und als er am 12. September zu Wedel begraben worden, waren von Hamburg eine Menge vornehmer und geringer Leute in Kutschen und zu Fuße dahinaus, um ihm die letzte Ehre zu erweisen. Von seinen Nachkommen haben manche in Hamburg gelebt, z.b. einer als Lieutenant löblicher Garnison, einer als Organiste, einer als Kaufmann; und als hochbetrauter königlich Dänischer Conferenz-Rath und Resident hat des letztern Bruder lange Jahre hier gewohnt und ein ehrenvolles Gedächtniß hinterlassen.

Der alte Herr Johann Rist aber hat auch bei Lebzeiten dafür gesorgt, daß das uralte Rolands- oder Kaiser-Bild von Stein, so am Markte zu Wedel steht und damals bruchfällig geworden war, von neuem restauriret ist, wie wir es noch sehen können: schön angestrichen mit blauen Augen und rothen Backen, im Rückgrat durch einen Mauerpfeiler gestützet, mit den nachdenklichen Versen Herrn Ristii darunter:

„Als 16hundert und noch 1 und 50 Jahr
Im Wintermonat die bekannte Jahrzahl war,
Ist dieses Kaiserbild auf's neu hieher gesetzet.
Gott woll es und uns All' erhalten unverletzet."

Einer hat dem seligen Risten zu Ehren folgende Verse gefertiget:

„Herr Ristius ist todt! ein Mann von hohen Gaben,
Desgleichen wir nunmehr in Holstein wenig haben,
Ein Prediger, Poët, ein Arzt, ein guter Christ, –
Ei, schade, daß der Mann so bald gestorben ist."

105. Wie ein Physicus an einer Ohrfeige starb[133]
(1653)

Dr. Paul Marquard Schlegel, eines hiesigen Kaufmanns Sohn, war seit 1642 Physicus. Er machte sich sehr verdient, nicht nur in diesem Amte wie als geschickter Arzt, sondern auch als Beförderer seiner Wissenschaft unter Collegen und Kunstverwandten. Mit vieler Mühe war es seinem rastlosen Eifer geglückt, eine anatomische Lehranstalt zu begründen, und die dazu erforderlichen Körper unbekannter Selbstmörder oder gerichteter Missethäter zu erhalten. Endlich aber wurde diese Anstalt, die ihn berühmt gemacht hatte, auch die Veranlassung zu seinem frühen Tode.

Er war nämlich am 31. Januar 1653 der Dieb Cord Erdmann gehängt worden, dessen zu anotomischen Studien sehr geeigneten Körper der Physicus sich schon vor der Execution ausgebeten hatte. Als nach derselben der arme Sünder noch eine Weile todt und starr am Galgen gehangen, nahm man ihn gegen Abend ab, und brachte ihn aufs St. Marien-Magdalenen-Kloster, wo damals die Anatomie sich befand. Der Physicus trat voll Verlangens nach dem bevorstehenden wissenschaftlichen Genuß herzu und ließ dem steifgefrorenen Todten die Stricke lösen, welche dessen Arme vorn auf dem Leibe zusammenhielten. Indem er sich nun, sehr befriedigt von dem guten Aussehen des Cadavers, sinnig betrachtend vorüberbeugt, versetzt der Todte urplötzlich dem arglosen Doctor eine so mächtige Ohrfeige, daß er von der Gewalt und vor Schrecken zu Boden stürzt. Alle Anwesenden springen entsetzt auf und meinen nicht anders, als daß der todte Kerl wieder lebendig geworden sei und sich gegen das anatomische Messer zur Wehre setzen wolle. Er war und blieb aber todt, und nur die in der warmen Stube gelösten Arme des Gehängten waren in natürlicher

---

133 In den meisten Chroniken und bei Steltzner. – Der bei der Geschichte gegenwärtige Dr. Placcius bemühte sich hernach, dieselbe als Fabel darzustellen (Moller, Cimbria lit. I. 738). Eine Latein. Archival-Notiz bestätigt sie jedoch.

Weise aufwärts gefahren und hatten den unziemlichen Schlag ganz unwillkürlich ausgeführt. Dennoch befand sich der arme Heer Physicus durch dies unerwartete Ereigniß so alterirt und übel zu Muthe, daß er nach Hause fahren mußte, woselbst er in ein hitziges Fieber verfiel und in dessen Folge am 20. Februar, kaum 48 Jahre alt, das Zeitliche segnend verschied, nachdem er letztwillig seine Bücher, Manuscripte und wissenschaftlichen Sammlungen der Stadt-Bibliothek vermacht hatte.

Diese klägliche Geschichte von der Leichenhand, die den Anatomen todtgeschlagen, ging alsbald unter den Hamburgern von Mund zu Mund. Viele, die gleich Anfangs Dr. Schlegel's Unternehmen der Zerschneidung menschlicher Leichen als gottlos und frevelhaft verdammt hatten, sahen nun in seiner Todesart die rächende Strafe, und posaunten aus: daß selbst die leblosen Körper sich gegen solche widernatürliche Mißhandlung und Schmach auflehnten! – Aber die Herren im Rathe waren andrer Meinung, und trotz mancher Versuche, die Anatomie abzuschaffen, behielt sie doch ungestört ihren Fortgang.

106. Königin Christina von Schweden[134]
(1654)

Ganz unerkannter Weise langte die Königin Christina von Schweden am 3. Juli 1654 in Hamburg an, denn sie kam in Mannskleidern, den Degen an der Seite, einhergeritten. Sie nahm ihre Herberge in dem Hause ihres Agenten, des reichen Portugiesischen Juden Emanuel Texeira, hinter der neuen Michaelis-Kirche, am Krayenkamp. Sobald E. E. Rath solches erfahren, ließ er Ihre Majestät durch zwei Herren seines Mittels becomplimentiren und ihr einiges Silbergeräth überreichen, wie allezeit bei solchen Anlässen gebräuchlich. Welches sie auch gnädigst an- und aufnahm. Folgenden Sonntags fuhr die Königin gegen 9 Uhr nach St. Petri-Kirche. Das Raths-Gestühlte daselbst war mit köstlichen Tapezereien belegt und behangen. Die Königin und der Landgraf Friedrich von Hessen nebst seiner Gemahlin nahmen hier Platz. Der Pastor und Senior Dr. Müller hielt eine schöne Predigt, und legte den Text aus von der Königin aus Arabia, mit welcher er die Königin Christina gar sinnreich verglich. Sie aber hörte ersichtlich wenig zu und hatte der trefflichen Rede kein Acht; gleichwohl beschenkte sie hernach den Herrn Doctor mit einer güldenen Gnadenkette. Es war noch eine schöne Musik angeordnet; wie solche nach der Predigt recht angehen sollte, und die Chor-Jungen und Cantoren eben hoch und tief ausholten zum kräftigen Intoniren, da hatte Ihre Majestät übergenug und ging aus der Kirche, was nicht ganz unanstößig vermerkt worden ist. Der Raths-Schenk Benedict Petersen fand hernach auf ihrem Sitze ein Buch, das war von Zibeth wohlriechend gemacht und in braunroth Leder gebunden, auch stark verguldet; er dachte, es wär etwa ein Schwedisch Gesang- oder Gebetbuch, als er's aber öffnet, da waren es des heidnischen Dichters Virgilius Carmina. Er trug das Buch zum worthaltenden Bürgermeister Barthold Moller, dieser befahl ihm,

---

134 Geschichtlich. Steltzner III. 697–699. Granert, Königin Christina und ihr Hof, II. 9. 10.

solches alsbald Ihrer Majestät wieder einzuhändigen. Als er es nun Derselben überreichte und dabei mit bedeutsamer Ernsthaftigkeit die Bermerkung tat, wo er's gefunden, da hat die Königin das Buch mit gar sonderbarem, fast sportlichem Lächeln in Empfang genommen, was den Herrenschenken sehr gewundert.

Fast alle Tage, so lange sie hier war, ist sie bald in Manns-, bald in Frauen-Kleidern ausgeritten, zu großem Aergerniß mancher der ehrbaren Frauen Hamburgs. Am 16. Juli wurde sie nebst den Hessischen Herrschaften und andern Standespersonen auf der Burg zu Wandsbeck (die dem Dänischen Residenten Albert Balthasar Berens gehörte) herrlich bewirthet, so daß sie sich bis nach Mitternacht erlustirte. Als sie heimkehrte, war das Steinthor längst verschlossen, und wurde selbiges ihr erst auf expresse Order Herrn Bürgermeister Moller's eröffnet, welcher Herr darüber beinahe Verdruß bekommen, indem die Bürger hierüber fast schwürig geworden waren.

Morgens darauf mit Thoröffnung ritt sie wiederum davon.

107. Von der Kleider-Ordnung[135]
(1652–1654)

Vor zweihundert Jahren, als Pracht und Luxus in allen Ständen Hamburgs gar zu groß geworden, haben Rath und Bürgerschaft gemeinsam eine strenge Kleider-Ordnung erlassen, die meistentheils gegen die Hoffahrt des Hamburger Frauenzimmers gerichtet war, welches damals in seinen Anzügen alles Maß überschritt, und der Gold- und Silber-Brockate, Perlen und Edelsteine, Spitzen-, Sammet- und Seiden-Stoffe nie genug auf den Leib hängen konnte, also daß manch guter Bürger an der Prunksucht seiner Eheliebsten elendiglich zu Grunde gehen mußte. In der neuen Kleider-Ordnung aber stand's genau geschrieben, was zu tragen verboten war, nämlich Seiden-Knüppels (Spitzen), mit Edelsteinen besetztes Geschmeide aller Art, güldene oder silberne Stoffe und Stickwerke und dergl. Die den vornehmeren Frauen erlaubten Mäntelchen (Mantillen) durften von keinem Seidenzeuge, auch nicht mit Zobel und anderm köstlichen Futter staffiret sein. Güldene Ketten durften die Frauen des ersten Standes, dahin die Frauen der Rathmänner, der Graduirten (Doctoren wie Licentiaten), der Kaufleute u.a. m. zu rechnen, wohl tragen, aber ohne Perlen und Demanten, und ihre „Hüllen" (Hauben) konnten von güldenem oder silbernem Laken sein. Den zweiten Stand betreffend war es insbesondere den Frauen derer Procuratoren, Canztisten und anderer Rathsdiener, Handwerksmeister, Brauer, Schiffer und solcher „mittelmäßigen Standespersonen ihres Gleichen" gänzlich verboten: Kleider, Sammet, Seide und Atlas, oder gar seidene Strümpfe zu tragen, indem sie sich dieser Stoffe nur als Garnirung bedienen, jedoch den Sammet-Saum nicht breiter denn ein Quartier tragen sollten. Die Frauen des dritten oder niedern Standes aber, die der Tagelöhner, Arbeitsleute, Knechte aller Art, imgleichen Mägde und Ammen, sollten sich alles Seidengezeuges gänzlich ent-

---
135 Nach der alten Verordnung. Was der Erzähler hinzugefügt hat, ist leicht zu erkennen.

halten bis auf mäßige Seidenschnüre zur Verbrämung u.s.w. Und mit scharfen Geldbußen gegen die dawider handelnden „Verbrecherinnen" hatten Rath und Bürgerschaft gedräuet, und Alles wohl eingerichtet zu haben geglaubt. Nach zwei Jahren wurde dies Mandat nochmals von den Kanzeln verlesen und sonst publicirt, und neu hinzugefügt, daß Regenschirme niemals von Seide, Taffet oder Brokat, sondern nur von Rasch und bloßerdings ungesäumt und ohne Zierung sein sollten, bei 11 Thalern Strafe.

Und diese Mandate hingen am Rathhause und an den Straßenecken, alle Pastoren predigten für ihre strenge Nachachtung und gegen die Kleiderpracht, und der Rath, E. Oberalten, übrige Collegia und E. Bürgerschaft waren voll guten Willens, der Prunkliebe der Frauen hinfort keinerlei Vorschub zu geben, – und dennoch blieb Alles beim Alten, keine weibliche Seele kehrte sich an das Mandat; ihre eigenen Frauen und die der Graduirten trugen nach wie vor Demanten, Perlen und Goldbrokat; die Ehehälften der Procuratoren, Amtsmeister und Brauer gingen einher, wie bislang, in ganzen Seidenkleidern oder gar in seidenen Strümpfen; und Tagelöhnerinnen, Ammen und Mägde schmückten sich wie die Meistersfrauen, wenn sie ihr bestes Zeug zeigen wollten; und daß von allen diesen „Verbrecherinnen wider die durch Rath- und Bürgerschluß beliebte Kleider-Ordnung" etliche beim Kopfe genommen und wirksam abgestraft wären, davon ist keine Kunde.

Die Ehemänner aber, die auf das Mandat pochten und ihren Liebsten zumutheten, den Kleiderprunk einzustellen, gaben solch unvernünftig Ansinnen bald wieder auf, nachdem sie beim Morgentrunk, Mittagsmahl, Vesperbrodt und Rathessen, vielleicht auch sonst noch genugsam erfahren, was es auf sich hat, wenn ein Mann seiner Frau in puncto ihrer Toilette Vorschriften zu machen gedenkt. Und Pastoren wie Rathsherren, Oberalten und alle Erbgesessenen machten trübselige Gesichter und ließen's gut sein.

Und als einige Jahre darnach dennoch einige waghalsige Herren im Rathe und in Collegiis (es mögen lauter Wittwer gewesen sein) aufs Neue von gesetzgeberischen Gelüsten in Betreff einer nach strengeren Kleider-Ordnung befallen wurden, da sollen die Frauen der Hamburger Würdenträger eine Vergadderung unter sich gemacht haben, um solch neue Gefährdung zu hintertreiben. Die Rathsfrauen sollen heimlich mit den Graduirten- und Oberaltenfrauen zusammen gekommen sein, ihre alten sehr häkelichen Rangstreitigkeiten durch gegenseitige

Concessionen verglichen und gemeinsame Verabredung genommen haben, wie sie am Besten ihren Männern das neue Project verleiden könnten. Diese Manier ist nicht bekannt geworden, aber wohl weiß man das Resultat: daß die beabsichtigte neue strenge Kleider-Ordnung nicht zu Stande gekommen ist. Und so oft jene Wittwer ihren Antrag erneuert haben, sollen Majora stets lange Gesichter gemacht, sich verlegen umgeschaut und den Kopf getrauet, – Dominus Praeses aber flugs ein weniger delikates Thema aufs Tapet gebracht haben.

Also haben E. E. Rath, sämmtliche Collegia und Ehrb. Bürgerschaft es anerkennen müssen, daß in gewissen Dingen das Kyrion oder die höchste Obrigkeit nicht bei ihnen stünde, auch nicht bei kaiserlicher Majestät, – wohl aber Niemandem anders innewohne, als ihrem Frauenvolke!

108. Vom Schweinekrieg[136]
(1660.)

Zu einer Zeit, da Alles ringsum endlich einmal in gutem Frieden lebte, und die Hamburger dachten, nun käm's fortan zu keinem Kriege mehr, und E. E. Rath just 500 Mann von der Miliz mit ehrlichem Abschied und Zehrpfennig abgedankt hatte, da ist abermals ein Krieg ausgebrochen, der freilich nicht ganz so arg wurde als der 30-jährige, dessen Wunden eben zu vernarben begannen, denn man schrieb grade 1660.

Die Hamburger hatten nämlich seit undenklichen Zeiten die Gerechtsame, ihre Schweine auf die Eichelmast in den Sachsenwald im Lauenburgischen zu treiben, was mit ihren und den Lübeck'schen Ansprüchen auf den halben Besitz dieses großen herrlichen Waldes zusammenhing. Als nun im genannten Jahre eine beträchtliche Anzahl Hamburgischer Schweine sich abermals, wie gebräuchlich, dort gütlich thut, läßt der Herzog zu Sachsen-Lauenburg ohne Umstände, soviel er deren habhaft werden kann, durch seine Leute wegnehmen, also daß manch schöner Braten der Stadt und ihren Bürgern widerrechtlich entzogen worden, was großen Zorn und heftige Entrüstung bei Vornehm und Gering erregte, denn wer mag sich den Bissen vorm Munde wegschnappen lassen! Und zumal waren es die Knochenhauer, welche unablässig dem Rathe anlagen, daß er solch himmelschreiendes Unrecht nicht dulden und veranstalten möge, daß der Schade gebessert werde. E. E. Rath schickte also flugs mehrere 100 Mann Reiter und Kriegsknechte mit Spießen und Büchsen in den Sachsenwald, wo sie einige Dörfer besetzten und auf Lauenburg zu marschiren droheten, wenn nicht gütliche Beilegung der Sache erfolgte. Das half, der Herzog erkannte der Hamburger Gerechtsame an, und gab von dem gefangenen Vieh, soviel dessen

---
136 Geschichtlich. Steltzner III. 776. – Die Hamb. und Lüb. Ansprache auf den halben Sachsenwald deducirt Klefeker, Hamburg. Verordn. und Verfass. X. 249. – Ein Mag. Magnus Gärtner, Hamb. Candidat, ist von 1672–1684 an fünf Orten Prediger gewesen; von Hövelen, a. a. O. S. 130. lobt Hamburgs Wundärtze.

noch lebendig war, heraus. Zwar versuchte er 11 Jahre später nochmals, den Hamburgern und Beiderstädtern ihr gutes Recht der Eichelmast des Sachsenwaldes zu verkümmern; als aber Lübeck und Hamburg 400 Mann gegen die Lauenburger marschiren ließen, da verzogen sich diese. Der Herzog versprach auch, daß er die Hamburgischen Schweine im Sachsenwalde und wo er sie sonst antreffen möge, völlig unturbirt und unangetastet lassen wolle, was noch lange Zeit gegolten hat, bis die Hamburger nach und nach keine Schweine mehr hinschickten, weil es ihnen unbequem wurde und sie reich genug waren, ihre Schweine bereits gemästet zu kaufen. Da ist das alte Herkommen in Verfall gerathen, und wäre jetzt kein Hamburgisches Schwein in Friedrichsruh oder sonst im Sachsenwald mehr sicher zu achten. Merke: man muß sich hüten, gute alte Gerechtsame durch Nichtgebrauch abkommen zu lassen.

Der gemeine Mann aber hatte seinen Spaß an dieser Sache, und als die Stadt-Soldaten von ihrem Feldzuge heimkehrten, der Gott sei Dank (bis auf einen Reiter, der vom Roß gefallen und sich das Beinwerk zerbrochen) keines Menschen Leben und Gesundheit, sondern nur einige Schweine-Schinken gekostet hatte, da wurden sie verlacht, und die ganze Affaire wurde der Schweinekrieg genannt. Dem Candidaten Gärtner aber bekam der Spaß übel. Er war ein kluger anschlägiger Kopf, aber ein allzu lustiger Spottvogel, und hatte sich beikommen lassen, eine Schrift über diesen Krieg zu verfassen und in Druck zu geben, in welcher allen dabei Betheiligten, dem Herzoge, E. H. Rathe, der Stadt-Miliz wie auch den Schweinen gar übel und verkleinerlich mitgespielt war. Wenn es sich nun auch ganz curios und spaßhaft lesen ließ, so hatte er sich doch auch nicht entsehen, den hohen Herren und vornehmen Personen allerhand lügenhafte Dinge nachzureden. Solche Verunglimpfung konnte nun E. E. Rath unmöglich ungeahndet durchschlüpfen lassen, weshalb er befahl, den Studiosum unverzüglich beim Kopfe zu nehmen, damit er, wie dazumal Rechtens, auf dem ehrlosen Block stehend, öffentlich Widerruf thäte und sich zur Bekräftigung dessen, dreimal selber aufs Maul schlage. Dies wurde aber dem jungen Literaten zuvor gesteckt, und noch ehe der Bruchvogt kam, entwich er. Es ist auch nichts Sonderliches aus ihm geworden, weil er seine leidige Verkleinerungs- und Spottsucht nicht bändigen konnte.

Der vom Gaul gefallene Reitersmann wurde übrigens bald vom Feldscherer wiederum curiret. „Denn (wie ein alter Autor vom damaligen Zustande vermeldet) in Hamburg ist gut wund sein. Und wenn Einer in Schlägereien oder sonst im Hauen, Stechen, Fallen und Stoßen unglücklich verletzt wird und zu Schaden kommt, so kann er von fürtrefflichen Wundärzten genugsame Hülfe finden. Wie dann auch in der Barbierer Officinen Jedermann mit Haar-Abschneiden Bart-Stutzen, sammt Kopfwaschen und dergleichen Ausschmückung, ganz ergötzlich kann bedient werden."

109. Des Gehängten Besuch[137]
(1661)

In Wandsbeck wohnte vor zweihundert Jahren ein Tischler (oder wie's damals hieß: ein Snittger), Hans Meinecke. Zu dem kam als Gesell ein Obersachse, August Hermann Weinrich, aus dem Vogtlande; der war ein Leckermaul, dem die Kost an Meister Meinecke's Tisch niemals gut genug dünkte. Sonderlich verachtete er die schöne Grütze aus Buchwaitzen oder Haferkorn, mochte sie nicht essen und nannte des Meisters Kinder Grützköpfe, weil sie Morgens, Mittags und Abends damit gefüttert wurden, was zumal die Meisterin empfindlich vermerkte. Also dem Gesellen Weinrich wird mit der magern Kost auch der feine Flecken Wandsbeck und sein Handwerk zuwider, geht auf und davon, läßt sich bei den Soldaten anwerben, zieht in den Krieg, hält sich tapfer, wird Fähndrich und endlich gar Lieutenant. Als aber die Potentaten Frieden machen, da wird er mit vielen Andern abgedanket und seine Herrlichkeit hat ein Ende. Zieht also der Herr Lieutenant wieder gen Hamburg, allwo lose Leute oftmals ihr Brodt finden, treibt dies und das, recht und schlecht, und gelangt endlich von den geraden Wegen auf krumme. Schmiedet also mit seiner Frau, Margaretha Langin, einen arglistigen Plan, daß sie bei einem vornehmen Kaufmann am Kehrwieder, Tylo Baren, als Amme in Dienst gehet, vorgebend, ihr Mann sei im Kriege geblieben, und so er sie besuchet, heißt er ihr Bruder. Da sie nun die Gelegenheit des Hauses genugsam erkundschaftet hat, stehet sie in einer schönen Nacht behutsam auf, lässet ihren Mann ins Haus, packt mit ihm Gold- und Silbersachen, Geld und Geldeswerth zusammen, und nach verrichteter Arbeit gehen Beide mit der Beute auf und davon. Allein dazumal gab's schon eine treffliche Nachtwache, die man die Räthelwacht nannte. Die Wächter fangen sie schon an der Brooksbrücke ab und bringen sie in Haft. Das Niedergericht erkannte ihnen den Staupbesen zu. Damit kann Einer zufrieden

---

137 Nach Steltzner III. 804 und verschiedenen Chroniken.

sein und braucht nicht mehr. Der Lieutenant aber protestirte gewaltig dagegen und sagte: der Schimpf wäre ihm als einem Officier unleidlich, appellirte also an das Obergericht. Das Obergericht sah die Sache genauer an, und da es meinte, diebische Dienstboten müßten strenger bestraft werden als Andere, vor denen man sich doch eher hüten könne, – auch mittlerweile noch andere Untaten der beiden Eheleute sich offenbarten, so wurde die Frau geköpft und unterm Hochgerichte begraben, der Mann aber nur in den Galgen gehenket, den 11. November 1661.

Nun begab es sich etliche Tage darnach, daß der Tischler Meinecke in später Abendstunde aus Hamburg nach Wandsbeck heimkehrt. Und wie er dem Galgen vorbeigeht und sieht den Lieutenant Weinrich, seinen vormaligen Gesellen, darin baumeln, so kommt ihm ein Frevelmuth und spottsüchtig Wesen an und spricht überlaut zu dem Gehängten: „ach, du armer Teufel, da hängest du also! Wenn du nun bei mir wärest, statt hier, gelt, die Grütze, die du damals nicht essen wolltest, nun nähmst du sie gewiß und wärst jetzt gern selbst ein Grützkopf wie meine Kinder! nun, wenn du loskommen kannst, so besuch' mich heut' zur Nacht und sei mein Gast auf ein Gericht Grütze." Hat's den vorwitzigen Meinecke schon etwas befremdet, daß der arme Sünder im Galgen die Augen geöffnet und ihm zugedreht, da er ihn anzureden begonnen, so entsetzt er sich nun zum Höchsten, als er mit der Anrede fertig ist und der Gehängte dreimal den Kopf hebet und senket, also nicket, zum Zeichen, daß er die Ladung zum Nachtmahle annehme. Kommt also ziemlich verstöret heim, sputet sich, daß er ins Bette kommt und betet eifriger als gewöhnlich den Abendsegen, das Vater Unser und Alle guten Geister. Um Mitternacht aber vernimmt Meinecke draußen ein schreckhaft Gehen, Scharren und Schlorren mit Kettengerassel und Seufzen und Stöhnen; vor seinem Hause bleibt's stehen und klopft dreimal an die Fensterlade, und als er sie öffnet, da stehet leibhaftig der gehenkte arme Sünder mit seinen Kerten um den Hals und Armen und Beinen davor, grinset ihn fürchterlich an, und spricht dumpf und hohl: „da bin ich, Grütze will ich, gieb mir Grütze, darauf du mich geladen." Und der Tischler hat schnell eine Schüssel Grütze hinausgestellt aufs Gesimmse und hat Fenster und Laden fest zugeschlossen und ist ins Bett gekrochen und hat Angstschweiß geschwitzt und ist noch lange Wochen darnach siech gewesen und die Seinigen im Hause nicht minder, die allesammt den Spuk vernommen haben. Die Schüssel hat andern Tages leer und zerbrochen vor dem Fenster gelegen.

Merke: bei Galgen, Hochgerichten und Rabensteinen soll man still vorübergehen, gottselige Gedanken haben, um Bewahrung vor Versuchung bitten, ein Gnade Gott für die armen Sünder sprechen, und keinenfalls mit denselben Gespötte und leichtfertig Wesen treiben, sonst kann's einem noch ärger gehen als dem Meister Meinecke in Wandsbeck.

110. Von einem Selbstmörder[138]
(1662)

Anno 1662 wurde eines hiesigen vornehmen Mannes Sohn, ein junger Kaufmanns-Gesell, auf der Gasse erstochen gefunden, und hieß es allgemein, daß er mit einigen Fremden vom Adel wäre verzwistet gewesen, und sonder Zweifel von diesen entweder im Duell getödtet, oder mordlicher Weise entleibt. Es wurde also das in solchen Fällen gebräuchliche alte Gassenrecht über ihn abgehalten und der Todte beschrieen. Nachdem nämlich der Gerichtsvogt vom Fiskal erbeten, ein freisam Straßenrecht hegen zu dürfen, und dabei dem umstehenden gaffenden Volk verboten hatte: Unlust, Hader, Geschrei u.s.w., stellete der Fiskal seine öffentliche Klage an, von wegen der Herren des Rathes, und verlangte ein Urtheil, den Mörder zu eschen (heischen), nachdem der Entleibte zu dreien Malen beschrieen sei. Worauf der jüngste Procurator antrug, dies durch den Frohnboten vornehmen zu lassen, welcher dann auch nach der durch den Fiskal eingeholten Erlaubniß des Gerichtsvogtes, sein Eggewapen (Schwert) blößete, und dreimal hinter einander ausschrie:

„Zeter über den Mörder, so diesen frevelichen Mord in dieser ehrenreichen Stadt vollführet."

Darauf wurde gegen den unbekannten Mörder die Eschung (Heischung) ausgerufen, damit er gestellet würde zu der Herren Hechte, Schlösser und Helden (Haft und Fesseln), und wider ihn ergehe, was Rechtens; und schließlich sprach der Vogt: „dieweil nicht möglich, daß der Todte bei den Lebendigen bleiben kann, so soll man den todten Körper christlichem Gebrauche nach zur Erde bestättigen."

Darnach also hat man ihn in der Domkirche mit einer ansehnlichen Leichenfolge zu Grabe gebracht. Wie er aber schon 14 Tage in der Erde

---

138 Nach einigen Chroniken. Die Formeln des Gassenrechts: aus Archival-Acten. Im Amte Ritzebüttel lautete es statt „Zeter," nach Friesischem Gebrauch „Jodute, Jowehe, Jowach! über den Mörder" etc. Das Gassenrecht oder die Beschreiung ermordet gefundener Leichen wurde durch Senatsbeschluß vom 17. September 1784 der Regel nach abgestellt.

gelegen, ward es ruchtbar, daß er keineswegs von der Hand eines Feindes umgebracht wäre, sondern, daß er sich selber ganz gottloser Weise entleibet hätte. Nachdem nun solche Freveltat genugsam erkundet und verwahrheitet, wurde auf richterlichen Spruch der todte Körper aus dem Grabe wieder hervor geholet, von dem Schinderknecht auf seiner Slöpe durch die Stadt hinausgeschleift, und auf dem Galgenfelde beim Rabensteine eingescharret.

Es ist dieser Mensch, als oben gedacht, guter Leute Kind gewesen, hat aber mit Schlemmen und Prassen, Würfeln und noch schlimmeren Lastern, ein ganz ruchloses Leben geführt, welches ihn denn dem Teufel gradezu in den Rachen gejaget hat. Dienet aber jungen Leuten zur Warnung, daß sie sich allezeit eines nüchternen und züchtigen Wandels befleißigen, und Gott vor Augen haben, auch brav arbeiten und beten!

111. Von einem Zankteufel[139]
(1662)

Seit unsere trefflichen Vorfahren das akademische Gymnasium gestiftet hatten (1612), war dasselbe eine Zierde Hamburgs geworden. Die Professoren kamen zum Theil aus fernen Landen vom Rathe herberufen, andere waren auch ehrliche Bürgerkinder von hier. Alle aber befanden sich auf ihren Kathedern und in ihren vier Pfählen so wohl, daß (bis 1841) mit einer einzigen Ausnahme Keiner seinen Platz wieder verlassen hat, so viel auch fremde Fürsten locken mochten, die sie an ihre Universitäten befördern wollten. Dieser Einzige aber, welcher fortging von hier und nimmer wieder kam, war Herr Petrus Lambecius. Aber er hatte eine böse Frau daheim, und daß eine solche auch den geruhigsten Gelehrten aus seiner Haut und aus dem Hause in die weite Welt jagen kann, das ist männiglich bekannt.

Herr Peter Lambeck war hier in Hamburg geboren; sein Vater war Heino Lambeck, der den Buben der St. Jacobi-Kirchenschule das Rechnen einbläute, damit sie tüchtige Kaufleute würden. Der Sohn verlegte sich früh auf die Studien, und nachdem er rechtschaffen gelehrt und Doctor geworden war und sich nun Petrus Lambecius schrieb, erkor ihn unser Rath zum Professor der Geschichte am Gymnasium, hernach auch zum beständigen Rector desselben. Da lehrte er denn die Historien, wie sich Alles in der Welt von der Schöpfung an zugetragen, von Kaisern, Päbsten, Fürsten, Städten und ihren Händeln, und wußte alle Kriege, Pestilenzen, theure Zeiten, Wassersnöthe, Hochzeiten, Kindbetten, Rathswahlen und was sonst Wichtiges in der Welt und in Hamburg vorgefallen, auswendig herzusagen, daß es sich ganz andächtig vernehmen ließ und ihm viel Lob einbrachte, denn dazumal hielt man große Stücke auf die Historie. Aber recht berühmt und ein großer Mann ist er erst später geworden, nachdem er davon gegangen war. Das trug sich nun also zu:

---
139 Den Kern dieser Geschichte erzählen: Büsch, Wort an Hamburgs Bürger, S. 88. Janssen, Hamb. Kirchengeschichte, 461. 462. Steltzner III. 758.

Nachdem er etwa 10 Jahre so dociret und daheim fleißig studieret, auch manch schweinsledernes Buch, das die Hamburger doch nicht lasen, in Druck hatte ausgehen lassen, kam ihm die Lust an, zu freien; und weil doch alle Ehen im Himmel beschlossen werden und Gott wohl noch große Dinge mit ihm im Sinne hatte, so gerieth er an Frau Anna von Emersen, die zwar trefflich reich, aber allbereits betagt und unlieblichen Angesichts, dabei auch ein schmähsüchtiger Zankteufel war, und so geizig, daß sie auf ihren Schätzen saß, wie Fafner der Drache in der Nordischen Sage, daher sie auch des Professors Hausdrache genannt wurde. Sie verstand es, schon in der ersten Woche im Hause ihres Eheherrn Alles um und um zu lehren, und ihn selbst und das Gesinde dergestalt zu peinigen, daß sogar den Nachbarn Hören und Sehen verging. Das Schmerzlichste aber war ihm, daß sie gleich nach ihrem Einzug mit etlichen Scheuerweibern sein Heiligthum, das Studierzimmer, lüften und mit Uhlen, Leuwagen und Kratzbürsten reinigen ließ, so daß der Wirbelwind durch das Gemach strich und die gelehrten Notatzettul auf die Gasse jagte, wenn sie nicht vorher ins Wasser fielen, darin Alles schwamm; auch an seine Bibliothek legte sie die Hand, warf die Bücher, um sie abzustäuben, heraus, und setzte sie dann verkehrt wieder in die Schreine. Kurzum, Herr Petrus hatte keinen friedlichen Augenblick mehr, sondern ein wahres Höllenleben, und an die papistische Lehre vom Fegefeuer mußt er stündlich denken, und oft genug, wenn sie mit ihm oder dem Gesinde zankte und keifte, hat er ihr, innerlich ganz desperat, aber äußerlich ganz sänftiglich gesagt: „lieber Engel, sie wird mich noch rein katholisch machen."

Was aber dem Faß den Boden und ihn zum Hause hinaus stieß, das war dies. Herr Petrus hatte mit mühseligem Fleiße ein großes Buch in Lateinischer Sprache geschrieben und drucken lassen, das hieß: „Origines Hamburgenses," will sagen: ursprügliche Hamburgische Geschichten. Und es war die lauterste Wahrheit, wie er sie aus alten Mönchsschriften und Urkunden, die sonst Niemand lesen konnte, heraus studiret. Dies Buch hatte er herrlich einbinden und vergülden lassen, weil er's dem Ehrbaren Rathe als absonderliche Verehrung zu überreichen gedachte, dafür, daß der ihn zum Rector gekoren, was ihm freilich auch manche Neider und Schelsüchtige in der guten Vaterstadt zu Wege gebracht hatte. Wie er sich nun seinen Sonntagsstaat anlegt, um es selbst dem worthaltenden Bürgermeister darzubringen, und nestelt noch an der gestreiften Halskrause, oder rauft sich eben im

Zwickelbarte und auf dem Haupte etliche von denen früh ergrauten Haaren aus, so er seiner Eheliebsten verdanket, – da bekommt diese das Buch in ihre Hände. Dieweil sie nun vernommen, daß darinnen Geschichten beschrieben stehen, denket das thörichte Weib, ihr Herr hätte seine leidige Ehestands-Geschichte heimlich in Lateinischer Sprache, so ihr unverständlich, zu Papier gebracht und drucken lassen, und wolle sie damit bei dem Rathe verkleinern und verklagen, und die Geschichte vom Reinmachen stünd' auch d'rin. Resolvirt sich also schnell, und da Prefessorenfrauen gemeiniglich Schreibens nicht unkundig, so schreibt sie vorn aufs große Titelblatt ganz dreist und patzig die Worte hin:

„van all de Historien, de min Mann in düssem Booke geschreven hätt, darvan ist keen Dübelswoort wahr."

Und als Herr Petrus fertig war und das Buch zu Rathe trug und es mit wohlgesetzter Rede überreichte, merkte er nichts von der Pinselei, die drinnen stand, und Ein Ehrbarer Rath, da er sie entdeckte, entsetzte sich sehr und hat's ihm im Vertrauen kund gethan. Und darob hat sich der gute Herr schier krank geärgert und ist in schwere Gemüts-Anfechtung gefallen, so daß es die Königin Christina von Schweden, die dazumal hier wohnte, erbarmt hat. Sie kannte Herrn Lambecium wohl, denn sie war eine gelehrte Dame und bediente sich oft seiner Unterweisung. Und sie rieth ihm, er möchte nur ein Weniges auf Reisen gehen, um sich zu zerstreuen und von der grausamen Alteration zu erholen. Und dies Wort fiel wie ein zündender Funke in des armen Mannes Seele, und er dachte: lieber in Wien katholisch als in Hamburg des Teufels werden, und andern Morgens früh, als die Thorknechte das Steinthor öffneten, ist er hinausgegangen, ohne Valet und Abschiedsgruß, auf und davon, immer in einem Strich fort, bis nach Wien. Daselbst ist er gleich in die Burg gegangen, und hat zun Kaiser gesprochen: „kaiserliche Majestät, da bin ich und da habt Ihr mich, vor lauter Desperation so und so will ich Euer Bibliothekar und Hof-Rath werden und Eure großen und edeln Taten beschreiben, darum könnt Ihr nur gleich zu Eurem Beichtiger schicken, denn ich bin rein katholisch." Und der Kaiser hat gar holdselig gelächelt und gesagt: „Amen, dem sei also," und hat ihm Alles bewilligt und ihm gleich eine güldene Ehrenkette wie einem mächtigen Schaupfennig um den Hals gehängt. So ist er ein vornehmer Mann bei Hofe und bei der Universität geworden; der Kaiser hat ihn gern gehabt und hat ihm oft zugeraunt: „wenn nur all

Eure Professoren in Hamburg solche Männer wären, als Ihr einer seid, und auch solche Hausdrachen hätten: so viele ihrer entliefen, so viele wollt' ich mit Plaisir aufnehmen."

Das war um Ostern 1662. Und um Ostern 1680 ist Herr Petrus Lambecius als ein berühmter, hochbetrauter Mann zu Wien sanft und selig verstorben; und gereut hat's ihn nimmer, daß er seinem Weibe davon gelaufen ist.

Herrn Lambecci Grabschrift soll übrigens also lauten:

„Der, so die Barbarei durch Geist und Arbeit plagte,
Und den so Neid als Weib aus Hamburgs Mauern jagte.
Ein Inbegriff von Glück, Gelahrtheit und Verdruß
Liegt hier in dieser Gruft, wer ist's? Lambecius."

Also kann zuweilen eine Hamburgerin, wenn sie recht arg vom Zankteufel besessen ist, einen großen vornehmen Herrn aus ihrem Ehemann herausklopfen, was aber nicht gesagt sein soll, um die Hamburgerinnen zu ähnlichen Versuchen anzuleiten, denn allemal gelingt's nicht.

112. Vom Christinenpförtchen[140]
(1667)

Am Krayenkamp liegt der katholische Platz, der also heißt, seitdem 1719 die dortige katholische Kapelle des kaiserlichen Gesandten vom Pöbel zerstört wurde, nachdem schon früher auf derselben Stelle ein Volkstumult gegen das Pabstthum stattgefunden hatte, wovon gleich mehr. Im Hintergrunde dieses Platzes führt ein schmaler Weg, vormals durch eine Pforte verschließbar, in den Bäckergang. Dieser Weg heißt das Christinenpförtchen, und damit hängt es also zusammen.

Im Jahre 1667 lebte hieselbst (wie früher schon) die Königin Christine von Schweden, nachdem sie zum katholischen Glauben übergetreten war. Sie wohnte an jener Stelle am Krayenkamp in einem großen Hause, das sie von ihrem Agenten Texeira gekauft hatte. Sie betrieb von hier aus ihre Staats-Angelegenheiten, daneben beschäftigte sie sich mit den Wissenschaften und Künsten, weshalb sie auch gern gelehrte Männer bei sich sah. Übrigens ritt und fuhr sie täglich spatzieren und veranstaltete oftmals Feste und Lustbarkeiten (wozu sie auch den Rath, die Oberalten und angesehene Bürger einzuladen pflegte), z.b. am 14. Februar ein Convivium nebst Ballet, in welchem sie selbst eine Rolle übernommen hatte.

Am 15. Juli gab die Königin abermals ein großes Banquet in ihrer Wohnung, zu Ehren der Krönung des neuen Pabstes Clemens IX. Es waren alle heimischen und fremden Standespersonen[141] geladen und soll bei Tafel ein herrliches Wohlleben gewesen sein. Dem Hause gegenüber (wo damals noch keine Gebäude standen) am St. Michaelis Kirchhofe hatte sie einen Springbrunnen errichten lassen, welcher unablässig aus neun Röhren zum gemeinen Besten einen feinen rothen und weißen Wein von sich gab, den der Pöbel mit Jubel und Frohlocken

---

140 Geschichtlich. Außer den Hamb. Geschichtswerken ist benutzt: von Heß, Topogr. I. 464; und Grauert, Christina und ihr Hof, II. 213–215.

141 Vorlage: Standespersonen

„waidlich trank und wie Wasser zu sich nahm." Als es dunkelte, wurde das Haus prächtig erleuchtet mit 60 Wachsfackeln die auf vergoldeten Armleuchtern[142] in der Mauer steckten. Oben am Giebel glänzte in einem großen Transparentbilde die dreifache päbstliche Krone mit den beiden Schlüsseln. Einige reden auch von einer Darstellung der Ketzerei zu Füßen der katholischen Kirche, davon aber die meisten Erzähler nichts wissen. Darunter strahlte nun eine aus 600 Lampen gebildete Lateinische Inschrift, die lautete Deutsch: es lebe Pabst Clemens IX.

Das ließ sich nun zwar ganz trefflich ansehen, aber Einige nahmen doch ein Aergerniß daran, daß in unsrer lutherischen Stadt der Pabst also sollte gefeiert werden. Wie's dann gekommen, daß solch Aergerniß sich auch dem Pöbel mitgetheilt, der bis dahin keinen Anstoß darin gefunden, weiß man nicht; aber gewiß ist's, daß selbiger anfing, sich ganz tumultuarisch zu gebehrden und bedenkliche Drohungen auszustoßen gegen den Pabst in Rom, gegen die Königin Christina, deren Wein er sich doch wohl schmecken ließ, und gegen das erleuchtete Haus. Freilich trug wohl grade der Wein zur Erhitzung der Gemüter bei, „maßen der gemeine Mann, und sonderlich der Englische, Holländische und Dänische Matrose, sich dabei so toll und voll soff, daß bald hie, bald dort einer dalag wie todt." Aus dem Schreien und Toben wurden Thätlichkeiten, und Steine flogen gegen das Haus und in die Fenster. Die königliche Dienerschaft versuchte umsonst, das Volk zu beruhigen, und mußte, hart angegriffen, aber unter Festhaltung eines der Rädelsführer, ins Haus zurückflüchten, das nur mit Mühe verrammelt werden konnte.

Sobald die Königin diese Vorgänge erfuhr, ließ sie die Inschrift und das Transparentbild auslöschen, und hoffte dadurch den Aufruhr zu stillen. Aber der Steinhagel ließ nicht nach, das wüste Gebrüll und die ganze Haltung des Pöbels, der nun einen Sieg errungen zu haben glaubte, wurde immer bedrohlicher. Mehrere Herren, die vom Fenster aus das Volk anreden wollten, wurden übel heimgeschickt. Einer der Diener schoß ein blind geladenes Pistol ab, wodurch die Wuth des Haufens sich noch mehr steigerte. Zwar verbot die Königin ihren Leuten das fernere Schießen, dennoch glaubten einige ihre Herrin nicht besser vertheidigen zu können, und feuerten ihre Musketen auf die Tumultuanten, von welchen einer getödtet, mehrere verwundet wurden.

---

142 Vorlage: Armulechtern

Nun stieg die Gefahr aufs höchste, mit Brechstangen rannten die Rasenden gegen die Hausthüre, andere brachten Pechfackeln und Strohbündel, man schrie: zündet an, schlagt Alle todt! Die beherzte Königin mußte jetzt den Bitten ihrer Gäste nachgeben und flüchten; sie warf ein Regentuch über und entkam, mit ihren Damen von wenigen Cavalieren begleitet, durch das Hinterpförtchen in den Bäckergang, von wo sie zu Fuß des Schwedischen Residenten Moller's Haus am Speersort erreichte, in welchem sie übernachtete.

Mittlerweile hatten die übrigen Herren sich eben angeschickt, der Königin Haus und Habe bestens gegen die Trunkenbolde zu vertheidigen, die schon die Hausthüre eingerannt hatten, als die Lärmtrommeln glücklich einige Bürger-Compagnien zusammen brachten, welche im Verein mit den Garnisonstruppen unter dem Stadt-Commandanten, Obersten von Koppey, den gefährlichen Tumult glücklich bemeisterten, und die Ruhe herstellten, welche auch in Folge kräftiger Maßregeln des Raths nicht ferner gestört wurde. Am folgenden Morgen führten einige Senats-Mitglieder die Königin auf das Feierlichste und Ehrenvollste in ihr Haus zurück. Die Entschuldigungen dieser Herren erwiederte sie mit lebhaften Dankbezeugungen, und händigte ihnen 2000 Thaler ein für die Verwundeten und für die Angehörigen der Erschossenen.

Von dieser Flucht der Königin Christina hat der enge Weg, der vom katholischen Platz in den Bäckergang führt (den damals wohl zum ersten und letzten Male einer Königin Fuß betreten hat), den Namen Christinenpförtchen empfangen und behalten.

113. Wie ein Trunkenbold curirt wird[143]
(1682)

Um diese Zeit lebte ein wohlhabender Bäckermeister in Hamburg, in der Gegend des Schweinemarktes. Dieser gute Mann, an dem sonst kein Fehler und Makel war, verfiel leider aus angeborener Dursthaftigkeit nach und nach in das unglückselige Trinken, dem er sich so sehr ergab, daß er fast keinen Abend nüchtern, und sehr oft völlig von Sinnen zu Bette kam. Ja, mitunter brachte ihn unter Spottgeschrei und Hohnlachen, zur höchsten Verkleinerung der Familien-Ehre, eine Schar gottloser Buben nach Hause, die ihn aus einem Rinnstein aufgelesen, darin er, einem Schweine ähnlich, gelegen. Sie sangen Spottlieder auf ihn, und einer der Buben brachte das schöne kurze Gedicht mit der lieblichen Melodie auf, das noch heute als Hamburger Nationallied bei solchen Anlässen gesungen wird:

„Bring' dat Swin na'n Swinmarkt hen, ho ho ho!"

Vergebens bemühten sich seine Eheliebste, Kinder und Freunde, denen das lästerliche Trinken des werthen Mannes sehr zu Herzen ging, ihn davon zurückzubringen; es wurde immer ärger damit, und er begann schon in Folge solcher Völlerei, etwas dummerhaftig zu werden.

Endlich gingen die Seinigen mit dem Haus-Barbierer und ihrem Beichtvater ordentlich zu Rathe, und beschlossen, einen curiosen Versuch zu machen, den Kranken zu heilen; der Barbierer, ein flinker gewandter Mann, richtete Alles dazu in die Wege. – Als er nun eines Abends toll und voll gesoffen ist, daß er gar nichts mehr von sich weiß, da nehmen sie ihn vor, ziehen ihm seine Wäsche und Kleidung aus und legen ihm fremde herrenmäßige dafür an; dann waschen sie ihn einmal recht sauber; scheeren ihm sein Haupthaar kurz ab und stülpen ihm dafür eine neumodische schöne Paruque auf den Kopf; und also tragen sie den bewußtlosen Mann in das ihm ganz unbekannte Haus einer abgelegenen Neustädter Straße, die er vielleicht noch niemals betreten

---
143 Nach einer handschriftl. Fortsetzung von Tratziger's Chronik.

hatte, zu Leuten, die ihm ebenfalls wildfremd waren. Diese hatte man natürlich für das löbliche Vorhaben gewonnen und genau unterwiesen, wie sie sich dabei benehmen sollten.

Wie nun der Bäcker seinen Rausch ausgeschlafen und sich beim Erwachen in einem fremden Gemache und in ganz anderer Gestalt findet, fällt er aus einer Verwunderung in die andere; bekuckt sich oftmals von oben bis unten, schüttelt den Kopf, zupft sich bei der Nase, zu sehen, ob er träume oder wache, – stellt sich an den Spiegel und schneidet davor immer ängstlichere Gesichter vor innerer Herzensangst, die bei seinem natürlichen Katzenjammer bösartig genug gewesen sein mag. Das Schlimmste für ihn war, daß die Leute im Hause gar nicht befremdet taten, sondern freundlich mit ihm verkehrten, wie man mit Jemandem umgeht, der zum Hause gehört und gesund in seiner richtigen Haut steckt. Obschon, er ihnen die Frage nahe legte: was er für Einer wäre und wie er hieher gekommen? so fragten sie ihn doch nicht, sondern überließen den verwirrten Mann seiner eigenen Speculation. Nach einigen Stunden aber, als sie ihn immer tiefer in Wehmuth und Melancholie versinken sehen, lassen sie sich mit ihm in einen Discurs ein, und thun ihm den Gefallen, zu fragen: was für Einer er wäre? Er antwortet mit Seufzen und Betrübniß: vor der Hand wisse er's noch selber nicht genau, weil es ihm als ein Traum verkomme, daß er früher im Leben andere Kleider und sein eigen Haar gehabt, jetzt aber kostbare Kleider und eine Paruque trage, weswegen er schlechterdings nicht für gewiß sagen könne, wer er eigentlich wäre, noch was er vorstelle, viel weniger, wo er zu Hause gehöre. Die Leute ließen das wieder auf sich beruhen, taten, als sei es eben nichts Besonderes, und kümmerten sich wenig um den Gast, der immer confuser darüber simulirte, was für Einer er wohl eigentlich wäre, wobei er reichlich gestöhnt und still geweinet. Nach einigen ohne alles Verlangen nach Bier oder Wein verbrachten Tagen voll stillen Grams oder lauten Jammers hat er die Leute gebeten: sie möchten doch in die – Straße gehen und nachfragen, ob ein gewisser Bäckermeister R. N. allda wohne und augenblicklich gegenwärtig sei. Und wenn Derjenige zu Hause wäre, dann schwüre er einen theuern Eid, daß dann Gott allein wisse, was für Einer er wäre, – sonst schwebete ihm im Sinne, daß er eben derjenige Bäcker in Person leibhaftig selber sein könnte.

Als nun die Ausgeschickten zurückkommen und ihm melden, jener Bäcker sei seit etlichen Tagen nicht zu Haus gewesen, da kommt er etwas wieder zu Ruhe und verholt sich. Indem aber erscheinen auch die Seinigen und umfassen und begrüßen ihn, wie man einen wiedergefundenen Vermißten begrüßt, und nehmen ihn mit sich nach Hause. Es dauerte dann einige Zeit, ehe der gute Mann den Zusammenhang der Sache völlig begriff; dieselbe aber hatte auf ihn einen so tiefen Eindruck gemacht, daß er in der Tat dem Trunke gänzlich entsagte, und sich fortan allewege als ein rechtschaffener Amtsmeister und honnetter Bürger aufgeführet hat. Die Paruque, die dazu so wesentlich beigetragen, hat er nicht wieder abgelegt.

114. Eine unglückliche Liebesgeschichte[144]
(1695)

Licentiat Meinssen war ein gescheuter junger Rechtsgelehrter zu Hamburg, angesehen und wohlgelitten bei Jedermann. Der hatte das Unglück, – denn das ist's für den armen Menschen geworden, – sich in eine tugendsame schöne Jungfer, geringeren Standes als er, aber ehrlicher Eltern Kind, zu verlieben, und sich, da sie nicht minder ihm gewogen war, mit ihr zu verloben, bevor die beiderseitigen Väter darum befragt waren, was allerdings hätte geschehen müssen. Der Vater der schönen Braut, der sich durch solche Verheirathung seiner Tochter nur einem Graduirten, eines sehr reichen Kaufmanns Sohn, nicht wenig geehrt fühlte, gab freilich alsbald seinen Segen zur Sache. Aber des Licentiaten Vater dachte anders. Er war ein stolzer, hochfahrender und geiziger Mann, das Geld war sein Abgott, Reichthum sein Glück, Gelderwerben und Reichwerden das einzige Streben, das er vernünftig nannte und schätzte. Dabei war er stets ein harter strenger Vater gewesen und forderte den Gehorsam eines unmündigen Kindes noch von seinem erwachsenen Sohne. Als dieser ihm nun das Geschehene mittheilte und um seinen väterlichen Segen zur Verlobung bat, da weigerte er sich dessen, und wie sehr der Sohn auch flehen, und wie inständig auch gute Freunde und hohe Gönner sein billig Ansuchen unterstützen mochten: der Vater blieb unerbittlich; sei's, daß ihm die Parthie des Sohnes wegen des geringeren Standes der Braut nicht anstand; sei's, weil sie kaum eine Aussteuer, geschweige denn Mitgift und großes Vermögen in die Familie bringen konnte; oder, weil er's übel vermerkt hatte, daß der Sohn, ohne ihn vorher zu befragen, sich in diese Sponsatien eingelassen: genug, er blieb eigensinnig bei seiner

---

144 Der Hauptsache nach wirkliche Begebenheit. Viele der Einzelheiten erzählt eine handschr. Fortsetzung von Tratziger's Chronik. – Siehe auch Dr. Gesscken, die Leichenbegängnisse im siebenzehnten Jahrhundert in der Zeitschr. für Hamb. Geschichte, I. 504.

hartherzigen Weigerung. Und ob er gleich sah, wie sein Sohn sich abhärmte und täglich mehr dahin schwand vor Liebesgram und Kummer über diese trostlose Herzens-Angelegenheit, die ihn mit dem Vater verzwistet hatte, von der er aber dennoch nicht lassen konnte; und ob er gleich wahrnehmen mußte, daß er sein eigen Fleisch und Blut ins Unglück jage, dennoch blieb er dabei, Segen und Consens zu Verweigern.

Nun hätte zwar der Sohn versuchen können, ohne des Vaters fernere Beihülfe sein Brodt sich zu erwerben, und dann, als selbstständiger Bürger, von E. H. Rath supplicando eine bei sothanen Umständen stattnehmige Dispensation von der gesetzlichen Heiraths-Erlaubniß des Vaters, und, da sonst nichts im Wege, die Verstattung der Copulation erbitten können. Und das wäre den Rechten nach wohl gegangen. Aber es war dazumal in Hamburg sehr ungewöhnlich, und die Achtung vor dem Gebot: „du sollst Vater und Mutter ehren," war allgemein so mächtig, daß der gute Sohn Bedenken trug, einen Schritt zu unternehmen, der ihn auf ewig vom Vater geschieden und auch wohl bei seinen Mitbürgern in Mißachtung gebracht hätte. Er tröstete sich daher, so gut es ging, und dachte wohl: wir sind noch jung und können warten; vielleicht erweicht sich der harte Sinn des Vaters – vielleicht auch nimmt Gott ihn zu sich, und dann kann ich meine Verlobte heimführen. Letzteres mag ein böser Gedanke gewesen sein, es ist aber auch mehr als schlimm, wenn Eltern ihre guten Kinder so behandeln, daß ihnen derartige Gedanken in den Sinn kommen müssen.

Der Vater mochte nun wohl fühlen, daß seine Grausamkeit den Sohn auf solchen leidigen Trost bringe, aber anstatt in sich zu schlagen, trieb er's nur noch ärger, indem er erklärte: würde der Sohn noch ferner mit dem Mädchen verkehren, so werde er ihn, kraft väterlichen Rechts, als einen mißrathenen Buben ins Zuchthaus sperren lassen; für den Fall aber, daß er nach seinem, des Vaters, Tode die Heirath vollziehe, solle er enterbet und mit seinem Fluche behaftet sein.

Das Enterben hätte nun den guten Licentiaten nicht gebeugt, aber die übrigen Drohungen schlugen ihn völlig zu Boden; er wurde schwermüthig und tiefsinnig, und ehe man sich dessen versah, hatte der arme junge Mensch versucht, sich mit seinem Degen ein Leides anzuthun, woran er jedoch von den Dienern des Vaters verhindert wurde. Als nun dieser, statt dem Kranken zarte Pflege augedeihen zu lassen, drei Kerls von der Nachtwache kommen ließ, um seiner zu hüten, da glaubte der

Licentiat: sie kämen, um ihn ins Zuchthaus zu bringen. Und heimlich und gewandt wußte er sich eine geladene Büchse aus des Vaters Gewehrkammer zu verschaffen; damit entwich er auf den höchsten Dachboden des Hauses, befestigte seine Hutschnur an das Zünglein des Gewehrschlosses und an einen Nagel der Wand, nahm das Gewehr mit den Händen in die Höhe, setzte die Mündung auf seine Brust, und indem er dann einen schnellen Schritt zurück trat, schoß er sich mitten durchs Herz. Man fand ihn als Leiche.

Was der Vater dabei empfunden hat, weiß man nicht. Aber bekannt wurde, daß er 4000 Thaler der Stadtcasse zu bezahlen sich erbot, wenn E. H. Rath seinem unglücklichen Sohne ein ehrlich Begräbniß in St. Catharinen-Kirche verstatten wolle. Das tat er um der Familien-Ehre willen. Senatus war nicht abgeneigt, Ministerium aber protestirte heftig dagegen, und besonders der Jacobitische Pastor Dr. Mayer wollte in seinem bekannten Eifer den Leichnam des armen Lic. Meinssen durchaus dem Scharfrichter zur unehrlichen Einscharrung auf dem Galgenfelde überantwortet wissen. Endlich ward die Sache so vermittelt, daß er zwar nicht in einer Kirche, aber auch nicht unterm Hochgericht, sondern Nachts 2 Uhr auf St. Annen-Kirchhof bestâttet wurde. „Handwerker trugen ihn, kein Geistlicher hat ihn begleitet." Es war aber ruchtbar geworden, und eine große Menge Volks fand sich zu derselben Stunde vor des hartherzigen Vaters Hause ein und vollführte einen furchtbaren Lärmen und beschimpfte denselben dergestalt, daß fortan weder Hund noch Katze das Brodt von ihm hat nehmen mögen.

Es dauerte aber auch mit ihm nicht lange mehr. Schon nach wenigen Wochen starb er vor Gram und Gewissensqual an einem hitzigen Fieber. Da es offenkundig war, daß er an seines Sohnes Verzweiflung und Selbstmord die Schuld trug, so ging sein Begräbniß ohne Sang und Klang, ohne Klage und Trauer-Begleitung dahin. Auch seiner Leiche war kein Geistlicher gefolgt.

115. Mag. Lange's Aergerniß[145]
(1699)

Zu der Zeit, als so viele geistliche Unruhen den Frieden der Stadt Hamburg störten, erregte auch Mag. Lange, Diaconus zu St.Petri, ein sehr bedenkliches Aergerniß. Er war ein allzu eifriger Mann, bereits in Nürnberg vom Amte wegen Zänckereien entlassen, ehe er (1682) gegen des Ministerii Wunsch hieher berufen wurde. Und schon zweimal war er hier durch gerichtliche Sentenz suspendirt gewesen, wegen einer Schmähschrift, und weil er bei einer Trauung dem Ehepaare „wohl den heiligen Geist, nicht aber den Geist des Pastors Winckler," seines Collegen, angewünscht hatte.

Nun hatte er seit einiger Zeit sein Amt wieder angetreten, als ihn die Unruhe plagte, mit einer Neuerung in ungeschicktester Weise hervorzutreten. Er verlangte nämlich urplötzlich in einer Predigt, daß Jedermann beim Beginn des Vaterunsers aufstehen und das Gebet stehend vernehmen sollte, während es doch in Hamburg längst üblich war, dasselbe sitzend anzuhören und sodann zur Empfangung des Segens nicht sonder Geräusch aufzustehen, wie noch jetzt gebräuchlich. Es wäre nun freilich eine gute Sitte, wenn man beim Gebete des Herrn ehrfurchtsvoll aufstünde, wie dies auch in fast allen protestantischen Landen herkömmlich ist. In Hamburg war's aber einmal keine Sitte, und hatte der liebe Gott es so lange geduldet, so hätte auch Mag. Lange dies geschehen lassen können, oder er hätte die Neuerung minder verkehrt anfangen müssen. Denn als er die Gemeinde zum Aufstehen gefordert, und die meisten, namentlich die Frauenzimmer, anfangs ob solcher unerklärlichen Zumuthung verstarrt, sitzen blieben, da ließ er nicht ab, ihnen zuzurufen, „stehet auf, stehet auf," dräuete auch: sie kriegten anders den Segen nicht, bis endlich Alle, obwohl in nicht geringem Unmuthe, sich dazu bequemen mußten. Selbigen Tages noch wurde Herrn Mag. Lange, dem jedenfalls nicht zukam, in ritualibus etwas zu

---

145 Nach Archival-Acten.

ändern, seine gegen die Kirchen-Observanz streitende Neuerung von den Juraten ganz freundlich verwiesen, ihm auch zu Gemüte geführt, daß namentlich das Hamburgische Frauenzimmer es im beständigen christlichen Kirchengebrauch gehabt habe, seine Gebets-Andacht sitzend und bückend zu verrichten. Auf solch freundlich Verweisen hat aber Mag. Lange gar trotzig geantwortet, er bliebe dabei, denn er thäte es wegen der jetzigen schlechten und theuren Zeiten, „wie auch zur sonderbaren Ehre Gottes." In nächster Predigt hat er sich über diese Sache des Breiteren ausgelassen, dabei die Juraten und seine Collegen durch anzügliche Reden gröblich angetastet, und endlich vorm Vaterunser so lange gepocht und „stehet auf" gerufen, bis er richtig wiederum die ganze Gemeinde und gesammtes Frauenzimmer auf die Beine gebracht. Hierauf hat ihn das Kirchen-Collegium vor sich gefordert; auf die ersten drei Ladungen ist er gar nicht erschienen, sondern unter schlechten Excüsen zur Verkleinerung des Collegii ausgeblieben. Zum Vierten geladen, ist er zwar gekommen, hat aber seiner Neuerung nicht entsagen wollen und schließlich erklärt: er bliebe dabei, daß es ruchlos sei, das Vaterunser sitzend zu vernehmen, er werde mit seinem dreimaligen Aufruf fortfahren, wer dann nicht stehen wolle, der möge sitzen bleiben; er thäte es Gott zu Ehren.

Da er nun in nächster Predigt wieder dreimal gegen das sitzende Frauenzimmer (das er absonderlich im Auge gehabt) aufgetrumpft hat; auch in der Predigt am 19. August den Eingang vom „stehenden Zöllner" genommen, und zur Rechtfertigung seines Verfahrens sich äußerst ungereimter Gleichnisse bedient hat, so haben die Kirchgeschwornen deshalb in einer Klageschrift dies Alles dem Rathe vorgestellt. Darin sagen sie: wie allbereits andere Prediger das Thema ergriffen und für die alte Gewohnheit des Sitzens gesprochen, und solchen modum das Vaterunser zu beten, ut pium et devotum höchlich approbiret hätten; wie dann durch dies Alles ein großes Aergerniß und eine Spaltung der Gemeinde wie der ganzen Stadt in Aufständer und Seßhafte sich vorbereite, und durch vielfache Zwistigkeiten schon kundbar werde. Kirchgeschworene schließen ihr Memorial: „da nun dies Alles die Gemeinde chagriniret, sintemal einfältige Leute nicht wissen, wessen Sentenz sie folgen sollen (der skandalösen Störung des Gottesdienstes nicht zu gedenken), auch solche Uneinigkeit unter den Collegen der Kirchen nicht geringen Anstoß causiret, so legen wie E. E. Rathe die dienstliche Bitte ans Herz: dem Mag. Lange bei würklicher Strafe zu befehlen, daß er es beim Herkommen, das Gebet zu verrichten, belasse, sich ungebührlicher Neuerung enthalte, keine anzügliche Phrases ferner gebrauche, auch keinen Menschen (sonderlich das Frauenzimmer) weder verdeckt noch unverdeckt picquire und anzapfe, auch Niemanden, wie geschehen, vor Gottes Gericht citire; imgleichen: dem Ministerio, welches des Mag. Lange's Conduite in hoc passu gewiß nicht loben wird, davon Part zu geben." Auf welches Gesuch E. E. Rath eingegangen ist und die nöthige Wandelschaffung angeordnet hat.

Der gute Mag. Lange hat sich genug selbst bei der Sache am meisten „chagriniret." Vielleicht ist er davon krank geworden und hat deshalb nicht mehr gepredigt. Schon am 7. Mai folgenden Jahres 1700 ist er verstorben. Womit denn die gefährliche Spaltung der Gemeinde ihr letztes Ende erreichte, und der Aufstand der wenigen Aufständer vollends aufhörte. Das Hamburger Frauenzimmer folgt, wie bekannt, noch heutigen Tages dem christlichen Kirchengebrauch der Urmütter, verrichtet die Gebets-Andacht nach wie vor „sitzend und bückend, und erhebt sich dann nicht sonder Geräusch zur Empfangung des Segens." Seitdem hat kein Prediger es wieder versucht, in diesem Punkte reformirend vorzuschreiten, obschon es manchmal recht „böse und theure Zeiten" gegeben hat, die wohl ein Werk zur „sonderbaren Ehre Gottes" hätten veranlassen können.

116. Von einem Herzoge und einem Hamburger Bürger[146]
(Um 1700)

Vor vielen Jahren kommt einmal ein Herzog von Mecklenburg oder Braunschweig-Lüneburg incognito an einem Sonntage in der Frühe nach Hamburg, und verspürt alsobald die Lust, ohne alle Begleitung sich die Stadt ein wenig anzusehen; wandelt also beschaulich durch die stillen Gassen, betrachtet die steinernen Kaiserbilder am Rathhause, die Giebelhäuser im Neß, den Bacchus am Eimbeck'schen Hause und[147] andere Merkwürdigkeiten mehr. Als nun die Glocken zur Hauptpredigt läuten, da gedenkt er seines Schöpfers und tritt in die eben geöffnete Petri-Kirche. Daselbst war es noch fast leer und ganz still. Er geht also ein wenig umher und besieht sich die Kirche und ihre Kunstwerke; lieset die Inschriften auf den alten Grabsteinen, beschaut sich die schönen Holzfiguren, z.b. die heilige Beata mit dem Booksbeutel; bertachtet auch mit Rührung das schöne Bild von der Flüchtigkeit des menschlichen Lebens, wo ein Knäblein unter Blumen auf einem Todtenschädel schläft, ein anderes mit einer Kinderklapper auf dem Steckenpferde reitet, und dahinter auf des Todes Stundenglase die Worte stehen: heute mir, morgen dir! Nachdem er nun auch das mächtige Bild an der Norderwand des Altars bewundert, darauf die Stadt Hamburg im Alterthum ganz natürlich abgeschildert ist, mit Bischöfen, Rittern, Bürgern und Volk im Vordergrunde, und er noch darüber sinnt, ob dies den Empfang des Cardinals Raimund im Jahre 1503 vorstellen solle, oder ob es auf Heliodor's Einzug in Jerusalem zu deuten sei, – da hat sich mittlerweile die Kirche gefüllt und der Gottesdienst beginnt. Darum tritt der Herzog vom Altar ins Mittelschiff zurück, um sich einen Platz zu suchen. Bei den prächtigen Gestühlten des Raths und der Bee-

---

146 Sagenhaft, nach mündlicher Überlieferung. Die Geschichte soll übrigens früher schon in einem Buche erzählt sein.

147 Vorlage: und und

de, darin mit krausen Kragen, Sammet-Rock und Mantel schon viele Herren saßen, geht der Herzog bescheidentlich vorbei, dahin gehörte er nicht, das fühlte er; in einem entfernteren einfachen Gestühlte nahm er darauf neben einem jungen stattlichen Bürger seinen Sitz.

Dieser betrachtet den Herzog forschend von der Seite, und gewahrt gleich an seinem reisemäßigen und unansehnlichen Anzuge, daß er ein „Butenminsch," ein Fremder, sein müsse, und zwar nichts Sonderliches; etwa, da er doch in Haltung und Gebehrde nichts vom Handel und Gewerbe verräth, irgend ein vacirender Student, oder ein armer Teufel vom Adel; er rückt dem Fremden deshalb etwas ferner, als dieser näher rückt, um in sein Gesangbuch mit einzukucken. Nun, das geht so hin; der Pastor betritt die Kanzel und beginnt einen sehr schönen Sermon; der Herzog hört aufmerksam zu. Der Vers zwischen der Predigt wird gesungen, der Herzog versucht, obwohl wieder vergebens, bei seinem Nachbar einzukucken. Das stille Gebet kommt, der Herzog verrichtet es vorübergebeugt, wie er's seine Nachbarn verrichten sieht, nur ohne deren Husten, Räuspern und Schnauben hinterher, das ihn fast Wunder nimmt. Der Pastor verlieset das Evangelium des Tages, wobei der Herzog, nach seines Landes Gewohnheit, sich erhebt, um es stehenden Fußes in Ehrfurcht zu vernehmen. Als er aber alle Nachbarn sitzen bleiben sieht, da setzt er sich geschwind wieder nieder, um keinen Anstoß zu geben, obschon Mag. Lange's Aergerniß ihm fremd war. Bald darnach, als der Pastor eben im besten Auslegen der Schrift begriffen ist, da erhebt sich ein feiner Ton, es klingelt hier, es klingelt da, die Klingelbeutel gehen herum, die ganze Gemeinde geräth in Bewegung, zieht die Börsen, zählt Münze, blickt sich um, wo der Sammler grade das rothe Sammet-Säckel mit dem langen Stock in ein Gestühlte hereinreicht; man grüßt ihn, hllft ihm dienstfertig den Stock regieren, bietet ihm eine Prise u.s.w. „Sonderbar," denkt der Herzog, „das möchte doch vorher oder nachher passender geschehen, als grade jetzt," – langt aber in die Tasche, zieht einen Silberling heraus, ein Markstück oder so etwas, und legt es vor sich hin.

Kaum gewahrt dies sein ungefügiger Nachbar, der grade seinen Schilling in der Hand hält, als er sich ärgert, daß der pauvere Butenminsch mehr opfern will, als ein rechtschaffener Bürger von Hamburg, der warm in der Wolle sitzt; zieht also ein Doppelmarkstück aus der Tasche und legt es mit Geräusch neben sich, wobei er sich kräftig räuspert und den Fremden anblickt. Der legt nach einer Weile noch einen

Species-Thaler zu seinem Markstück, und denkt, nun wird's genug sein. Aber der Bürger läßt sich nicht lumpen, und legt seinerseits einen Dukaten bei; worauf der Herzog, der doch sehen möchte, wie weit solch ein Hochmuth gehe, einen Louisd'or hinzufügt; dies Spiel wiederholt sich noch einige Male, stets überbietet der Bürger den Fremden, und grade hat er eine Summe von 18 bis 20 Dukaten vor sich liegen, als an ihn zuerst der Klingelbeutel kommt. Er rafft also den Goldhaufen zusammen, und schüttet, stolz und triumphirend seinen Nebenbuhler anblickend, zum höchsten Erstaunen des sammelnden Sub-Diaconen, die 20 Dukaten in dessen Beutel. Der Herzog aber steckt darauf ruhig seine Goldstücke wieder in die Tasche und wirft nur das anfängliche Markstück in den Klingelbeutel, – zum allerbittersten Verdruß des jungen Bürgers, der nun wohl einsah, daß er sich sehr unnütz so alteriret hatte.

Merke: daß der Herzog zu diesem Schwank unter der Predigt sich hinreißen ließ, ist nicht zu loben, – aber eben so wenig ist es die Andachtsstörung durch den Klingelbeutel, die den ersten Anlaß gab; des unhöflichen Bürgers Übermuth aber ist erst recht tadelnswerth und verdiente wohl eine kleine Kirchenbuße. Da nun solche Bestrafung der Herzog in einer so artigen stillen Manier ausführte und dem Gotteskasten zu St. Petri damit eine so erkleckliche Beisteuer zu Wege brachte, so mag ihn dieses Schwankes wegen sein Beichtiger wohl absolvirt haben.

117. Hans mit Gott[148]
(Um 1700)

Es war einmal vor vielen Jahren ein Bleidecker in Hamburg, der hieß Hans, ein ehrlicher frommer Gesell, der bei allen Dingen, die er tat oder ließ, die zwei guten Worte „mit Gott" sagte, welche er sich wohl bei Verrichtung seines gefährlichen Handwerks angewöhnt hatte. Darum nannten ihn alle Leute nicht anders, als Hans mit Gott. Wie er nun einst oben am Petri-Thurm arbeitet, faßt ihn der Schwindel; denkt also eiligst an das schöne Gebet, welches für die vom Thurm fallenden Bleidecker erfunden ist; aber ehe er sich darauf besinnt, fühlt er schon unter sich keinen Grund mehr, macht's also kürzer, schreit laut „mit Gott" und fährt damit jählings hinunter in die entsetzliche Tiefe.

Grade in diesem Augenblick geht nun unten auf dem Kirchhofe ein Jude vorüber, dem fällt Hans mit Gott so unsanft auf den Kopf, daß der Jude niederstürzt und gleich todt bleibt, Hans aber gesunden Leibes aufsteht, seine Gliedmaßen befühlt und sich seines wundersam geretteten Daseins mit Gott freut. Aber war auch sein Körper äußerlich unverletzt geblieben, so hatte doch die gewaltige Erschütterung des Sturzes sein Gehirn angegriffen; er kam nicht wieder zu gesunden Verstandeskräften, sondern wurde, was man in Hamburg nennt: püttjerig; sprach auch hienieden kein anderes Wort mehr, als sein altes treuherziges „mit Gott."

Nun heißt es, daß die hiesigen Juden über den Tod ihres Genossen sehr verboßt geworden wären und durchaus Genugthuung dafür verlangt hätten. Sie verklagten also den ehrlichen Hans mit Gott beim Rathe und forderten, da er kein Geld besaß, als Sühne seinen Tod. Der Rath fand den Casus sehr bedenklich und rieth lange hin und her, wie er mit Ehren und Gerechtigkeit den schlimmen Handel schlichten möge. Endlich besann er sich auf Salomonis Urtheil und erkannte dar-

---
148 Sagenhaft, nach mündlicher Erzählung; ganz ähnlich in Müllenhoff, Schlesw.-Holst. Sagen S. 585.

nach diesen ähnlichen Spuch: Vergeltung sei gerecht, der Verstorbene könne sie aber nicht mehr üben, folglich müsse ein andrer Jude vom Petri-Thurm heruntergestürzt werden auf Hans mit Gott, der unten stehen solle, also könne der Jude nach Belieben den armen Hans zu Tode fallen und die Sühne nehmen, darnach die Gemeinde verlange! Als nun die Juden diese Sentenz vernahmen, da verschraken sie sich sehr, jedem lief's eiskalt über den Rücken vor Schwindel und Gräfen, und Keinen gelüstete ferner nach der Sühne.

Und noch lange liebe Jahre ist Hans mit Gott still und bescheiden in Hamburg umhergegangen und hat sein täglich Brodt in den guten Bürgerhäusern reichlich gefunden, denn alle Menschen, und sonderlich die Kinder, hatten ihn gern.

118. Des Kindes Gebet[149]
(1701)

Im Hamburgischen Zuchthause war vor Alters ein strenges Regiment, wie kaum anders möglich, da es galt, eine Bande böser verdorbener Menschen im Zaum zu halten. Die Provisoren hatten den Grundsatz: daß der Stab Wehe den Züchtlingen zuträglicher sei, als der Stab Sanft und darnach wurde Stock und Eisen rechtschaffen gehandhabt. Es mag aber hin und wieder auch wohl ein armes Geschöpf, verleitet zum Verbrechen durch noch Schlechtere, in dies unselige Haus gekomen sein, und bei noch nicht völlig verderbtem Gemüte, unsägliche Leiden bei solcher Behandlung und Genossenschaft erduldet haben. Lehre und Predigt zur Reue und Buße war genug da, – aber um ein zu Boden geschlagnes Herz wieder aufzurichten, und seiner geringeren moralischen Verschuldung gemäß zu behandeln, dazu hätte es wohl des Stabes Sanft bedurft. Manch' arme verirrte Seele mag darüber vollends in Sünde und Elend versunken sein, bis Gottes Ruf ihr das zwiefache Gefängniß öffnete und sie andere Bahnen wandeln hieß.

Da waren um 1701 von ebengedachter Art zwei arme Magdalenen im Zuchthause, noch jung an Jahren, von guter Herkunft und Erziehung, einst ihrer Eltern Freude und Glück! Weshalb sie hieher an diesen Ort gekommen, – Bosheit war's nicht gewesen, – es ist gleichviel. Längst hatten sie ihr Fehlen reumüthig erkannt und reichlich gebüßt, aber der Stab Wehe und des ruchlosen Gesindels fürchterliche Gesellschaft, in der zu leben sie verdammt waren, brachte sie zur Verzweiflung. Ihres elenden Daseins, das ihnen schlimmer als Tod und Hölle schien, waren sie völlig überdrüssig. Aber um von diesem Jammer, von dem ganzen rettungslos verfehlten Erdenleben erlös't zu werden, war's ihrem irrenden Geiste nicht genug, Hand an sich selber zu legen. Ihrer

---
149 Nur mit einer Abweichung ähnlich erzählt in von Heß, Topogr. II. 141. – Über das damalige Zuchthauswesen spricht Brock, Hamb. Werk- und Zuchthaus-Sachen 1808.

kranken Einbildungskraft war es eine verlockende Vorstellung, wenn sie sich als arme Sünderinnen dachten, die zum Hochgericht geführt würden, von Herren, Pastoren, Soldaten und unzähligem Volke umgeben, die Heldinnen eines ungewöhnlichen ergreifenden Schauspiels, angestaunt ob ihres räthselhaften Verbrechens, bemitleidet wegen ihrer Jugend, ihres unglücklichen Geschickes! So weit kann die einmal irre gehende Seele sich verlieren. – Es schwebte ihnen auch vor, daß wenige Jahre früher zwei ebenso verzweifelnde Frauenzimmer im Zuchthause, um vom Kerker und Leben erlös't zu werden, ein Kind gemordet hatten („aber nur ein kränkliches"), worauf sie hingerichtet wurden. Also faßten sie den ähnlichen Entschluß, zu morden, und sie wußten kein schicklicheres Opfer, als ein kleines vierjähriges Mägdlein, das mit seiner grundbösen Mutter ins Zuchthaus gekommen war, und oft unbeachtet umherlief. Vielleicht auch dachten sie, das arme Kind, an diesem Orte aufwachsend, unfehlbar der Sünde verfallen, vor dem größeren Unglück zu retten, und ein gutes Werk zu thun, wenn sie es so jung und unschuldig tödteten. Daß sie gleich nach der Untat in ein anderes, einsames Gefängniß kommen würden, das wußten sie, und darauf freuten sie sich, wie auch auf die Verhöre und das peinliche Gericht. In welch' einem Labyrinthe von sündlichen oder kranken Vorstellungen müssen sie – ohne den herausleitenden Faden – verloren gewesen sein, – welch' Übermaß trostloser Qualen mag aber auch dazu beigetragen haben, sie einer solchen Verzweiflung zu überliefern.

Am Abend der heiligen drei Könige sollte es geschehen. Bevor es dunkelte, nahmen sie das willig folgende Kind mit sich in die Zuchthaus-Kirche, die immer vom Hofe aus offen stand. Sie waren entschlossen zur Tat. Die Eine setzte sich, nahm das Kind auf den Schooß und entblößte ihm den Hals, die Andere hielt ein verheimlichtes Messerchen schon in der Hand. Da plötzlich hebt das Kind, als es sich in der Kirche sieht, die kleinen Hände gefaltet in die Höhe, und beginnt leise und andächtig ein Abendgebet herzusagen. Und dies Gott geweihte Lallen der Unschuld trifft das Herz der Beiden allmächtig, und entwaffnet ihre Hand wie ihren Willen. Das gehobene Messer sinkt, die verwilderten Gedanken sammeln sich zur Einkehr in die Seele, in deren Nacht nun ein Lichtstrahl dringt. Die Eisrinde, welche das Elend um ihre Herzen gelegt hatte, schmilzt; eine Thränenfluth, als sie sich hervorgerungen, entströmt unaufhaltsam ihren Augen, und benetzt das Kindlein auf ihrem Schooße, das nun, da es gerettet ist, erschreckt aufblickt und ängstlich zu weinen beginnt. So findet man die Dreie, und erräth aus den Umständen den Zusammenhang, den die beiden Schuldigen willig bekennen.

Ihr weiteres Ergehen ist nicht mehr zu erkunden. – Aber können schon wir Menschen uns des tiefsten Mitleids mit diesen beiden Unglücklichen nicht erwehren, – so dürfen wir desto zuversichtlicher von Gottes Vaterliebe und Allmacht hoffen, daß er ihnen geholfen haben werde, in der für sie heilsamsten Weise. Denn vielfach und wunderbar sind seine Wege, und unendlich ist seine Gnade.

119. Eine wunderbare Rettung[150]
(1710)

Etwa im Jahre 1710 im Herbste war es, als der Hamburgische Schiffer Ulrich Janssen von London mit seiner Brigg heimkehrte. Es hatte stark aus Nord-West gestürmt und die See ging noch hoch. Da er sich der Elbmündung nähert, merkt er an den mancherlei Trümmern, die mit der Ebbe ins Meer und ihm entgegen treiben, daß die Sturmfluthen an den Elbufern übel gehaus't und große Verheerungen gemacht haben. Noch jenseits der Insel Neuwerk war's, Nachmittags 4 Uhr, da entdeckt er fernher etwas auf sich zutreiben, was er anfangs für ein Schiffswrack hält; mit dem Fernrohr sieht er Menschen darauf, läßt also dahin steuern; näher gekommen, gewahrt er zu seinem Erstaunen, daß es kein Wrack, sondern ein ganzes Strohdach ist, auf dessen Firste ein Mann, eine Frau und fünf Kinder rittlings sitzen, Mann und Frau an den Enden, die Kinder in der Mitte, eng aneinander geschmiegt und sich umschlungen haltend. Es kostete ihm und seinen Leuten große Mühe, diese Armen zu retten, denn die See wogte noch sehr, auch konnte sein Boot, des schrägen Daches wegen, nicht nahe heranlegen; und die Verunglückten waren fast starr und kraftlos. Endlich aber glückte es, worauf fünf Minuten später das Dach auseinander ging. Nachdem sie sich auf seinem Schiffe mit Speise und Trank erquickt und etwas erholt, berichteten sie ihm, daß sie auf einer Elb-Insel zu Hause gehörten. Daselbst hätte die entsetzliche Sturmfluth die Deiche durchbrochen und grausame Verwüstung angerichtet, sie hätten sich in das Dach ihres Hauses geflüchtet, das nahe am Deich gestanden, als aber das Wasser höher gestiegen, seien sie durch die Luke mit einer Leiter auf die First des Daches gestiegen, um ihr Leben zu retten. Plötzlich sei

---

150 Nach der Erzählung im „Deutschen Kundschafter," Lemgo 1764. S. 474. Dies Buch ist die Übersetzung eines Werkes des Thomas Lediard, der um 1725–1730 bei der hiesigen Englischen Gesandtschaft als Secretair lebte und auch sonst als Schriftsteller bekannt ist.

ein gewaltiges Wogengebrause gekommen und habe den ganzen Dachstuhl vom Unterhause abgerissen und fortgeführt; es sei etwa 10 Uhr Abends und stockfinstere Nacht gewesen; aber als sie es doch deutlich wahrgenommen, daß die Fluthen sie von der Insel weg und in den offnen Elbstrom getragen, da hätten sie vor Entsetzen alles Besinnen und Aufmerken verloren, nur daß sie sich unwillkürlich so eng aneinandergepreßt und umschlungen hätten als möglich. Als sie wieder zu sich gekommen, sei's Tag gewesen, aber vor Nebel, Regen und Sturmwetter hätten sie nicht mehr wahrnehmen können, als daß sie mit der Ebbe abwärts trieben; den ganzen Tag über hätten sie ihre Hoffnung darauf gesetzt, daß ein segelndes Schiff ihnen begegnen und sie erlösen möge, hätten auch herzinnig darum zu Gott gebetet. Es sei ihnen aber kein einziges Schiff begegnet, wie denn das Wetter auch so grauslich gewesen, daß sich keins habe hinauswagen können. Zu essen und zu trinken hätten sie nicht das Geringste gehabt, und in jeder Minute hätten sie erwartet, daß der Haufen Holzsparren und Strohhalme, daran sie gehangen, auseinander gehen müßte. Und darüber hätte es wieder gefluthet, und sie wären wieder aufwärts getrieben, nahe in die Gegend ihrer Insel, und die armen hungrigen Kinder hätten sich schon gefreut in Erwartung der Rettung. Aber da sei wieder Ebbe eingetreten und die schreckliche Fahrt abermals abwärts gegangen, so daß sie vor trostloser Verzagtheit abermals der Verzweiflung anheim gefallen und fast gewillt gewesen, sich freiwillig vom Dach in die Fluth sinken zu lassen, um nur gleich der grausamen Qual überhoben zu sein. Darüber sei die Nacht wieder gekommen, und der folgende Tag sei ihnen in der dumpfen, stumpfen Verfassung ihres Gemüts vergangen, sie wüßten nicht wie; es habe einige Male gefluthet und geebbt, sie seien wieder etwas aufwärts, aber immer stärker wieder ab- und seewärts getrieben, sonst hätten sie wenig bemerkt; auf Schiffe hätten sie wohl ausgelugt, indeß nur in weiter Entfernung bei Cuxhaven auf der Rhede einige wahrgenommen, hätten aber vor Schwäche und Trübsinn gar nicht versucht, um Hülfe zu schreien, was auch wohl vergebens gewesen wäre. Den Neuwerker Thurm hätten sie noch gesehen; und als sie nun, so ganz verlassen von aller Welt, in die offenbare See hineingetrieben wären, da hätten sie, so gut sie's vermocht, noch einmal zu Gott um Erlösung gefleht von dieser Qual, nicht um ihr leiblich Leben zu retten, sondern nur um baldiges Ende durch den barmherzigen Tod. Und da hätten sie das Schiff ihres Erretters, Capitain Janssen, gesehen, und Gott hätte ihre Leiden geendet und ihnen das Leben dazu geschenkt, dafür sie ihn ewig preisen müßten.

Wer es ermessen kann, was es sagen will: in solcher steten Todes-Angst, gleichsam im offnen Rachen des Verderbens umhergeworfen, vor Hunger, Kälte und Schrecken erstarrt, zwei Nächte und zwei Tage lang auf morschem Gebälk von Sturmfluthen in die Meereswüste hinaus geschleudert, und dann gerettet zu werden, – der wird auch die Freude der armen Leute und ihren Dank für das Wunder Gottes ermessen können.

120. Von einem feinen Diplomaten[151]
(Um 1720)

Als Herr Eberhard Ludwig Schlaf durch seine Handlung ein Millionär geworden war, da schwoll ihm der Muth nach hohen Dingen. Ein leicht zu erwerbender Doctor-Hut, der manchen seiner kaufmännischen Mitbürger von der Bürde städtischer Aemter befreiete, war ihm zu gering. Eine reichsfürstliche Agentur, welche Andere zu demselben Ziele führte, genügte eben so wenig. Er strebte nach höherem, nach diplomatischem Range, und gab daher mit Vergnügen sein Handelsgeschäft nebst Bürgerrecht auf und den Zehnten an die Kämmerei, als er richtig Kurhannöverscher Resident geworden war. Ob seine alten Freunde ihn deshalb höher schätzten, bleibt dahin gestellt; ob seine neuen Collegen, die wirklichen hier lebenden Diplomaten, ihn für voll ansahen, ist um so zweifelhafter, da er (bei sonstigen trefflichen Seiten neben der Eitelkeit) doch in Betreff seiner Sitte, Denkungsart, Redeweise und Tournüre schwerlich zu ihnen gepaßt haben wird. Von ihm und seinem seltsamen Gebahren nach erfolgter Ranges-Erhöhung gingen damals viele Geschichten im Schwange, von welchen die folgende uns aufbewahrt ist.

Ein benachbarter Herzog lebte nebst Gemahlin und Gefolge einige Wochen in Hamburg. Der Resident Schlaf war überglücklich, als diese Herrschaften seine Einladung zu einem Gastmahl annahmen, welches er für sie auf seinem Landhause an der Elbe, unterhalb Ottensen,[152] veranstaltete. Eine auserlesene Gesellschaft von Standespersonen vereinigte dieser Schmaus, dessen Schüsseln zahllos waren. Daß der allzueifrige Wirth Weine anbot, die er gar nicht besaß; daß er im Über-

---

151 Ebendaselbst, S. 343. Lediard versteckt den Namen des Residenten Schlaf (der erst 1738 starb) unter der Bezeichnung „Morpheus," wozu jetzt, nach 125 Jahren, kein Grund mehr vorhanden ist. Die letzte Geschichte wird auch von einem späteren Rathsherrn erzählt.

152 Noch vor einigen Jahren als Schlafs-, gewöhnlich Slavs-Hof bekannt.

maß seiner Sorge, die Hoheiten zu amusiren, sogar die Virtuosen der Tafelmusik und seine Dienerschaft auszankte; daß er schon beim dritten Gange mehr als ziemlich berauscht erschien: das wußten die höflichen Gäste, die seine Art schon kannten, als geringe Verstöße gegen die gute Lebensart bestens zu ignoriren. – Eine ausnehmende Feinheit aber hatte er sich für den vierten Gang ausgedacht, um der Herzogin eine Artigkeit zu erweisen. Diese war unter den anwesenden Damen die einzige mit Diamanten geschmückte, und übrigens etwas corpulent. Das ausbündig galante Compliment bestand nun darin, daß er vor die Herzogin ein gebratenes ungemein feistes Spanferkel stellen ließ, welches mit den Juwelen seiner Frau, mit Ohrgehängen, Halsband und Diadem schönstens geschmückt war.

In demselben Augenblick soll zufällig die Musik eine damals beliebte Arie: „wie lächelt hold dein Ebenbild," gespielt haben. Die ganze Gesellschaft, welche bis dahin den statiösen Ernst eines solchen Gastmahls noch ziemlich bewahrt hatte, brach jetzt in ein unaufhaltsames von den Hoheiten abgestimmtes Gelächter aus, dem der gutmüthige Wirth sich gern anschloß, obschon er den Grund nicht begriff. Als aber ein schalkhafter Gast dem Ferkel den Kopf abhieb und denselben, mit allem Geschmeide daran, in die Wohnung der Herzogin zu bringen befahl, – als könne es nur des Wirths Absicht sein, ihr durch Verehrung des Schmuckes seine Devotion zu bezeugen, wobei alle Gäste solche Artigkeit laut priesen, – da machte der Resident, noch mehr aber seine Gattin, gewaltig große Augen und verlegene Mienen, bis die gütige Herzogin den Schwank endigte und den gekrönten Ferkelkopf der Frau vom Hause zustellen ließ.

Damals war es in Hamburg bei Festmahlen gebräuchlich, daß die Gäste gegen Ende der Tafel des Hausherrn Gesundheit tranken, gleichsam als Anerkennung seiner guten Bewirthung, was man „ein Glas zur schuldigen Danksagung" nannte. Als nun bei diesem Banquet solcher Brauch nicht befolgt wurde (indem der Herzog ihn entweder nicht kannte, oder nicht mochte, ein andrer aber als der Vornehmste den Toast nicht ausbringen durfte), da vermeinte Herr Schlaf, der ihn ungern entbehrte, es sei sehr artig, wenn er dem Gedächtniß des Herzogs zu Hülfe käme. Er wandte sich also an denselben und rief ihm ganz freundlich zu: „Durchlaucht, noch ein Glas Burgunder zur schuldigen Danksagung?"

121. Abermals vom Hamburgischen Frauenzimmer[153]
(Um 1725)

Ein junger Englischer Diplomat, der einige Jahre zu Hamburg gelebt hatte, schildert die hiesigen Damen damaliger Zeit (um 1725) etwa folgendermaßen:

Die Hamburgischen Frauen und Mädchen sind insgemein innerlich tugendreich und äußerlich recht hübsch, von schöner Gesichtsfarbe und wohlgebauter Gestalt. Wenn sie ausgehen, tragen sie eine Schnürbrust, sonst aber ein enges Leibchen, welches sehr wohl und sittsam läßt. Für Gesellschaften lieben sie Putz und Schmuck, und machen dann unglückliche Versuche, die Moden der Engländerinnen oder Französinnen nachzuahmen. Besonders gern tragen sie Diamanten und Juwelen, welche früher nur den Frauen höchsten Ranges zustanden. Sie schätzen die Liebe ihres Bräutigams nach dem Werthe des Schmuckes, den er ihnen verehrt, wodurch sich schon mancher junge Kaufmann ruinirt haben soll. Wenn sie geschmückt ausgehen, so bedecken sie sich auf der Gasse mit einem großen schwarzen Schleier oder Regentuch (wie auch in Bremen üblich), so daß kaum das Gesicht hervorkuckt und ein Mann seiner eigenen Frau begegnen kann, ohne sie zu kennen. Solch Regentuch mag wegen der häufigen schlechten Witterung in Hamburg viel bequemer sein, als ein schwerfälliger Parapluie; vornehme Damen tragen es von Seide mit schwarzen Spitzen besetzt, die mittleren Stände von Tuch, die geringeren von Serge. Machen sie Besuch, so heben sie das Schleiertuch vom Kopfe und erscheinen wieder im vollsten Putz. In der Kirche aber legen sie es nicht ab, sondern bleiben verschleiert, welches ihrer Bescheidenheit Ehre machet. Wenn sie also zierlichen Schrittes zur Kirche gehen, so giebt

---

153 Ebendaselbst, S. 347 etc. Ganz ähnlich Schilderungen, vielleicht aus derselben Feder (Lediard's), enthält die damals erscheinende Zeitschrift, „der Patriot." Den Hauptmann Wolff nennt Lediard „Lupiscus." Er hatte um 1725 die Wittwe des Hannov. Agenten Schmidt geheirathet, und starb 1757 als Oberst-Lieutenant.

dies ein andächtiges Bild. Es folgt ihnen ein sauberes Dienstmädchen mit dem Gesangbuche, das an silbernen Ketten vom Arme herabhängt. Vormals wurde das Buch allgemein in einem eigens dazu gefertigten verzierten Beutel getragen, welcher daher der Buch-Beutel, oder in ihrer Plattdeutschen Sprache der Books-Büdel hieß, weshalb man auch wohl alles altmodische Wesen und Herkommen mit diesem Worte bezeichnet, welches dann unrichtig wieder ins Hochdeutsche mit „Bocks-Beutel" übersetzt ist. Im Winter trägt die Magd der schönen Kirchgängerin auch ein blankes Kupfergefäß voll Kohlen nach, welches man für ein katholisches Rauchfäßchen hält, bis man erfährt, daß die Hamburgerinnen überall, an geweiheten wie ungeweiheten Orten, das Kohlenbecken als Fußwärmer in mancherlei Gestalt gebrauchen, was sie eine Füerkirke nennen. Der unmäßige Gebrauch solcher Selbstberäucherung ist begreiflicherweise sehr schädlich.

Auf Ranges-Vorzüge ist das Hamburgische Frauenzimmer so erpicht, daß es wegen „der Vorhand" in Gesellschaften oft zu den lebhaftesten Erörterungen kommt. Rath und Bürgerschaft würden wohl thun, ein Gesetz zu erlassen, welches, nach Art der von Kaiser Karl V. zu Brüssel bestimmten Ordnung der dortigen Damen, den Vorrang allemal der schönsten und artigsten beilegte. Dieser weise Kaiser erledigte durch diese Sentenz plötzlich alle Differenzen der Damen, denn da sie die Unmöglichkeit einsahen, in dieser Weise jemals zu einer Rang-Ordnung zu kommen, so verzichteten sie überhaupt völlig auf eine solche, womit auch aller Streit aufhörte.

Die hiesigen Frauen sind treue Gattinnen und deshalb kommen Ehescheidungen unerhört selten vor; auch sind sie rechtschaffene sorgsame Mütter, weshalb die neue Mode unter ihnen, den Säugling nicht selbst zu nähren, sondern tugendlose Personen als Ammen zu nehmen, ganz befremdlich erscheint, und sicher nicht lange dauern wird. Sie sind auch vortreffliche Haushälterinnen, sie entziehen sich nicht der eigenen Aufsicht ihres Hauswesens, legen auch in Küche und Keller selbst Hand an, um weswillen sie z.b. bei Bewirthung eines Fremden nicht früher als beim zweiten Gang bei Tische erscheinen, was die Sache etwas zu weit treiben heißt.

Sie sind durchgängig tugendhafte, gute Wesen, ohne Affectation und Unnatur, offenherzig, und wenn auch nicht grade sehr gebildet und geistreich, doch voll natürlichen Verstandes, und jedenfalls fähig, das zu werden, was sie noch nicht sind. Gutmüthig und mitleidig sind sie sehr, auch wohl aufgeräumt, wenn sie gesund sind. Aber leider sind sie dies nicht immer.

Denn es herrscht eine gar seltsame Krankheit unter ihnen, welche entweder ansteckend, oder eine Art Erbübel zu sein scheint, indem sie von einer damit behafteten Mutter gewöhnlich auch auf die Töchter übergeht, sobald diese erwachsen und selbständig werden. Man hält diese Krankheit für eine Art Hysterie, welcher das schöne Geschlecht allein unterworfen ist. Sie äußert sich in einer Reihefolge einzelner Anfälle, die bei Vielen täglich wiederkehren; die schönen Patientinnen werden plötzlich mit einem Schaudern in allen Gliedern und starkem Herzklopfen befallen, die Adern schwellen an, die Augen drängen sich vor und schießen sengende Strahlen wie Blitze; bei Einigen wird das Antlitz aschgrau oder kreideweiß, bei Andern krebsroth, sie befinden sich dabei in solcher Gemüts-Steigerung, daß sie Alles zerreißen könnten, was ihnen naht, Alles zertrümmern, was in ihre Hände kommt. Folge davon ist eine mehr als ordnungsmäßige Erhebung ihrer Stimme, welche, immer gewaltsamer werdend, zuletzt in ein gewisses Kreischen ausartet, womit sie Worte, die man in ihrem schönen Munde gar nicht vermuthen sollte, ausstoßen, bis der zum Gipfelpunkt getriebene Krankheitsanfall, zuweilen mittelst einer wohlthätigen Ohmachts-Krisis, nach und nach wieder abnimmt und einer beruhigenden Erschlaffung Platz macht. Kommt der ganze innerlich veranlaßte Anfall überhaupt gar nicht zum Ausbruch (z.b. durch gewaltsame Hinunterschluckung des gesammelten Feuerstoffes), so kann das Übel tödtlich werden.

Die armen Männer, deren bessere Hälften mit dieser verzweifelten Krankheit geplagt sind, kann man nur innig bedauern, indem dieselbe aus so verschiedenen und vielfachen Ursachen zum Ausbruch kommt, daß dagegen Vorsorge zu thun unmöglich ist. Wenn sich z.b. eine gute Freundin etwas unbesonnen über sie geäußert, wenn der Gatte gegen andere Damen etwas zu artig sich erwiesen, der Koch eine Schüssel Gemüse verdorben, die Magd ein Stück Porcellan zerbrochen, die Kammerjungfer ein Schönpflästerchen oder eine Locke übel gelegt hat: so verursachen diese wie hundert andere unglückliche Begebenheiten der Frau einen gefährlichen Anfall dieser traurigen Krankheit, welche die schönen Hamburgerinnen in ihrer gewöhnlichen Sprache „Argerniß," in gewählter Redeform aber „Alteration" nennen.

Der mannhafte und veste Hauptmann Wolff, ein Officier hiesiger

Garnison, hatte die Courage, eine Frau zu heirathen, welche während ihres früheren Ehe- und späteren Wittwen-Standes so erschreckliche Anfälle dieses täglich wiederkehrenden Übels gehabt hatte, daß es der ganzen Stadt bekannt war. E. H. Rath soll einmal nur deshalb ein an ihn gelangtes Anliegen dieser Dame auf der Stelle bewilligt haben, weil ihm hinterbracht war, daß im Falle der Nichtgewährung sie persönlich aufs Rathhaus zu fahren gesonnen sei, bei welchem Besuche dann das ärgste „Argerniß" für sie und eine gewisse Art „Alteration" auch für E. H. Rath zu befahren gewesen wäre. – Der tapfere Capitain aber, der das Wagstück unternahm, soll seine Eheliebste schon in den ersten Wochen von ihrem Erbübel radical curirt haben, durch eine militairische Pferde-Cur, nämlich durch Anwendung eines bei stätischen Gäulen meistens mit Glück gebrauchten Mittels, welches man Lateinisch „Scutica," Deutsch aber „Karbatsche" nennt.

Als König Philipp II. von Spanien einst eigenhändig einen wichtigen langen Brief geschrieben hatte, und sein Secretair, der ihn siegeln und addressiren sollte, in der Eile statt des Streusandfäßchens das Dintefaß ergriff und darüber goß, da argerte oder alterirte dies Unglück den König nicht. Er sagte kein Wort, schrieb den langen Brief stillschweigend noch einmal, wendete sich dann zu dem noch immer zitternden Secretair und sagte zu ihm ganz kaltsinnig: „Hier ist der Brief, dort steht die Dinte und dort die Sandbüchse." Diese Historie müßte tausendfältig in Patentform gedruckt, in allen Häusern vertheilt, an den Straßenecken angeklebt werden, damit das herrliche Beispiel königlicher Gelassenheit und Gemütsruhe, – täglich vor Augen gehalten und bei jeder klirrenden Theetasse ins Gedächtniß gerufen, – auf die schönen Hamburgerinnen heilend wirken könnte.

Ob das Übel auszurotten, das ist zu bezweifeln; – da es ein Erbübel, so steht zu fürchten, daß es noch nach hundert Jahren hiemit ebenso betrübt steht als jetzt; es wird vielleicht in andern Formen, mit anderem Namen auftreten, im Wesen aber die sonst so trefflichen liebenswürdigen Frauen Hamburgs ebenso plagen als jetzt.

122. Von ochsigen Dingen[154]
(Um 1730)

Seit alten Zeiten haben die Ochsen in Hamburg einen großen Werth gehabt, wie ihr Name einen guten Klang. Neben dem Biere hatte das Ochsenfleisch den guten Ruf Hamburgs im Auslande erhöht. Und noch mehr als unsere dem Derben und Massigen minder gewogene Gegenwart, wußte die Vergangenheit den Ochsen zu schätzen.

Um 1730 lebte zu Hamburg Herr Balthasar, ein Rathmann von altem Schrot und Korn, wohlbeliebt wie wohlbeleibt; der überragte wie König Saul das Volk um eines Hauptes Länge, und wohin er trat, da wuchs kein Gras. Die Arbeitsleute, wenn sie ihm auf der Straße nachsahen, redeten ihm gern das Beste nach, was sie wußten, darum sagten sie wohl: „dat is noch'n Kerl ass'n Oss!" Er besaß viel practische Einsichten und Erfahrungen, war freundlich und gutherzig, so daß Jeder ihn ehrte, und seiner Gemütlichkeit wegen liebte. Man konnte von ihm sagen: in der ehrlichen Haut steckt ein zufriedenes Stück Fleisch, und eine kreuzbrave Seele nicht minder. Herr Balthasar hatte nur eine Passion, das war die Ochsen-Passion. Nicht allein, daß er täglich dreimal Ochsenfleisch essen mußte, sondern er besaß soviel Interesse an dieser Thier-Gattung, daß er ihre Natur studierte und nicht nur Mark und Nieren prüfte, sondern auch in ihre innerlichste Eigentümlichkeit eindrang. Darum brachte er gern seine Muße im Küterhause zu, hinterm Breitengiebel, wenn Ochsen geschlachtet wurden, und gab Acht, wie die Knochenhauer es machten. Sein schönster Moment aber war der, wenn der Ochse den niederschmetternden Schlag auf die Stirn bekam. Dann pflegte er nachdenklich zu werden und endlich zu murmeln: „wenn ick man wüss, wie so'n Ossen to Mood is, wenn he een vör'n Kopp krigt!"

---

154 Eine Zusammenstellung mehrer Anekdoten, wozu das alte Hamb. Lustspiel: „die Schlachteltied," Schütz, Holst. Idiot. III 181–183; Richey, Hamb. Idiot. 179, und die von einem längst verstorbenen angesehenen hiesigen Bürger erzählte Liebhaberei Anlaß gegeben hat. Der Name ist natürlich fingirt.

Natürlich saß Herr Balthasar immer als Baas oben an, wenn die berühmten „Ossen-Mahltieden" auf dem Baumhause (Winters alle Mittwochen 2 Uhr) gehalten wurden. Da waren alle Speisen aus Ochsenfleisch, und zum Nachtisch kamen „Ossenoogen," dicke kugelrunde Kuchen. Wenn dann die fröhliche Gesellschaft manchen tüchtigen „Sluck up de Ossentung" gegossen, dann wurde zum Schluß gegen 1 Thaler Einsatz, ein Mastochse ausgewürfelt, den Herr Balthasar erlesen hatte. Und er verstand sich auf den Ochsenhandel, und kannte alle Finessen dabei. Wenn er nur 5 Minuten lang ein Thier angeblickt und höchstens noch mit der Hand etwas befühlt hatte, so wußte er genau, wie viel Pfund Fleisch, Knochen, Talg u.s.w. das Beest habe, und immer traf's zu. Darum sagte man ohne Schmeichelei von ihm, daß er den trefflichsten Ochsen-Verstand in ganz Hamburg habe, was viel bedeuten wollte.

Wenn die Schlachtzeit kam, 6 bis 8 Wochen im Herbste, wo jeder Hamburger, vornehm oder gering, wenn er nur das Geld dazu hatte, neben mehreren Schweinen auch einen oder zwei Ochsen in seinem Hause einschlachtete, – eine Zeit, in welcher die Straßen vom Ochsengebrüll wiederhallten, in den Rinnsteinen Ochsenblut floß, fast an jeder Hausthür ein Mastthier hing, und keine andere Gespräche aufkommen konnten, als Ochsengespräche, was die Fremden oft mit Verwunderung erfüllte, – dann war diese „Slachteltied" für Herrn Balthasar natürlich eine ganz besondere „Högetied." Der Kopfschlachter brauchte bei ihm nur die Schweine abzuthun, denn dem riesigen Ochsen den Schlag vor den Kopf zu geben, das ließ Herr Balthasar sich nicht nehmen, und alle Hausgenossen, Freunde und Nachbarn standen dabei, wenn der kräftige Mann das Beil schwang, das er nie zum zweitenmale zu heben brauchte, um das Thier zu fällen, von dem er so gern gewußt, wie ihm dabei zu Muthe sei. Wenn es dann gehäutet, ausgeweidet und gestreckt war, so wurde es üblichermaßen einige Tage lang auf der Hausdiele an die Wand gehängt. Da prunkte denn das schöne Vieh, Papier-Manchetten an den Füßen, einen weißen Kragen um den Hals, ein Damast-Tuch um die Brust, ausgespannten Bauches, darin ein Brett, worauf ein Humpen Rheinwein, um des Verblichenen Gedächtniß zu feiern. Tannenzweige umkränzten das Ganze und vier Lichter brannten beständig davor. Dann strömte Jung und Alt herbei, um „Herr Balthasar sinen Capital-Ossen" zu bewundern, hernach aber in der Vorstube eine Herzstärkung einzunehmen. Und Herr Balthasar war so stolz auf sein Werk, daß er's sich nie versagte, selbst den Erklärer zu machen, weshalb sein Gesinde ihn zu jedem Besuch herbeirufen mußte. Dann erschallte der Köchin Stimme laut durchs Haus: „Wolweisheit! kamen Wohlweisheit mal gau herdal, da is Een, de will'n Ossen sehn!"

Herr Balthasar hatte sich durch thätigen Fleiß zum reichen Mann emporgearbeitet; und auch da sah er immer selbst nach dem Rechten, und verließ sich nicht auf Andere. Darum, als er seinen Sohn etablirte, und ihm das Hauptbuch übergab, schrieb er eigenhändig nach dem großen Lateinischen „Laus Deo" fogenden Denkspruch vorn hinein: „Gott givt uns wol de Ossen, man wi möten se bi de Höörn in't Huus trecken."

Einst tat Herr Balthasar einen schweren Fall, er stürzte kopfüber eine Speichertreppe hinunter und schlug auf der Gasse mit der Stirn gegen einen Eckstein - „he slög dal ass'n Oss," - so daß er bewußtlos liegen blieb. Man hob ihn auf, trug ihn ins Haus, - allmählig kam er aus tiefer Ohmnacht zu sich und begrif das Vorgefallene. Seine ersten Worte aber waren, indem ein zufriedenes Lächeln fein ehrliches Antlitz verklärte: „na, nu wees ick doch ook, wie'n Ossen to Mood is, wenn he een' vör'n Kopp krigt!"

123. Von Herrn Stoltenbarg[155]
(Um 1740)

Vor etwa hundert Jahren lebten in den Vierlanden Herr Stoltenbarg, ein großer reicher Bauer. Ein reicher Vierlander Bauer, das ist keiner von denen, die nach Hamburg kommen, Gemüse und Obst zu verkaufen, und daheim meistens nur Hänslinge und Höker sind, – sondern es ist ein Mann, der Haus, Hof und Ackergut zu Eigen hat, und darauf lebt wie ein Ritterguts-Besitzer, nur zuweilen noch bequemer und solider. Er trägt zwar auch die Vierlander Tracht, vom feinsten Tuch mit großen Silberknöpfen daran, – aber wenn er einmal außer Landes geht so kann er so vornehm sich kleiden und benehmen, daß man ihn für einen incognito reisenden Prinzen halten möchte. Etwas stolz sind diese reichen Vierlander Bauern wohl, sie sind aber auch nichts Geringes, von uralter Niederländischer Herkunft, und haben lange Stammbäume ihrer freien Vorfahren aufzuweisen. Grade so einer war Herr Stoltenbarg, der auf seinem Gehöfte saß wie ein Pascha, und niemals nach Hamburg kam, weil er hier nicht genugsam standesgemäß behandelt wurde. Mußte er aufs Amt nach Bergedorf, so kam er mit Vieren gefahren, wie der Herr Amtsverwalter nur zu fahren pflegte, wenn's galt. Er sah eigentlich alle Menschen über die Achsel an, nur mit dem Herrn Pastor machte er eine Ausnahme, weil dieser der Stellvertreter Gottes auf Erden war, und den mußte er doch für etwas Besseres passiren lassen, als für einen reichen Vierlander Bauer.

Kommt einmal der Herr Pastor seinem Gehöfte vorbei, als er grade im Thore steht und aufs Feld schaut. Spricht der Herr Pastor: „Guten Morgen, Herr Stoltenbarg, was treiben Sie?" Herr Stoltenbarg antwortet: „Ick do nix aß mediteren." Worauf der Herr Pastor fragt. „worüber meditiren Sie denn so eifrig, Herr Stoltenbarg?" und dieser antwortet: „över dat, wat mi hüt Nacht drömt hätt." Als nun der Herr Pastor theinehmend nach dem Inhalte dieses gewiß denkwürdigen Traumes

---
[155] Nach mündlicher Überlieferung einer älteren Anekdote.

sich erkundigt, läßt Herr Stoltenbarg sich herbei, ihm Folgendes zu erzählen:

„Mi hätt drömt, dat ick storben wär, und wär graben mit söss Peer, und de Amtsverwalter und de wollweisen Herren Visitatoren van Lübeck und Hamborg kämen in Staatswagen achter min Liek to folgen. Na dat wär good! Als wie ick nu in'n Himmel käm', sät da uns' Herrgott grootmächtig up sin' golden Thron, und uns' Herr Christus neffen em, up'n hogen Stohl. Und als ick da ankäm, kiek uns' Herrgott nipp to, und frög Sanct Peter oder sünst so'n Apostel: „bin ick recht? is dat nich Herr Stoltenbarg?" Und de Apostel sprök feierlich: „Allerdings, es ist Herr Stoltenbarg aus Vierlanden selbst, welcher dort her kommt!" Und als wie ick nu noch nöger käm, da stött uns' Herrgott den Herrn Christus in de Siet, und röp em ganz hastig to: „Kumm, sta gau upp, groot' Jung', und laat unsen Herrn Stoltenbarg sitten!"

124. Von einer alten Einhüterin[156]
(Um 1750)

Wenn man zur Sommerzeit an einem schönen Sonntag-Nachmittag durch diejenigen Straßen der Altstadt geht, in welchen die großen Kaufmannshäuser stehen, Catharinenstraße, Grimm, Wandrahmen, Gröningerstraße und da herum, so hat man ein Bild der vollständigsten Einsamkeit und Verödung. Die reichen Herrschaften sind vor den Thoren auf ihren Gartenhäusern, oder machen Lustfahrten in der Umgegend; kein Mensch, der gesund von Herzen und Beinen ist, bleibt zu Haus, als nur die, die es behüten sollen und müssen, die guten alten Einhüterinnen, welche während der schönen Jahreszeit wie Hauskobolde oder andere Spukgeister in diesen dunkeln Häusern hocken, zu deren Bewachung sie bestellt sind.

Alles ist wie ausgestorben, kein Mensch begegnet zu solcher Stunde in diesen Straßen dem einsamen Wanderer, der nur seinen Tritt wiederhallen hört, sonst keinen Laut, wo's an Werktagen so geschäftig lärmend und gedrängt voll Menschen ist. Hie und da sieht er am Dielenfenster, oder in der offnen Hausthüre, oder auf dem Beischlag der Haustreppe, ein altes ehrliches Frauenzimmer, sonntäglich ausstaffirt, vielleicht strickend, gewiß aber neugierig auf den vorübergehenden Beobachter blickend, den sie sicher einen „sonderbaren Schwärmer" nennen würde, wenn sie wüßte, wie das ganze Gemälde in seinem Innern sich wiederspiegelt.

So war's vor 100 Jahren auch, denn unsere reichen Leute haben es von jeher geliebt, zur Sommerzeit die engen dunkeln Gassen mit heiteren Landwohnungen zu vertauschen, darum hat's auch von jeher Einhüterinnen gegeben. Aber nicht Alle waren und sind so besonnen und tapfer wie die Röhrbehnsch, eine Quartiermanns-Wittwe „hoch

---
156 Desgleichen. – Über Zibürken giebt Richey, Idiot. Hamb. S. 349, eine umständliche Erläuterung. Die Geschichte soll, vielleicht etwas später als hier angegeben, wirklich passirt sein.

in die 59," welche in der Catharinenstraße im Hause ihrer vormaligen Herrschaft einhütete.

Sie hatte den Sonntag-Morgen wie gewöhnlich zugebracht. Nachdem der Milchmann und die Brodtfrau da gewesen, hatte sie die Hausthüre mit der Kette geschlossen; darauf hatte sie in ihrem „Zibürken"[157] einige Stunden gesessen und andächtig in einem Predigtbuch gelesen, worüber sie nur zweimal eingenickt war. Dann hatte sie sich ihr bischen Mittagessen bereitet, und dasselbe verzehrt; später hatte sie wieder in ihrem Zibürken beim Stickstrumpf etwas geseeltagt und war dabei einige Male vom befremdlichen Gerassel eines vorüberfahrenden Stuhlwagens erweckt; dann hatte sie demselben nachgeblickt, und völlig neidlos darüber meditirt, wohin die Glücklichen wohl führen, „na'n Billwarder, oder na de hoge Lucht und in't Eimshüttler Holt, denn hen na Veerlannen, na Karkwarder, mank de Eerbeern," dafür war's schon zu spät. Sie hatte die Anzüge der Damen gemustert, über die Heiraths-, Tauf- und Krankheitsgeschichten dieser Familien nachgesonnen, wobei sie auf die viel interessanteren ihrer Herrschaft gekommen war, – – so erschien die Coffe-Stunde, und nach eingenommener Herzstärkung trug sie ein Polster auf den Beischlag vor der Hausthüre, und setzte sich darauf. Es war ein absonderlich stiller Sonntag-Nachmittag. Ihre „Nabersch", die Einhüterin gegenüber, mochte wohl schlummern oder sonst beschäftigt sein; sie saß im Bereich ihrer Stimme ganz muterseelen allein, konnte also nicht durch Snacken die Zeit vertreiben. Darum ist's ihr doppelt erwünscht, als sich das Unerhörte ereignet, daß ein paar Arbeitsleute mit einem Ziehwagen vor ihre Thüre kommen. Diese laden einen großen Ballen ab, und stellen ihn auf die Diele, bei den andern Fässern und Packen, und geben einen Zettel ab für den Herrn, wenn er morgen vom Garten hereinkäme, darin stünde Alles, der gestern in den Hafen gekommene Engelsmann müsse schnell löschen, darum käme der Ballen schon heute. Gern hätte die gute Röhrbehnsch noch einige Minuten mit den Arbeitsleuten geklöhnt, sie aber hatten Eile und entfernten sich rasch. Als das Rasseln ihres Wagens fernhin gänzlich verhallte, da war's wieder grabesstill in der St. Catharinenstraße.

Allgemach sank der Tag; jetzt kam die beste Tageszeit für diese enge dunkle Straßengruft voll Kellerluft und Droguen-Duft, nämlich wenn

---

157 Der kleine Glaskasten auf der Diele großer Kaufmannshäuser darin eine Dienstmagd oder Nähjungfer sitzt, um zugleich auf die Hausthüre zu passen.

die untergehende Sonne vom Cremon her ihre Strahlen schrägwärts hereinwirft. Die Röhrbehnsch freute sich der behaglichen Wärme, fand Welt und Leben „doch schön," und verstieg sich sogar bis zu der Sehnsucht, einmal einen Sommer-Nachmittag im Grünen, etwa bei ihrer Schwestertochter in St. Jürgen an der Koppel, oder sonst wo auf dem Lande, zu verleben. Darüber war der flüchtige Sonnengruß vorüber, es dunkelte, nun ward's auf ein halb Stündchen lebendig, die Stuhlwagen vom Vormittag kamen wieder heim, die Kinder schlafend, die Erwachsenen auch froh, daß das Vergnügen der Landparthie vorbei war; viele Fußgänger kamen vorüber und gingen in die Reimers- oder in die Mattentwiete, wo sie zu Hause gehörten, die waren fröhlich und guter Dinge; sie hatte Bekannte darunter, die ihr im Vorbeigehen schnell erzählten, wie wunderschön und „vuller Minschheit" es vorm Thore gewesen, beim Rothenbaum und am Hammerbaum, oder auf der Philippsburg am Grasbrook, oder wie kürig der Pulschinell und die andern Spaßmakers auf dem Hamburger Berge ihre Sachen gemacht hätten, u.s.w. Dann aber verließ die Röhrbehnsch die Haustreppe und kettete über, denn die nun noch kamen, waren Handwerksburschen und junge Gesellen, die lärmend und singend, bis die Nachtwächter kamen, die Straßen durchzogen, und ihre Lust daran hatten, ehrbare Frauen zu tarren. Als sie so ins dunkle Haus kam (vielleicht hatten die Erzählungen von der Landlust und der vielen Minschheit sie erregt), wurde ihr etwas beengt ums Herz. Während unten in der Küche ihr Abendbrodt kochte, blickte sie auf den engen Steinhof, wo von Speichern umgeben, kümmerlich eine Linde stand, darauf die Sperlinge noch unruhig hin und her flatterten und piepten; eine große fremde Katze lauerte unten am Stamm und blickte auf die Beute oben. Schnell verjagte die gute Röhrbehnsch das abscheuliche Beest, und beruhigter im Bewußtsein einer guten Tat, steckte sie ihr Talglicht an und genoß ihr Nachtessen im Zibürken; aber die Unruhe kam wieder, darum las sie mit lauter Stimme ihren Abendsegen, rakte das Feuer auf dem Heerde sorgsam ein, und verschloß die Hausthüre mit dem großen Schlüssel. Ihr Bett war, nach alter Weise in solchen Häusern, an der Diele in einem großen Wandschrank der Mauer, von da konnte sie die ganze Hausthür überblicken: das Zibürken, die Fässer, Packen, Säcke und den neuen Englischen Ballen, Alles stand ganz ordentlich da, draußen war Alles geruhig und still, und doch war sie unruhig, – so unruhig, daß sie sich ein Nachtlicht anzündete, es auf den Dielentisch stellte, und dann zu

Bette ging. Das Vaterunser war gebetet, es schlug 11 Uhr, 12 Uhr, der Schlaf aber kam ihr nicht. Sie war ganz hellig und aufgeregt geworden, sie wußte selbst nicht wie und warum. Sie blickte auf die Diele, das Nachtlicht warf einen spärlichen Schein umher, es war ganz still, nur das Pickern der großen Dielenuhr vernahm sie. Da, wie sie zufällig den Englischen Ballen ansieht glaubt sie dort ein leises Geräusch zu hören, ja eine Bewegung zu bemerken; sie blickt schärfer hin, und gewahrt mit Entsetzen, wie aus dem Ballen etwas hervordringt, spitz und schmal, und nach fünf Secunden erkennt sie ein Messer und eine Hand, die vorsichtig von innen heraus die Leinendecke aufschneidet, – und nach drei Minuten erhebt sich ein Kopf, und ein großer wilder Kerl, das lange Messer in der Hand, steigt sacht und behend aus dem Ballen, reckt die Glieder, blickt sich um, zündet sich das Licht an und kommt leise auf sie zugeschritten.

War's allein das Entsetzen, das ihr die Zunge lähmte, daß sie nicht schon zehnmal laut aufgeschrieen vor Schreck und Angst? War's nicht auch ein Instinkt, der sie trieb, das zu unterlassen, was ihr Verderben gewiß machen würde, das zu thun, was allein sie retten konnte? Frau Röhrbehn befahl Leib und Seele dem allmächtigen Gott, drückte die Augen zu und athmete tief und schwer, als wenn sie fest schliefe. Der Kerl kam an ihr Bette, das Messer in der Rechten, das Licht in der Linken; schon war's, als hole er aus zum mörderischen Todesstoß auf ihr Herz, dann besann er sich, beleuchtete sie, und um sich zu überzeugen, ob sie auch wirklich fest schliefe, berührte er kitzelnd ihr Kinn mit der Messerspitze. Gott gab der armen Frau eine Kraft und Standhaftigkeit, die unter tausend Menschen sich kaum einer zutrauen würde. Sie blieb in diesem furchtbaren Moment unbeweglich, verzog keine Miene, und fuhr fort den tiefsten Schlummer darzustellen. Der wilde Kerl mochte vielleicht an seine Mutter denken, vielleicht auch das Gewissen lieber vom Meuchelmorde frei halten, wenn ohne ihn der beabsichtigte Raub gelänge, da er schlimmstenfalls noch immer die Alte zum ewigen Stillschweigen bringen könne. Genug, nach einigen martervollen Minuten ließ er ab von ihr, und schlich leise ins Comtoir. Was jetzt thun? Sie konnte sich auf nichts besinnen, sie blieb in ihrer Lage und horchte nur mit geschärftem Ohre gespannt auf. Sie vernahm deutlich, wie der Räuber drinnen die Pulte und Schränke aufschloß und Geld auf Geld in Säcke legte; sie hörte, wie er die schwere eiserne Geldkiste, die er nicht öffnen konnte, mühsam bis auf die Diele transportirte, – dann trat er wieder auf sie zu, noch einmal hatte sie dieselben schrecklichen Momente zu erleben, denn noch einmal prüfte der fürchterliche Mann mit dem Lichtstrahl und der Messerspitze ihren Scheinschlaf, und noch einmal gelang es ihr, denselben zu behaupten; – ein einzig Augenblinzeln, und der Dolch hätte sie durchbohrt. Da ließ er ab, stellte das Licht hin, schlich zur Hausthüre, öffnete sie leise, trat hinaus, um dreimal verhaltenen Tones seinen umher lauernden Spießgesellen zu pfeifen, die große Beute forttragen zu helfen. Und diesen kurzen Augenblick benutzte die tapfere entschlossene Frau zur Ausführung eines rettenden Gedankens. Wie ein Blitz, so schnell, so lautlose war sie aufgesprungen, hinter ihn her gestürzt, hatte ihn mit einem heftigen Stoß die Treppe hinunter und auf die Straße geschleudert, und die Hausthüre zugeworfen und zugeriegelt, dann hatte sie das Fenster geöffnet, um dem lange verhaltenen Todesschrecken im lautesten Hülferufen Luft zu machen. Sich selbst und ihrer Herrschaft Hab und Gut hatte die alte treue Hüterin durch ihre Entschlossenheit mit Gottes Hülfe gerettet.

Von den Räubern wurden durch herbeieilende Nachtwächter die meisten mit dem Anführer gefangen. Sie empfingen später ihren Lohn. Die brave alte Frau erholte sich von den Schauern dieser Schreckensnacht bald wieder. Ihre dankbare Herrschaft belohnte sie so reichlich, daß sie im nächsten Sommer wirklich bei ihrer Schwestertochter in St. Jürgen die Sonntags-Abende im Grünen feiern konnte, und hielt sie zeitlebens als ein treues Familien- und Erbstück in großen Ehren.

Das ist die Historie von der tapfren und resoluten Röhrbehnsch, der Einhüterin, wie sie sein soll.

125. Wat man sick van Altona vertellt[158]
(Um 1750)

Kinners, kamt mal all to hop, ick will jü wat vertellen, van Alt'na, un wo dat togahn iß, dat Alt'na in de Welt steiht, nümlich dörch unse Hamborger Börger, sünst wär dar min Leven keen Stadt henkamen!
Dat sünd nu all mannige hunnert Jahr her, da seten insmals so'n twintig edder dörtig Hamborgers up'n Boomhus, eten un drinken wat Goodes un sünd vergnögt tosamen; idel rike Kooplüd, van de grötsten; un so'n lütten leegen Lischenschaten is dar ook mang wesen. Wie se nu da so sitt und sick wat vertellt, da kamt se up unse goode Stadt to spreken, wo groot un mächtig dat se is, un dat't man een Hamborg in de Welt givt, un dat vör'n riken Hamborger Koopman nix to dühr un nix to veel un to groot is, he kan't doch maken un utföhrn; denn warum nich? Gottloff, he hätt't ja, he kann't ook dohn! Nu lacht de lütte Lischenschat, un brühd de Kooplüd, un will dat nich wahr hebben, bitt de Kooplüd vull wart un vermeht' sik hoog, un makt en Wett mit em üm veele dusend Daler, dat se utföhrn wölt, wat he jüm angeven dee, he schull't man seggen, wat't ook wär. Da segt de meschante Lischenschat, un lach darbi ganz spitsch, „wohlan so erbauet eine Stadt, die unserm Hamburg ähnlich werde!" Wie nu mit eens de Kooplüd heel verbaaßt un bickenboomstill da sitten, un keener deiht sin Muul up, da segt he: „seht Ihr nun, was Ihr für Prahlhänse seid?" un lacht noch spittiger un sprickt: de Wett is wunnen! Abers he hätt se doch verspeelt. Denn wat de ölste wär van de Kooplüd, de verwünnert sik tovörst un segt: Wi sprekt woll groot, abers wi makt ook wahr, wat wi versprekt, wi sünd de Keerls darto! de Stadt wölt wi bauen, so sicher un wiß, aß wi Hamborger Börger sünd, un Morgen kan't losgahn, wenn du uns angivst,

---
158 Der Sage kurzen Kern erzählt Müllenhoff, Schlesw.-Holst. Sagen S. 535. Die richtigere Ableitung des Namens Altona von der alten Au kann hier nicht näher begründet werden. Über Altona's historischen Anfang, s. Lappenberg, Lorich's Elbcharte S. 69.

wonehmhenn wi se setten schölt. – Mi eendohnt, segt de Lischenschat, laat en Weesenjung darüm lopen. – Is woll, spröken de Kooplüd, so schall't wesen!

Annern Namiddags kregen se 'n lütten blauen Weesenjung up, un güngen mit em buten Millerndoor. Da binnt se em de Oogen fast to mit'n siden Dook, aß wenn he 'n Loss ut de Lottrie trecken schull, un spröken to em: „nu loop gau to, lütt Jung, jümmers grad ut, so dull aß du't kanst, un wonehm dat du henfallst, da schall't wesen, da schall de neie Stadt stahn." De Jung denkt, dat is 'n kürigen Spaß, heevt sin Been in de Högt un neiht fix ut, de Kooplüd un de Lischenschat to Peerd achter an. Dat güng en lütte Tid so voort, de Jung lööp hastig to un greep sick an. Darna abers fangt he an to denken, un denkt bi sick: wenn ick man de lütte Brügg drapen do, över de ohle Au, dat ick nich bito kam un in de Beek fall un versup in't Water ass'n junge Katt! löpt also 'n bitten sinniger un weet nich, dat he all heröver kamen is; darto trekt em dat scharpe Loopen in de Been, de solte Sweet löpt van em dal in den Sand un hiemen um quimen deiht he ass'n ohl Bedelminsch. Also gefallt em de Spaß so övel, dat he man noch so hen flunker un jümmers denkt he ünner sin verbunn'n Oogen: wenn ick arme Jung man nich in't Water fall, un lever in'n Sand aß in de Au, edder gar in de groote Elv; un darüm behr he mit eens, aß wenn he 'n Stock edder Steen mang de Fööt kreeg, un slög dal up den Sand, aß'n Oß, und schree so dull, aß he man kann: da ligg ick un hev Arm un Been braken!

Wie nu de Kooplüd düt sehn doht, da verfährn se sick un röpen ut: „dat is ia all to nah bi unse Stadt, dat geiht nich good, dat is all to nah! Abers de meschante Lischenschat lach all wedder un segt: eendohnt, all to wiet edder all to nah! Woort is Woort, wonehm de Jung henfallt, da schall't ja sin, hier ist die Stätte, hier müsset Ihr eure neue Stadt bauen, oder eure Wette bezahlen und euch Prahlhänse schelten lassen vor der ganzen Welt! Da muss'n se em Recht geven, abers grausam verdreetlik sünd se wesen, un den lütten Jung, de noch jümmers up de Eer leg un huul un ween, den kregen se up de Been; un da gar nix an em braken wär, so geven se em en paar dannige Klapps an de Ohrn, un knuffen un stöten em hen un her un spröken: „dumme Jung, holl din Muul, wat kunnst du dösig Dübelskind nich beeter loopen hebben!"

Darna abers hefft de Kooplüd ehr Woort wahr makt, un hefft voorts anfangen, de Stadt to bauen. Achter na da hefft se sick sülvst Spiker 'nog hensett, uu mannig Een denk still bi sick: na nu frag ick den Dübel na unsen Tollen! Uennen an de Elv wär'n datomal all sit ohlen Tiden twe bit dre Stieg lütte Hüs vör de Fischer un Schipper; abers baben wär nix aß idel Vehweid un Sand, worup se de Stadt baut hefft, un wonehm de dumme Jung henfallen is, da steiht nu dat Rathhus. – Un de lütte Lischenschat müß sin Wett wol betahlen, abers he har doch sin Spaß dabi un vertell den Snack an alle Lüd und segt van de neie Stadt: is se all to nah, so schall se ook Altona heeten, deshalven is se also döfft, un Altona is ehr Nam' bleven.

Da segt uu wol towilen so'n wittsnutigen Böökerminschen, dat düsse Nam nich von All-to-nah herkäm, sondern van de ohle Au, de datomals an de Grenz bi'n Hamborger Barg loopen dee. Dat is aber nich an dem, un min Geschicht is wahr un wiß, denn wenn de riken Hamborger Kooplüd nich mit ehr Hannen dar mang wesen wär'n, so gev't dar noch nix anners, aß'n ohl Fischerdorp. Dat is so klahr wie wat! Un wenn de neimod'sche Snack wahr wär, so müß de Stadt ja Ohlenau heeten, un min Levdag nich Altona.

So un nich anners hefft sick unse Vöröllern dat vertellt, dat Altona to Weg kamen is, un darbi bliev ick; un de ohle Wandsbecker Schoolmester pleg to seggen: Gott stürt de Hambörger Bööm, dat se nich in'n Häven wasst, nu darüm hett he Alt'na in de Welt sett. Un ick segg: man to, lat leven! Abers nu, Kinners, en Buddel Wien her, auf Hamburgs Wohlergeh'n laßt kein Glas müssig steh'n, Hamburg schall leven, Gott segne Hamburg, een, twe, dre, Hoch!

www.ingramcontent.com/pod-product-compliance
Lightning Source LLC
Chambersburg PA
CBHW050527300426
44113CB00012B/1982